Christian Geinitz

Chinas verborgene Schätze

Christian Geinitz

Chinas verborgene Schätze

Wie wir am nächsten Aufschwung mitverdienen

Frankfurter Allgemeine Buch

Bibliografische Information der Deutschen Nationalbibliothek
Die Deutsche Nationalbibliothek verzeichnet diese Publikation in der Deutschen Nationalbibliografie; detaillierte bibliografische Daten sind im Internet über http://dnb.d-nb.de abrufbar.

Christian Geinitz

Chinas verborgene Schätze

Wie wir am nächsten Aufschwung mitverdienen

Frankfurter Societäts-Medien GmbH
Frankenallee 71 – 81
60327 Frankfurt am Main
Geschäftsführung: Hans Homrighausen

Frankfurt am Main 2013

ISBN 978-3-95601-027-9

Frankfurter Allgemeine Buch

Umschlag Anja Desch, F.A.Z.-Institut für Management-, Markt- und Medieninformationen GmbH, 60327 Frankfurt am Main
Satz, Grafiken Uwe Adam, 63579 Freigericht, www.adam-grafik.de
Titelbild © thinkstock
Druck CPI Moravia Books s.r.o., Brněnská 1024, CZ-691 23 Pohořelice

Printed in EU

myclimate neutral

Inhalt

Verzeichnis der Grafiken und Tabellen

Vorwort

Nach zwei Wochen in China kann man ein Buch über das Land schreiben, heißt es. Nach zwei Monate nur noch einen Artikel, nach zwei Jahren gar nichts mehr. Tatsächlich erscheint die Volksrepublik immer komplexer, je länger man hier lebt und je mehr man von ihr sieht. Statt Antworten ergeben sich immer mehr Fragen, das Staunen ersetzt immer häufiger das Verstehen. Ein Wirtschaftsjournalist, so wäre anzunehmen, sollte eigentlich fein raus sein. Denn sein Metier sind Fakten, Daten und Gesetzmäßigkeiten, das überall Gültige und Unumstößliche gewissermaßen, selbst in dieser fremden asiatischen Welt. Doch leider sind schon die Zahlen nicht so zuverlässig, wie sie sein müssten. Das gilt sogar für die wichtigste Kennziffer, das Bruttoinlandsprodukt (BIP), die gesamte Wertschöpfung Chinas in einem Jahr. 2012 war die Summe der Einzelwerte, die die Provinzen nach Peking meldeten, um fast 1.000 Milliarden oder eine Billion Dollar höher als die Zahl, die die Zentralregierung für das Land als Ganzes berechnet hatte. Die Diskrepanz übersteigt das BIP von Chinas stärkster Provinz Guangdong und übertrifft sogar den Wert eines ganzen Landes wie Indonesien. Schon seit Jahrzehnten passen die Angaben nicht zusammen, doch noch nie war die „Phantomprovinz", wie die Abweichung augenzwinkernd genannt wird, so kraftstrotzend wie diesmal.[1]

Methodische Schwächen reichen nicht aus, um die Unterschiede zu erklären, eher ist Absicht zu vermuten. Traditionell werden Kommunal- und Provinzpolitiker am Wirtschaftswachstum gemessen. Gerade 2012/2013, in der Zeit des wichtigsten Machtwechsels seit zehn Jahren, konnte es nicht schaden, sich besonders gut zu präsentieren – also mit eindrucksvollen Zahlen. Kein Geringerer als der heutige Staatsratsvorsitzende Li Keqiang, der zweitmächtigste Mann im Land, hat zugegeben, dass die offiziellen Statistiken keinesfalls wörtlich zu nehmen seien, sondern lediglich Tendenzen widerspiegelten. Wikileaks zufolge sagte er 2007 in einem Gespräch mit dem amerikanischen Botschafter, die BIP-Zahlen seien „künstlich erzeugt" (man-made). Um wirklich zu verstehen, wie es der chinesischen Wirtschaft gehe, müsse man sich den Stromverbrauch, das Güterzugvolumen und die Kreditvergabe ansehen, empfahl der promovierte Volkswirt. Der diplomatische Drahtbericht, den Wikileaks online gestellt hat, beschreibt Lis Auftritt so: „Alle anderen Zahlen, vor allem die BIP-Statistiken, dienten ‚nur zur Orientierung', sagte er lächelnd."[2]

Die magische Formel aus Stromverbrauch, Frachtaufkommen und Krediten wurde später der Li-Keqiang-Index genannt. Einige Ökonomen folgen ihm bis heute. Wenn man ihnen glaubt, dann wächst Chinas Wirtschaft derzeit sehr viel schwächer als ausgewiesen, nämlich höchstens so stark wie in der schlimmsten Zeit der Finanzkrise 2009.[3] Es gibt nicht wenige Stimmen, die deshalb über China dunkle Wolken aufziehen sehen. Das ist nicht neu, schon oft wurde das Land totgesagt, doch ebenso oft strafte es alle Zweifler Lügen. Es wird sich zeigen, wer diesmal recht behält, die Optimisten oder die Pessimisten. Klar ist der Ausgang nicht, denn gute Argumente haben beide Lager. Dieses Buch schlägt sich auf die Seite jener, die mit Zuversicht in Chinas Zukunft blicken. Denn in dem riesigen Gebiet, das eher ein Kontinent als ein Land ist, liegen noch viele ungenutzte Potentiale, die sich mobilisieren, noch viele vergrabene Schätze, die sich heben lassen. Die wichtigsten sind Chinas Menschen. Wenn man sie lässt, dann können diese vielen klugen, arbeitsamen, neugierigen, lernfähigen und spendablen Männer und Frauen sich selbst, dem Land und auch der Weltwirtschaft eine aussichtsreiche Zukunft bescheren. Dann muss ihnen und auch uns nicht bange werden, wenn sich das (wie auch immer berechnete) Wirtschaftswachstum etwas abkühlt, und dann bleibt China das, was es in den vergangenen Jahren stets gewesen ist: der wichtigste Motor für die Weltwirtschaft.

Wenn man nach Jahren im Land ein Buch zu schreiben wagt, obgleich man eigentlich schweigen sollte, dann ist das zuallererst dem Anstoß, der Ermutigung und der Hilfe von anderen zu verdanken. Dieses Werk haben viele Menschen angeregt, begleitet, unterstützt. Einige wissen das gar nicht, denn ich habe sie nie kennengelernt, sondern nur ihre Bücher, Artikel oder Blogs gelesen. Wenn sich im Folgenden der eine oder andere originelle Gedanke findet, der über das hinausgeht, was bereits gesagt oder geschrieben wurde, dann wäre das ohne diese Grundlage nicht möglich gewesen. Wie es der Revolutions- und Umwelthistoriker Wolfram Siemann in ganz anderem Zusammenhang einmal so schön formulierte: „Auf den Schultern anderer zu stehen und weiterzuschauen ist das Gesetz der Forschung".[4]

Namentlich danken möchte ich meiner Lektorin Bianca Labitzke, die viel Interesse, Ausdauer und Wohlwollen bewiesen hat und alles möglich machte, damit „Chinas verborgene Schätze“ trotz kürzester Frist in dieser ansprechenden Form erscheinen kann. Ihr, ihren Kollegen und meiner publizistischen Heimat, der Frankfurter Allgemeinen Zeitung und der Frankfurter Societäts-Medien GmbH, ist es hoch anzurechnen, dass sie es einem Tagesschreiber zutrauen, ein ganzes Buch über ein Land zu füllen, dessen Produkte sich zwar in jedem europäischen Haushalt finden, das aber die wenigsten Europäer je besucht haben und das fast 8.000 Kilometer entfernt von der Heimat liegt. Die schnelle und zugleich gründliche Arbeit des Frankfurter Allgemeine Buch-Verlags machte es möglich, dass das vorliegende Werk die erste Monografie ist, die sich mit der chinesischen Reformagenda auseinandersetzt, wie sie Mitte November 2013 vom Zentralkomitee der Kommunistischen Partei verabschiedet wurde.

Tief verbunden bin ich auch meiner Assistentin Yan Ruiying in Peking, die unermüdlich recherchiert, übersetzt, beraten hat. Ihre Leistungs- und Begeisterungsfähigkeit haben mir und dem Buch sehr wohlgetan. Auf junge Leute wie sie wird sich China verlassen können, vorausgesetzt, dass es Punkt 12 und 18 Uhr etwas zu essen gibt.

Von Herzen danken möchte ich auch meiner Frau Cordula und den Kindern, den größten Schätzen von allen. Ihnen ist dieses Buch gewidmet.

Peking, im Dezember 2013

Christian Geinitz

Einleitung

China hat die Weltwirtschaft rausgepaukt

Juli 2013 in Moskau. Die mächtigsten Länder der Erde kommen zum G20-Gipfel zusammen. Man will in der drückenden Krisenzeit – wieder einmal – die Kohlen aus dem Feuer holen. Es gibt zwar Zeichen der Erholung in den USA, in Japan und sogar in der EU, doch die Besserung steht auf tönernen Füßen. Deshalb setzen die Herren Finanzminister in den dunklen Anzügen auf den drittgrößten Wirtschaftsblock der Welt nach Europa und Amerika, auf China. Doch dessen Ressortchef Lou Jiwei ist genervt. Ständig nehmen ihn Kollegen beiseite und wollen ihn ermuntern, ein neues Konjunkturpaket aufzulegen. Schließlich habe es nach 2008 schon einmal Wunder gewirkt. Damals pumpte Peking staatliche Sonderausgaben von umgerechnet fast 500 Milliarden Euro in die Infrastruktur und in Unternehmen, senkte die Zinsen und flutete die chinesischen Kreditmärkte mit fast 8.500 Milliarden Euro. Dadurch bewahrte man nicht nur die eigene Wirtschaft vor dem Schlimmsten, sondern dämpfte auch den Absturz anderswo. Mitten in der Krisenzeit wurde China vor Deutschland Exportweltmeister, überholte Japan als größte Volkswirtschaft der Welt hinter den USA und entwickelte sich für viele internationale Branchen zum entscheidenden Markt und letzten Helfer in der Not, etwa für die Automobilindustrie, den Maschinenbau, die Chemiebranche. Seither lautet die weitgehend einhellige und nicht ganz falsche Meinung, China habe in der Finanzkrise die Weltwirtschaft gerettet.

„Warum diesen erfolgreichen Weg nicht noch einmal gehen, werter Kollege?“ wird der chinesische Finanzminister in Moskau sinngemäß gefragt. „In Ihrem und in unserem Interesse?“[5] Doch Lou Jiwei, der um klare Worte nicht verlegen ist, winkt barsch ab und trägt diese Abfuhr gegenüber den anderen Regierungen sogar an die Öffentlichkeit. Ein unerhörter Vorgang. „Ich sagte ihnen: Denkt nicht daran! China fühlt sich solange wohl, wie die Beschäftigung gut ist. Ihr müsst eure Arbeit schon allein erledigen.“ Klatsch! Was für eine schallende Ohrfeige für solche Mächte, die in der Welt jahrzehntelang das Sagen hatten oder jedenfalls mit der alten Weltordnung gut gefahren sind. Man sollte nicht vergessen, welche Prominenz hier in Moskau zusammengekommen ist: Die Mitglieder der „Gruppe der 20 wichtigsten Industrie- und Schwellenländer“ stellen 66 % der Weltbevölkerung und tragen fast 90 % zur globalen Wirtschaftsleistung bei.

Dass Vertreter einflussreicher Staaten und Staatenbünde China um Hilfe bitten, ist nicht neu. Jahrelang haben die EU und deren angeschlagene Schuldenländer versucht, Peking zu einem größeren Finanzengagement in der Euro-Krise zu ermuntern. Mit mäßigem Erfolg, denn China sah nicht ein, warum es dem schlechten europäischen Geld sein gutes, sauer verdientes hinterherwerfen sollte. Neu aber ist, dass China die Brieftasche nicht nur im Ausland geschlossen hält, sondern auch zu Hause. Kurz vor seinem Moskau-Besuch hatte Lou Jiwei noch einmal unmissverständlich klargemacht, dass die Regierung trotz der schwächeren Wirtschaftsentwicklung in China auf staatliche Hilfsprogramme diesmal verzichten will. Vorstellbar sei zwar eine „Feinjustierung, um das Wachstum und die Beschäftigung zu stützen, während das Etatdefizit unverändert bleibt“. Umfassenderen Eingriffen aber erteilte Lou eine Absage: „China wird kein großangelegtes Konjunkturpaket auflegen.“[6]

Wer ist die führende Wirtschaftsmacht?

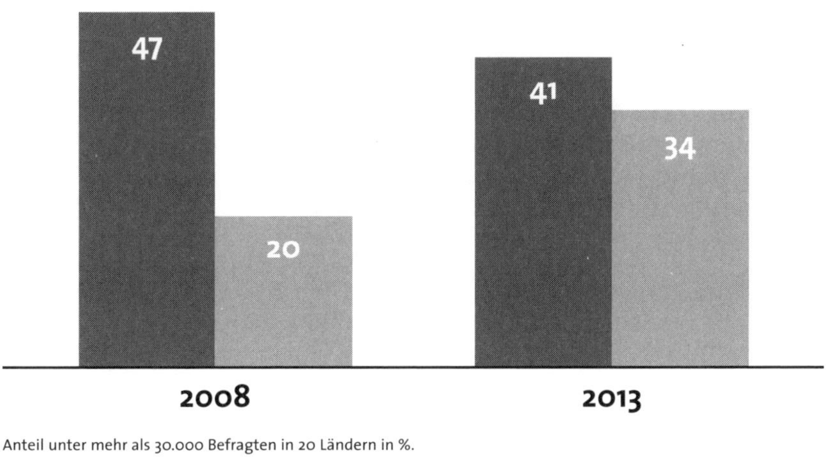

Anteil unter mehr als 30.000 Befragten in 20 Ländern in %.

PEW RESEARCH CENTER Q29.

Am Geldmangel liegt diese Verweigerung nicht. Zwar hat auch China ein massives Schuldenproblem, wie das Schlusskapitel dieses Buches zeigen wird, aber zumindest der Zentralstaat steht recht gut da. Das Etatdefizit und die Verbindlichkeiten sind so weit unter Kontrolle, dass China aus dem Stand heraus die Maastricht-Kriterien zur Einführung des Euro erfüllen könnte. Die meisten Länder, in denen die Gemeinschaftswährung gilt, schaffen das heute nicht mehr. Auch sitzt die Regierung in Peking auf den höchsten Devisenreserven, die jemals ein Land aufgehäuft hat, 3.660 Milliarden Dollar – man kann auch sagen: 3,66 Billionen Dollar.[7] Diese riesige Summe, die ausgeschrieben 13 Stellen hat, ist schwer vorstellbar, man kann sie aber in Beziehung setzen. Sie entspricht der gesamten Wirtschaftsleistung Deutschlands in einem Jahr. Mindestens so eindrucksvoll ist, wie stark dieser Fremdwährungsbestand wächst: Das Land wird jeden Tag um eine bis 2 Milliarden Dollar reicher, die es irgendwo anlegen muss, zumeist in amerikanischen Staatsanleihen. China ist dadurch zu Washingtons wichtigstem Auslandsgläubiger geworden.

Es ist unübersehbar, dass sich mit Chinas Aufstieg das politische, wirtschaftliche und finanzielle Gewicht der Welt Richtung Asien verschoben hat. Das sehen nicht nur Lou Jiweis Kollegen so, sondern auch die einfachen Menschen. Bezeichnend dafür ist eine internationale Umfrage, die unmittelbar vor dem Moskauer G20-Gipfel erschien. Darin hat das Pew-Institut, eine Denkfabrik aus Washington, fast 38.000 Personen in 39 Ländern nach ihrer Einstellung zu den Vereinigten Staaten und zu China befragt. Noch immer hält zwar eine Mehrheit die USA für die stärkste Wirtschaftsmacht, aber die Zahl derer wächst, die diesen Titel den Chinesen zuerkennen (siehe Abbildung S.15). Entlarvend ist, dass das auch für enge amerikanische Verbündete wie Kanada, Deutschland, Großbritannien und Frankreich gilt. Am stärksten ausgeprägt ist diese Überzeugung in Australien, dessen Wirtschaft von der chinesischen Rohstoffnachfrage abhängt. Sogar in Amerika selbst halten 44 % der Befragten die Chinesen für stärker, nur 39 % die Amerikaner.[8]

Chinas Aufstieg symbolisiert zugleich den Abstieg der alten Industrieländer. Nach dem Fall der Berliner Mauer und dem Heraufziehen der neuen, westlich dominierten Boom-Branchen des Internets, der Informationstechnologien und neuer Finanzprodukte hatte es zunächst so ausgesehen, als ob nichts den Siegeszug des abendländischen Modells aufhalten könnte. Die einen sprachen vom „Ende der Geschichte“, die anderen vom „Washingtoner Konsens“. Beides bedeutete, dass Marktwirtschaft, Demokratie und Rechtsstaatlichkeit nicht nur untrennbar, sondern auch unbesiegbar wären. Doch die Jahrtausendwende beendete diese Allmachtphantasien. Sie hat dem Westen nicht gutgetan – dem Osten schon: Seit dem Platzen der Internet- und Börsenblase, seit den Terroranschlägen und den darauf folgenden unbezahlbaren Kriegen reiht sich in Amerika und Europa ein Abschwung an den nächsten. Die Industrieländer haben ein „verlorenes Jahrzehnt" hinter sich, und niemand weiß, wie lange der Niedergang noch andauern wird. An der Überschuldungskrise könnten Amerika und Europa noch Generationen zu knabbern haben. Je mehr aber der Westen an Bedeutung verliert, desto stärker wird China. Während die Wirtschaftsleistung der OECD-Länder zwischen 1990 und 2012 real nur um durchschnittlich 2,2 % im Jahr wuchs, haben die Entwicklungs- und Schwellenländer Asiens Jahr für Jahr um real 7,9% zugelegt.[9] Real heißt: nach Abzug der Inflation. Am besten schnitt China ab (+10 %), während die Wirtschaft in der EU nur um 1,8% hinzugewann.

Es ist ein Zufall, dass die Terroranschläge 2001 im selben Jahr stattfanden, in dem China der Welthandelsorganisation WTO beitrat. Doch seitdem ist die wirtschaftliche Machtverschiebung von Amerika und Europa Richtung Asien besonders augenfällig geworden. In den beiden westlichen Wirtschaftsräumen wächst das Bruttoinlandsprodukt (BIP) nur noch um 1,6 und 1,4 % im Jahr, in China beträgt die Steigerung indes im Schnitt 10,2 %. Die Insolvenz der Investmentbank Lehman Brothers im September 2008, welche die

Der Osten hängt den Westen ab

Wirtschaftsraum	Seit der deutschen Wiedervereinigung	Seit 9/11 und dem WTO-Beitritt Chinas 2001	Seit der Lehman-Pleite 2008
Welt	3,4	3,6	2,9
USA	2,4	1,6	0,6
OECD	2,5	1,6	0,6
EU	1,8	1,4	0,0
Deutschland	1,7	1,2	0,7
Japan	1,2	0,8	−0,1
Asiens Schwellen-/ Entwicklungsländer	7,9	8,4	7,9
China	10,0	10,2	9,3

Durchschnittliches Wirtschaftswachstum in % pro Jahr bis 2012
Quelle: IWF, OFCD, Thomson Reuters

größte Finanzkrise seit dem Zweiten Weltkrieg heraufbeschwor, traf zwar auch die aufstrebenden Volkswirtschaften. Der Schlag erwischte die Industrienationen aber ungleich härter, zumal sie von der Banken- nahtlos in die Verschuldungskrise rutschten. In der EU ist die Wirtschaft seitdem gar nicht mehr gewachsen, während es in China Jahr für Jahr noch immer um 9,3 % aufwärtsgeht (siehe Tabelle S. 17).

Aber das Land muss jetzt umsteuern

Hat also China alles richtig gemacht? Nein, denn beim Löschen der Brände hat sich das Land gehörig die Finger verbrannt. Das gigantische Konjunkturpaket trieb die Kommunen in die Überschuldung, schuf unrentable Überkapazitäten in der Infrastruktur und in den Staatskonzernen. Die Politik des billigen Geldes ließ die Inflation in die Höhe schießen, blähte eine Spekulationsblase am Immobilienmarkt auf, zwang die Wirtschaft in die Abhängigkeit von immer neuen Krediten, führte zur Gründung von Schattenbanken und unkontrollierten Anlageprodukten und hat das Ausfallrisiko notleidender Kredite und ganzer Finanzeinrichtungen drastisch erhöht. Dass die Zentralbank Ende 2008 den Renminbi an den Dollar koppelte, befeuerte zwar den chinesischen Export, trug dem Land aber weitere Schwierigkeiten ein. Der Schritt verteuerte die Einfuhren, importierte also weitere Preissteigerungen und schmälerte so die Kaufkraft der chinesischen Verbraucher. Zugleich nährte der steigende Überschuss in der Handelsbilanz die ohnehin riesigen Devisenreserven. Wachsender Reichtum klingt gut, doch sind solche Summen kaum noch zu verwalten, und sie lassen sich angesichts sinkender Zinsen und fallender Wechselkurse in den Industrieländern immer seltener rentabel anlegen.

Ähnlich riskant wie diese unmittelbaren Folgen ist ein anderer negativer Effekt der chinesischen Rettungspolitik aus den Jahren 2008 bis 2011: die Verschleppung der Reformen. Eigentlich waren Partei- und Staatschef Hu Jintao sowie Ministerpräsident Wen Jiabao angetreten, China fit zu machen für den nächsten Schritt seines wirtschaftlichen Aufstiegs. Man wollte die Abhängigkeit von den (staatlichen) Investitionen und von den billigen Massenexporten zurückdrängen und stattdessen den Binnenkonsum, die Dienstleistungen und höherwertige Industrien fördern. Die Staatskonzerne und Staatsbanken sollten geöffnet und dem Wettbewerb ausgesetzt werden, es galt, die Marktkräfte sowie den privaten Mittelstand zu stärken. Als prioritär sah man auch an, die Renten- und Krankenversicherungen auszubauen und das Finanzwesen zu deregulieren. All das wäre günstig gewesen, um, wie beabsichtigt, die private Nachfrage zu stärken. Doch die meisten dieser Reformen sind ausgeblieben, weil Hu und Wen meinten, die Krisen mit den altbewährten Instrumenten bekämpfen zu müssen: mehr Export, mehr Investitionen, mehr Kredit, mehr Staat, also mehr von all dem, was man eigentlich begrenzen wollte.

Chinas neue Führung, die seit November 2012 die Parteispitze stellt und seit März 2013 auch die Regierung, will diesen Schlingerkurs nicht fortsetzen. Genau so muss man Lou Jiwei verstehen, den genervten Finanzminister auf dem G20-Treffen: Solange die Bevölkerung genügend Arbeit hat und die Abschwächung nicht am eigenen Leibe spürt, solange gibt es keinen Grund, die Zinsen zu senken oder zusätzliches Geld in die Wirtschaft zu pumpen. Das hätte zwar kurzfristig günstige Auswirkungen und wäre sicher im Sinne anderer Länder, die abermals Kapital schlagen könnten aus Chinas künstlichem Nachfragesog. Aber es würde bedeuten, die Fehler der Vergangenheit zu wiederholen und den überfälligen Umbau der zweitgrößten Volkswirtschaft der Welt auf den Sankt-Nimmerleins-Tag zu verschieben. Also warf Lou, um in der Sprache seiner Moskauer Gastgeber zu reden, sowohl den ausländischen Bittstellern als auch den Reformgegnern im eigenen Land ein schneidiges „Njet!" entgegen. Man werde erst dann die Wirtschaft ankurbeln, hieß es später explizit, wenn das Wachstum unter die Marke von 7% fällt.

In etablierten Volkswirtschaften sind 7% viel, nicht aber in China. Seit der wirtschaftlichen Öffnung vor mehr als 30 Jahren legt dort das Bruttoinlandsprodukt jedes Jahr um fast 10% zu. So gesehen sieht schon das offizielle Regierungsziel von 7,5% für 2013 wie ein Desaster aus. Zuletzt war das Wachstum 1990 geringer, ein Jahr nach dem Massaker am Platz des Himmlischen Friedens, welches das Land im Innern zerrissen und international isoliert hatte. Die jetzige Abschwächung hat zu Sorgen darüber geführt, dass nun auch der letzte sichere Hafen der Weltwirtschaft vom Sturm heimgesucht werden könnte. Tatsächlich gab es manche knifflige Momente. Im Juni 2013 wurde am chinesischen Interbankenmarkt, wo sich die großen Finanzakteure kurzfristig mit Geld versorgen, plötzlich die Liquidität knapp. Die Zinsen schossen durch die Decke, es gab Gerüchte, dass einzelne Banken Rückzahlungsschwierigkeiten hätten. Diese Unsicherheit schlug von den Geld- auf die Kredit- und Aktienmärkte durch, einige Tage lang sah es so aus, als schlitterten China und möglicherweise die ganzen Welt in die nächste Krise. Dazu kam es nicht, denn die reiche chinesische Zentralbank, die sich aus dem In- und Ausland lange hatte bitten lassen, öffnete ihre Geldspeicher, machte die Banken wieder flüssig und beruhigte die Märkte. Zugleich aber gingen die Währungshüter – die in China nicht unabhängig, sondern Teil der Regierung sind – mit den Geldhäusern hart ins Gericht: Verwerfungen wie die gerade überstandenen könnten die Banken in Zukunft nur vermeiden, wenn sie ihre Ausleihungen besser verwalteten, wenn sie die Risikovorsorge stärkten und mehr Geld auf die hohe Kante legten, anstatt es inner- und außerhalb der Bilanzen an zweifelhafte Kandidaten zu verleihen.

Bemerkenswert ist daran zweierlei. Zum einen, dass es in Chinas politischer und wirtschaftlicher Elite offenbar einen erheblichen Dissens über die Kreditpolitik und über die Rolle der Staatsbanken gibt. Er trat hier erstmals öffentlich zutage. Zum anderen, dass sich die Führung in jenem Juni etwas Unerhörtes traute: Instabilitäten zuzulassen und hinzunehmen. Üblicherweise fürchten Partei und Regierung nichts mehr als wackelige Situationen, unklare Entwicklungen, verunsicherte, erratisch handelnde Menschen. Eine solche Hängepartie ausgerechnet an den sensiblen Finanzmärkten zu erlauben – und sei es vorübergehend –, das war neu, und es war ein Schuss vor den Bug für alle Reformbremser in den Banken und anderswo. Die Warnung signalisierte, dass es die Machthaber ernst meinten mit ihren Ankündigungen, neue Wege zu gehen, und dass sie nicht länger bereitstünden, die Nutznießer des alten Systems um jeden Preis herauszupauken; in diesem Falle solche Staatsbanken, die sich verspekuliert hatten. Es ist beispiellos, dass eine Institution wie die Notenbank derart deutlich gegen das Problem des „Moral Hazard“ in Chinas Staatswirtschaft mobilmacht, also dagegen, dass die Finanzhäuser leichtfertig mit Geld umgehen, weil nicht sie das Ausfallrisiko tragen, sondern letztlich die Regierung. Als Spiritus Rector des neuen Kurses gilt der umsichtige und auch im Ausland hoch angesehene Zentralbank-Gouverneur Zhou Xiaochuan. Er ist einer der wenigen Spitzenfunktionäre, die nach dem Machtwechsel auf ihrem Posten bleiben durften.

Ansonsten trägt Chinas Zukunftsprogramm die Handschrift einer neuen Führungsgeneration. Das Land wird erstmals von Personen gelenkt, die jünger sind als die Volksrepublik: vom Staatspräsidenten und Generalsekretär der Kommunistischen Partei Chinas (KPCh), Xi Jinping (Jahrgang 1953), und vom Staatsratsvorsitzenden

Li Keqiang (geboren 1955). Der Staatsrat mit den Ministern bildet Chinas Regierung, weshalb Li auch als Ministerpräsident oder Premierminister bezeichnet wird. Die eigentliche Macht haben jedoch nicht die Regierungs- und Verwaltungsstellen inne, sondern die Parteigremien. Alle fünf Jahre wählt der Parteitag ein Zentralkomitee, das aus etwa 200 Mitgliedern besteht. Zuletzt wurde im November 2012 das 18. Zentralkomitee der KPCh bestimmt. Das ZK wiederum kürt als Führungsgruppe ein aus 25 Personen zusammengesetztes Politbüro und dessen Ständigen Ausschuss. Dieser Ausschuss, der sieben Politiker umfasst, ist das eigentliche Machtzentrum Chinas und kann mit Fug und Recht als das einflussreichste Gremium der Welt neben dem Weißen Haus bezeichnet werden.

An Position eins im Ständigen Ausschuss des Politbüros der KPCh rangiert Xi Jinping – der auch militärischer Oberbefehlshaber ist –, auf Platz zwei folgt Li Keqiang. Ihre Ämter als Staatsoberhaupt beziehungsweise Regierungschef haben sie seit März 2013 inne. Formell gewählt hat sie damals der Nationale Volkskongress, Chinas Pseudo-Parlament, das nur einmal im Jahr zusammentritt. Damit war der Führungswechsel abgeschlossen. Da die Partei-, Staats- und Regierungsspitzen zweimal fünf Jahre lang im Amt bleiben, findet eine solche Staffelübergabe nur alle zehn Jahre statt. Die gegenwärtige Gruppe der Machthaber wird deshalb die „fünfte Generation“ nach Gründung der Volksrepublik 1949 genannt.

Die fünfte Generation will neue Akzente setzen. Xi Jinping hat sich die Bekämpfung von Verschwendung und Korruption auf die Fahnen geschrieben und schreckt nicht davor zurück, mächtige Eliten herauszufordern. So hat er die Provinzialfürsten verwarnt, ihr Aufstieg orientiere sich künftig nicht mehr am (wie auch immer aufgeblähten) Wirtschaftswachstum, sondern am Lebensstandard der Bevölkerung, am Ausbau der Sozialsysteme und an der Umweltqualität. Auch der für die Wirtschaft zuständige Regierungschef Li Keqiang hat versichert, alte Zöpfe abschneiden zu wollen und endlich ernst zu machen mit der seit langem versprochenen Öffnung der Wirtschaft und des Finanzwesens. Auf einzelne Reformschritte wie die Stärkung des Binnenverbrauchs wird im Folgenden näher einzugehen sein. Zusammenfassend lässt sich hier schon sagen, dass Li die Voraussetzung für den Aufbau einer modernen urbanen Wissensgesellschaft legen will. In ihr sollen sich Erzeugung und Verbrauch auf eine breite Mittelschicht mit deutlicher höherer Bildung und deutlich höheren Einkommen als heute stützen. In der Produktion will man Innovationen, Dienstleistungen und moderne Techniken vorantreiben, im Konsum die Qualität, den Wert, das Design und möglichst auch die Umweltverträglichkeit der genutzten Güter.

Dieser Kurs wurde im November 2013 auf der Wirtschaftspolitischen Sitzung des Zentralkomitees der KPCh – dem sogenannten Dritten Plenum – noch einmal bekräftigt. Die Klausurtagung setzte eine interministerielle „Führungsgruppe zur Reformvertiefung" ein, die in den kommenden Jahren zum wichtigsten Gremium für den Umbau der Wirtschaft, Finanzen und Institutionen werden dürfte. Ihre Etablierung gilt als geschickter Schachzug von Partei- und Staatschef Xi Jinping, um die Reformbremser im ZK und an anderen Schlüsselstellen zu umgehen. In der Abschlusserklärung des Plenums heißt es, der Marktwirtschaft komme im chinesischen Sozialismus künftig eine „entscheidende" (决定性, juedingxing) Rolle zu.[10] Zuvor war 20 Jahre lang ein anderes Wort genutzt worden, nämlich „grundlegend" (基础性, jichuxing). Auf den ersten Blick scheint der Sinnunterschied marginal, in China aber, wo jedes Wort auf die Goldwaage gelegt wird, deutet sich hier eine Verschiebung zu mehr privatem Unternehmertum an und zu einem System, in dem Angebot und Nachfrage eine größere Rolle spielen sollen als der staatliche Dirigismus. Xi Jinping als Vorsitzender des Dritten Plenums formulierte es so: „Die sozialistische Marktwirtschaft braucht sowohl den Markt als auch die Regierung, aber sie spielen unterschiedliche Rollen." Der Staat solle sich weitgehend darauf beschränken, ein stabiles makroökonomisches Umfeld zu schaffen, öffentliche Dienstleistungen bereitzustellen, den fairen Wettbewerb zu gewährleisten und Marktverfehlungen zu korrigieren.[11]

Fachleute wie jene der Bank Credit Suisse halten die beschlossene Neuausrichtung für geradezu „revolutionär". Die Entscheidungen des Dritten Plenums skizzierten „die umfassendste und ehrgeizigste Reform-Architektur in der Geschichte der Volksrepublik".[12] Die Finanzberatungsgesellschaft Capital Economics in London spricht von den „eindrucksvollsten Reformplänen, die wir in diesem Jahrhundert gesehen haben".[13] Die Nachrichtenagentur Bloomberg erkennt darin „die größte Ausweitung wirtschaftlicher Freiheiten seit den 1990er Jahren".[14] Tatsächlich kommt den Beschlüssen weitreichende Bedeutung zu, politisch wie wirtschaftlich. Die Arbeitslager zur „Umerziehung" sollen abgeschafft, Geständnisse unter Folter verboten werden. Man will die Zahl der Straftatbestände verringern, für welche die Todesstrafe verhängt werden kann. Die

Rechte von Beschuldigten und Angeklagten sollen erweitert und die Gerichte verpflichtet werden, nicht länger illegal erworbenes Beweismaterial zu verwerten. Die Ein-Kind-Politik wird gelockert: Wenn einer der beiden Elternteile selbst Einzelkind ist, darf das Paar zwei Kinder haben. Bisher galt das nur, wenn beide Partner geschwisterlos waren.

Auch für Unternehmen, Finanzhäuser und Anleger wird es umfassende Veränderungen geben, die meisten sollen bis 2020 verwirklicht werden. So ist künftig die Gründung kleiner und mittelgroßer Privatbanken erlaubt. Die Bankenaufsicht wird verbessert, ein System zur Einlagensicherung aufgebaut und die Börsenzulassung vereinfacht. Man will Monopole auflösen sowie die Staatsunternehmen effizienter und unabhängiger von der Politik verwalten. Außerdem müssen sie von 2020 an 30% ihrer Gewinne an die öffentliche Hand ausschütten. Bisher sind es höchstens 15%, viele Staatsbetriebe überweisen trotz hoher Überschüsse gar kein Geld an die Regierung.[15] Die neue Dividendenpolitik ist ein wichtiger Schritt zu einer besseren Kapitalallokation und zur tragfähigen Finanzierung der Sozialversicherungen. Seit langem fordern internationale Organisationen wie die Weltbank, dass die Staatskonzerne ihre Profite nicht länger in Überkapazitäten reinvestieren oder in zweifelhafte Immobilienanlagen stecken sollten.

Benötigt wird das Kapital hingegen in den Vorsorgeeinrichtungen. Dort sind die Beiträge der Arbeitgeber und Arbeitnehmer mit mehr als 40% der Entgelte jetzt schon hoch und können kaum gesteigert werden. Dennoch sind die Leistungen im Bedarfsfall unzureichend, wie dieses Buch weiter unten zeigen wird. Werden die Staatskonzerne jetzt stärker zur Kasse gebeten, wie es das ZK vorsieht, rückt das Ziel näher, ein flächendeckendes und finanziell tragfähiges Renten- und Gesundheitssystem für das riesige Land aufzubauen. Ähnlich grundlegende Folgen könnten die anderen Entscheidungen des Dritten Plenums haben, etwa die Pläne, die Konvertibilität des Renminbi sowie die Zins- und Wechselkursfreigabe zu beschleunigen. Die Preise für Transport, Telekommunikation, Wasser, Strom, Kraftstoffe und Erdgas werden der Reformagenda zufolge stärker am Markt ausgerichtet. Nach Vorbild der neuen Freihandelszone in Schanghai sollen zudem alle Wirtschaftszweige, die nicht auf einer Negativliste stehen, für privates und ausländisches Kapital geöffnet werden. Internationalen Unternehmen kommt darüber hinaus zugute, dass China einen eigenen Gerichtshof für Patentverletzungen einzurichten gedenkt. Auch will das Land das Rentenalter erhöhen und das rigide Einwohnermeldesystem Hukou lockern, das die Freizügigkeit von Arbeitskräften erschwert und Wanderarbeiter zu Städtern zweiter Klasse degradiert.[16]

Enorme Bedeutung hat die vom ZK in Aussicht gestellte Erlaubnis, dass Bauern ihr Landnutzungsrecht zu Marktpreisen verkaufen dürfen. Bisher wurden sie millionenfach von den Kommunen enteignet und erhielten dafür eine Entschädigung, die nicht annähernd dieselbe Höhe hatte wie der Preis, den die Gemeinden mit dem Weiterverkauf des Grund und Bodens erzielten, etwa an reiche Immobilienentwickler. Für die Bank Société Générale ist die angestoßene Landreform nicht weniger als ein „revolutionärer Wandel. Sie könnte das Monopol der Lokalregierungen im Liegenschaftsmarkt unterminieren und die Einkommen der Landwirte derart in die Höhe treiben, dass sie genügend Startkapital erhalten, um sich in den Städten niederzulassen".[17] Diese Entwicklung dürfte die Urbanisierung beschleunigen, von welcher sich die neue Führung einen besonders kräftigen Wachstumsschub verspricht.

Auf viele dieser Pläne wird im Folgenden genauer einzugehen sein, denn sie eröffnen der chinesischen und der internationalen Wirtschaft einzigartige Möglichkeiten. Angesichts der weitreichenden Reformpläne fühlen sich Beobachter wie der ehemalige britische Premierminister Gordon Brown an das Dritte Plenum von 1978 erinnert, mit dem die wirtschaftliche Öffnungspolitik unter Deng Xiaoping begann. Und an das Dritte Plenum von 1993 unter Jiang Zemin, das die „sozialistische Marktwirtschaft" proklamierte, die in China ungeahnte Wachstumskräfte freisetzte.[18] Heute lautet das große Ziel der Führung, von einer Stufe des „quantitativen" zu einer des „qualitatives Wachstums" aufzusteigen, um nicht in die so genannte Falle mittlerer Einkommen zu tappen. Damit ist die Gefahr gemeint, dass einer aufstrebenden Volkswirtschaft ab einem gewissen Wohlstandsniveau die Luft ausgeht, weil ihre Wettbewerbsvorteile ausgereizt sind, vor allem die der billigen Arbeitskräfte und anderer niedriger Kosten.

Um gegenzusteuern, hat das Entwicklungsforschungszentrum des Staatsrats (DRC), eine einflussreiche Denkfabrik der Regierung, weitreichende Reformvorschläge unterbreitet, die maßgeblich in die Ergebnisse des Dritten Plenums eingeflossen sind. Das DRC-Papier, das seiner Gliederung wegen auch „3-8-3-Report" heißt, fordert den radikalen Umbau des Wirtschafts-, Finanz- und Sozialwesens.[19] Einer der Hauptautoren ist Liu He, ein Berater von Staats- und Parteichef Xi Jinping. Ein weiterer heißt Li Wei, einst Sekretär des Reform-Ministerpräsidenten Zhu Rongji. Die Empfehlungen sind eine Fortsetzung des viel beachteten Berichts „China 2030“, den das DRC gemeinsam mit der Weltbank erstellt hat.

Bemerkenswert sind Umfang und Tempo der angestrebten Änderungen. Man will die Zinsen innerhalb von drei Jahren freigeben und die wichtigsten Kapitalverkehrskontrollen bis 2018 kippen. Innerhalb eines Jahrzehnts soll der Renminbi (Yuan) zu einer internationalen Reservewährung aufsteigen. Die Gemeindefinanzen könnten durch die Ausgabe kommunaler Staatsanleihen saniert werden, heißt es im 3-8-3-Report. Auf dieser Weise ließe sich die Abhängigkeit der Gebietskörperschaften von dubiosen Schattenhaushalten und vom Landverkauf begrenzen. Das DRC will bisher abgeschottete staatliche Wirtschaftszweige für die private Konkurrenz öffnen, etwa das Eisenbahnwesen und die Elektrizitätswirtschaft. Staatsbetriebe sollen zwar im Eigentum der öffentlichen Hand verbleiben, künftig aber privatwirtschaftlich geführt werden.

Tatsächlich tut in China frischer Schwung dringend not. Nicht nur wächst die Wirtschaft des Riesenlandes viel langsamer als gewohnt. Die Bevölkerung murrt auch über unbezahlbare Wohnungen, wachsende Ungleichheit, verpestete Luft, belastete Lebensmittel und über die Korruption. Klar ist: Das Modell für den schnellen Aufstieg, das auf der Ausbeutung von Arbeitskräften, Ressourcen und der Umwelt beruht, ist ausgelaugt. Neue Impulse müssen her, um 1,35 Milliarden Menschen zufrieden- und ruhigzustellen, ein Fünftel der Weltbevölkerung.

Der Plan zum neuen Wachstum dient uns als Schatzkarte

Das vorliegende Buch zeigt, woher das Wachstum künftig kommen wird: aus einer Kombination der alten und der neuen Treiber. Denn China ist weit entfernt davon, seine Möglichkeiten schon ausgeschöpft zu haben. In der Erschließung des chinesischen Hinterlandes etwa liegen sagenhafte Möglichkeiten. Hier wohnen auf der doppelten Fläche Indiens mehr Menschen als in den USA, das Wachstum in unbekannten Millionenstädten wie Qujing oder Mianyang ist heute schon stärker als in Schanghai oder Peking. In ganz China schlummern enorme Potentiale in der Urbanisierung und in der Herausbildung einer kaufkräftigen Mittelschicht, der größten und hungrigsten Kundengruppe, die die Welt je gesehen hat. Zugleich probiert das Land neue Formen des Aufschwungs aus. In Schanghai wächst eine zeitgemäße Finanzindustrie heran, um die Stadt bis 2020 zu einem internationalen Zentrum wie New York oder London zu machen. Moderne Dienstleistungen entstehen im Versicherungswesen, in der Altenpflege oder im Tourismus. In Chongqing und Chengdu, den Speerspitzen zur Erschließung Westchinas, ballen sich Technologiefertiger und Online-Unternehmen und entwickeln so die Region zum größten Cluster der Welt für die Informationstechnik. All diese Felder und viele weitere will die amtierende Regierung fördern, damit der Aufstieg des Landes mit unvermindertem Elan weitergehen kann.

Chinas Außenhandel

Chinas wichtigste Handelspartner*

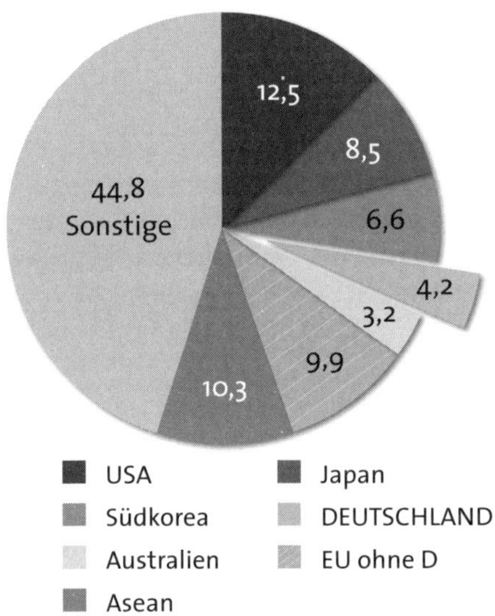

Deutscher China-Handel**		
Jahr	**Einfuhr**	**Ausfuhr**
1995	5,5	8,2
2000	9,5	18,6
2001	12,1	19,9
2002	14,6	21,3
2003	18,3,	25,7
2004	21,0	32,8
2005	21,2	40,8
2006	27,5	50,0
2007	29,9	56,4
2008	34,1	60,8
2009	37,3	56,7
2010	53,8	77,3
2011	64,9	79,5
2012	66,6	77,3

Quelle: Chinesische Zollverwaltung, Statistisches Bundesamt. * 2012 in %, ** in Mrd. Euro

Der neue Boom, der sich in China abzeichnet, kommt nicht nur dem Land selbst zugute, sondern der Weltwirtschaft im Ganzen. Das Dritte Plenum hat ausdrücklich beschlossen, nicht-chinesischen Unternehmen den Markteintritt zu erleichtern, vor allem Dienstleistern. Erwähnt werden zum Beispiel die Finanzbranche, das Bildungs- und Gesundheitswesen, Seniorenbetreuung, Logistik, Handel sowie Architektur und Bauwirtschaft. Am meisten wird das solchen Anbietern nutzen, die dem steigenden Bedarf des Fernen Ostens nach modernen Techniken, nach hoher Qualität und fairem Preis-Leistungs-Verhältnis entgegenkommen. Die deutsche Industrie wird sich das, wenn sie klug ist, wie kaum eine zweite zunutze machen. Schon jetzt profitiert die Bundesrepublik wie niemand sonst in Europa von ihren engen Wirtschaftsbeziehungen zu den Asiaten. Deutschland wickelt mehr als ein Drittel des gesamten EU-Handels mit China ab, alle drei Tage wechseln Waren für mehr als eine Milliarde Euro hin und her. Innerhalb von nur zehn Jahren, zwischen 2002 und 2012, hat sich der Austausch zwischen beiden Ländern vervierfacht (siehe Abbildung S. 26). China ist heute das fünftwichtigste Ziel für deutsche Exporte, als Lieferland rangiert die Volksrepublik schon auf Platz zwei hinter den Niederlanden.

Peking sieht Berlin als heimliche Hauptstadt Europas an und Bundeskanzlerin Angela Merkel als einzige ernstzunehmende Ansprechpartnerin in der EU. Das zeigt sich darin, dass die chinesischen Minister nur mit ihren deutschen Kollegen einmal jährlich Regierungskonsultationen in Kabinettstärke abhalten, und es wurde auch deutlich, als Li Keqiang auf seiner Antrittsreise im Mai 2013 als einzigen EU-Staat Deutschland besuchte. Dabei bezeichnete er die Beziehungen als „珠联璧合“ (zhu lian bi he), als „optimale Kombination“ oder wörtlich: als eine perfekt zusammenpassende Kette aus Perlen und Jaderingen. In der deutschen Übersetzung wurde „Traumpaar“ daraus, was der privilegierten Partnerschaft zwischen beiden Ländern ziemlich nahekommt.[20]

Neben den etablierten Wirtschaftszweigen wie der Automobilindustrie werden auch bisher unterrepräsentierte deutsche Branchen vom nächsten Aufschwung in Fernost profitieren. In Chinas Umwelt- und Energietechnik etwa dürften die Weltmarktführer aus Deutschland kräftig punkten, denn angesichts der katastrophalen Wasser- und Luftwerte hat das Land das größte Investitionspaket aller Zeiten für die „Grüne Wirtschaft“ aufgelegt. Ähnliches gilt für die zunehmende Neigung nach hochwertigen Konsumgütern. Schon wohnt Chinas Mittelklasse gern deutsch. Sie richtet sich mit Küchen von Bosch-Siemens ein, duscht aus Brausen von Hansgrohe, kocht in Töpfen von Fissler, badet in Wannen von Duravit. Im Luxusmarkt dominieren Marken aus Frankreich und Italien, aber auch aus der Schweiz, die nirgendwo so viele ihrer teuren Uhren verkauft wie in Hongkong und der Volksrepublik.

In Chinas aufstrebendem Westen sind europäische Unternehmen noch unterrepräsentiert, aber Vorreiter wie VW, BASF, DHL, Herrenknecht oder Freudenberg ebnen auch hier die Wege für die nächste Erfolgsphase im Reich der Mitte. Das ist gewieft, denn wer heute schon weiß, wo morgen Nachfrage entsteht, kann als „First Mover" noch vor der Konkurrenz vom neuen chinesischen Aufschwung profitieren.

In wenigen Jahren wird China von der zweitgrößten zur größten Volkswirtschaft der Welt aufsteigen. Das vorliegende Buch erzählt, was dann auf uns zukommt und wie wir das gewinnbringend nutzen können. Es soll den Leser mitnehmen auf eine Reise kreuz und quer durch das große Land, auf eine Jagd nach vielen noch weitgehend ungehobenen Schätzen. Der Plan der Regierung und der sie beratenden nationalen und internationalen Organisationen zu der Frage, wie das Wachstum der Zukunft aussehen soll, dient uns dabei als Orientierungskarte. Deswegen wurde jedem der drei wichtigsten Themenkreise für die bevorstehenden Reformen, wie sie das Dritte Plenum beschlossen hat, ein eigener Abschnitt gewidmet: dem Hinterland, der Verstädterung und dem Binnenverbrauch.

Nur geografisch liegt die Volksrepublik weit entfernt vom Alltag in den westlichen Industrieländern. Tatsächlich sind chinesische Produkte allgegenwärtig, fast jede Sonnenbrille kommt aus China, das iPhone ohnehin, aber auch Tiefkühlerdbeeren und sogar der meiste Apfelsaft. Europäer und Amerikaner müssen ein elementares Interesse daran haben, dass der Motor der Weltwirtschaft nicht ins Stocken gerät. Denn nur wenn China weiterwächst, lässt sich der Wohlstand im Westen sichern, nur dann bleiben die Preise niedrig, nur dann können sich die Beschäftigten und Aktionäre von Volkswagen, Siemens oder Apple weiterhin auf den unersättlichen Markt im Fernen Osten verlassen.

Es wäre fatal, Chinas gegenwärtige Besinnungsphase, diese Zeit des wirtschaftlichen Einhaltens und Atemholens, als Schwäche zu deuten. Denn richtig gewendet, halten die Defizite der gegenwärtigen Ordnung – etwa die unterrepräsentierte Privatwirtschaft, die Rückständigkeit des Hinterlandes oder die Umweltverpestung – ungeahnte Chancen bereit. Sofern und sobald diese schlafenden Kräfte freigesetzt werden, stehen China weitere Jahrzehnte der Prosperität bevor. Durch die Verquickungen der globalen Wirtschaft käme diese Form eines „intelligenten Aufschwungs" uns allen zugute. China ist schon lange keine verlängerte Werkbank mehr, und es ist auch viel mehr als bloß ein riesiger Markt. Eher muss man das Land als Teil jener globalisierten Wirtschafts- und Finanzordnung verstehen, von der es seine Impulse in den vergangenen 30 Jahren maßgeblich erhalten und die es zugleich entscheidend mitgeprägt hat. Hierin ist die Volks- der Bundesrepublik und anderen modernen Exportnationen viel näher, als es scheint.

Die Kosten des Aufstiegs: China ist weder Rechtsstaat noch Demokratie

Chinas Umbau wird Opfer kosten. Viele Privilegierte müssen und werden ihre Pfründe verlieren, in den Banken und Staatsbetrieben, in den Partei- und Regierungsstellen des Zentralstaats, der Provinzen und Kommunen. Auch die Bevölkerung könnte leiden, weil sich das Wachstum abschwächt und deshalb zunächst weniger zu verteilen sein wird. Falls unrentable Staatskonzerne abgespeckt oder sogar geschlossen werden, droht Arbeitslosigkeit. Zugleich dürften die Belastungen steigen, etwa durch Steuererhöhungen, um die Lokalfinanzen in den Griff zu bekommen. Aber auch dadurch, dass Wasser und Strom, Benzin und Taxifahren teurer werden, wenn man – wie das Dritte Plenum es vorsieht – die Energie- und Umweltkosten realistischer einpreist als bisher und wenn man zugleich ressourcenschonendere Verfahren vorschreibt, zum Beispiel Wärmedämmungen oder stromsparende Klimaanlagen in Neubauten.

Allgemein gilt: Die Kosten für Chinas Aufschwung sind und bleiben hoch. Damit sind nicht nur die materiellen Kosten gemeint, sondern auch die sozialen, ökologischen, rechtsstaatlichen und politischen. Obgleich sich China nach wie vor als sozialistisch definiert, herrscht hier eine schroffe Klassengesellschaft, in der die Gegensätze eher zunehmen als schwinden. Noch immer leiden Millionen Bauern unter Zwangsumsiedlungen und Massenenteignungen, weil auf ihrem Land Flughäfen, Hochgeschwindigkeitstrassen, Fabriken oder Einkaufszentren gebaut werden. Riesige Bevölkerungsschichten wie die 260 Millionen Wanderarbeiter und ihre Familien sind marginalisiert und haben viel weniger am Boom der vergangenen Jahrzehnte teilgehabt, als ihnen zustünde. Mit ungerechtfertigt niedrigen, staatlich vorgegebenen Einlagenzinsen subventionieren Chinas Sparer – darunter viele einfache Leute, die für die Zukunft vorsorgen müssen – die Bankkredite für die reichen Staatsbetriebe und ihre Nutznießer. Die ökologischen Kosten für Chinas Aufstieg lassen sich beziffern, wie später gezeigt wird. Sie umfassen 1,2 Millionen Umwelttote im Jahr und materielle Belastungen von fast 6% des Bruttoinlandsprodukts oder rund 360 Milliarden Euro.

Man hat sich angewöhnt, über die rechtsstaatlichen und politischen Kosten zu schweigen. In China selbst ist eine offene Diskussion darüber nicht möglich, aber auch in der freien Welt scheuen die meisten Politiker und Geschäftsleute vor diesem Thema zurück. Das hat einen einfachen Grund. Der Westen ist gut gefahren mit dem autoritären chinesischen System und fürchtet im Grunde dasselbe wie die Machthaber in Peking: dass die Lage im Land instabil werden könnte, dass es zu zerbrechen drohte wie einst die Sowjetunion, dass Unsicherheit, Unberechenbarkeit und vielleicht sogar ein Bürgerkrieg folgten. Als der Ostblock implodierte, hatte das weitreichende politische, geostrategische und militärische Folgen, die wirtschaftliche Bedeutung aber war gering. Anders in China. Das Land trägt seit Jahren mehr als ein Drittel zum globalen Wachs-

Chinas Systemrelevanz für die Weltwirtschaft

Anteil an der Weltwirtschaft in %*					
Jahre	**USA**	**EU**	**Euro-Raum**	**Industrieländer insgesamt**	**China**
2011	19,0	20,0	14,2	38,4	14,3
2012	18,9	19,4	13,7	37,8	14,9
2013	18,6	18,7	13,2	37,0	15,6
2014	18,4	18,2	12,8	36,4	16,3
2015	18,3	17,8	12,5	35,8	16,9
2016	18,1	17,3	12,2	35,2	17,6
2017	17,9	16,9	11,8	34,5	18,3
2018	17,7	16,5	11,5	33,8	19,0
Anteil am Wachstum der Weltwirtschaft in Prozentpunkten**					
1996–2005 (Welt: 3,6%)	0,7	0,6	NN	1,7	0,6
2006–2012 (Welt: 3,5%)	0,2	0,2	NN	0,7	1,3
2013 (Welt: 2,9%)	0,3	0,1	NN	0,6	1,2

* BIP kaufkraftbereinigt; Schätzung nach 2011, ** Jahresdurchschnitt.
Quelle: IWF, The Conference Board

tum bei, fast doppelt so viel wie alle Industrieländer zusammengenommen. Kaufkraftbereinigt beträgt sein Anteil an der Weltwirtschaft schon 16 % und wächst stetig. 2016 wird die Volksrepublik nach Berechnungen des Weltwährungsfonds IWF die EU hinter sich lassen und ein Jahr später auch die USA (siehe Tabelle S. 30). Dann steht China wieder dort, wo es bis ins 19. Jahrhundert hinein stand und wo es nach seiner Bevölkerungszahl auch hingehört: an der Spitze der Weltwirtschaft.

Ein solches Land ist, um mit der Sprache der Banker zu reden, „too big to fail". Die Welt kann sich schlichtweg nicht erlauben, dass seine Wirtschaft aus dem Ruder läuft. Und es ist genau diese Systemrelevanz, die ausländische Regierungen und Geschäftemacher davor zurückschrecken lässt, sich mit den Schattenseiten der glitzernden Fassaden in Peking auseinanderzusetzen. Dabei sind die Auswüchse der Unfreiheit sogar für die unübersehbar, die nicht mit Regimekritikern sprechen, die sich nicht für politische Gefangene oder für die – verbotenen, aber massenhaft praktizierten – Zwangsabtreibungen und erzwungenen Sterilisationen zur Durchsetzung der Ein-Kind-Politik interessieren. Wer sich mit offenen Augen im Land bewegt, egal ob geschäftlich oder als Tourist, entdeckt eklatante Einschränkungen der Informations-, Bewegungs-, Pressefreiheit oder des Postgeheimnisses.

Um das zu illustrieren, reicht es, eine kleine Reise zu unternehmen, zum Beispiel von Peking nach Schanghai. Selbst für Inlandsflüge muss der Passagier am Flughafen den Ausweis vorzeigen, mindestens zweimal. Er wird registriert, fotografiert, überprüft. Auch viele Zugfahrscheine und Chipkarten für Mobiltelefone sind ohne Identitätspapiere nicht zu bekommen. Mit Hilfe von Handy-Ortungen ermittelt die Stadt Peking die Position von 17 Millionen Nutzern – angeblich, um Staus zu vermeiden. Wünscht man in der Flughafenlounge einen W-Lan-Zugriff für Computer oder Smartphone, muss der Reisepass eingescannt werden. Im Internet stößt der Nutzer dann auf Dutzende gesperrte Seiten. Nicht nur Free Tibet, Falun Gong oder Amnesty International sind nicht zugänglich, sondern auch die Nachrichtenagentur Bloomberg, die New York Times, Twitter, Facebook, Youtube und selbst das Filmnachschlagewerk Internet Movie Data Base. Rund zwei Millionen Cyberpolizisten – sogenannte „Analysten der Internet-Meinung" – wachen über Inhalte und Nutzer.[21] Auf Kurzmitteilungsdiensten wie Weibo und anderen Sozialen Medien sind nur noch Klarnamen erlaubt, wer nicht verifizierte Inhalte weitergibt, macht sich neuerdings strafbar.

Wie das Internet so ist auch Chinas Presse staatlich gelenkt. Ausländische Zeitungen und Magazine sollte man aus dem Flugzeug mitbringen, sie sind selbst in den Buchhandlungen an internationalen Flughäfen nicht erhältlich. Unabhängige Fernsehsender aus dem Ausland lassen sich nur zeitverzögert empfangen, damit der Zensor genügend Vorlauf hat; so bleibt der Bildschirm von CNN oder BBC zuweilen schwarz. Möchte man ein Päckchen aufgeben, muss der Postmitarbeiter den Inhalt zu sehen bekommen, selbst bei Inlandssendungen. An der Mautstelle auf dem Weg vom und zum Flughafen wird jedes Auto geblitzt und erfasst. Das ist auf Chinas Schnellstraßen üblich, ebenso die ständige Kameraüberwachung in den Städten. Kommt der Gast endlich im Hotel an, nimmt der Empfang den Pass an sich. Eine Kopie geht an die Polizei – und kommt dort auf den großen Stapel mit den anderen Überwachungsergebnissen des Tages.

Man muss es sich immer wieder klarmachen: China ist kein Land wie jedes andere, sondern ein Überwachungsstaat, eine autoritäre Ein-Parteien-Herrschaft ohne Gewaltenteilung, Opposition und ohne Pluralismus außerhalb dessen, was die Partei erlaubt. Es ist weder Demokratie noch Rechtsstaat noch offene Gesellschaft. Viele Personen und Institutionen aus Partei und Verwaltung stehen außerhalb, richtiger: oberhalb des Gesetzes, während die Abwehrrechte des Einzelnen gegen die Übergriffe der Mächtigen vom Belieben genau dieser Mächtigen abhängen. In einem Prozess sind Richter und Anwälte auf die Kommunistische Partei eingeschworen, unterliegen also alle derselben Loyalität: nicht dem Recht, sondern der politischen Gesinnung.

Nicht einmal die Verfassung zählt, die der Theorie nach die Grundrechte schützt. Zwar hatte sich Xi Jinping zunächst auf sie berufen und klargestellt, dass kein Individuum und keine Organisation über der Verfassung stehe, also auch die Partei nicht. Doch schon wenige Monate später schreckte eine Gegenkampagne selbst die zuversichtlichsten Konstitutionalisten auf. Der neuen Doktrin zufolge entspricht jede Berufung auf die höhere Autorität eines Grundgesetzes westlichen Einflüsterungen und bedeutet Verrat an der Partei. Denn diese rangiere – natürlich – vor der Verfassung. Wer anderer Ansicht ist, etwa die Bewegung der „Neuen Bürger“, die mehr Rechtsstaatlichkeit fordert, wird verfolgt, einige ihrer Anführer sind festgenommen worden. Das zu Recht gerühmte Dritte Plenum, die schon mehrfach genannte Reformtagung der KPCh aus dem November 2013, hat zwar den zaghaften Versuch einer Justizreform unternommen. An der überragenden Stellung der Partei und seiner Führer aber hat es nicht gerüttelt. Im Gegenteil: Das ZK stattete seinen Generalsekretär Xi Jinping mit einer neuen Machtfülle aus. Augenfälligstes Beispiel dafür ist die Einrichtung eines Nationalen Sicherheitskomitees, mithilfe dessen Xi die Befehlsgewalt nicht nur wie bisher über das Militär ausüben kann, sondern auch über die Sicherheitskräfte im Inland, über die Geheimdienste und die Außenpolitik. Damit vereint Xi deutlich mehr Macht auf sich als alle seine Vorgänger mit Ausnahme von Mao Tse-tung und Deng Xiaoping.

Warum diese düsteren Töne in einem Buch, das so zuversichtlich von Chinas Zukunft berichtet? Zum einen, weil jedes Bild unfertig und unwahr wäre, das diese Schattenseiten ausblendete. Es gibt im Ausland zu viele einseitige Bewunderer des chinesischen Wegs, die im Einklang mit einer kleinen chinesischen Elite nur ihre eigenen Chancen sehen, aber die Augen verschließen vor dem Leid, der Unterdrückung, der Willkür in diesem schönen Land. Zum anderen kommen die Missstände auch deshalb hier zur Sprache, weil in Chinas Unfreiheit auf paradoxe Weise der vielleicht größte Schatz von allen verborgen liegt. Denn es sind enorme Triebkräfte für die Wirtschaft zu erwarten, falls und wenn China seinen Bürgern jene Rechtssicherheit, jene politische Teilhabe und jene individuellen Spielräume zubilligte, die nicht nur im Westen, sondern auch in weiten Teilen des Asien-Pazifik-Raums selbstverständlich sind. Und die dort zu Innovationen, inspiriertem Ideenwettbewerb, zu Risikobereitschaft, Bürgerbeteiligung, ja zu einer mündigen, verantwortungsvollen und hoch leistungsfähigen Mittelklasse geführt haben. Auch das zeigt dieses Buch: Gerade China hat gute Erfahrungen mit Angebot und Nachfrage, mit wirtschaftlicher Vielfalt und selbstbestimmten Kauf- und Investitionsentscheidungen gesammelt. Es ist an der Zeit, dass in der Volksrepublik auch echte Märkte für Meinung und Politik entstehen. Erst wer diesen Wettbewerb zulässt, ist ein wirklicher Reformer.

Noch allerdings ist ein solcher grundlegender Systemwandel nicht in Sicht. Und deshalb kommt dieser Schatz im Folgenden auch nicht vor, er liegt zu weit abseits und zu tief vergraben. Aber es gibt auf unserer Chinareise viele andere prallgefüllte Truhen zu entdecken, die es sich zu bergen und zu öffnen lohnt. Dabei wird sich zeigen: Das Wirtschaftswunder im Fernen Osten ist noch lange nicht zu Ende. Wenn wir es richtig anstellen, können wir hier noch auf Jahre manche Reichtümer einfahren.

Weltrekordhalter China: Jedes Jahr werden 25 Millionen Bäume zu Essstäbchen

China ist in vielen Feldern Spitze, nicht nur in der Wirtschaft			
Rekord	**Menge / Größe / Länge**	**Entsprechung**	**Nächster Rivale**
Kein anders Land produziert pro Jahr mehr …			
Apfelsaft	700.000 bis 1,0 Mio. t	Gesamter Frachtumschlag am Flughafen Tokio	Polen: 300.000 t
Bier	49 Mrd. Liter	Rund 4 Mrd. Liter mehr als der Eigenverbrauch (ebenfalls Nr. 1 in der Welt: 44,6 Mrd. Liter)	USA: 22,5 Mrd. Liter
Künstliche Tannenbäume	10 Mio.	Zahl der in einem Monat in Deutschland gefällten echten Bäume	
Elektrofahrräder	22 Mio.	Doppelte Produktion normaler Fahrräder in Europa	
Schweinefleisch	53 Mio. t	700 Mio. Tiere	USA: 11 Mio. t.
Reis, Weizen, Baumwolle	203 Mio. t, 117 Mio. t, 34 Mio. Ballen à 227 Kg	Für den Reis sind 4,2 Mrd. der sprichwörtlichen, zum Umfallen neigenden Säcke nötig (je 50 kg)	Indien: 160 Mio. t, 86 Mio. t, 27 Mio. Ballen
Kohlendioxid	9.700 Mio. t	30 % des Weltausstoßes	USA: 4.200 Mio. t
Erneuerbare Energien	797 Terawattstunden	Gesamter Stromverbrauch Russlands	USA: 520 Terawattstunden
Gold	370 t	Gesamtreserven Großbritanniens	Australien: 250 t
Kohle, Stahl, Zement	3.500 Mio. t, 717 Mio. t, 2.000 Mio. t	China produziert etwa die Hälfte aller Kohle, allen Stahls und allen Zements auf der Welt.	USA (Kohle): 993 Mio. t, Japan (Stahl): 107 Mio. t, Indien (Zement): 210 Mio. t
Exporte	3.900 Mrd. Dollar	Jahresumsatz der 11 größten Unternehmen der Welt (Walmart, Shell, Exxon, Sinopec, BP, Saudi Aramco, CNPC, Vitol, State Grid China, VW, Chevron)	USA: 2.200 Mrd. Dollar
Auslandstouristen	83,2 Mio., die 102 Mrd. Dollar ausgeben	Einwohnerzahl Deutschlands	Deutschland: 69,3 Mio., die 83,8 Mrd. Dollar ausgeben
Feuerwerkskörper	Wert: 3,2 Mrd. Dollar, davon 608 Mio. Dollar Export	90% der Weltproduktion	
Sonnenbrillen für Deutschland	38,5 Mio.	85,5% aller nach Deutschland eingeführten Sonnenbrillen	Italien: 2,2 Mio.

Rekord	Menge / Größe / Länge	Entsprechung	Nächster Rivale
Kein anders Land hat mehr …			
Einwohner	1,354 Mrd. Menschen	Jeder fünfte Erdbewohner ist Chinese.	Indien: 1,241 Mrd. Menschen
Einwohner desselben Familiennamens	Wang (王): 92,8 Mio.	Der häufigste Familienname in Deutschland lautet Müller: 700.000. In den USA ist es Smith: 2,4 Mio., in Lateinamerika Silva: 21 Mio.	Da es in China nur 4.000 Familiennamen gibt, dominiert das Land die Welt-Liste bis Platz 6. Auf Platz 7 steht Nguyễn aus Vietnam: 34,1 Mio.
Arbeitskräfte	799 Mio. Menschen	Fast die Einwohnerzahl der USA und der EU zusammen	Indien: 487 Mio.
Übersechzigjährige	182 Mio.	Fast 1/4 der Weltbevölkerung in dem Alter	Indien: 100,2 Mio.
Devisenreserven	3.660 Mrd. Dollar	Gesamte Wirtschaftsleistung Deutschlands in einem Jahr	Japan: 1.270 Mrd. Dollar
Amerikanische Schuldtitel	1.280 Mrd. Dollar	Mehr als 1/4 der gesamten US-Auslandsschuld	Japan: 1.140 Mrd. Dollar
Internetnutzer	568 Mio.	Viereinhalbfache Bevölkerung Japans	USA: 254 Mio.
Mobiltelefone	986 Mio.	Zweieinhalbfache Zahl aller bisher auf der Welt verkauften iPhones	Indien: 894 Mio.
Fernsehapparate	400 Mio.	Nur achtmal so viele wie in Deutschland bei einer siebzehnmal so großen Bevölkerung	USA: 219 Mio.
Strecken für Hochgeschwindigkeitszüge	9.760 km Gesamtlänge	Luftlinie Moskau – Los Angeles	EU: 7.380 km Gesamtlänge

Rekord	Menge / Größe / Länge	Entsprechung	Nächster Rivale
Kein anderes Land kauft / braucht / beantragt / mobilisiert pro Jahr mehr …			
Neuwagen	19,3 Mio.	Stoßstange an Stoßstange geparkt, entspricht das dem doppelten Erdumfang	USA: 14,5 Mio.
Schuhe	2,26 Mrd. Paar	Hintereinandergestellt reichen sie dreimal von der Erde bis zum Mond	USA: 2,13 Mrd. Paar
Essstäbchen	45 Mrd. Paar	25 Mio. Bäume auf 25.000 Hektar Wald	Japan: 25 Mrd. Paar
Zigaretten	2.477 Mrd. Stück	1,3 Mio. Todesopfer durchs Rauchen (3.560 am Tag)	Russland: 374 Mrd. Stück
Bordeaux-Weine	64 Mio. Liter	Trinkwasserverbrauch an einem einzigen Sommertag in Mönchengladbach	Deutschland: 32 Mio. Liter
Schweizer Uhren	Wert: 6,5 Mrd. Dollar	28 % des Gesamtexports dieser Uhren. Davon entfallen 20,4 Prozentpunkte auf Hongkong.	USA: 2,4 Mrd. Dollar
Glühlampen	1,07 Mrd. Stück	Nutzen 12 % des chinesischen Stromverbrauchs	USA: 4.200 Mio. t
Fahrstühle	400.000	Fast zwei Drittel aller Aufzugsanlagen in der Welt (650.000 im Jahr)	
Patente	526.000 Anmeldungen	Dreieinhalb mal so viel wie am Europäischen Patentamt, fast zehnmal so viel wie in Deutschland	USA: 504.000 Anmeldungen
Menschen, die gleichzeitig unterwegs sind	Reisende zur Urlaubszeit um Chinesisch-Neujahr: ca. 700 Mio.	Zahl aller Auslandsreisenden auf der Welt 2011: 729 Mio.	Teilnehmer am hinduistischen Pilgerfest Kumbh Mela in Nordindien: ca. 100 Mio.

Rekord	Menge / Größe / Länge	Entsprechung	Nächster Rivale
Weitere Weltrekorde			
Meistgesprochene Muttersprache	Mandarin: 955 Mio. Sprecher	450 Mio. Chinesen in aller Welt haben eine andere Muttersprache. Die wichtigste ist Wu (80 Mio.) in Ostchina vor Kantonesisch (Yue) im Süden (59 Mio.).	Spanisch: 407 Mio. Sprecher. Zum Vergleich: Deutsch auf Platz elf: 92 Mio. Sprecher
Längste U-Bahn	Peking: 442 km	Das Netz brauchte 44 Jahre, um länger als 400 km zu werden. In Schanghai waren es 15 Jahre, in London (Platz 3) 150 Jahre.	Schanghai: 437 km

Längste Brücke	Danyang-Kunshan auf der Expresszugstrecke Peking–Schanghai: 165 km	Luftlinie Frankfurt–Stuttgart	Rang 2 und 3 ebenfalls in China. Auf Rang 4 Bang Na Expressway in Thailand: 54 km
Längster Kanal	Grand Canal: 1.776 km	Luftlinie Hamburg–Palermo	Karakum-Kanal in Turkmenistan: 1.375 km
Größter Hafen	Schanghai: 33 Mio. Standardcontainer (TEU) im Jahr	Dreifacher Umschlag des größten europäischen Hafens in Rotterdam	Singapur: 32 Mio. TEU im Jahr
Größtes Einkaufszentrum	New South China Mall in Dongguan: 660.000 m² zu vermietende Bruttofläche	Zehnmal so groß wie das KaDeWe in Berlin. Die chinesische Mall bietet Platz für 2.350 Geschäfte, aber mehr als 90 % des Baus stehen leer.	Golden Resources Mall in Peking: 557.400 m²
Größtes Gebäude	New Century Global Center in Chengdu: 1,76 Mio. m² Nutzfläche	dreimal Pentagon, 20-mal Sydney-Oper	Internationaler Flughafen, Terminal 3 in Dubai: 1,71 Mio. m²
Höchstgelegener Flughafen	Daocheng-Yading in Sichuan: 4.411 m	So hoch wie das Matterhorn: 4.448 m	Bamda in Tibet: 4.334 m
Höchstgelegener Bahnhof	Tanggula in Tibet: 5.068 m	2.106 m höher als Deutschlands höchster Berg, die Zugspitze: 2.962 m	Ticlio in Peru: 4.829 m
Geplant: größter Flughafen	Beijing Daxing International Airport: 130 Mio. Passagiere im Jahr	Fast zweieinhalbmal so groß wie der Flughafen Frankfurt: 57,5 Mio. Passagiere im Jahr	Hartsfield–Jackson Atlanta International Airport: 95,5 Mio. Passagiere im Jahr
Geplant: höchstes Gebäude	Sky City in Changsha: 838 m	Zweieinhalbmal so hoch wie der Eiffelturm	Burj Khalifa in Dubai: 830 m
Größte Armee	2,3 Mio. Soldaten	Einwohnerzahl von Paris	USA: 1,4 Mio. Soldaten
Tote durch Luftverschmutzung	1,2 Mio. im Jahr	40 % aller Fälle in der Welt	Indien: 620.000 im Jahr
Abtreibungen	13 Mio. im Jahr	Dreifache Anzahl aller Neugeborenen in den USA: ca. 4 Mio. im Jahr	Russland: 2,3 Mio. im Jahr
Zahl an Hinrichtungen	3.000 im Jahr (Schätzung)	Viermal mehr als alle anderen Länder zusammen	Iran: 314 im Jahr

Quellen: Europäischer Fahrradherstellerverband COLIBI; Statistisches Bundesamt Destatis; Wikipedia; Welternährungsorganisation FAO; European Commission Joint Research Centre Edgar; Chinas Nationales Statistikbüro NBS; US-Landwirtschaftsministerium USDA; CIA World Fact Book; F.A.Z.; China Daily; Welttourismusorganisation UNWTO; United Nations Department of Economic and Social Affairs; China Outbound Tourism Research Institute COTRI; Campaign for Tobacco-Free Kids; Auto-Stats.org.cn; International Union of Railways; World Shipping Council; Guinness World Records; Deutsche Presse Agentur dpa; World List Mania; Amnesty International; Dui Hua Foundation; US-Finanzministerium; Security Times; China Quality Net; The Telegraph; Reuters; Tobacco Atlas; Schweizer Uhrenverband; Internationale Organisation für Geistiges Eigentum WIPO; Thuenen Institute for Forest Economics; KCET; Nation Master; China Statistical Yearbook; Weltbank; Internationaler Währungsfonds IWF; Thyssen Krupp Elevator; The Lancet; BBC News; Kirin Institute; Index Mundi; Top 5 of Anything.

Let's Go West: Auf Schatzsuche in Chinas Wildem Westen

1. Unbekanntes, riesiges Hinterland: Mehr Einwohner als in den USA

Yak-Butter und Raupenpilze: Die Nomaden bitten zu Tisch

Tief bohrt sich der spitze Stahl in den Klotz aus Yak-Butter. Der Käufer macht sich nicht erst die Mühe, den Leinensack zu öffnen. Durch die Maschen hindurch stößt er das fingerdicke Metall in den Ballen, der ihm bis zu den Knien reicht. Mit beiden Händen muss er drücken, lehnt sein ganzes Gewicht auf den Griff, so hart ist der zentnerschwere Block in der Kälte. Es ist erst September, doch der Winter kommt früh ins Tibetische Hochland. Gestern hat es geschneit. Als der Mann den hohlen Stab wieder zurückzieht, hängt die weißgelbe Butter daran. Der Kunde kostet, schnuppert, verreibt ein bisschen zwischen Daumen und Zeigefinger. Ein kurzer Wortwechsel mit dem Verkäufer, dann einigt man sich auf den Preis, 17 Yuan je Pfund, rund 2 Euro.

Es sind verwegene Gestalten, die hier in Zeku Handel treiben. Der graue Marktflecken liegt viereinhalb Autostunden südlich von Xining, der Hauptstadt der chinesischen Westprovinz Qinghai. In einem matschigen Innenhof bieten die Hochlandnomaden ihre Waren an. Früher kamen sie zu Pferd, heute knattern sie auf Motorrädern herbei, einige mit der Familie, bis zu vier Personen auf dem Sattel. Die Haut der Männer ist dunkel und zerfurcht, die hohen Wangenknochen sind charakteristisch für die tibetische Minderheit, die hier, auf fast 4.000 Metern Höhe, längst die Mehrheit bildet. Stolze, hochgewachsene Männer, gehüllt in die typischen langen Mäntel ihres Volkes, die wie umgeschlungene Wolldecken aussehen: dick gefüttert, oft mit bunten Bordüren an den Säumen, unaufgerollt reichen die weiten Schlackerärmel bis zum Erdboden. Einige der Männer tragen Dolche, ein Privileg der Minderheiten, normalen Chinesen ist das nicht erlaubt.

Die meisten Familien hier oben sind Hirten und ziehen mit ihren Herden über das Weideland. Im Sommer wohnen sie in Zelten, im Winter bleiben viele in der Stadt. Die Yaks liefern fast alles, was die Menschen brauchen, Milch, Butter, Dung zum Feuermachen, Fell für Kleidung, Decken, Zeltplanen. Die Tibeter schlachten die Tiere ungern, aber sie verkaufen sie an die muslimische Volksgruppe der Hui, die in Qinghai ebenfalls stark vertreten ist. Auf dem Markt in Zeku bestimmen die Männer mit den Bärten und weißen Kappen den Fleischhandel. Sie hantieren mit Beilen und großen Messern, zu ihren Füßen Yakschädel und Hufe, aus denen noch das Blut rinnt.

Den größten Gewinn werfen allerdings nicht die großen Lebewesen ab, sondern die ganz kleinen. Ein junger Mann mit Strohhut hält eine Messingwaage in der Hand, darin ein halbes Dutzend vertrockneter Würmer. 30 Yuan soll jeder einzelne kosten, 3,60 Euro. Dabei handelt es sich um chinesische Raupenpilze (Ophiocordyceps sinensis), eine eigenartige und kostbare Spezialität, die die Graslandbewohner in den warmen Monaten ausgraben. Diese in Tibet ende-

Westchina

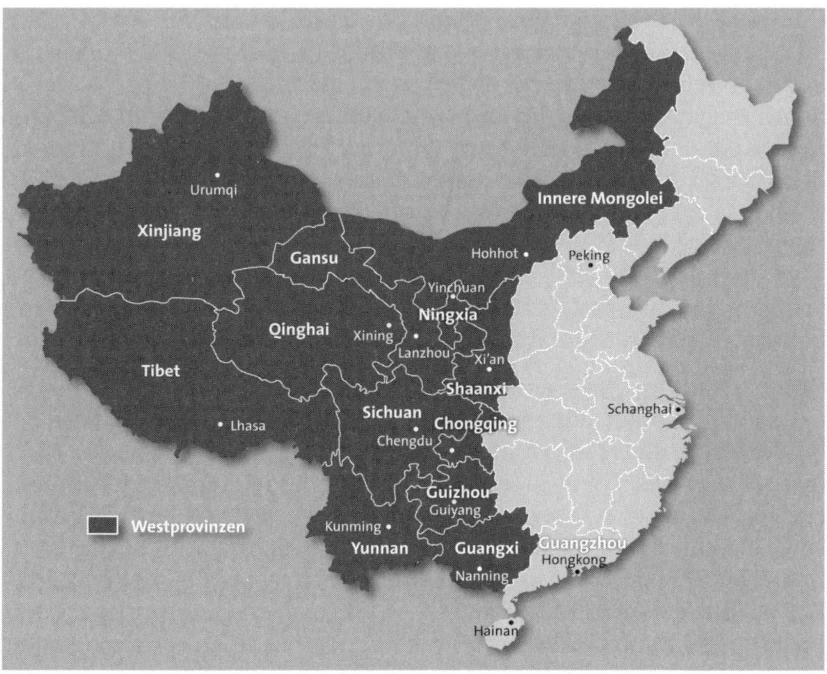

mischen Parasiten, die so lang und dünn sind wie Bleistifte, wachsen auf Schmetterlingsraupen, die sie abtöten und mumifizieren. Im Frühjahr drängen die Fruchtkörper in Höhenlagen von 3.000 bis 5.000 Metern an die Erdoberfläche, wo die Hirten sie zu Millionen einsammeln. Die Pilze kommen in der traditionellen tibetischen und chinesischen Medizin zum Einsatz, als Aphrodisiakum und angeblich auch als Dopingmittel für Sportler. Sie sind teuer und bilden den wichtigsten Verdienst der Hochlandnomaden. Einer der Hirten erzählt, er nehme damit 20.000 Yuan im Jahr ein, etwa 2.400 Euro, zwei Drittel des Haushaltseinkommens. Für ein Yak bekommt der Familienvater bestenfalls ein Viertel davon.[22]

Zwischen den ebenso wunderlichen wie freundlichen Viehzüchtern in Zeku merkt man, dass Tibet viel größer ist als die gleichnamige Provinz, die im Nordosten an Qinghai grenzt. Bis heute erstreckt sich der Kultur- und Siedlungsraum der Tibeter bis nach Indien, Nepal und Bhutan und weit ins chinesische Kernland hinein. Teile der Provinzen Gansu, Sichuan, Yunnan und eben Qinghai gehören zu Osttibet, das früher auch Amdo, Kham oder Dokham hieß. Daran erinnert sich die Welt meist nur dann, wenn es dort zu Protesten kommt. In Sichuan, aber auch hier in Qinghai verbrennen sich immer mehr Menschen selbst, um gegen die Vorherrschaft der Han-Chinesen zu demonstrieren und um die Rückkehr des Dalai Lama durchzusetzen. Seit dem Volksaufstand in Lhasa 1959 gegen die Besatzer lebt das religiöse Oberhaupt im indischen Exil. Der Friedensnobelpreisträger, der 2011 die politische Führung der Tibeter niederlegte, stammt selbst aus Qinghai. Etwa 30 Kilometer südöstlich der Stadt Ping'an liegt sein Geburtsort Taktser, der auf Chinesisch Hongya heißt. Angeblich lässt sich dort sein Elternhaus besichtigen, auch lebe seine Schwester noch in dem Dorf, sagen die Leute. Aber niemand ist bereit, Fremde, Journalisten zumal, dorthin zu bringen. Bei seinem letzten Besuch mit Ausländern habe ihn die Polizei verwarnt, sagt ein Fahrer. „Das ist mir zu heiß."

Qinghai ist doppelt so groß wie Deutschland. Hier leben aber nur so wenige Einwohner wie in Dänemark, 5,6 Millionen, davon allein 2,2 Millionen in der Hauptstadt Xining. Hier oben sagt man, der Himmel sei nah und Peking fern. Das gilt für viele Regionen des Riesenreiches, die derart exotisch erscheinen: fremd, entlegen, vergessen vom Rest des dynamischen Landes und erst recht vom Rest der Welt. Doch der Eindruck trügt. Denn tatsächlich verschiebt sich Chinas Entwicklungspotential immer weiter weg von den alten Wirtschaftshochburgen an den Küsten hin zu den neuen im Hinterland. In den

Weiten Qinghais, Sichuans, der Inneren Mongolei, Xinjiangs oder Shaanxis liegen unermessliche Schätze vergraben, von deren Wert kaum jemand eine Vorstellung hat. Das gilt wortwörtlich für die Rohstoffe, es gilt aber auch für das enorme Nachfrage- und Angebotspotential der Menschen hier. Wenn man sie, wie beabsichtigt, besser ausbildet, können sie mithelfen, China zu einer Wissensgesellschaft zu machen, als Verbraucher sind sie es, die darüber entscheiden, ob die geplante Transformation zum binnengestützten Wachstum gelingt. Nicht umsonst heißt Tibet auf Chinesisch Xizang, Schatzspeicher des Westens.

Erfolg mit Yakwolle und Sonnenöfen. Wie zwei junge Ausländer in Qinghai Geld verdienen und zugleich den Hirten helfen.

Julian Wilson diente als britischer Offizier in Nordirland und im ehemaligen Jugoslawien. Ihn schreckt so leicht nichts – bis auf die Hütehunde der Nomaden. Es ist früher Morgen im Hochland von Qinghai, dichter Nebel liegt über der Steppe in fast 4.000 Metern Höhe. Wilson hat eine Yakherde auf die unendlichen Weideflächen hinausbegleitet und kehrt jetzt zu seinem Schlafplatz zurück, einem groben Zelt aus Yakwolle. Die Hunde der Viehzüchter kläffen und fletschen die Zähne, Wilson hält sie mit Steinwürfen in Schach. „Die sind irgendwie psychotisch hier oben“, sagt der Engländer. „Mir sind die Yaks lieber.“[23]

Wilson ist aus seinem Wohnort Peking in die unwirtliche Weite oberhalb der Provinzhauptstadt Xining gekommen, um die Wolle der großen Zotteltiere zu kaufen. Einer der Nomaden schnürt einen Reissack auf, herausquellen drahtige Fellbüschel. Wilson prüft die Qualität, indem er die Ware zwischen Daumen und Zeigefinger zwirbelt. Unter den groben Haaren kommen feine Fasern zum Vorschein. „Die sind fast so weich wie Kaschmir“, sagt der Unternehmer. „Genau das, was wir für unsere Kollektion brauchen.“ Er und der Lieferant einigen sich auf einen Preis von 14 Yuan je Pfund, etwa 1,70 Euro. Für die seltene Wolle eines weißen Tieres sind es 15 Yuan. Nur ein Viertel des Gewichts landet letztlich in den Stoffen.

Wilson ist Gründer und Miteigentümer des Hongkonger Unternehmens Khunu. Seit 2009 stellt er Freizeit-, Sport- und Winterkleidung aus der Wolle von Yaks her, die auch Tibetische Grunzochsen heißen. Es gibt zwar noch andere Anbieter, etwa das deutsche Unternehmen Hess Natur aus dem hessischen Butzbach. Aber Khunu versteht sich als erstes Unternehmen, das sich ausschließlich auf die Bergrinder konzentriert. Zum einen wollen Wilson und sein amerikanischer Partner Aaron Pattillo eine, wie sie glauben, erfolgversprechende Nische bedienen: Yakwolle sei weicher und wärmer als die des Merinoschafs. Eine vergleichbare Qualität der Kaschmirziege sei teurer und weniger abriebfest. Zum anderen verfolgen die Gründer ein soziales Ziel. Sie wollen den Bauern im Hochland neue Einnahmequellen eröffnen.

Das versuchen sie in den tibetischen Regionen von Qinghai und Sichuan genauso wie in den Steppengebieten der Mongolei. Aus dem Nachbarland Chinas stammt auch der Firmenname. „Khunu“ bezeichnet dort eine frühe Herrscherdynastie und eine Flusslandschaft. In der Mongolei sei es einfacher, Geschäfte abzuschließen, sagt Wilson. Chinas Behörden seien unkooperativer, da sie Ausländern misstrauten, die Kontakt zu Tibetern suchten. Hinzu kommt, dass Chinas Nomaden nicht ganz so engagiert sind, wie Khunu sich das wünscht. So sammeln die Viehhüter lieber ausgefallene Wollknäuel auf, als die Tiere auszukämmen. Dadurch, so Wilson, seien die Reinheit schlechter und die Preise niedriger. An eine Weiterverarbeitung im Hochplateau ist erst recht nicht zu denken. Khunu verfrachtet die Rohwolle deshalb ins Tiefland, lässt sie dort reinigen, spinnen, verweben. Die Kleiderherstellung besorgt ein Schweizer Betrieb in Peking. „Wir wünschten uns eine höhere Wertschöpfung hier oben“, sagt Wilson. „Das dauert aber.“ Khunu, an dem ein Münchner Geldgeber beteiligt ist, vertreibt seine edel-flauschigen Schals, Jacken oder Pullis vor allem über seinen Internethandel www.khunu.com. „Facebook ist unsere wichtigste Werbeplattform“, sagt Wilson. Billig ist die Kleidung nicht. Ein Sweater mit Reißverschluss kostet 125 Euro, ein Cape 160 Euro. Da die Ware nicht gefärbt wird, variieren die Preise je nach Tönung. Das Cape eines seltenen cremefarbenen Yaks ist nicht unter 220 Euro zu haben.

In ihrem Streben, Geld zu verdienen und dabei Gutes zu tun, ergänzen sich die beiden Gründer gut. Pattillo, ein begeisterter Skifahrer und Naturwissenschaftler aus Colorado, arbeitete zuletzt für die soziale Stiftung von Bill Clinton. Wilson war nach seiner Militärzeit jahrelang für Finanzunternehmen tätig. Er beriet Aktiengesellschaften bei der Kommunikation von Börsengängen oder Übernahmen. „Irgendwann hatte ich die Nase voll davon, immer nur über Geld zu reden und eine Meinung zu verbreiten, hinter der ich nicht unbedingt stand. Es musste noch Wichtigeres geben." Der Zufall gab den Ausschlag zum Handeln. Auf einer Winterwanderung in Tibet wurden Wilson und Pattillo auf 5.000 Metern Höhe von schlechtem Wetter überrascht und fanden Zuflucht bei einer Nomadenfamilie. Dort lernten sie die Vielseitigkeit und Witterungsfestigkeit der Yaks kennen. Sie begriffen, dass sich aus der dichten Unterwolle Höherwertiges weben ließ als grobe Umhänge oder Zeltplanen. „Für Naturfasern und Ökologisches zahlen Leute im Westen viel Geld", weiß Wilson. „Unsere Idee war, dass die Yaktreiber davon profitieren sollten."

Khunu will weder rein renditeorientiert sein noch ein Wohltätigkeitsverein, sondern versucht, über erfolgreiches Wirtschaften den Lebensstandard der Hochlandbewohner zu heben. 2 % der Erlöse legt das Unternehmen für gemeinnützige Zwecke beiseite. Eines der größten Hindernisse zum Geschäftserfolg ist das Image der langmähnigen Tiere. Die meisten Kunden seien überrascht, dass sich aus dem fransigen Fell derart geschmeidige Wolle spinnen lasse, sagt Wilson. Auch der Name sei nicht gerade vorteilhaft. Kaschmir klinge exotisch, Merino italienisch. „Aber bei Yak denkt jeder, der Englisch spricht, an etwas Ekliges."

Während bei Wilson und Pattillo schlechtes Wetter und freundliche Gastgeber zu ihrer zündenden Geschäftsidee führten, war es bei Scot Frank eine Fliege. In einem Dorf in Qinghai schaute er vor einigen Jahren den Frauen beim Kochen zu. Die gläubigen Buddhistinnen beklagten sich darüber, dass in ihren herkömmlichen Solarkochern so viele Insekten verendeten. „Der Brennpunkt war zu eng", erinnert sich Frank. „Jede Fliege, die ihm zu nahe kam, verbrannte." Da der tibetischen Bevölkerung im Hochland jeder unnötige Tod zuwider ist, dachte der junge Ingenieur über eine Alternative zu den Sonnenherden nach. Die traditionellen Geräte, die er ersetzen wollte, haben viele Nachteile: Das Essen in den Töpfen brennt an, die Öfen selbst zerbrechen schnell. Auch sind die Betonschalen der Parabolspiegel viel zu schwer für die Nomaden, die ihren Yakherden folgen müssen. 90 Kilogramm wiegt die monströse Konstruktion. Also entwickelte Frank eine leichtere, stabilere Version. Sein Modell „Solsource" bringt gerade einmal 20 Kilogramm auf die Waage, lässt sich zusammenfalten wie ein Regenschirm und leicht schultern.[24]

In dem engen Bezug zur Zielgruppe sieht Frank den Hauptgrund für den Erfolg seines Unternehmens One Earth Designs (OED, www.oneearthdesigns.com). Die kleine Gesellschaft, die – wie die Yakwollen-Spinnerei Khunu – in Hongkong registriert ist, will 2014 nach sechs Jahren im Markt die Gewinnschwelle erreichen. Die meisten Innovationen des Zwölf-Mann-Betriebs sind aus Gesprächen und Beobachtungen entstanden. Als die Schüler eines Dorfes erkrankten, die alle aus demselben Brunnen getrunken hatten, wussten sich die Bewohner zunächst keinen Rat. Schließlich hatten sie das Wasser abgekocht. Doch durch die Höhe von 4.000 Metern lag der Siedepunkt bei weniger als 100 Grad, wodurch nicht alle Erreger abgetötet wurden. OED brachte deshalb einen Schnelltest heraus, der die Verseuchung von Wasser mit Bakterien oder Giftstoffen anzeigt. Die wichtigste Entwicklung des Unternehmens aber ist der Solarherd Solsource. Ähnliche Hohlspiegel, die das Sonnenlicht zum Erhitzen eines Topfes oder einer Pfanne bündeln, gibt es in China schon seit Längerem. Die Regierung unterstützt die Verbreitung aus ökologischen und gesundheitlichen Gründen: Angeblich sterben jedes Jahr 500.000 Chinesen an Vergiftungen, weil sie in ihren Hütten oder Zelten organisches Material verbrennen, Dung oder Feuerholz.

In Qinghai sollen bis 2015 rund 300.000 Sonnenkocher zum Einsatz kommen; bisher sind es halb so viele. OED will „Zehntausende" davon liefern, wie Frank sagt. Der Solsource kostet je nach Ausführung 100 bis 120 Euro und damit ein Vielfaches der Konkurrenzangebote.[25] Doch gut die Hälfte des Preises stelle die Provinzregierung als Kaufbeihilfen zur Verfügung, versichert der Jungunternehmer. Wenn es gut läuft, will er von Qinghai aus in den Rest Chinas expandieren und dann auch ins Ausland, etwa nach Afrika, Indien und Lateinamerika.

Die funkelnde Schale gilt als so raffiniert, dass die amerikanischen und chinesischen Entwickler dafür schon internationale Preise gewonnen haben, darunter den mit 500.000 Euro dotierten Green Challenge Award einer holländischen Lotterie. Das Besondere liegt in der Vielseitigkeit des Modells. Durch das Abklappen einzelner Module des Hohlspiegels lässt sich die Temperatur regulieren, wobei der Topfboden großflächig und gleichmäßig erhitzt wird. Als einmalig preist Frank an, dass das Gerät sogar Strom und Wärme erzeugt. Ein Latentwärmespeicher aus sogenannten Phasenwechselmaterialen – eine Art Wachskissen wie bei Taschenwärmern – heizt sich so stark auf, dass er anschließend über Stunden Hitze abgibt, in der Kleidung etwa oder unter Betten. Die Elektrizität wird nicht über die Photovoltaik gewonnen, sondern – gemäß dem Seebeck- oder Peltier-Effekt – über die Temperaturdifferenz. „Wenn die Landleute unser Gerät nutzen, frieren sie weniger, sie können in der Steppe Radio hören, Licht anschalten oder ihr Mobiltelefon aufladen", sagt Frank. „Das erhöht die Lebensqualität mehr als bei anderen Solaröfen". Zehn Fabriken in Südchina, die sonst Töpfe oder Plastikschläuche produzieren, stellen die Teile für den SolSource her. Zusammengesetzt wird er in Guangzhou (Kanton).

Der 27 Jahre alte Frank stammt aus Salt Lake City in Utah, ist aber, wie er lachend versichert, kein Mormone. Schon früh fiel er durch Talent und Leistung auf, was ihm ein Studium am Massachusetts Institute of Technology (MIT) ermöglichte, einer der führenden technischen Universitäten in der Welt. Er studierte Elektrotechnik, Internationale Studien und Chinesisch, eine Zeit lang auch in Harvard, einer weiteren Elitehochschule. Noch während der Ausbildung gründete er zwei Unternehmen für Informationstechnik, was ihn aber schnell langweilte. Nach Qinghai kam er als Austauschstudent und Lehrkraft an der Universität der Provinzhauptstadt Xining. Von hieraus erkundete er das tibetische Hochland, wo ihn Landschaft und Leute so fesselten, dass er seitdem mit und für sie arbeiten will.

Zerklüfteter Wirtschaftsraum zwischen Mount Everest und Pazifik

Bevor es um die Schätze Westchinas im Einzelnen geht, lohnt es sich, das Gebiet aus der Vogelperspektive zu betrachten und einzuordnen. Die Regierung hat China in vier Entwicklungsregionen aufgeteilt. Der Küstenstreifen entlang dem Pazifik bildet Ostchina, wozu auch der Südosten zählt. Hier liegen die bisherigen Wirtschaftszentren: im nördlichen Abschnitt Peking und Tianjin – umgeben von der Provinz Hebei – in der Mitte das Jangtsedelta mit Schanghai, im Süden das Perlflussdelta mit Guangzhou (Kanton) und Shenzhen sowie ganz unten auf der Landkarte Chinas einzige Tropeninsel, die Tourismus- und Immobilienhochburg Hainan. In diesem Raum spielt die Musik seit Beginn der Öffnungspolitik 1978, mal mehr in der einen, mal mehr in der anderen Stadt. Peking, Tianjin, Hebei und die beiden Deltaregionen machen nur 2,8 % des chinesischen Territoriums aus und 18 % der Bevölkerung. Sie erwirtschaften aber 36 % der Wirtschaftsleistung des ganzen Landes.[26]

Die nächste Großregion, der Nordosten, ist weitgehend identisch mit der ehemaligen Mandschurei, aus der Chinas letzte Kaiser-Dynastie stammte, die Qing (1644–1911). Für die Provinzen Heilongjiang, Jilin und Liaoning gilt seit 2003 ein spezielles „Revitalisierungsprogramm", um der alten Schwerindustrie den Strukturwandel zu erleichtern. Der sogenannte Rostgürtel hatte unter dem Ende der Planwirtschaft und der sich anschließenden Privatisierung der unrentablen Staatskonzerne besonders zu leiden. In den Städten Shenyang (Mukden) und Changchun etwa wird der Automobilbau gefördert. Dort produzieren BMW und Volkswagen/Audi; in Shenyang hat 2012 ein deutsches Generalkonsulat eröffnet. Daqing in Heilongjiang ist Chinas wichtigster Standort zur Erdölförderung. Die Sonderwirtschaftszone Dalian in Liaoning hat sich zu einem der bedeutendsten Handelshäfen und Marinestützpunkte entwickelt. Hier wurde 2012 Chinas erster Flugzeugträger in Dienst gestellt. Impulse erhofft sich Nordostchina vom Handel mit dem Nachbarland Russland, ein eher schwieriger Partner ist hingegen das ebenfalls an die Region grenzende Nordkorea.

Zentralchina als nächste Großregion setzt sich aus den sechs Provinzen Shanxi, Henan, Anhui, Hubei, Hunan und Jiangxi zusammen, die nur wenige gemeinsame Wurzeln haben. In der Sandwich-Zone gilt seit 2004 ein Programm zum „Aufstieg Zentralchinas". Impulsgeber, etwa für private Großunternehmen, sind die Provinzhauptstädte Wuhan und Changsha. Letzteres ist der Sitz des Schwermaschinenkonzerns Sany, der den deutschen Weltmarktführer für Betonpumpen Putzmeister gekauft hat. Ebenfalls in Changsha, von wo aus Hunan regiert wird, sitzt der Klimaanlagenhersteller und Baukonzern Broad (Yuan Da). Er will in der Stadt in Rekordzeit den mit 823 Metern höchsten Wolkenkratzer der Welt errichten. In Wuhan am Jangtse, der Hauptstadt von Hubei, wächst die Wirtschaft fast doppelt so schnell wie im Landesdurchschnitt, auch die Direktinvestitionen aus dem Ausland legen deutlich stärker zu als anderswo.

Die mit Abstand größte und spannendste Förderregion ist Westchina. Um sie auf Vordermann zu bringen, hat die Zentralregierung ein „Entwicklungsprogramm für den Westen" aufgelegt (Xibu Dakaifa), das auch „Auf-nach-Westen-" oder „Go-West-Kampagne" genannt wird. Der Ansatz zielt auf die sechs Provinzen Gansu, Guizhou, Qinghai, Shaanxi, Sichuan und Yunnan, die fünf sogenannten Autonomen Minderheitenregionen Guangxi, Innere Mongolei, Ningxia, Tibet und Xinjiang sowie die regierungsunmittelbare Stadtprovinz Chongqing. In dem riesigen Landstrich wohnen etwa 27 % der chinesischen Bevölkerung, nämlich 361 Millionen Menschen, auf rund 70 % der Landfläche, rund 6,6 Millionen Quadratkilometern. Das bedeutet, dass in Westchina mehr Menschen leben als in den USA – und das auf einem Gebiet, das doppelt so groß ist wie Indien.

Die einheitliche Bezeichnung als Westchina ist irreführend. Guangxi reicht ähnlich weit in die Mitte des Landes hinein wie das zu Zentralchina zählende Shanxi. Die Innere Mongolei erstreckt sich in Teilen sogar bis nach Ostchina (siehe Landkarte S. 39). Es handelt sich auch nicht um einen geschlossenen Natur- oder Kulturraum. Guangxi liegt am Meer, in Tibet, Yunnan, Sichuan oder Qinghai ragen die Berge 4.000 Meter oder höher in den Himmel. Der 8.848 Meter hohe Mount Everest gehört zu einem Teil ebenfalls zu Tibet, er heißt hier Qomolangma (gesprochen Tschomolangma). Teile Xinjiangs befinden sich unterhalb von Normal-Null, die Provinzkapitale Urumqi gilt als die am weitesten vom Meer entfernt liegende Hauptstadt der Welt. An der Küste herrschen tropisch-subtropisch feuchtwarme Temperaturen, im Gebirge ist es regnerisch und kalt. In Xinjiang, Ningxia und der Inneren Mongolei gibt es riesige Wüstengebiete, darunter die berühmte Gobi und die Taklamakan, die größte Sandwüste der Welt nach der Sahara. Am Huoyan, dem Flammenden Berg, der ebenfalls in Xinjiang liegt, zeigt ein überdimensionales Thermometer Chinas heißesten Ort an. Über viel

Wasser hingegen verfügt das Tibetische Hochland, neun der zehn wichtigsten Flüsse Asiens entspringen hier. Der Jangtse und der Gelbe Fluss, die längsten Ströme Chinas, fließen nach Osten, der Arun, Brahmaputra, Karnali und Indus fließen gen Westen, der Mekong, Irrawaddy und der Salween schlängeln sich nach Süden.

Die Menschen sind ebenfalls völlig unterschiedlich. In China leben 55 anerkannte Minderheiten, ein Großteil davon in Westchina. 20% hier sind keine Han-Chinesen, im ganzen Land beträgt die Quote 8%. Die fünf erwähnten Autonomen Regionen umfassen 44% der Gesamtfläche Chinas. Die Tibeter – die, wie gesagt, in einem viel größeren Gebiet wohnen als nur in der gleichnamigen Provinz – sind vorwiegend Buddhisten. Das Turkvolk der Uiguren oder die Hui folgen dem Islam. Die Mongolen zählen ethnisch und sprachlich zu ihren Brüdern im Norden, in der Republik Mongolei. Sie nutzen aber eine Schrift, die vom Kyrillischen im Nachbarstaat abweicht. In Yunnan, das an Laos, Vietnam und Myanmar (Burma) grenzt, finden sich Minderheiten, die mit den südostasiatischen Volksgruppen verwandt sind. Zudem gehören zwei der Regionen, Tibet und Xinjiang, nicht freiwillig zur Volksrepublik China, sondern wurden 1949 annektiert. Die Siedlungsdichte in Westchina ist sehr uneinheitlich. In der Provinz Sichuan mit der Megacity Chengdu, die allein 14 Millionen Einwohner zählt, leben 81 Millionen Menschen, so viele wie in ganz Deutschland. Hingegen sind es in dem ungleich größeren Tibet nur drei Millionen. Mit nicht einmal drei Einwohnern je Quadratkilometer ist die Autonome Region das am dünnsten besiedelte Gebiet in China, selbst in absoluten Zahlen hat nur Macao weniger Einwohner.

Westchina präsentiert sich also alles andere als homogen, es ist im Wesentlichen ein verwaltungstechnischer Begriff für eine unterentwickelte Großregion und deren Förderprogramm. Doch während sich Regionen wie Sichuan und Chongqing schon warmlaufen, um in der chinesischen Nationalmannschaft an entscheidender Stelle mitzuspielen, sitzen Kandidaten wie Xinjiang oder Qinghai noch auf der Bank und warten auf ihren Einsatz. Tibet ist ohnehin ein Sonderfall, da es abgeschottet bleibt – für Investoren ebenso wie für Journalisten – und als Transferökonomie auf absehbare Zeit am Tropf der Zentralregierung hängen wird. In einer Studie für das Bundeswirtschaftsministerium beschreibt es die Beratungsgesellschaft Roland Berger so: „Zugespitzt formuliert, besteht die wesentliche Gemeinsamkeit der westlichen Provinzen darin, dass sie in ihrer wirtschaftlichen und sozialen Entwicklung teilweise erheblich hinter den östlichen Provinzen zurückliegen."[27] Tatsächlich zeigt ein direkter Vergleich mit dem Rest des Landes, wie rückständig Westchina noch immer ist oder, positiv gewendet, welche immensen Entwicklungsreserven, welche großen Schätze hier noch lagern.

Bis heute erwirtschaftet die Region kaum ein Fünftel des chinesischen Bruttoinlandsprodukts – viel weniger, als ihrem Anteil an der Bevölkerung entspricht – und nur ein Drittel der reichen Ostregionen. Der Pro-Kopf-Wert beträgt etwa 3.800 Euro im Jahr. In Ostchina sind es 6.900 Euro.[28] Bei den sogenannten öffentlichen Gütern besteht ebenfalls großer Nachholbedarf. Wegen unzulänglicher Schulbildung sind in Westchina noch immer 7% der Bevölkerung über 15 Jahren Analphabeten, im Osten beträgt die Quote lediglich 4%. Auch gehen die Ostchinesen im Schnitt ein Jahr länger zur Schule. Nur 11% der Bevölkerung haben in Westchina einen höheren Schulabschluss, 5% sind Akademiker; beides ist weniger als im gesamten Land. Auf 100.000 Einwohner kommen 1.800 Hochschüler, im Landesdurchschnitt sind es fast 2.200. Westchina meldet nur ein Zehntel aller chinesischen Patente an, was auch etwa seinem Anteil an den Ausgaben für Forschung und Entwicklung entspricht. Extrem ist der Gegensatz zudem in der Krankenversorgung. In Westchina müssen sich knapp 2.100 Beschäftigte im Gesundheitswesen um 100.000 Einwohner kümmern. In Gesamtchina ist die Abdeckung viermal so gut.

2. Der Aufbau West: Die staatliche Förderung der Binnenregionen

Milliarden für die Verkehrsanbindung

Es tut sich einiges in Chinas Westen, um den Rückstand zum Rest des Landes aufzuholen. Die erwähnte kleine Stadt im Hochland, wo die Yak-Hirten Markt halten, ist nicht so hinterwäldlerisch, wie sie auf den ersten Blick erscheint. Hier oben in Zeku gibt es alles, was man zum Leben braucht, Schulen, Krankenhäuser, Geschäfte, Restaurants, Banken und immer mehr Sozialwohnungen für die Nomaden. Die verbilligten Unterkünfte sind umstritten, weil die Regierung die Viehzüchter ermuntern will, sich ganzjährig niederzulassen. Doch tun sie es und geben ihre Herden auf, dann stehen sie oft ohne Arbeit und Lebenssinn da. „Einst lebten sie autark im Grasland, jetzt sitzen sie untätig in ihren Häusern und warten auf das Geld der Regierung. Sie bilden die neue urbane Unterschicht", schreibt die Journalistin Angela Köckritz in der Wochenzeitung „Die Zeit".[29]

Zeku wird immer besser an den Rest der Provinz angebunden. Mit großem Aufwand erneuert man derzeit die Straße aus der Hauptstadt Xining ins Hochland. Die Mobilfunkabdeckung in UMTS-Qualität entlang der Strecke funktioniert schon fast ohne Ausfälle. Nur als der Weg über einen verschneiten Höhenpass führt, reißt die Verbindung kurz ab. Von Xining bis in die Stadt Tongren auf halbem Weg nach Zeku soll demnächst sogar eine Autobahn führen. Das erste Teilstück mit gewaltigen Tunneln ist seit 2011 in Betrieb.[30] „Wenn wir fertig sind, können auch Touristenbusse und Lastwagen schneller in die Berge fahren", sagt der Bauleiter an einer Talbrücke. Er wärmt gerade etwas Teiggebäck über einem Gaskocher auf. Im hinteren Teil des Zeltes, in dem die Wanderarbeiter unterkommen, halten einige Kollegen Pausenschlaf. „Was wir hier machen, bringt der Region sicher einen Schub", sagt ihr Chef.

Daraufsetzen die Bewohner von Tongren und Umgebung, wie man selbst an ganz kleinen, scheinbar unbedeutenden Branchen sieht. Der Vorort Sengeshong mit seinen zwei buddhistischen Klöstern lebt vom Verkauf religiöser Rollbilder, der sogenannten Thangkas. Neben den Gläubigen interessierten sich dafür auch immer mehr Sammler und Souvenirkäufer, berichten die Mönche. „Je besser die Straßen sind, umso besser läuft natürlich der Verkauf", sagt der Thangka-Maler Kan Zhu. Wie hilfreich eine gute Infrastruktur ist, haben die Künstler schon gemerkt, als sie an das Internet und Mobilfunknetz angeschlossen wurden. Sogar die Mönche haben in ihren purpurnen Gewändern ein Handy stecken, nicht selten ein iPhone. „Bestellungen gehen jetzt einfacher als früher", sagt Kan Zhu. Er verkauft drei großformatige Bilder im Jahr, jedes für 2.400 Euro. Damit sind seine Einnahmen doppelt so hoch wie das durchschnittliche Pro-Kopf-Einkommen in Westchina.

Der Straßenausbau in Qinghai ist aus dem Konjunkturpaket von 2008 finanziert worden und aus dem Subventionsprogramm zum „Aufbau West". Seit dem Jahr 2000 erhält das chinesische Hinterland spezielle Zuweisungen der Zentralregierung in Milliardenhöhe. Bis zum Auslaufen der Förderung 2011 hat das „Entwicklungsprogramm für den Westen" mehr als 140 Großvorhaben angestoßen. Die Investitionssumme in diesen zehn Jahren betrug nach heutigem Kurs fast 350 Milliarden Euro. Besonders viel Geld gaben die Verantwortlichen in den Krisenjahren 2008 bis 2010 aus, mehr als die Hälfte der Gesamtaufwendungen. Es ist nicht immer ganz klar, welche Investitionen welchem Programm zuzurechnen sind, aber unumstritten ist, dass Westchina von der Anti-Krisen-Politik der Zentralregierung in besonderem Maße profitiert hat.[31] Allein ein Viertel des Konjunkturpakets von fast 500 Milliarden Euro kam nach dem schweren Erdbeben von 2008 dem Wiederaufbau Sichuans zugute. Ein erheblicher Anteil der 180 Milliarden Euro zum Ausbau der Transportwege und anderer Infrastruktureinrichtungen landete ebenfalls in Westchina.

Auch nach Ende des Förderprogramms gibt es weiterhin einen speziellen Fünfjahresplan für Westchina, der von der Nationalen Entwicklungs- und Reformkommission NDRC vorangetrieben wird, Chinas mächtigem Planungsministerium. Das Papier sieht zwar keine spezifischen Investitionshöhen mehr vor, enthält aber Entwicklungsziele bis 2015. Besonders stark sollen Dienstleistungen gefördert werden, um möglichst viele Arbeitssuchende unterzubringen.[32] Auch der überwölbende Fünfjahresplan für ganz China schreibt die Förderung des Hinterlandes bis 2015 vor. „Die Vertiefung der Entwicklungsstrategie für den Westen genießt Priorität innerhalb des generellen Ansatzes für die Regionalentwicklung und muss spezielle politische Unterstützung erhalten", heißt es da.[33] Der Infrastrukturausbau solle fortgesetzt werden, vor allem mit Blick auf Eisenbahnen, Straßen, die Zivilluftfahrt, Wasser, Öl, Gas, Elektrizität, Rohstoffe und Umweltschutz. Um all das zu gewährleisten, verpflichtet sich die Zentralregierung zu stärkeren Investitionen in

West- und Zentralchina und dazu, mehr ausländisches Kapital in diese Landstriche zu locken. Außerdem sehen die Pläne vor, den Anteil der Oberschüler in diesen Regionen von 26,5 auf 36% zu erhöhen. Teilweise sind die Vorhaben sehr detailliert, so wird der Bau von mehr Kinos in Mittel- und Kleinstädten versprochen. Von größerer wirtschaftlicher Bedeutung ist die Vorgabe, dass Großindustrien, die viel Energie oder Rohstoffe nutzen, aus den Küstenregionen dorthin umziehen sollen, wo die Bodenschätze gefördert werden, namentlich nach Zentral- und Westchina. Explizit nennt der Fünfjahresplan die Produzenten von „Eisen und Stahl, Nichteisenmetallen und Chemikalien".[34] Die Reformtagung der Kommunistischen Partei, das mehrfach erwähnte Dritte Plenum vom November 2013, hat sich ebenfalls der Förderung des Hinterlandes verschrieben. Dort sollen Handel, Investitionen und vor allem Innovationen vorangetrieben werden. Um Binnenchina besser anzubinden, will man mehr Passagier- und Frachtverbindungen per Eisenbahn und Flugzeug einrichten. Partei- und Staatschef Xi Jinping propagiert die Einrichtung einer „neuen Seidenstraße", die Westchina zugutekommen soll. Ihr Ziel ist ein engerer Wirtschaftsaustausch mit den Nachbarländern vor allem im rohstoffreichen Zentralasien. Im November 2013 beschloss das Parteikomitee der Nordwestprovinz Xinjiang, über die Grenzen hinweg Verhandlungen zur Einrichtung einer Freihandelszone aufzunehmen. Das dürfte sich für alle Seiten lohnen: Die riesige „Autonome Region" der Uiguren mit der Hauptstadt Urumqi grenzt an die Mongolei, an Russland, Kasachstan, Kirgistan, Tadschikistan, Afghanistan und an Kaschmir.

Konvergenz: China schafft, woran Ostdeutschland scheitert

Die Auswirkungen der staatlichen Unterstützung sind erheblich. 1999, vor Beginn der Förderprogramme, gab es in Westchina 21.300 Kilometer Schienenwege. Heute sind es schon 36.300 Kilometer. Der aktuelle Plan für die Westerschließung sieht zwischen 2011 und 2015 den Bau von 15.000 Kilometern vor. Im Juli 2013 kündigte die Regierung zudem an, ein kleines Konjunkturpaket aufzulegen, und auch hier geht es um den Eisenbahnbau. Offenbar werden die ohnehin hohen Bahninvestitionen für 2013 um weitere fünf Milliarden auf 82 Milliarden Euro aufgestockt. 2014 und 2015 könnten jeweils sogar mehr als 12 Milliarden Euro zusätzlich fließen. Das viele Geld soll vor allem rückständigen Regionen wie Westchina helfen. „Um reich zu werden, muss man zunächst Wege bauen, vor allem Schienenwege", sagte Ministerpräident Li Keqiang zur Erklärung. Der Eisenbahnbau beschleunige die Urbanisierung, trage zum Wachstum bei und verbessere den Lebensstandard.[35]

Ähnliche Fortschritte wie bei der Bahn gibt es bei anderen Transportwegen. Seit 1999 ist die Straßenlänge in Westchina von 530.000 auf 1,6 Millionen Kilometer gewachsen. Die Autobahnstrecke nahm von 2.800 auf geschätzt 18.000 Kilometer zu. Statt 30 Millionen Passagiere wie früher befördern die Fluggesellschaften in Westchina heute mehr als 100 Millionen Gäste im Jahr, das Frachtaufkommen verdreifachte sich fast auf 1,5 Millionen Tonnen. Die Zahl der Flughäfen stieg von 49 auf 93. In der Energieerzeugung wurde die installierte Kapazität von 71 auf 350 Gigawatt ausgebaut, also in nur zwölf Jahren verfünffacht.

Zu den spektakulärsten Infrastrukturvorhaben zählt die Lhasa-Bahn, eine Eisenbahntrasse quer durch Qinghai und Tibet, die es ermöglicht, dass Lhasa in rund zwei Tagen von Peking aus erreichbar ist. Der letzte Abschnitt von Nanshankou in Zentral-Qinghai bis in die tibetische Hauptstadt gilt als Meisterleistung. Von den mehr als 1.100 Kilometern Schienen liegt ein Viertel auf schwer zu bearbeitendem Permafrost, ein großer Teil führt über Höhen von 4.000 Metern. Der Tanggula-Pass ist sogar mehr als 5.000 Meter hoch und macht die Linie zur höchstgelegenen der Welt, der gleichnamige Bahnhof beansprucht denselben Titel. Die 2006 in Betrieb gegangene Strecke hat nach heutigem Kurs 4 Milliarden Euro gekostet.

Ähnlich eindrucksvoll sind die West-Ost-Gasleitungen zur Versorgung der Küstengebiete. Der erste Abschnitt führt über 3.800 Kilometer von Lunnan in Xinjiang bis in das Industrierevier von Schanghai, dabei berührt er fast ein Drittel aller chinesischen Provinzen. Die zweite Röhrenverbindung, die ebenfalls aus Xinjiang heraus Schanghai ansteuert, ist einschließlich aller Abzweigungen sogar 8.700 Kilometer lang. Die dritte, Ende 2012 begonnene Bauphase dürfte 2015 abgeschlossen werden. Über diese 7.400 Kilometer lange Pipeline soll die Südprovinz Guangdong mit Gas aus Xinjiang versorgt werden. Alle drei Vorhaben zusammen können 77 Milliarden Kubikmeter Erdgas im Jahr durchleiten. Die Baukosten belaufen sich auf mindestens 30 Milliarden Euro.

Die staatlichen Investitionen und die ihnen folgenden Ansiedlungen haben Westchina einen erheblichen Schub nach vorn versetzt. Die Wirtschaftsleistung bleibt zwar hinter dem Landesdurchschnitt zurück, aber sie wächst deutlich schneller. Das ist wichtig, um eines Tages die Konvergenz zu erreichen, d.h. die Angleichung an den Rest des Landes. Im Landesdurchschnitt erwirtschaftet jeder Chinese derzeit 4.600 Euro im Jahr. Noch hinkt Westchina mit den erwähnten 3.800 Euro hinterher. Wenn man aber das schnellere Wachstum in heutiger Höhe fortschreibt, dann dürfte das Hinterland den Landesdurchschnitt schon 2017 erreichen. Somit wäre der „Aufbau West“ nach 17 Jahren abgeschlossen. Das ist nur etwa der Hälfte der Spanne, die sich Deutschland für den „Aufbau Ost“ vorgenommen hat. Ende 2019, 30 Jahre nach der Wiedervereinigung, läuft der Solidarpakt aus. Allerdings holen die neuen Bundesländer trotz üppiger Förderung nicht halb so schnell auf wie Westchina. Seit 2010 ist das Wachstum in Ostdeutschland geringer als in den alten Bundesländern.[36]

Zuversichtlich stimmt in Westchina auch der Außenhandel. Er wächst viereinhalb Mal so stark wie in der ganzen Volksrepublik. Bei den Anlageninvestitionen je Kopf hat der Landstrich angesichts der viel stärkeren Zunahme der vergangenen Jahre das nationale Niveau schon fast erreicht. Und was die tatsächlich getätigten ausländischen Direktinvestitionen je Einwohner angeht, so konnten die vermeintlich abgehängten Regionen den Landesdurchschnitt 2012 erstmals hinter sich lassen: Der Wert im Westen erreichte fast 67.000 Euro (+26%), in ganz China betrug er lediglich 61.000 Dollar (–3,7%).

Der Westen holt also auf, und zwar mit Macht. Das bedeutet aber nicht, dass der Lebensstandard schon derselbe wäre wie im Rest des Landes, geschweige denn wie an der entwickelten Ostküste. Schaut man genauer hin, dann zeigen sich noch immer erhebliche Leerstellen, die gefüllt werden wollen. Am eindrücklichsten kommt das beim Vergleich ausgewählter Konsumgüter ans Licht. In 100 westchinesischen Haushalten gibt es im Durchschnitt 66 Computer und 14 Autos. Das meldet das China Business Handbook für 2013. Die Ausstattung ist ein enormer Fortschritt zu früher und demonstriert, wie schnell es vorangeht. Die Ausgabe des gleichen Handbuchs hatte für 2009 erst 44 PCs und sechs Autos verzeichnet. Und doch bleibt der Abstand zu den entwickelten Regionen groß. An der Küste lautet der Bestand heute 97 PCs und 22 Autos. Ost- und Südchina liegen dem Westen also noch immer eine Nasenlänge voraus, genauer gesagt um ein Drittel bei den genannten Konsumgütern.[37]

Entscheidend aber ist, dass Westchina das Potential hat, zum Osten aufzuschließen, und dass es sogar das ganze Land vor wirtschaftlicher Ermüdung bewahren kann. Ministerpräsident Li Keqiang geht so weit zu sagen, dass „der Aufstieg der chinesischen Westregionen ein entscheidender Teil der nationalen Strategie zur wirtschaftlichen Neuerfindung“ sein wird.[38] Der Regierung geht es vor allem darum, die Wachstumsschwäche anderswo im Land auszugleichen. Seit langem warnen Ökonomen davor, dass China in die einleitend erwähnte „Falle mittlere Einkommen“ geraten könnte, wie zuvor schon Brasilien, Südafrika oder einige der asiatischen Tigerstaaten. Falls das einritt, hängt das Land fest und schafft den Aufstieg zu einer Wirtschaft höherer Einkommen wie in den Industrieländern nicht. Wissenschaftler haben errechnet, dass die Wachstumsraten in schnell expandierenden Schwellenländern um zwei Prozentpunkte im Jahr abnehmen, wenn das Durchschnittseinkommen 17.000 Dollar (12.600 Euro) im Jahr beträgt.[39] Noch ist China im Ganzen mit kaufkraftbereinigten 9.200 Dollar (6.800 Euro) pro Kopf recht weit davon entfernt. Aber in den bisherigen „Powerhäusern“ wie Schanghai oder Peking ist diese Schwelle bereits erreicht.

Die Volkswirte Israel Malkin und Mark M. Spiegel von der Notenbank in San Francisco FRBSF sehen das so lange nicht als problematisch an, wie die Entwicklung anderswo in China noch weit hinter diesen Werten zurückbleibt, namentlich in Westchina. Die Ergebnisse aus Kalifornien zeigen, dass „sich das Wachstum in den wohlhabenderen Regionen Chinas verlangsamen dürfte, dass aber im Inland für weitergehendes Wachstum viel Raum bleibt“.[40] In den Küstenprovinzen werde die durchschnittliche Zunahme des Bruttoinlandsprodukts nach 2016 nur noch real 7 % im Jahr betragen. Im Hinterland hingegen dürfte der Rückgang auf diese vergleichsweise verhaltene Rate erst 2024 mit acht Jahren Verzögerung einsetzen. Die Volkswirte resümieren: „Solange das Wachstum in diesen Provinzen jenes in den reicheren Regionen hinter sich lässt, kann Chinas Wirtschaft noch für eine lange Zeit weiter robust zulegen.“

In diesem Zusammenhang ist wichtig, daran zu erinnern, dass auch das Hinterland selbst kein einheitlicher Block ist. In der zuvor genannten Ausstattung mit Computern oder Autos trennen Nachzügler wie Gansu oder Qinghai Welten von den weiterentwickelten Provinzen wie Guangxi oder Shaanxi. Ähnlich eklatant sind die Unterschiede in der Wirtschaftsleistung je Kopf. Sie reichen von 2.300 Euro jährlich in Guizhou – dem „Armenhaus Chinas“[41] – bis zu 7.600 Euro in der mit vielen Bodenschätzen gesegneten Inneren Mongolei. Dennoch gibt es Gemeinsamkeiten, die sich immer mehr als Standortvorteile erweisen, ja als Schatztruhen, die bisher nur zu einem kleinen Teil ausgegraben und geöffnet worden sind. Im Folgenden sollen die Deckel etwas weiter angehoben werden.

3. Boden-Schätze

Chinas unstillbarer Rohstoffbedarf

Seltene Erden

Der Weg zwischen dem alten und dem neuen Aufschwung ist holprig. Seit den 1950er Jahren haben Stahl und Kohle aus der Steppenstadt Baotao in der Inneren Mongolei eine Millionenmetropole gemacht. In der Nähe lagert ein Viertel aller chinesischen Kohlebestände, die Reserven gehören zu den umfangreichsten der Welt. In der Stadt selbst sitzt der Staatskonzern Baotou Iron and Steel Group, auch Baogang genannt, eine der mächtigsten Rohstoffgesellschaften des Landes. Jedes Jahr stellt sie bis zu zehn Millionen Tonnen Eisen, Stahl und Folgeprodukte her, zum Beispiel Bahnschienen und Röhren. Bedeutend ist auch die Produktion von Aluminium, mit fast 140.000 Tonnen im Jahr gehört die hiesige Schmelze zu den zehn größten im Land. In der Region werden zudem Kupfer, Zink, Magnesium und knapp eine Tonne Gold im Jahr gefördert.

Der Name der Stadt 600 Kilometer westlich von Peking heißt auf Mongolisch „Platz der Hirsche", daran erinnert ein Denkmal mit drei Geweihträgern in einem belebten Verkehrskreisel. Doch von Wildnis und Natur ist in dem grauen Industriezentrum wenig zu spüren. Das ändert sich, wenn man Baotao Richtung Norden verlässt. Schon bald nach dem Ortsschild münden die gut asphaltierten Straßen in staubige Sandpisten mit tiefen Schlaglöchern. Die Landschaft wird karg, es sind kaum noch Häuser und Menschen zu sehen, Greifvögel kreisen über dem Grasland. Mehrere Stunden und 120 Kilometer später ist die Zivilisation plötzlich wieder da. Wie eine Oase taucht Bayan Obo auf, makellose Straßen, getrimmter Rasen, Blumenbeete neben den Bürgersteigen, geleckte Hausfassaden.[42] Die Retortenstadt gehört zu Baotao wie Bremerhaven zu Bremen gehört, getreu der Devise: Wenn die Geschäfte am alten Ort nicht mehr ausreichen, gründet man eine Dependance, die näher dran liegt an den neuen Möglichkeiten. Im Falle der Hansestadt war das die Seeschifffahrt, für Baotao sind es neue wertvolle Bodenschätze: Seltene Erden. Etwas nördlich von Bayan Obo liegen die weltgrößten Tagebaue für diese Spezialrohstoffe, zwischenzeitlich holte die Baotou Rare Earth Hi-Tech Co. fast die Hälfte des Weltabbaus aus dem Grund. Am Sitz des Unternehmens listet ein Monument feinsäuberlich alle 17 Seltenerdmetalle auf, in der Eingangshalle grüßt ein berühmter Ausspruch des Staatslenkers Deng Xiaoping von 1992: „Der Nahe Osten hat Öl, China hat Seltene Erden."[43]

Die Elemente tragen komplizierte Namen wie Europium, Neodym oder Scandium, kommen aber in sehr handfesten Alltagsgütern zum Einsatz: in Mobiltelefonen, Laptops, Energiesparlampen oder Flachbildschirmen. Die Industrie braucht Seltenerdmetalle für Magnete, Windkraftanlagen, Solarmodule, Laser oder Hybridautos, das Militär verwendet sie in Radaranlagen und Lenkwaffen, die Medizintechnik in Röntgenapparaten. Eigentlich sind Seltene Erden gar nicht selten. Aber die Förderung ist aufwendig und belastet die Umwelt, so dass sich die Industrieländer lange daraus zurückgezogen hatten. Stattdessen sprang China in die Bresche und dominiert seither den Welthandel. Das Land verfügt über 50% der erkundeten Reserven und fördert rund 90% des Weltbedarfs – zumeist in seinen westlichen Landesteilen. Dieses Übergewicht hat dem Fernen Osten eine enorme Bedeutung verliehen, wie sich vor einigen Jahren zeigte, als China begann, den Export teilweise zu verbieten, Quoten und Ausfuhrzölle festzusetzen und das Angebot durch den Aufbau einer „Strategischen Reserve" weiter zu verknappen. Die Seltenen Erden, formulierte die Staats-Zeitung „Global Times" 2009 mit hämischem Unterton, seien „die Wirtschaftswaffen des 21. Jahrhunderts."[44]

Kein Land fördert mehr Seltenerdmetalle als China

Land	Förderung 2011 in Tonnen	Förderung 2012 in Tonnen	Erkundete Reserven in Tonnen
China	105.000	95.000	55.000.000
Vereinigte Staaten	-	7.000	13.000.000
Indien	2.800	2.800	3.100.000
Australien	2.200	4.000	1.600.000
Brasilien	250	300	36.000
Malaysia	280	350	30.000
Andere Länder	k. A.	k. A.	41.000.000
Welt (gerundet)	111.000	110.000	110.000.000

Quelle: US Geological Survey: Mineral Commodity Summaries 2013, Reston VA 2013, S. 129

Die von den Seltenen Erden aus China abhängigen Handelspartner wie Japan, die USA und die EU fühlten sich erpresst, protestierten und trugen den Fall sogar vor die Welthandelsorganisation WTO. Zugleich reaktivierten die Industrieländer ihre alten Minen oder erkundeten neue Lagerstätten, etwa in Amerika und Australien. Seither haben sich die Knappheit und der Streit um die Elemente etwas entspannt, aber das Beispiel zeigt, wie entscheidend Chinas Rohstoffvorkommen nicht nur für das Land selbst, sondern auch für die Welt sind – und welche herausragende Stellung die Westregionen in der Frage der Ressourcensicherheit einnehmen.

Hier gilt wortwörtlich: Wer von Schätzen spricht, denkt auch an Bodenschätze, und damit liegt er in Westchina goldrichtig. Ein Großteil der Mineral- und Energiereserven des riesigen Landes, Öl, Kohle, Erdgas, Salze, Erze lagern im chinesischen Hinterland. Seit 2008 ist China sogar der größte Förderer von Gold. Es holt etwa 370 Tonnen im Jahr aus der Erde, fast 50 % mehr als das nächstplatzierte Australien.[45] Um es gleich vorwegzunehmen: Auch Westchina wird den immensen Rohstoffhunger der aufstrebenden Nation nicht stillen können, aber ohne die hiesigen Lagerstätten wäre die Abhängigkeit von Importen noch größer, als sie ohnehin schon ist.

Steigender Energiehunger und Verbrauch fossiler Rohstoffe

Chinas Bedarf an Energie und an Rohstoffen ist unermesslich, der Verbrauch und die Wachstumsraten machen schwindelig. Seit 2010 ist die Volksrepublik der größte Primärenergienutzer der Welt vor den Vereinigten Staaten. 2012 nahm der Verbrauch um 7,5 % auf 2,7 Milliarden Tonnen Öläquivalente zu. (Diese Einheit wird international zur besseren Vergleichbarkeit und zum leichteren Verständnis genutzt. Sie beschreibt die Energie, die theoretisch bei der Verbrennung einer Tonne Rohöl freigesetzt wird: 42 Gigajoule oder 11,6 Megawattstunden). In keinem anderen großen Land verläuft die Steigerung so steil, seit 2008 betrug der Anstieg in China fast 40 %.[46] Der Hauptgrund dafür ist das starke Wirtschaftswachstum, das im Durchschnitt der vergangenen 30 Jahre sage und schreibe 10 % im Jahr betragen hat. Derart schnell hat es nie zuvor eine große Volkswirtschaft zu Wohlstand gebracht. Geradezu raketenhaft etwa ist die Nachfrage nach Erdöl in die Höhe geschossen. Lange Zeit war das kein Problem, denn China besitzt an Land und im Meer die mit Abstand größten nachgewiesenen Ölreserven im Asien-Pazifik-Raum, derzeit rund 2,4 Milliarden Tonnen. International rangiert man, mit 1 % aller Lagerstätten, immerhin an Platz 14 noch vor Ländern wie Mexiko, Brasilien, Algerien oder Oman. In der Produktion sind die Zahlen noch eindrucksvoller: Nur Saudi-Arabien, Russland und die USA fördern mehr Öl als China. Die Volksrepublik holt jeden Tag fast 4,2 Millionen Fass Öl aus dem Boden, das sind 661 Millionen Liter und deutlich mehr, als bekannte Ölländer wie Iran, Irak, die Vereinigten Arabischen Emirate, Kuweit oder auch Venezuela fördern.

Dennoch muss das Land fast drei Viertel seines Verbrauchs importieren. China ist mittlerweile der größte Ölverbraucher der Welt hinter Amerika, es bringt etwa 12 % der Weltnachfrage auf. Das entspricht noch lange nicht seinem Bevölkerungsanteil von etwa 20 %, so dass der Durst weiter stark zunehmen dürfte. 2012 stieg der Ölbedarf in China um 5 % auf 484 Millionen Tonnen, allein die Zunahme seit 2007 übersteigt den jährlichen Gesamtverbrauch in Deutschland. Getrieben wird der Bedarf vor allem vom wachsenden Autoverkehr: Seit 2009/2010 ist das Land der größte Neuwagenmarkt der Welt. Zwar bemüht sich die Regierung, mit Subventionen und anderen Anreizen, die Entwicklung und Verbreitung alternativer Antriebe voranzutreiben, vor allem der Elektrofahrzeuge. Bisher sind die Erfolge aber weit hinter den Erwartungen zurückgeblieben. Selbst wenn das Umsatteln von Diesel und Benzin auf Elektrizität gelänge, wären weder die Emissions-, noch die Versorgungsprobleme gelöst. Denn statt Rohöl brauchte die Fahrzeugflotte dann Strom – und der wird in China zum überwiegenden Teil ebenfalls aus fossilen Rohstoffen erzeugt, nämlich aus Kohle.

Die Kohle ist Chinas wichtigster Energieträger, sie deckt 68 % des Primärenergieverbrauchs. Das Land verbrennt fast vier Milliarden Tonnen im Jahr – 2012 war das erstmals mehr als die Hälfte der Weltnachfrage. Seit 2008 ist Chinas Bedarf um ein Drittel gestiegen.[47] Der Grund dafür ist einfach: Seit dem Jahr 2000 hat sich die Stromerzeugung in China verdreifacht. 2009 überstiegen, wie beim Erdöl, die Importe von Kohle erstmals die im Land selbst abgebauten Mengen. Und das, obgleich China 13 % der Weltreserven besitzt, 114,5 Milliarden Tonnen; mehr lagern nur in den USA und in Russland. Wie eng Strombedarf und Rohstoffverbrauch zusammenhängen, zeigt sich daran, dass rechnerisch jede Woche ein neuer Kohlekraftwerksblock zur Elektrizitätserzeugung ans Netz geht. Im Monat beträgt die zusätzlich installierte Kapazität 4,2 Gigawatt. Gleichzeitig schließt China kleine und besonders schmutzige Meiler; nach Regierungsangaben werden jedes Jahr rund 22 Gigawatt abgeschaltet.

Seit 2007 wächst auch Chinas Appetit auf Erdgas schneller, als es ihn aus eigener Kraft stillen kann. Dabei gilt hier ebenfalls, dass im Land selbst riesige Mengen lagern, nachgewiesen sind 3,1 Billionen Kubikmeter. Das ist Platz 14 in der Welt, im Asien-Pazifik-Raum erfreut sich nur Australien noch reicherer Vorkommen. 2012 förderte China 107 Milliarden Kubikmeter Erdgas und verbrauchte 144 Milliarden. Lediglich die USA, Russland und Iran nutzen größere Mengen dieser Ressource, als Produzent rangiert China auf Position sechs.

China braucht die Hälfte allen Stahls auf der Welt

Die wachsende Rohstoffgier der chinesischen Industrie und Infrastruktur lässt sich anhand vieler Fälle veranschaulichen. Bei mindestens acht weiteren Schlüsselrohstoffen ist China der wichtigste Verbraucher auf der Welt: bei Aluminium, Kupfer, Nickel, Chrom, Blei, Zink, Gold und Eisenerz. Für seine Gebäude, Schienenwege, Schiffe, Maschinen oder Autos benötigt China fast die Hälfte allen Rohstahls in der Welt, rund 717 Millionen Tonnen im Jahr. Das ist mehr, als Japan, Amerika, Indien, Russland und die nächstplatzierten 18 Länder zusammen verbrauchen.[48]

Der Stahleinsatz ist nicht nur in absoluten Zahlen bemerkenswert, sondern auch pro Kopf. Für jeden Chinesen werden rund 480 Kilogramm fertiger Stahl (apparent steel) im Jahr verbaut. Das ist mehr als der doppelte Weltdurchschnitt und übertrifft sogar entwickelte Volkswirtschaften wie Deutschland. Nur fünf andere Länder nutzen je Einwohner größere Stahlmengen als China. Das Umweltprogramm der Vereinten Nationen UNEP macht darauf aufmerksam, dass der chinesische Pro-Kopf-Bedarf bei vielen Verbrauchsgütern den der Industrieländer erreicht oder übersteigt. Das liege nicht zuletzt daran, dass China so viele Endprodukte für den Weltmarkt herstelle, also nicht nur für sich selbst.[49] Um die Stahlnachfrage zu befriedigen, braucht das Reich der Mitte die Hälfte des jährlich geförderten Eisenerzes, rund eine Milliarde Tonnen. Immerhin ein Drittel davon stammt aus eigenen Minen, schließlich ist China der größte Förderer hinter Australien und Brasilien.

Enorm sind auch die Zuwächse beim Kupfer, der vorwiegend in der Bauwirtschaft und in Stromleitungen zum Einsatz kommt. Zwischen 2001 und 2011 hat sich der chinesische Verbrauch des Metalls auf fast acht Millionen Tonnen mehr als verdreifacht, bis

2014 sollen es 9,7 Millionen Tonnen werden. 2002 ließ China erstmals die USA als wichtigster Markt hinter sich, heute werden in der Volksrepublik 40 % des raffinierten Kupfers der ganzen Welt eingesetzt. Auf der Angebotsseite fällt auf, dass Chile das führende Land im Kupferabbau ist, mit weitem Abstand vor China. Dennoch ist die Volksrepublik der größte Hersteller: weil es Kupfererz und Schrott importiert und beides zu neuem Material aufbereitet. Gut ein Drittel aller Kupferhütten stehen in China.[50]

Die Importabhängigkeit nimmt zwar immer mehr zu, man sollte sich aber dennoch vergegenwärtigen, dass China einer der reichsten Rohstoffbesitzer und emsigsten Förderer auf dem Planeten ist. Das trifft die Weltwirtschaft auf vielfältige Weise. Zum einen haben Chinas unstillbarer Bedarf und seine eigene Ressourcenausbeute entscheidende Auswirkungen auf den Preis vieler Bodenschätze. Das zeigte sich zuletzt, als das Wirtschaftswachstum der Volksrepublik zurückging und daraufhin die Preise für viele „Commodities" einbrachen. Diese Schwankungen, die kein anderes Land auslösen kann, mögen westlichen Industrien und Anlegern nutzen oder schaden, können sie aber keinesfalls kaltlassen. Zum zweiten machen die Umwelteffekte an Chinas Grenzen nicht halt, so dass jedes neue Kohlekraftwerk, jede Stahlschmiede und jede neue Million an Kraftfahrzeugen das Weltklima verändern. Zum dritten schließlich ist die Verfügbarkeit und Bezahlbarkeit von Energie und Vorprodukten eine entscheidende Voraussetzung für den Erfolg chinesischer Waren auf den Weltmärkten genauso wie für die profitablen Geschäfte ausländischer Unternehmen in China.

Hätte das Land nicht so viel eigene Kohle, Koks und Eisenerz, stiegen die Preise für billige chinesische Maschinen und Anlagen, für Fernseher und iPhones, an denen sich Verbraucher auf der ganzen Welt erfreuen. Zugleich nähmen auch die Produktionskosten internationaler Hersteller in China zu, zum Beispiel der deutschen Automobilindustrie. Sie produziert und verkauft in der Volksrepublik inzwischen mehr Fahrzeuge als auf jedem anderen Auslandsmarkt – und erwirtschaftet hier wegen der geringeren Aufwendungen deutlich höhere Gewinne je Fahrzeug.

Qaidam, Chinas „Schatzbecken" zwischen Wüsten und Salzseen

In der Rohstoffbeschaffung spielen Chinas periphere Regionen die entscheidende Rolle. In Nordostchina z. B. lagern riesige Erdölvorkommen. So ist die im Ausland weitgehend unbekannte Millionenstadt Daqing in der Provinz Heilongjiang der größte Förderstandort Chinas. Noch bedeutender ist Westchina: Bei den 33 wichtigsten Bodenschätzen verfügt die Region über mehr als die Hälfte der landesweiten Reserven, hier lagern zum Beispiel 53 % der Kohlevorkommen. In Shaanxi, Xinjiang und Qinghai befinden sich zwei Drittel der Erdgaslagerstätten. Auch ein Fünftel der Erdölquellen sprudelt in den westlichen Provinzen. Einige Bodenschätze kommen fast ausschließlich hier vor: 99 % des chinesischen Kalisalzes (Potash), 97 % des Nickelerzes, 80 % allen Zinns, 65 % des Mangans.

Als ein Beispiel kann das Qaidam-Becken im Qinghaier Teil des Tibetischen Hochlands dienen. Auf den ersten Blick wirkt es feindlich, karg und arm. Mit 120.000 Quadratkilometern ist es so groß wie Nordkorea, ein Drittel des Gebietes besteht aus Wüsten, ein Viertel aus Salzseen. Und dennoch gilt der unwirtliche Landstrich als Chinas „Schatz-Becken", sobald man in der Erde gräbt. Rund 30 Öl- und Gasfelder wurden hier entdeckt sowie große Mengen an Gold, Eisenerz, Kohle, Gips, Asbest und Borax (Tinkal). Letzteres ist auf der ganzen Welt überhaupt nur an 60 Stellen vorhanden. Nirgendwo in China lagern mehr Kalium, Natrium, Magnesium oder Lithium. Theoretisch ließen sich hier 60 Milliarden Tonnen Salz abbauen, womit man die ganze Welt 2.000 Jahre lang versorgen könnte.[51] In Qaidam, das auch Tsaidam heißt, erweist sich, wie wichtig der Ausbau der Verkehrswege in Westchina ist. Seit die Lhasa-Bahn zwischen Xining und Golmud das Becken durchquert, lassen sich die Bodenschätze vergleichsweise einfach abtransportieren. Bis 2017 soll eine weitere Güterzuglinie eröffnen, mit deren Bau Ende 2012 begonnen wurde. Damit könnte das für die Düngerherstellung wichtige Kalisalz aus Qaidam, einer der beiden größten chinesischen Lagerstätten, schneller an seine Bestimmungsorte gelangen.

Rund 1.000 Kilometer südlich von Qaidam liegt die Provinz Yunnan. Ähnlich wie das benachbarte Guangxi wird die Region zu einer Speerspitze für Chinas Vorstoß nach Südostasien geschmiedet, wobei es nicht zuletzt um Rohstoffe geht. Es gibt hier direkte Grenzen mit Vietnam, Laos und Myanmar (Burma), auch Thailand liegt nicht fern. Diese Länder gehören zur Südostasiatischen Staatengemeinschaft Asean, mit welcher China seit 2010 in einem der wichtigsten Freihandelsabkommen der Welt verbunden ist. Das sich öffnende Burma ist für die Volksrepublik aus mehreren Gründen von strategischer Bedeutung. So ermöglicht es dem großen Nachbarland Zugang zum Indischen Ozean, womit endlich Pekings „Strategie der zwei Ozeane" aufgeht.[52] Das erleichtert den Export aus Yunnan und anderen Teilen Westchinas immens, nach Indien etwa und nach Afrika. Auch lassen sich jetzt in Gegenrichtung schneller und billiger Rohstoffe nach China einführen. Vor allem geht es um Öl aus dem Nahen Osten und um die Bodenschätze in Burma selbst, einschließlich der Meeresvorkommen. Deshalb baut die staatliche China National Petroleum Corporation CNPC für 1,1 Milliarden Euro eine mehr als 1.200 Kilometer lange Ölpipeline vom burmesischen Tiefwasserhafen Kyaukphyu bis nach Kunming. Parallel verläuft eine 770 Millionen Euro teure Gasleitung, die über insgesamt 2.800 Kilometer von Kunming weiter in die Provinzen Guizhou und Guangxi führt. Die jährlichen Gaslieferungen sollen in der Spitze 12 Milliarden Kubikmeter betragen, der Öltransport könnte 22 Millionen Tonnen erreichen.

Diese Projekte verringern nicht nur Chinas Abhängigkeit von anderen Rohstofflieferanten und verkürzen die Wege, sondern sie erhöhen auch die Transportsicherheit. Bisher mussten sich große Schiffe durch die Straße von Malakka zwischen Malaysia/Singapur und der indonesischen Insel Sumatra zwängen. Dieses Nadelöhr könnte durch Havarien, Überfüllung und Konflikte blockiert werden, außerdem treiben dort Piratenbanden ihr Unwesen. Man schätzt, dass 20 bis 25% des Welthandels die Meerenge passieren, die an ihrer engsten Stelle nur 2,8 Kilometer breit ist. Besonders wichtig ist die „Aorta des Indo-Pazifischen Raums" für den Handelsweltmeister und größten Rohstoffverbraucher auf der Erde, für China.

Doch selbst in der Volksrepublik sind noch lange nicht alle verborgenen Reichtümer, alle Lagerstätten mit wertvollen Rohstoffen gefunden worden. Am meisten können sich Schatzsucher von tief vergrabenen Ressourcen versprechen: versteckten Öl- und Gasvorkommen, die als „unkonventionelle Bodenschätze" bezeichnet werden. Sie heißen so, weil sie sich nicht auf herkömmliche Weise fördern lassen. Vielmehr sind sie in undurchlässigem Gestein eingeschlossen, oft Schiefer, weshalb man auch von Schiefergas oder Schieferöl spricht. Um sie abzubauen, bedienen sich die Unternehmen der sogenannten „hydraulischen Frakturierung". Flüssigkeiten wie Wasser und Chemikalien werden unter hohem Druck in das Gestein gepresst, damit es aufbricht und so dem Öl oder Gas erlaubt, zum Bohrloch zu gelangen. Für eine optimale Ausbeute sind Horizontalbohrungen nötig, auch das ist eine große technische und finanzielle Herausforderung. Das als Fracking bekannte Verfahren ist wegen seiner möglichen seismischen und umweltrelevanten Folgen umstritten. Es hat aber in den Vereinigten Staaten dazu geführt, dass vermeintlich ausgelaugte, bisher unrentable oder auch ganz neue Lagerstätten nutzbar gemacht werden konnten. Dadurch ist in den USA die Importabhängigkeit gesunken, die Versorgungssicherheit wurde um Jahrzehnte verlängert, die Erdgaspreise sind drastisch gefallen. 2012 gewannen die Amerikaner 29 % ihres Erdöls und 40 % ihres Gases mithilfe von Fracking.[53]

Chinas Schiefergas: Versorgungssicherheit für 200 Jahre

Ähnlich umwälzende Erfolge wie in den USA sind in China denkbar. Das ist auch dringend nötig, denn angesichts des schnell steigenden Bedarfs hat China im September 2013 erstmals die USA als größter Importeur von Rohöl und raffinierten Ölprodukten überholt. In jenem Monat bekam die Volksrepublik 6,3 Millionen Barrel oder eine Milliarde Liter aus dem Ausland geliefert – jeden Tag. 2020 dürften es, wenn nicht neue Lagerstätten im Inland erschlossen werden, 9,2 Millionen Fass werden, ein Drittel mehr als in den USA. Eine ähnliche Entwicklung ist beim Erdgas absehbar, wo China jeden Tag 116 Millionen Kubikmeter ins Land holen muss. Noch ist das weniger als halb so viel wie die USA, aber auch hier dürften die beiden Länder in Zukunft die Plätze tauschen.

Für die beiden fossilen Brennstoffe ist Entspannung in Sicht. Neuen Erkenntnissen zufolge lagern in den Weiten des Landes die mit Abstand größten Schiefergasvorkommen der Welt, rund 15 % aller bekannten Reserven. Beim Schieferöl rangiert die Volksrepublik mit 9 % auf Rang drei. Die US-Energiebehörde EIA hat seit der letzten Erhebung von 2011 die Bestände zwar etwas nach unten korrigiert, aber trotzdem bleibt China beim unkonventionellen Gas absoluter Spitzenreiter mit einem technisch förderbaren Volumen von 1.115 Billionen Kubikfuß oder 32 Billionen Kubikmetern. Argentinien auf Platz zwei verfügt über 30 % weniger Bestände. Die Vereinigten Staaten und Kanada auf den folgenden Rängen haben zusammen etwa gleich umfangreiche Reserven wie China, was die Ausnahmestellung der Asiaten verdeutlicht. Sie verfügen zudem über 32 Milliarden Fass oder 5 Billionen Liter Schieferöl, fast halb so viel wie die USA (siehe Tabelle S. 66).

Diese vor Jahren noch unbekannten Schätze sind unermesslich kostbar. Chinas Schiefergasvorkommen sind zehnmal so umfangreich wie seine konventionellen Erdgasbestände. Sie reichen aus, um das Land mehr als 200 Jahre lang zu versorgen. Von den sieben bisher prospektierten Lagerstätten liegen die vier aussichtsreichsten in den abgeschiedenen Gegenden, denen sich dieses Kapitel widmet: Songliao in der Mandschurei rund um die Ölförderhochburg Daqing (hier wurden 453 Milliarden Kubikmeter Schiefergas nachgewiesen), Junggar und Tarim in Xinjiang (mit 1,0 und 6,2 Billionen Kubikmetern) sowie die Großbestände in Sichuan (17,7 Billionen). Vermutet werden zudem Reserven in Ordos (Innere Mongolei), in Turpan (Xinjiang) und im schon erwähnten Qaidam/Tsaidam in Qinghai. In Songliao, Junggar und Tarim ließen sich darüber hinaus beachtliche Mengen an Schieferöl nachweisen.[54]

Anders als in den Vereinigten Staaten, wo Fracking schon in den 1940er Jahren erfunden wurde, steckt die Entwicklung in China noch in den Kinderschuhen. Aber gerade deshalb hat sie enorme Potentiale. Chinas Nationale Energiebehörde NEA hat beschlossen, dass schon 2015 mindestens 230 Milliarden Kubikfuß (6,5 Milliarden Kubikmeter) Schiefergas im Jahr gefördert werden sollen und 2020 dann zehnmal so viel. Das wäre etwa ein Viertel der amerikanischen Ausbeute. Ende Oktober 2013 veröffentlichte die NEA einen modifizierten Fünfjahresplan zur Ausbeute unkonventioneller Bodenschätze. Er sieht staatliche Unterstützung für die kapitalintensiven Projekte sowie Steuerabschläge für die beteiligten Unternehmen vor. Ausdrücklich heißt es, private Geldgeber und ausländische Unternehmen seien in dem neuen Wirtschaftszweig willkommen.[55]

Die US-Energiebehörde EIA nennt die Pekinger Ziele „ehrgeizig und wahrscheinlich unerreichbar". Aber auch sie zweifelt nicht daran, dass die neuen Techniken große Chancen für das Land als Ganzes bieten und für die Westregionen im Besonderen. In Sichuan, Ordos und anderswo hat es schon die ersten Probebohrungen gegeben, durch die staatlichen Gesellschaften Petro China und Sinopec, aber auch durch Joint Ventures mit westlichen Gruppen wie Shell und Chevron. Dabei wurde klar, dass der Abbau vielversprechend, aber nicht leicht ist. In den ariden Gebieten Xinjiangs fehlt es an Wasser, in Sichuan gibt es zwar genug davon, auch sind dort die nötigen Gasleitungen und andere Infrastrukturanbindungen vorhanden.

Aber in der Provinz besteht Erdbebengefahr, wie die Erschütterungen der vergangenen Jahre gezeigt haben, besonders verheerend 2008.

Hinzu kommt, dass es in China noch an technischer Expertise mangelt. Petro China braucht elf Monate für eine Horizontalbohrung, die in Nordamerika nur zwei Wochen dauert. Um die Entwicklung zu beschleunigen, tun die Regierung und ihre Staatskonzerne das, was sie immer tun, um aufzuholen: Sie hieven internationale Konzerne als Joint-Venture-Partner ins Boot und kaufen zusätzlich das Know-how im Ausland ein. So beteiligte sich Sinopec 2012 für 900 Millionen Dollar an der Ölschieferförderung der amerikanischen Gesellschaft Devon Energy. 2013 kaufte man zudem dem US-Konzern Chesapeake Energy für eine Milliarde Dollar die Hälfte der Schieferöl- und Gasförderung am Mississippi ab. Petro China erwarb im selben Jahr für 2,2 Milliarden Dollar Schiefergasfelder in Kanada. Der dritte große Rohstoff-Staatskonzern, CNOOC, investierte sogar 15 Milliarden Dollar in die Übernahme der kanadischen Nexen-Gruppe, die ebenfalls riesige Felder mit unkonventionellen Rohstoffen ausbeutet.

Die zehn führenden Länder mit technisch förderfähigem Schiefergas

Rang	Land	Schiefergas in Milliarden m³	Land	Schieferöl in Millarden Barrel
1	**China**	**31.600**	Russland	75
2	Argentinien	22.700	USA	58
3	Algerien	20.000	**China**	**32**
4	USA	18.800	Argentinien	27
5	Kanada	16.200	Libyen	26
6	Mexiko	15.400	Australien	18
7	Australien	12.400	Venezuela	13
8	Südafrika	11.000	Mexiko	13
9	Russland	8.000	Pakistan	9
10	Brasilien	6.900	Kanada	9
	Welt	**206.700**	**Welt**	**345**

Quelle: EIA

Andersherum stehen die großen ausländischen Konzerne in China Schlange, um dort beim Fracking zum Zuge zukommen, neben Shell und Chevron auch BP, Hess, Conoco Phillips, Statoil und Total. Besonders umworben sind die Hauptfelder im westchinesischen Sichuan. Die US-Energiebehörde EIA konstatiert: „Sofern die signifikanten geologischen und operationellen Schwierigkeiten gelöst werden, dürfte Sichuan Chinas wichtigstes Schiefergasgebiet werden. Es könnte innerhalb der kommenden 20 Jahre mehrere Milliarden Kubikfuß am Tag liefern.“[56] Noch euphorischer feiert der Journalist Brian Dumaine die Entdeckungen in Westchina, nachdem er die Probebohrungen von Shell und Petro China in Sichuan besucht hat. „Der Goldrausch hat begonnen“, schreibt er in dem amerikanischen Magazin „Fortune“ über das Fracking. „Falls das Schiefergas hält, was es verspricht, könnte es ein Game Changer für China werden, ein kompletter Neubeginn.“ Zum einen werde die Abhängigkeit von der Kohle und von den Importen zurückgehen, zum anderen verringere sich die Luftverschmutzung, unter der die Chinesen, aber auch das Weltklima leiden. „Je schneller China damit beginnen kann, einen bedeutenden Teil seines Stroms aus Schiefergas zu erzeugen – das im Vergleich zur Kohle nur die Hälfte so viel Kohlendioxid emittiert – umso besser wird es der ganzen Welt gehen“, urteilt Dumaine.[57]

4. Die Standortvorteile im Landesinnern

Unendliche Weiten und immer mehr Menschen: Der riesige Markt

Mehr Einwohner als die Vereinigten Staaten, aber nirgendwo Gummibärchen. Westchina ist für viele deutsche Unternehmen ein unbeackertes Terrain, eine Terra incognita. Kein Wunder, mag man sagen, schließlich sind die Leute dort arm, und die Vertriebswege sind schlecht. Doch beides gilt immer weniger. Wie viel besser die Infrastruktur geworden ist, wurde schon gezeigt und ebenso, dass die Wirtschaftskraft deutlich aufgeholt hat. Entscheidend für Hersteller von Konsumgütern ist vor allem, wie schnell die Verstädterung voranschreitet. Denn es sind in erster Linie die Ballungszentren, in denen sich ausländische Produkte durchsetzen, seien es der VW-Golf, die Nivea-Creme, der Mosel-Wein oder die Windjacke von Jack Wolfskin.

Über die Urbanisierung wird an anderer Stelle ausführlicher zu sprechen sein, ein Sonderaspekt soll aber schon hier beleuchtet werden, der Städteboom im Binnenland. Von den 100 einwohnerstärksten urbanen Regionen des Landes liegen 15 in Westchina, darunter auch die Nummer eins, Chongqing, mit 29 Millionen Bewohnern. In diesen Großstädten wohnen insgesamt 122 Millionen Menschen. Dass im Westen nur ein Drittel der Gesamtbevölkerung in einer der hundert größten Millionenstädte lebt, ist wenig im Vergleich zum Rest des Landes, vor allem zur Ostküste. Westchina ist nach wie vor relativ dünn besiedelt, neben Bauerndörfern prägen Klein- und Mittelstädte das Siedlungsprofil. Freilich ist auch das relativ, wenn man bedenkt, dass es hier immerhin 77 Städte mit mehr als einer Million Einwohnern gibt.

Die Zahl der Riesencitys mag in Westchina geringer sein als anderswo, sie entwickeln sich aber bedeutend schneller als ihre großen Schwestern im Rest des Landes. Die „Economist Intelligence Unit" sieht bis 2020 in China dreizehn alles überstrahlende „Megalopolen" heranwachsen, sieben alte und sechs neue: „Alle neuen Megacity-Regionen, die sich in diesem Jahrzehnt herausbilden, liegen in den Zentral- und Westprovinzen."[58] Noch seien diese Großregionen ärmer als die bisherigen, aber sie böten rosigere Entwicklungschancen. So sei in Zhengzhou, der Provinzhauptstadt von Henan, fast ein Drittel der Bevölkerung jünger als 30 Jahre alt, in der in die Jahre gekommenen südlichen Industriehochburg Kanton (Guangzhou) treffe das nur auf ein Viertel zu.

Ein genauerer Blick auf das Wirtschaftswachstum stützt diesen Befund. Chinas Agglomerationen mit mehr als einer Million Einwohnern sind weitgehend identisch mit den 287 bezirksfreien Städten, den wichtigsten Verwaltungseinheiten unterhalb der Provinzebene. In diesen legte das Bruttoinlandsprodukt 2012 im Durchschnitt um 7,9% im Jahr zu. Das war zwar etwas mehr als in China insgesamt, aber viel weniger als in den Großstädten Binnenchinas. Unsere oben erwähnten 15 Riesenstädte im Westen schaffen im Durchschnitt fast 14% Wachstum im Jahr. Demgegenüber sehen die früheren Vorreiter wie Schanghai, Peking und Kanton (Guangzhou) ziemlich müde aus: Hier beträgt die Zunahme durchschnittlich 8,6%. Es sind bei Weitem nicht nur die führenden Wirtschaftszentren in Westchina, die die alten Hochburgen im Osten und Süden ausstechen. Selbst „Millionen-Nester" wie Mianyang in Nord-Sichuan (4,6 Millionen Einwohner) oder Tianshui an der nördlichen Seidenstraße in Gansu (3,2 Millionen) wachsen rasanter als

Schanghai, Peking, Kanton und sogar als die Sonderwirtschaftszone Shenzhen nördlich von Hongkong.[59]

Natürlich hat das mit dem geringeren Niveau zu tun, von dem solche Nachzügler starten. Den Regionen an der Küste, deren Wertschöpfung seit Jahrzehnten steil gestiegen ist, fällt es viel schwerer, das hohe Tempo zu halten, als solchen, die gerade erst aus ihrem Dornröschenschlaf erwachen. Aber genau das ist es, was Westchina so interessant macht. Um im Bild zu bleiben: Dornröschen und ihr Hofstaat hatten nach ihrer hundertjährigen Ruhe mächtigen Hunger, Durst, brauchten neue Kleider, Kutschen, Unterkünfte, wollten arbeiten, sich bilden, (Hochzeit) feiern. Auf Westchina bezogen bedeutet das, dass die Rückständigkeit in der Verstädterung ein großer Vorteil ist – vor allem in einer Zeit, in der die Regierung die Urbanisierung als einen der großen Wachstumstreiber definiert hat. Der schon mehrfach erwähnte Fünfjahresplan widmet diesem Ziel ein eigenes Kapitel. Darin heißt es unmissverständlich, dass der Aufstieg der Städte dazu diene, „das Wirtschaftswachstum und die Ausweitung der Märkte voranzutreiben, vom Osten in Richtung Westen und vom Süden zum Norden“. Für diesen Zweck müssten „zahlreiche urbane Agglomerationen im zentralen Westen geschaffen und entwickelt werden“.[60]

Aus dem Gesagten folgt, dass Binnenchina als Absatzgebiet auch für ausländischen Anbieter immer interessanter wird: weil hier so viele Verbraucher wohnen wie anderswo in ganzen Erdteilen, weil diese Konsumenten zunehmend städtischer und wohlhabender werden, und weil die Märkte – anders als in Ostchina – noch lange nicht ausgelaugt sind. So gesehen bietet die Region „die gleichen Chancen wie Schanghai und andere Küstenstädte vor über 20 Jahren“, schreibt die deutsche Auslandshandelskammer AHK in Kanton.[61]

Die Automobilindustrie gehört zu den ersten Branchen, die diesen schlummernden Riesen entdeckt und aufgeweckt hat. In den entwickelten Wirtschaftszentren Ostchinas entwickeln sich praktisch alle deutschen Hersteller schwächer als gewohnt. Das hat mit gesättigten Märkten zu tun, mit zunehmender Konkurrenz, mit dem erlahmten Wohlstandswachstum, mit den verstopften Straßen und reduzierten Zulassungen in den Megastädten. In Zentral- und Westchina hingegen stellen sich diese Probleme nicht. Als erster Autobauer stellt VW seit 2013 in Urumqi, der Hauptstadt der Nordwestprovinz Xinjiang, eigene Fahrzeuge her. Audi hat dort einen ersten Händlerbetrieb eröffnet. „In vielen Westprovinzen Chinas wird das Wirtschaftswachstum in den kommenden Jahren über dem Durchschnitt liegen", sagt Audi-Landeschef Dietmar Voggenreiter zur Erklärung. „Diese Dynamik bietet weiteres Absatzpotential auch für Premiumautos." Ähnlich begeistert drängen die anderen Autobauer ins Hinterland. Porsche verkauft neuerdings Autos in Lanzhou, der Hauptstadt der Sandwich-Provinz Gansu, die eingezwängt zwischen dem tibetischen Qinghai und der Inneren Mongolei liegt. Seit den 1980er Jahren nimmt die deutsche Autoindustrie eine Pionierrolle für die Erschließung Chinas durch die deutsche Industrie wahr. Das gilt auch jetzt wieder, beim Zugang nach Westchina zu einem der größten und am schnellsten wachsenden Märkte auf der ganzen Welt.

Günstige Kosten und viele Arbeitskräfte

Was, außer der schieren Marktgröße, macht Zentral- und Westchina attraktiv für die Wirtschaft? Hier ist es an der Zeit, auf zwei weitere Standortvorteile einzugehen, welche die Region fundamental vom Küstenstreifen unterscheiden: die geringen Lohnkosten und die Verfügbarkeit von Arbeitskräften. Im Ausland hat China den Ruf, ein Billiglohnland zu sein. Im Vergleich mit den Industrieländern ist es das auch – selbst die Bezüge in Taiwan sind doppelt so hoch –, nicht aber, wenn man das Niveau an der Vergangenheit, an anderen Schwellenländern und an der Produktivität misst. Die gesetzlichen Mindestlöhne, die auf Provinzebene festgelegt werden, sind ein guter Indikator für diese Entwicklung. In den vergangenen sechs Jahren haben sie sich annähernd verdreifacht. Während der großen Entlassungswellen im Krisenjahr 2009 waren die Lohnuntergrenzen eingefroren, seitdem aber sind sie wieder stark gestiegen. 2013 betrug die nominale Zunahme im Durchschnitt 18 %, was sogar noch über der Vorgabe des aktuellen Fünfjahresplanes von 13 % liegt. Bei einer Inflation der Verbraucherpreise von rund 3 % im Jahr sind die Reallohnsteigerungen also erheblich.

Zwar hat der regionale Unterschied zwischen den Mindestlöhnen abgenommen, aber noch immer sind ungelernte Arbeiter in Westchina rund 15% günstiger als an den Küsten (siehe Tabelle S. 71). Vergleichbares gilt für Zentralchina. Bei den wirklich gezahlten Bezügen ist der Abstand oft noch größer, weil qualifizierte Arbeitskräfte in den etablierten Industriezentren immer rarer und somit teurer werden. Die Privatwirtschaft in der Südprovinz Guangdong zahlt ihren Industriebeschäftigten im Schnitt 220 Euro im Monat, 28 % mehr als in der Binnenprovinz Henan. Berechnet man die

Durchschnittsentgelte über alle Wirtschaftszweige hinweg, einschließlich höherbezahlter Dienstleistungen etc., dann beträgt der Abstand der Löhne und Gehälter zwischen Ost und West um die 20%. Ein Beschäftigter an der Küste verdiente 2011 etwa 490 Euro im Monat, im Landesinnern waren es 100 Euro weniger. Die Beratungsgesellschaft EAC beziffert in einer Untersuchung die Lohnersparnisse in Westchina gegenüber der Küste auf 30 bis 40%, im Einzelfall seien auch 45% möglich.[62]

Lohnvorteile in Westchina

Mindestlöhne in China (pro Monat in Euro)*

Jahr	West-provinzen	Veränderungen zum Vorjahr	Küsten-provinzen	Veränderungen zum Vorjahr	Unterschied Westen zu Küste
2005	41,6	–	55,4	–	−25%
2006	57,1	37,3%	73,1	32,0%	−22%
2007	64,9	13,7%	85,0	16,3%	−24%
2008	80,8	24,5%	99,7	17,3%	−19%
2009	80,8	0,0%	99,7	0,00%	−19%
2010	100,2	24,0%	118,1	18,5%	−15%
2011	112,5	12,3%	140,6	19,1%	−20%
2012	132,9	18,1%	156,3	11,2%	−15%

* Für 160 Arbeitsstunden. Nominale Werte, Wechselkurs von 2013: 1 Euro = 8,23 Yuan; 1 Yuan = 0,12 Euro
Quelle: Chinesisches Arbeits- und Sozialministerium

Durchschnittliche Arbeitsentgelte in China (pro Monat in Euro)*

Jahr	West-provinzen	Veränderungen zum Vorjahr	Küsten-provinzen	Veränderungen zum Vorjahr	Unterschied Westen zu Küste
2005	166,4	–	222,8	–	−25,3%
2006	192,4	15,6%	253,4	13,74%	−24,1%
2007	236,7	23,0%	295,8	16,73%	−20,0%
2008	272,8	15,3%	344,0	16,30%	−20,7%
2009	303,9	11,4%	378,6	10,07%	−19,7%
2010	342,1	12,5%	431,5	13,96%	−20,7%
2011	385,9	12,8%	490,2	13,61%	−21,3%

* Über alle Wirtschaftszeige. Nominale Werte, Wechselkurs von 2013: 1 Euro = 8,23 Yuan; 1 Yuan = 0,12 Euro
Quelle: Chinas Nationales Statistikbüro NBS, China Statistical Yearbook on Labour.

Seit Chinas Beitritt zur Welthandelsorganisation WTO 2001 haben sich die Auszahlungen im Verarbeitenden Gewerbe real verdreifacht, wie die Deutsche Bank herausgefunden hat.[63] Auch deutsche Unternehmen in China spüren diesen Kostendruck. Einer Umfrage der Auslandshandelskammer in Peking zufolge wachsen die Bezüge der Arbeiter um fast 10% im Jahr und jene der Angestellten um fast 9%.[64] Die Bank Standard Chartered hat für 2013 einen durchschnittlichen Tarifanstieg um nominal 9,2% berechnet, nach 7,6% im Jahr zuvor.[65] An sich ist die Entwicklung zu begrüßen. Leider jedoch orientieren sich die Mindestlöhne und damit auch das allgemeine Lohnniveau an politische Vorgaben und nicht, wie es richtig wäre, an der Inflation und an der Steigerung der Arbeitseffizienz in den Betrieben. Vielmehr hinkt die Produktivität – gemessen als Bruttoinlandsprodukt je Mitarbeiter – dem Lohnwachstum seit Jahren hinterher: 2012 ist sie so gering gestiegen wie seit 1999 nicht. Das bedeutet im Klartext, dass die Leistungssteigerung des einzelnen Arbeiters immer weniger Schritt hält mit dem Anstieg der Kosten, die er in seinem Unternehmen verursacht.

Um Kostenexplosionen zu vermeiden, gibt es verschiedene Möglichkeiten. Ein Weg besteht darin, die Produktivität durch die Qualifikation der Mitarbeiter zu steigern (siehe Kasten S. 73). Ein anderer setzt auf einen höheren Automatisierungsgrad. Dieser Trend kommt ausländischen Maschinenherstellern zugute, nicht zuletzt den deutschen. Der Verband Deutscher Maschinen und Anlagenbau VDMA sieht in China einen stark steigenden Bedarf für die Automatisierung und Robotik. Diesen Markt dominieren ausländische Hersteller zu 90% – und er bietet enormes Potential: Der Absatz von Robotern hat in China in den vergangenen fünf Jahren um 30% zugenommen. Dennoch erreichen die Importe mit umgerechnet 630 Millionen Euro nicht einmal 6% der gesamten Werkzeugmaschineneinfuhr von 12 Milliarden Euro.[66] Hier können die deutschen Anbieter also noch kräftig Geld verdienen, denn die Notwendigkeit zur Automatisierung wird mit dem immer knapper werdenden Arbeitskräfteangebot und den wachsenden Qualitätsansprüchen eher steigen als fallen.

Vorbild Deutschland: Wie China seine Arbeiter besser qualifizieren will

Wanderarbeiter heißen auf Chinesisch Bauernarbeiter, „Nongmin Gong". Dazu gehören alle Arbeitskräfte vom Land, die länger als sechs Monate entweder außerhalb ihres Heimatorts arbeiten oder in ihrem Heimatort nicht mehr als Bauern tätig sind. Die erste Gruppe, die Haus und Hof ganz verlässt, umfasst 163 Millionen Menschen, zur zweiten zählen fast 100 Millionen Personen. Den Daten des Nationalen Statistikbüros NBS zufolge ist die Gesamtzahl zwischen 2008 und 2012 um 17% auf 263 Millionen gestiegen.[67] Eine unvorstellbare Menge: Allein die hinzugekommenen 38 Millionen Menschen entsprechen der Gesamtbevölkerung von Polen. Traditionell üben Bauernarbeiter einfache Tätigkeiten aus, am Band in Industriebetrieben, auf dem Bau oder in städtischen Dienstleistungen als Lieferanten, Wachpersonal, Gärtner, Straßenfeger. Solche Stellen dürften auch künftig mit Millionen Landflüchtigen besetzt werden. Aber je mehr sich China zu einer Servicegesellschaft und einer wissensbasierten Wirtschaft mit hoher Wertschöpfung entwickelt, desto gesuchter ist qualifiziertes Personal.

Noch erfüllen die Wanderarbeiter diese Anforderungen nicht. Zwar können 18% mit Abitur oder einem technischen Abschluss glänzen, aber nicht einmal 6% haben danach eine Berufsausbildung oder andere weiterführende Schulungen genossen. Bei den Unterdreißigjährigen sieht es deutlich besser aus. Hier weisen fast 29% eine höhere Schulreife auf, annähernd 13% haben eine Berufsausbildung oder Ähnliches durchlaufen. Doch in der Praxis halten die Abschlüsse oft nicht, was sie versprechen. Bei Chinas größtem Pkw-Hersteller Volkswagen etwa, dessen Produkte und Fertigungsprozesse immer komplexer werden, müssen die Arbeiter trotz vermeintlicher Ausbildung noch einmal geschult werden. Weil es dem Unternehmen zunehmend schwerer fällt, geeignetes Personal zu finden, kümmert es sich neuerdings selbst um die Berufsausbildung – ganz nach Vorbild seiner Heimat Deutschland. „Wir bringen die wichtigsten Elemente des Dualen Systems, das theoretische und praktische Ausbildung kombiniert, in alle unsere Werke in China", kündigt Landeschef Jochem Heizmann an. Der Konzern beschäftigt deshalb eigene Schulungsleiter, die wiederum chinesische Berufsschullehrer ausbilden. Es gehe darum, den traditionellen Frontalunterricht in China zu durchbrechen und mehr praktische Anteile zu vermitteln, sagt Volkswagen-Sprecher Christoph Ludewig. „Die Schüler sollen künftig nicht nur erzählen können, wie man eine Bremse auswechselt, sondern das auch selbständig tun.“[68]

Die Deutsche Auslandshandelskammer bemüht sich ebenfalls, die Berufsausbildung nach China zu tragen, weil ihre Mitgliedsunternehmen immer häufiger über einen Mangel an qualifiziertem Nachwuchs klagen. Die staatliche Gesellschaft für Internationale Zusammenarbeit (GIZ) hat ein Projekt aufgelegt, um die Kraftfahrzeugausbildung zu verbessern. Getragen wird es von den deutschen Autoherstellern und dem chinesischen Bildungsministerium. Es ist das Ziel der Initiative, verlässliche Mechatroniker, vulgo Kfz-Mechaniker, hervorzubringen, um sie an Händlerbetrieben und Vertragswerkstätten unterzubringen. Denn selbst wenn die in China gefertigten Modelle von Audi, Mercedes oder BMW genauso hochwertig sein sollten wie in der Heimat, sind Wartung und Reparatur noch lange nicht auf der Höhe.[69]

„Wir können vom deutschen Berufsschulwesen viel lernen“, sagt Zhan Changzhi, Fachmann für „Vocational Education“ an der Universität Hainan in Südchina. Vorbildlich sei zum Beispiel, dass in der Bundesrepublik Regierung, Unternehmen und Ausbildungsstätten gleichermaßen in Ausbau und Ausstattung der Berufsschulen investierten.[70] In der Millionen-Hafenstadt Tianjin 120 Kilometer südöstlich von Peking haben die deutsche und die chinesische Regierung gemeinsam das Sino-German Vocational Technical College ins Leben gerufen. Konzentriert auf Technik, Sprachen und Betriebswirtschaft, bietet es eine duale Ausbildung an: an der Schule für theoretische Kenntnisse, in einem Ausbildungsbetrieb für die Praxis. „Das System ist auf das zugeschnitten, was die Unternehmen wirklich brauchen“, wirbt Schulleiter Zhang Xinghui und verweist auf den großen Erfolg der Absolventen in Unternehmen wie Bosch.

Chinas Industrie werde immer hochwertiger und technikorientierter, so dass spezielle Fertigkeiten nötig seien und ganz neue Berufe entstünden, weiß der Pädagoge. Durch den engen Kontakt zu den Betrieben kann sich seine Berufsschule auf diesen Wandel schnell einstellen. So bietet sie seit einiger Zeit einen Ausbildungsgang für Flugzeugmechaniker an, schließlich baut

China mit viel Energie und Geld eine eigene Luftfahrtindustrie auf. Bei den Lehrinhalten helfen europäische Fachleute, was nicht verwundert, da die Expertise förmlich vor dem Schultor liegt. Der europäische Flugzeugbauer Airbus unterhält in Tianjin sein einziges Werk außerhalb Europas.

Hier zeigt sich freilich auch, wie sich die mit westlichem Knowhow und westlichem Geld geförderte Berufsschulbildung als zweischneidiges Schwert erweisen kann. Dann nämlich, wenn die chinesische Konkurrenz davon in einem Maße profitiert, dass sie den Industrieländern einen der letzten Wettbewerbsvorteile abspenstig macht, die Güte der Facharbeiter. Denn tatsächlich entwickeln die Asiaten im Wettbewerb zu Europäern und Amerikanern mit großem Engagement einen eigenen Flugzeugtyp namens C919. Einer der Eigentümer des zuständigen Unternehmens Comac ist die staatliche Aviation Industry Corporation of China (Avic), die auch Anteile an der Airbus-Montage besitzt. Sie hat künftig also doppelten Zugriff auf die ausländischen Stärken: über ihre Beteiligung in Tianjin und über die in Tianjin mit europäischer Hilfe ausgebildeten Fachkräfte. Die C919 soll 2016 in Dienst gehen, als klarer Konkurrent zu den Erfolgsmodellen Boeing 737 und Airbus A320. Genau letzterer ist es, der in Tianjin gefertigt wird.

Die Lohnfrage hängt eng mit der Zahl der Arbeitskräfte zusammen, denn je weniger Menschen verfügbar oder bereit sind, tätig zu werden, desto mehr Geld können sie verlangen. 2012 ging Chinas Arbeitsbevölkerung im Alter von 15 bis 59 Jahren erstmals seit den Siebzigerjahren zurück, um 3,5 Millionen Personen. Noch drastischer wird der Einbruch bis etwa 2020 werden, nicht zuletzt als Folge der Ein-Kind-Politik. Deshalb steigen die Arbeitsentgelte. In den traditionellen Industriehochburgen sei das Angebot an qualifizierten Beschäftigten mittlerweile so knapp, dass sie bei einem Stellenwechsel Lohnerhöhungen von bis zu 40% durchsetzten, hat die Deutsche Auslandshandelskammer herausgefunden.[71] In ganz ähnlichen Worten schreibt die Investmentbank Goldman Sachs: „Die Mitarbeiter haben eine immer stärkere Verhandlungsposition."[72] Der Befund ist bemerkenswert angesichts der weitverbreiteten Vorstellung, dass ein Großteil der chinesischen Arbeitskräfte ausgebeutet werde, schwach und rechtlos sei.

Zusätzlich zu den Löhnen treiben die Nebenkosten die Aufwendungen in die Höhe. Der Arbeitgeberanteil an den fünf Sozialversicherungen summiert sich auf 42 % der ausgezahlten Bezüge. Das gilt zwar schon lange, aber die Behörden setzen die Programme neuerdings viel strenger durch als früher – vor allem in Ostchina und vor allem in Betrieben mit ausländischem Kapital. Goldman Sachs kommt angesichts dieser Entwicklung zu dem Schluss, dass es China immer schwer fallen wird, „die Lohnstückkosten im Griff zu behalten". Stiegen die realen Lohnkosten auch um einen Dollar in der Stunde, würde das die Rendite auf das eingesetzte Kapital der Unternehmen erheblich schmälern: zum Beispiel um 12 % für die Auto-, Zement-, Stahl- oder Energieindustrie. Das bedeutet, dass sich in den etablierten Industrieregionen Chinas immer weniger Geld verdienen lässt.

All das hat auch seine positiven Seiten. Für die Unternehmen macht es einfache, arbeitsintensive Fertigungsstätten unattraktiver. Das kann und sollte dazu führen, dass Staat und Wirtschaft die jungen Leute künftig besser ausbilden, so dass mit ihnen eine höhere Wertschöpfung möglich wird und sie sich als besser bezahlte Beschäftigte zu kaufkräftigen Verbrauchern entwickeln. Gibt der Industriezweig derlei Investitionen in Humankapital jedoch nicht her, dann bleibt den Investoren nur noch die Abwanderung, um ihre Gewinne zu sichern.

Der Treck nach Westen: Werksverlagerungen

Wer nicht in die Nachbarländer geht, zieht ins Binnenland um

Wenn alle Möglichkeiten zur Effizienzsteigerung ausgereizt sind, gibt es für viele Unternehmen in China nur noch eine Alternative: die Werksverlagerung. Die bevorzugten Ziele sind Chinas Nachbarländer. So haben 2011 und 2012 die Lohnstückkosten in der Südostasiatischen Staatengemeinschaft Asean deutlich schwächer zugelegt als in der Volksrepublik, weshalb sich die Region immer mehr als Alternative empfiehlt. In Thailand oder Malaysia etwa wächst die Produktivität viel schneller als in China. Der Standort Asean ist deshalb so attraktiv, weil seit 2010 zwischen den beiden Wirtschaftsblöcken ein Freihandelsabkommen gilt, so dass sich von Südostasien aus die riesigen Märkte Chinas mitbedienen lassen.

Die steigenden Arbeitskosten treffen vor allem die Verarbeitungsbetriebe in den Industriehochburgen an der chinesischen Ost- und Südküste. Einer Umfrage der Bank Standard Chartered zufolge planen deshalb im Perlflussdelta rund um Kanton (Guangzhou) 9 % der Unternehmen, das Land zu verlassen. Der beliebteste Alternativstandort im Ausland ist Kambodscha, wo die Löhne um 10 bis 30 % niedriger sind, gefolgt von Bangladesch und Vietnam; Kambodscha und Vietnam sind Mitglieder im Asean-Verbund. Nach Berechnungen der deutschen Investitionsfördergesellschaft GTAI beträgt der Mindestlohn in der Staatengemeinschaft je nach Land nur ein Viertel bis zur Hälfte dessen, was Unternehmen im südchinesischen Guangdong zahlen müssen.[73] Noch interessanter ist diese Zahl: Sage und schreibe 30 % der Betriebe wollen innerhalb Chinas ins kostengünstigere Landesinnere umziehen, in die Zentral- oder Westprovinzen. In früheren Jahren war die Bereitschaft nicht einmal halb so hoch.[74]

Wenn also nicht Arbeit knapp ist, sondern Arbeitskraft, dann müssen sich wortwörtlich die Unternehmen bewegen und von der Küste ins Binnenland ziehen. Das wiederum bedeutet, dass Millionen Menschen in ihren Heimatregionen eine Beschäftigung finden und nicht länger als Wanderarbeiter quer durchs Land zu reisen brauchen. „Es gibt eine Verschiebung der Dynamik entlang der Wertschöpfungskette und durch die Provinzen", fasst Hannah Levinger von der Deutschen Bank zusammen. „Das ist positiv im Sinne der angestrebten Veränderung im chinesischen Wachstumsmodell."[75] So also wird ein Schuh daraus: Chinas Regierung weiß natürlich, dass sie viele Investoren verschreckt, wenn sie die Löhne und Sozialabgaben heraufsetzt. Sie schert sich aber nicht sehr darum, da sie an vielen dieser alten Industrien ohnehin kein Interesse hat. Die Vorgabe lautet: Wer sich die höheren Kosten nicht leisten kann, weil er im Billig- und Massensegment fertigt, der darf gern gehen. Bestenfalls ins billigere Westchina, woher seine einfachen Arbeitskräfte ohnehin stammen, zur Not aber auch ins Ausland.

Für einige Branchen wie etwa für die Schuh- und Kleidungshersteller lohnt sich die Produktion in Süd- und Ostchina immer seltener. Zwar sind die Küstenregionen weiterhin die wichtigsten Zentren für Herstellung, Export und Beschäftigung, aber dieser Abstand zu Westchina schmilzt schnell, wie der chinesische Textil- und Kleidungsverband CNTAC berichtet. Zwischen 2005 und 2012 wuchsen die Investitionen in Westchina jedes Jahr um 40 % stärker als im Osten, der Vorsprung der Zentralprovinzen betrug sogar 80 %.

Entsprechend steigt auch der Ausstoß in den Binnenregionen deutlich schneller als in den traditionellen Wachstumsgebieten.[76]

Ein Grund für den Umzug ist auch die Steigerung des Binnenkonsums. Da die Nachfrage aus den Krisenmärkten Europas und Amerikas schwächelt und zugleich die Billigkonkurrenz auf den Weltmärkten zunimmt, verliert die Nähe zu den Ausfuhrhäfen an Bedeutung. „Der Export dürfte die Branche nicht mehr lange stützen. Im Gegenteil, es ist der Binnenmarkt, der große Potentiale verspricht, vor allem auf dem Land", urteilt der Textilverband. In dieser Situation zahlten sich die Standorte im Hinterland aus: „Die Verlagerung der Unternehmen in die Zentral- und Westregionen verringert die Entfernung zu den potentiellen Massenmärkten." Ähnliche Vorzüge bieten die Arbeitskosten. Durchschnittlich verdient ein Textilarbeiter im Hinterland nicht einmal 3.400 Euro im Jahr, das sind 6,3 % weniger als im Perlfluss- oder Jangtsedelta. Angesichts der geringeren Lebenshaltungskosten in der Heimat ist der Unterschied nicht mehr so groß, dass die Arbeiter dafür ihre Familien und Freunde verlassen wollen. Er reicht aber aus, damit sich für Unternehmen der Umzug lohnen kann, zumal sie auch an anderen Kosten sparen können, etwa für Strom, Energie, Wasser oder Grundstücke. So ist die Landpacht im Jangtsedelta fast zweieinhalbmal so hoch wie in Wuhan, der Hauptstadt der Zentralprovinz Hubei.[77] Bei den Mietkosten für Produktionseinrichtungen lässt sich bis zur Hälfte einsparen, wenn man z. B. Fabrikhallen in Xi'an statt in Shenzhen oder Schanghai bezieht. „Die früheren Vorteile des Ostens sind immer geringer geworden, sowohl für die Unternehmen als auch für die Beschäftigten", fasst der Textilverband zusammen.

Die Veränderungen könnte man geradezu revolutionär nennen. 30 Jahre lang boomte Chinas Exportindustrie, 30 Jahre lang zogen deshalb Hunderte Millionen Chinesen von den Binnenprovinzen an die Küsten. Es gab dort viel Arbeit, aber noch mehr Arbeitssuchende, weshalb die Löhne und sonstigen Leistungen für die Wanderarbeiter gering ausfielen. Jetzt setzt, langsam aber sicher, eine Gegenbewegung ein. Die Bedeutung der Ausfuhr nimmt ab, die des Binnenverbrauchs steigt, zumal in den noch ungesättigten Märkten im Hinterland. In den Wirtschaftshochburgen im Osten sind Arbeitskräfte knapp und teuer, für viele Betriebe lohnt sich die Produktion dort nicht mehr. Sie gehen deshalb dahin, wo das Personal und die neuen Märkte sind: nach Westchina. Wie Wang Qing von der Investmentbank Morgan Stanley urteilt: „Ganz offensichtlich hat sich die Lage auf dem Arbeitsmarkt völlig umgedreht: Früher mussten die Arbeiter Tausende Meilen zu den Unternehmen reisen, um bessere Jobs zu finden, jetzt verläuft die Sache andersherum."[78]

Wer viel Energie und Rohstoffe braucht, bevorzugt Westchina

Die Textilwirtschaft ist nicht die einzige Branche, die an den Küsten die Koffer packt. Energieintensive Produktionen entdecken die Kostenvorteile im Westen und ziehen deshalb dorthin um. Ähnliches gilt für umweltbelastende Fabriken, mit denen die Erstgenannten oft identisch sind. Sie werden von der Regierung gezielt aufgefordert, die großen Ballungszentren im Osten zu verlassen und sich näher an den Rohstoff- und Energiequellen im Hinterland anzusiedeln. Ein Beispiel sind Aluminiumhütten. 2010 produzierte Xinjiang, Chinas am dünnsten besiedelte Provinz, erst 65.000 Tonnen oder 0,4 % des chinesischen Ausstoßes. Fachleute erwarten, dass es schon 2015 rund 10 Millionen Tonnen und 30 % werden. Der Anstieg entsteht durch wachsenden Bedarf, besonders aber durch Werksverlagerungen aus dem Osten, wo die Stromkosten stark gestiegen sind und wo die Regierung keine weitere Expansion zulässt. Es gibt Hindernisse auf diesem Weg in den Westen: logistische Defizite, zu wenig qualifizierte Arbeitskräfte, Wassermangel. Unter dem Strich aber, so hat der australische Rohstoffexperte Michael Komesaroff errechnet, sind die Kosten für die Aluminiumhersteller in Xinjiang um ein Viertel geringer als an der Küste. Komesaroff beobachtet einen regelrechten „Standortwechsel" der Branche, weg von den Flussdeltas und hin zu der kohle- und erdgasreichen Nordwestprovinz: „Es ist zu erwarten, dass Xinjiang der Brennpunkt der gesamten chinesischen Aluminiumindustrie wird, so wie die Innere Mongolei und Shanxi die Kohleförderung dominieren."[79]

Die Nähe zu Märkten und Rohstoffen hat auch den deutschen Konzern BASF vom Hinterland überzeugt. Gemeinsam mit dem privaten chinesischen Unternehmen Markor hat der weltgrößte Chemiehersteller in der Stadt Korla in Xinjiang zwei Gemeinschaftsunternehmen gegründet. Nach Angaben der Stadtverwaltung betragen die Investitionen beider Partner zusammen 1,6 Milliarden Euro. Die Anlagen zur Herstellung von Kunststoffvorprodukten sollen 2015 den Betrieb aufnehmen und von den reichen und günstigen Erdgasvorkommen in der Provinz profitieren.[80] Vergleichbares gilt für BASF in Chongqing, der Westmetropole am Jangtse. Hier nehmen die Pfälzer Ende 2014 die größte Einzelanlage der Welt zur

Erzeugung eines Kunststoffvorprodukts namens MDI in Betrieb. Das gigantische Vorhaben lässt sich die Gruppe fast eine Milliarden Euro kosten. Nur am Heimatsitz Ludwigshafen investiert sie mehr. Der Standort profitiert davon, dass das zur Produktion unentbehrliche Erdgas unmittelbar nördlich von Chongqing gefördert wird. Und zwar seit Jahrhunderten. Auf der Suche nach Salz sei es in der Region Zigong schon vor 2.000 Jahren aus dem Untergrund geholt worden, sagt der Geschäftsführer von BASF-Chongqing, Christian Tragut, und zieht einen Bildband hervor. Auf einigen Fotos sind Bohrtürme aus Bambus zu sehen, wie sie damals genutzt wurden. „Damit kamen die 1.000 Meter tief, das ist einfach unvorstellbar“, schwärmt der BASF-Manager.[81]

MDI, das vollständig Methylendiphenyldiisocyanat heißt, ist eine der Kernkomponenten zur Herstellung von Polyurethan. Es kommt in Dämmstoffen und Spanplatten zum Einsatz, in Kühlschränken, Autositzen, Möbeln, Dialysefiltern oder Surfbrettern. Und auch in Stoffen, weshalb für BASF die Textilindustrie zu den großen Kunden gehört. Wegen des Umzugs vieler Hersteller in den Westen sei die geografische Lage in Chongqing ideal, sagt Tragut. „Die brauchen MDI, und wir sind der einzige Hersteller im Landesinnern.“ Die Schuhfabriken, die Chinas teuren Süden und Osten ebenfalls verlassen, benötigen für die Sohlenfertigung reines MDI. Es muss stark gekühlt bei minus 42 Grad angeliefert und sogleich verarbeitet werden. Auch das will sich BASF in Chongqing zunutze machen.

Werksverlagerung prägen gleichfalls die moderne Informations- und Unterhaltungselektronik in China. Das wichtigste Beispiel aus dieser Branche ist der taiwanische Konzern Foxconn, der größte Elektronikfertiger der Welt und das dominante Exportunternehmen in China. Im Akkord setzen seine Mitarbeiter iPhones und iPads für Apple zusammen, Laptops für Dell und HP, Kindles für Amazon, Wiis für Nintendo, X-Boxes für Microsoft, Playstations für Sony oder Mainboards für Intel. Angeblich stammen 40 % aller Elektronikgüter auf der Welt von Foxconn, vor allem aus den Werken in China.[82] Dort beschäftigen die Taiwaner rund 1,2 Millionen Menschen, in der Mehrheit Wanderarbeiter. Bis zu einem Drittel von ihnen wurden jahrelang an einem einzigen Standort eingesetzt, im südchinesischen Shenzhen. Doch dort sehen sich Foxconn und der Mutterkonzern Hon Hai seit 2010 wachsenden sozialen Schwierigkeiten ausgesetzt, die darin gipfelten, dass sich eine Reihe von Wanderarbeitern von den Werksdächern zu Tode stürzte.

Nach den Vorfällen musste die Gruppe nicht nur die Löhne und Arbeitsbedingungen verbessern, sondern sie verlagerte auch Teile der Produktion landeinwärts. Neue große Werke eröffneten in Zhengzhou, der Provinzhauptstadt von Henan, sowie in Chongqing und Chengdu im Westen. Kleinere Einheiten entstanden in Taiyuan und Wuhan. Seitdem arbeiten allein in Zhengzhou 300.000 Personen für Foxconn, die 500.000 iPhones montieren – am Tag. Rund um das Werk haben sich schon mehr als 100 Zulieferer angesiedelt. Diese und andere Standortverlagerungen oder Neugründungen führen dazu, dass die Zahl der Wanderarbeiter, die auf der Suche nach Jobs von Henan aus in andere Provinzen ziehen müssen, stark sinkt. 2011 fanden erstmals mehr von ihnen eine Beschäftigung innerhalb der Heimatprovinz als außerhalb.[83]

Korla, Zhengzhou, Chongqing, Chengdu – die Städte trennen nicht nur Tausende Kilometer voneinander, sondern auch Jahre, wenn nicht Jahrzehnte in ihrer Entwicklung. Das Positive an diesen unterschiedlichen Fortschrittsgeschwindigkeiten ist, dass die weiter entwickelten Landstriche einen Einblick gewähren, wie sich die Situation in den übrigen Gebieten in Zukunft gestalten könnte. Um zu verstehen, wie das Westchina von morgen aussehen wird, geht die Reise jetzt in die Großregion Chengdu-Chongqing. Die Schatzsuche führt dort in eine der dynamischsten Gegenden Chinas, wenn nicht der ganzen Welt.

5. Das China von morgen: Statt ganz hinten jetzt ganz vorn

„Go West 2.0“: Strukturwandel mit alten und neuen Industrien

Tang Jiqiang übt sich in Kalligrafie, seit er fünf Jahre alt ist. Andere chinesische Kinder lernen in diesem Alter die ersten lateinischen Buchstaben. Bevor sie sich an die komplizierten Zeichen wagen, müssen sie – als eine Art Lautschrift – das Alphabet beherrschen. Doch der kleine Jiqiang griff gleich zum Pinsel und versuchte sich mit großem Schwung an der Zeichen-Schönschrift. In China genießt die Kalligrafie mindestens die gleiche Wertschätzung wie andere Kunstrichtungen, etwa die Malerei, wer sie beherrscht, gilt als diszipliniert und gebildet, sein Ansehen ist hoch. Bis heute, als Erwachsener mit Mitte 40, hat Dr. Tang Jiqiang in seinem Büro eine separate Arbeitsplatte für sein Hobby stehen, größer noch als der ausladende Schreibtisch daneben mit Computer und Zimmerpflanze. Tang dreht an einem Ständer mit verschiedenstarken Pinseln, rührt Tinte an, entfaltet ein handtuchgroßes Papier. Seine ausgreifenden Bewegungen hinterlassen dicke schwarze Striche auf der hellen Fläche, traditionelle Langzeichen, nicht die abgespeckte Version, die seit den Fünfzigerjahren in der Volksrepublik gilt. Ein herzlicher Gruß an den Besucher entsteht, symmetrisch angeordnet und doch wie zufällig aus dem Handgelenk geschüttelt, ein ästhetischer Genuss in schwarz auf weiß.

Er habe jedes Mal großen Respekt vor dem leeren Blatt, sagt der promovierte Ökonom, weil auf ihm alles möglich sei, Schönes, aber auch Fehlerhaftes. Korrigieren könne man in der Kalligrafie nicht, „das muss sitzen". Der Mann mit der rechteckigen Goldbrille lacht: „Wie in meinem Job." Tang leitet das Büro für strategische Entwicklungsplanung in der Hochtechnik-Zone von Chengdu, der Hauptstadt der Westprovinz Sichuan. Hinter dem umständlichen Titel, der so gar nicht zur leichthändigen Schreibkunst passt, verbirgt sich eine der spannendsten Aufgaben, die die Stadtverwaltung zu vergeben hat: Tang soll aus Chengdu einen modernen Wirtschaftsstandort machen, vielleicht den modernsten in China überhaupt. Statt auf die Produktion einfacher Güter wie an der Küste setzt der Inlandsstandort auf neue Techniken, auf Dienstleistungen rund ums Internet, auf Softwareinnovationen, Forschung und Entwicklung. Das Erfolgsmodell im Osten und Süden, das sich auf billige Arbeitskräfte und den Massenexport stütze, sei in die Jahre gekommen und ausgelaugt, findet Tang. „Jetzt übernehmen wir den Staffelstab, um weiter und schneller zu rennen als die anderen."

Die markigen Worte sind nicht aus der Luft gegriffen. Tatsächlich entwickelt sich die Region zum Startpunkt für eine neue Etappe im chinesischen Aufschwung. Neben der nahegelegenen Megacity Chongqing ist Chengdu mit seinen 14 Millionen Einwohnern die am weitesten fortgeschrittene Wirtschaftsmetropole in Westchina. Von diesen beiden Städten sowie von Xi'an in Shaanxi und von Zhengzhou in Henan aus sollen die noch tiefer im Hinterland gelegenen Gebiete entwickelt werden, zuvörderst Xinjiang, Qinghai, Gansu und Ningxia, aber auch Guizhou im Südwesten. In dieser Hinsicht bieten die vier Großstädte gewissermaßen das Basislager für die weitere Erschließung Binnenchinas. Ein Beispiel dafür ist der Ausbau der Verkehrswege zu den hinterherhinkenden Regionen, etwa die neue Eisenbahnverbindung zwischen Chongqing und Gansu.

Außerdem will die Regierung an diesen Polen eine neue Phase der Entwicklung einläuten und ausprobieren: Sie baut auf höhere Wertschöpfung, Binnenkonsum, Services. Ein besonderes Gewicht liegt auf neuen Techniken, vor allem in der Informations- und Kommunikationselektronik, wo sich Binnenchina als Vorreiter etablieren könnte. Deshalb wird diese neue Phase der modernen Westerschließung auch „Go West 2.0" genannt.[84] In diesem Streben setzt China auf die Rezepte einer modernen Wissensgesellschaft mit besserer Bildung und besserem Einkommen nach Vorbild der Industriestaaten. Aber man will diese auch übertreffen, zumindest im Tempo. „Amerika hat für seine Westerschließung 200 Jahre gebraucht", sagt Tang und wischt einen kleinen Tintenfleck von seiner Handfläche. „Wir schaffen das in einem Bruchteil der Zeit."

Die Aufholjagd der Region verläuft mit atemraubender Geschwindigkeit. Die Wirtschaft in Sichuan, wo genauso viele Menschen wie in Deutschland wohnen, ist 2012 real um knapp 13 % gewachsen, nach 15 % im Vorjahr. Das war fast doppelt so schnell wie im ganzen Land. Die gesamte Wirtschaftsleistung ist heute größer als in Thailand.[85] Je Kopf hinkt die Provinz dem chinesischen Durchschnitt zwar noch hinterher, aber auch hier wird der Abstand kürzer, weil das Wachstum viel stärker ist als im Rest des Landes. Heftig boomt der Export, der 2012 ein Drittel höher war als 2011. Am erfolgreichsten ist die Hauptstadt Chengdu, auf die sich vier Fünftel der Ausfuhr und der ausländischen Direktinvestitionen in Sichuan von rund 8 Milliarden Euro im Jahr konzentrieren; diese Summe hat sich seit 2007 verfünffacht. Nicht nur in der Industrieproduktion zeigen Provinz und Hauptstadt ihre Stärken, sondern auch im privaten Verbrauch, die Einzelhandelsumsätze legen jeweils um 16 % im Jahr zu. Das Bruttoinlandsprodukt je Kopf ist in Chengdu mit 6.760 Euro doppelt so hoch wie in der ganzen Provinz und übersteigt den nominalen gesamtchinesischen Wert um ein Drittel. Und das, obgleich die Stadt jahrhundertelang agrarisch geprägt war. Das fruchtbare Gebiet der Chengdu-Ebene ist als Tianfu Zhiguo bekannt, was man als Schatzkammer, Paradies oder auch als Himmlisches Land übersetzen kann.

Die offiziellen Angaben zu Sichuans exorbitantem Wachstum sind, wie immer in China, mit Vorsicht zu genießen, sowohl was ihre Verlässlichkeit als auch was ihre Aussagekraft angeht. Der Einwand ist berechtigt, dass gerade in Westchina die staatlichen Ausgaben das Wachstum aufblähen. Die enormen Infrastrukturaufwendungen und die Konzentration der Mittel aus dem Konjunkturprogramm auf die Region gaukeln eine Scheinblüte vor, die oft gar nicht existiert. Das rächt sich jetzt möglicherweise: In einer Zeit, wo sich die Regierung einer weiteren künstlichen Ankurbelung der Wirtschaft versagt, wo sie die Auswüchse der Füllhornpolitik für Staatsunternehmen und überflüssige Tief- und Hochbauten bekämpft und wo sie die Bedeutung der Investitionen ganz generell zurückdrängen will, könnten die Binnenprovinzen stärker leiden als die auf breiteren Füßen stehenden Meeresanrainer. Der Ökonom Andrew Batson hat schlüssig gezeigt, dass die „wirtschaftliche Verlangsamung von 2013 die Inlandprovinzen am härtesten getroffen hat“. Zwar zweifelt auch Batson nicht daran, dass Zentral- und Westchina langfristig größere Wachstumspotentiale haben als der Rest des Landes. Auf dem Weg dorthin aber müssten sie derzeit eine „garstige Bremsschwelle überwinden“.[86]

Daran ist viel Wahres, aber man muss den Befund differenzieren. Zum einen beträgt die von Batson festgestellte Wachstumsschwäche höchstens zwei Prozentpunkte, womit Westchina immer noch deutlich stärker expandiert als die Küstenregion. Zum anderen hat sich die Wirtschaftsbasis zumindest in unserem „China von morgen“, also in Sichuan/Chengdu und in Chongqing, in den vergangenen Jahren stark verbreitet. Immer mehr privates und immer mehr internationales Kapital fließt in diese Zukunftsregion.

Vor allem Chengdus Wirtschaft präsentiert sich zunehmend bunter. Für viel Beschäftigung, satte Gewinne und hohen Ausstoß sorgt die Automobilindustrie. In der Stadt sind mittlerweile zehn große Kraftfahrzeughersteller vertreten, darunter Volkswagen und Toyota. VW hat als einer der größten Akteure am Ort annähernd 2 Milliarden Euro investiert.[87] Die schwedische Marke Volvo, die zur chinesischen Geely-Gruppe gehört, betreibt hier neuerdings ihr erstes Werk außerhalb Europas (siehe Kasten S. 85). Insgesamt entstanden in der Metropole 2012 etwa 380.000 Fahrzeuge. 2020 sollen 1,2 Millionen-Einheiten vom Band laufen. Bis dahin könnte sich der Umsatz der Branche von derzeit 12 Milliarden Euro verneunfachen. Der rasante Anstieg würde Chengdu innerhalb von nur zehn Jahren zu einem der wichtigsten Standorte der Kraftfahrzeugindustrie machen. Der Ansturm der Autobauer beschränkt sich in Sichuan nicht auf die Hauptstadt. Rund 100 Kilometer südöstlich, in der Stadt Ziyang, baut Hyundai mit seinem Partner Nanjun ein Werk zur Fertigung von Nutzfahrzeugen.[88]

Pandas helfen Elchen: Chengdu soll Volvo retten

Auch unglückliche Formulierungen können ein Stück Wahrheit enthalten. „Das Letzte, was wir hören wollen, ist, dass unsere Autos made in China sind!", sagt der Bauleiter des neuen Volvo-Werks in Chengdu, Benoit Demeunynck. Bei einem Fabrikrundgang erklärt er gerade eine moderne Laserschweißanlage. Mit der Formulierung wollte Demeunynck klarstellen, dass Volvo seine Autos in Fernost nach genau den gleichen Qualitäts-, Sicherheits-, Gesundheits- und Umweltstandards baut wie in Europa. Da gebe es keine Abstriche, wie man sie vielleicht von anderen hier hergestellten Produkten kenne. Das Gesagte ist nicht immer das Gemeinte.[89]

Doch der Lapsus hat insofern einige Bedeutung, als der Autobauer von Chengdu aus auch exportieren will. Da könnte es eine Rolle spielen, dass das vermeintlich schwedische Auto in Wirklichkeit aus der Volksrepublik stammt. Das neue Werk – Volvos einziges außerhalb Europas – helfe, Kosten zu senken und unabhängiger von Währungsschwankungen zu werden, sagt der Volvo-Vorstandsvorsitzende Håkan Samuelsson in Chengdu: „Das hilft uns zu exportieren, in einem ersten Schritt nach Asien." Mehr lässt er sich nicht entlocken, doch ist schon das eine kleine Sensation.

Denn bisher gibt es außer General Motors keine ausländische Kraftfahrzeugmarke, die von China aus nennenswert ins Ausland liefert. Das liege nicht zuletzt daran, dass die Gewinnaufteilung zwischen in- und ausländischen Partnern schwierig sei, sagt Samuelsson. Im Falle von Volvo ist die Lage einfacher, da die Chinesen Eigentümer beider Gesellschaften des Gemeinschaftsunternehmens sind, von Volvo und von Geely. Für Volvo geht es bei den Exportplänen darum, zunächst die Südostasiatische Staatengemeinschaft Asean zu beliefern. Durch den Standort in Westchina ist man viel näher an diesen Markt herangerückt, als wenn man an den Küsten produzierte. Chengdu, das für die Aufzucht seiner Pandabären bekannt ist, soll auf diese Weise die bekannteste Automarke aus dem Elch-Land Schweden retten.

Die China-Autos könnten eines Tages auch in die Vereinigten Staaten gehen, wo es Volvo versäumt hat, eine eigene Fertigung aufzubauen. Und das, obgleich das Land der mit Abstand wichtigste Markt ist. Volvo verkaufte 2012 in aller Welt rund 420.000 Autos, darunter 68.000 in den USA. China folgt hinter Schweden und noch vor Deutschland auf Platz drei mit 42.000 Einheiten. Wenn Volvos Pläne wahr werden, wird China in der Liste künftig weit nach oben klettern. Vor drei Jahren verkaufte der amerikanische Autohersteller Ford das skandinavische Traditionsunternehmen ins Reich der Mitte. Seitdem gehört Volvo zu 51 % dem privaten Kraftfahrzeugbauer Geely aus Hangzhou südlich von Schanghai.

Dessen Gründer und Mehrheitseigentümer Li Shufu ist ebenfalls nach Chengdu gereist, sagt wenig Konkretes zur Zukunft, findet aber warme Worte wie diese: „Ich möchte Volvo wieder zu dem Ruhm verhelfen, der ihm zusteht." Weitere 37 % an Volvo hält die bezirksfreie Stadt Daqing (2,8 Millionen Einwohner) im chinesischen Nordosten. Es ist deshalb kein Zufall, dass Volvo in der Erdölmetropole derzeit ein zweites Werk baut, das Ende 2014 in Betrieb gehen soll. Von Daqing aus ließe sich leichter als von Chengdu aus nach Übersee exportieren, also etwa in die USA. In Zhangjiakou nordwestlich von Peking entsteht außerdem eine Motorenfabrik. Mit diesen neuen Fertigungsstätten, mit Imagekampagnen und neuen Modellen will Volvo den Absatz in China spätestens bis 2020 auf 200.000 Autos fast verfünffachen. Das wäre ein Viertel des gesamten bis dahin geplanten Absatzes.

Gebaut wird in Chengdu die Limousine S60, und zwar erstmals auf der Welt als Langversion, wie Chinesen mit Chauffeur sie mögen. In der 300 Kilometer entfernt gelegenen Stadt Chongqing wird weiterhin der S80-L montiert, als Auftragsfertigung in einem Gemeinschaftsunternehmen von Ford und Chang'an. Um die Produktion in Chengdu auszulasten, soll schon bald ein weiteres Modell vom Band laufen, vermutlich der Stadt-Geländewagen (SUV) XC60, das in Fernost am meisten verkaufte Volvo-Modell. Als echtes schwedisches Qualitätsprodukt „Made in Sichuan".

Elektronik-Werkstatt: Nirgendwo entstehen mehr Laptops

Trotz des enormen und wachsenden Stellenwerts einer „old industry" wie des Automobilbaus schießt in Chengdu eine andere Branche den Vogel ab. Weitgehend unbemerkt vom Rest der Welt ist die Stadt innerhalb einer Dekade zu einem der führenden Standorte in der Informationstechnik (IT) herangewachsen. Das gilt für Hardware ebenso wie für Software. 2003 siedelte sich als erster der amerikanische Chip-Hersteller Intel hier an. Nach mehreren Erweiterungen produziert er heute die Hälfte aller seiner Prozessoren für mobile Endgeräte in Chengdu. Da Intel 90 % des Weltbedarfs deckt, ist die Stadt der größte Standort für diese Bauteile überhaupt. Auch die Computerbauer Dell aus Amerika, Lenovo aus China und Wistron aus Taiwan haben sich hier niedergelassen, des Weiteren Compal, ein ebenfalls aus Taiwan stammender Laptop-Fertiger für Apple und Hewlett-Packard (HP). Diese und andere Unternehmen konnten 2012 von hier aus 34 Millionen Klappcomputer im Wert von fast 10 Milliarden Euro exportieren, vor allem in die USA und nach Europa. Zuletzt stieß der taiwanische Auftragsfertiger Foxconn zu der illustren Gruppe. Er produziert inzwischen 70 % aller Tablet-Computer der Apple-Marke iPad in Chengdu. Insgesamt erwirtschaftet die Sparte am Standort einen Umsatz von fast 40 Milliarden Euro im Jahr. Damit hat sich die IT-Hardware zum wichtigsten Industriesektor der Stadt gemausert.[90] Das erwartete Wachstum ist enorm. Schon 2015 sollen in Chengdu 100 Millionen PCs und Laptops sowie 200 Millionen Tablets entstehen.[91]

Wie andere chinesische Städte weist auch Chengdu spezielle Industriezonen aus, um einzelne Branchen dort zu konzentrieren. In der Shuangliu-Zone rund um den Flughafen sind bisher 43 Unternehmen für erneuerbare Energien eingezogen. Der dort erwirtschaftete Umsatz soll sich zwischen 2011 und 2017 auf 24 Milliarden Euro verzehnfachen. Die vereinbarten Investitionen werden auf rund 10 Milliarden Euro beziffert. Das mit großem Abstand wichtigste Industriegebiet ist die Chengdu High-Tech Zone, für die der begabte Kalligraf Tang Jiqiang zuständig ist. Das dort für Ansiedlungen zur Verfügung stehende Areal, das sich in einen West- und einen Südpark gliedert, umfasst 130 Quadratkilometer. Eigenen Angaben zufolge sind in der Zone 33.000 Unternehmen ansässig, davon 1.100 ausländische. Das Areal will 2012 Direktinvestitionen von 1,2 Milliarden Euro angezogen haben (+ 35 %), fast ein Fünftel des gesamten ausländischen Kapitals, das in jenem Jahr nach Chengdu floss.[92]

Im Westteil des endlosen Gebietes können IT-Fertiger wie Intel, Foxconn, Dell oder Texas Instruments ihre Vorprodukte zollfrei einführen, am Ort verarbeiten und die Fertiggüter zu reduzierten Steuern wieder exportieren. Im Tianfu Software Park im Südteil der beiden unverbundenen Abschnitte – der sich auch New Tianfu City nennt – ballen sich die Dienstleistungsunternehmen für Computerprogramme, für Netzbetreuung und Telekommunikation sowie viele verwandte Einrichtungen, von Onlinehändlern bis zu Beratungshotlines. Zu den internationalen Platzhirschen zählen SAP, Cisco, Nokia Solutions and Networks, Amazon, Alcatel-Lucent, Ericsson, IBM, GE, zu den chinesischen Huawei, Alibaba und Tencent.[93] Der Gesamtumsatz mit Software und IT-Dienstleistungen, der seit 2009 um mindestens 30% im Jahr wächst, betrug zuletzt 20 Milliarden Euro. Exportiert wurde für 700 Millionen Euro. Wenn die New Tianfu City einmal fertig ist, sollen hier mehr als 600.000 Menschen leben und arbeiten; das entspricht fast der Einwohnerzahl von Frankfurt am Main.

Chengdu ist nicht der einzige erfolgreiche IT-Standort im Hinterland. In Zhengzhou hat Apple 2012 rund 80 Millionen iPhones montiert. Das sind weit mehr, als in einem halben Jahr auf der ganzen Welt über den Ladentisch gehen. Mit dem Ausbau der Kapazität auf 180 Millionen Einheiten Ende 2013 gilt die Stadt inzwischen als größter Standort zur Smartphone-Herstellung auf der Erde. Ähnlich bedeutsam ist Xi'an, die Hauptstadt der Westprovinz Shaanxi. Der alte Kaisersitz, der früher Chang'an hieß, ist im Ausland wegen seiner bewegten Geschichte bekannt. Der erste Kaiser der Qin-Dynastie, der Reichseiner Qin Shihuangdi, ließ sich im 3. Jahrhundert vor Christus die berühmte Terrakotta-Armee als Grabbeigabe brennen. In der Tang-Dynastie ab dem 7. Jahrhundert lebten hier eine Million Menschen auf fast 90 Quadratkilometern, was Chang'an zur größten Stadt ihrer Zeit machte. Heute ist die Metropole ein modernes Industrie- und Verwaltungszentrum mit 8,5 Millionen Bewohnern und eine Hochburg der Speicherchip-Produktion. Hier sind Dutzende Elektronikunternehmen ansässig, darunter Intel und Xigu Microelectronics.

Die neueste Ansiedlung ist auch die wichtigste: 2014 will der südkoreanische Elektronikkonzern Samsung in Xi'an eine Chipproduktion für Smartphones und Tablet-Computer in Betrieb nehmen. Es ist erst die zweite im Ausland hinter dem Standort in Austin (Texas). Dafür sind Ausgaben von 5,2 Milliarden Euro nötig, was das Werk zur derzeit umfangreichsten Auslandsinvestition in China macht. Bei voller Auslastung dürfte die Fabrik jedes Jahr 100.000 Prozessoren im Wert von mehr als 7,4 Milliarden Euro ausspucken. Die Lokalverwaltung erwartet die Folgeansiedlung von 160 weiteren Betrieben mit 10.000 Arbeitskräften. 70 % der Ingenieure sollen aus Shaanxi stammen. Dabei hilft, dass Xi'an 80 Hochschulen zu bieten hat, die höchste Zahl hinter Peking und Schanghai. Jedes Jahr entlassen sie 17.000 Absolventen technischer Fächer.[94]

Ein weiteres Schwergewicht für Zukunftstechniken in Westchina ist Chongqing. Unternehmen wie HP, Acer, Asus und andere haben hier 2012 rund elf Millionen Computer hergestellt, seitdem dürfte sich der Ausstoß verdreifach haben. Gemeinsam mit HP hat Foxconn ein riesiges Laptop-Werk eröffnet und will zudem eine Flachbildschirmproduktion für drei Millionen Geräte im Jahr aufziehen. Rechnet man Auftragsfertiger wie Quanta oder Inventec hinzu, dann ist Chongqing auf dem Weg dahin, 2015 bis zu 100 Millionen tragbare Computer im Jahr herzustellen, so viele wie kein anderer Standort auf der Welt.[95] Der einzige ernstzunehmende Rivale ist, wie oben gesehen, das benachbarte Chengdu. Bisher ernährt Foxconn 80.000 Arbeiter in Chongqing, hält aber auch 450.000 für möglich. Dann wäre der westchinesische Standort für den Konzern bedeutsamer als Shenzhen an der Küste – und könnte sich mit dem Titel größte Fabrik der Welt schmücken.

„Egal ob in Xi'an, Chongqing oder hier in Chengdu: Unsere Stärke in Westchina liegt in der Ausbildung und in der Kombination großer etablierter Konzerne mit kleinen Gründungsfirmen", wirbt der Hochtechnikansiedler und Schönschreiber Tang Jiqiang. Vor zehn Jahre hätten erst 42 der wichtigsten Unternehmen der Welt aus der „Fortune-500-Liste" eine Niederlassung in Chengdu unterhalten, jetzt seien es fast 240. Ähnlich hoch sei die Zahl in Chongqing. „Diese Multis treffen hier auf 37.000 innovative Mittelständler und auf eine der besten Ausbildungs- und Forschungslandschaften der Welt", sagt Tang. Von Chengdus Universitäten und Fachhochschulen gehen jedes Jahr 100.000 technische Absolventen ab, allein 46.000 von der im ganzen Land anerkannten Chinesischen Universität für Elektronikwissenschaften und Technologie. Traditionell geben chinesische Kommunen vergleichsweise wenig für Forschung und Entwicklung (F&E) aus, lieber stecken sie das Geld in Stahl, Beton und Maschinen. Denn dort sind die Auswirkungen auf die Beschäftigung und auf die Wirtschaftsleistung messbarer, sichtbarer und unmittelbarer als bei Langfristinvestitionen in kluge Köpfe. Chengdu jedoch hat sich vorgenommen, die F&E-Aufwendun-

gen bis 2015 auf immerhin 3% seines Bruttoinlandsprodukts zu erhöhen. Das wäre etwa der Wert, den die Weltbank für Deutschland angibt, für China im Ganzen weist sie nicht einmal 2% aus. Die Etataufstockung zahlt sich bereits aus. 80 Wissenschaftseinrichtungen haben sich in den Rang eines „Nationalen F&E-Zentrums" hoch geforscht, zuletzt wurden in Chengdu rund 26.000 Patente erteilt, mehr als in jeder anderen Stadt in Zentral- oder Westchina.[96]

App-Tüftler aus Westchina: Per Smartphone ins Modemagazin

Nicht alle kreativen Tüftler können einen Hochschulabschluss vorweisen. Der Jungunternehmer Xu Hao, der im Tianfu Software Park untergekommen ist, hat sich sein technisches und betriebswirtschaftliches Wissen selbst angeeignet. „Auch auf die harte Tour, indem ich ein paarmal auf die Nase gefallen bin", sagt er. 1989, mit nur zehn Jahren, erhielt er erstmals Zugang zu einem Personal Computer von IBM, damals eine Rarität für Privatleute in China. Von da an ließen ihn der flimmernde Bildschirm und die klappernden Tasten nicht mehr los. Mit 17 gründete Xu seinen ersten Betrieb, ein Studio zur Aufnahme und zur Kopie von Compact Discs. Mehr schlecht als recht beendete er die Schule, begann ein Studium, brach es aber bald ab. Auch sein Unternehmen scheiterte, weshalb er vom Hören zum Sehen umsattelte, wie er das heute nennt. Er eröffnete ein Atelier für digitale Aufnahmen und Bearbeitungen von Hochzeitsfotografien. Bald fand er das langweilig, auch wurde die Konkurrenz immer härter, die Preise verfielen. Im dritten Anlauf, 2007, versuchte sich Xu an der Entwicklung und Vermarktung bunter Balkencodes, weil er die üblichen schwarz-weißen Strichkennungen für fade hielt und glaubte, die Kreativindustrie würde ihm vor Begeisterung die Bude einrennen. Das tat sie nicht, weshalb der junge Mann noch einmal von vorn anfangen musste.

Statt die Hände in den Schoß zu legen, erinnerte er sich daran, wie er einst mit seinem Computer auf den Hochzeitsfotos kleinere und größere Veränderung retuschieren musste: wenn eine Haarlocke falsch saß, sich ein Pickel zeigte oder der vergessen Hund nachträglich mit aufs Bild sollte. Warum die Sache nicht elektronisch auf die Spitze treiben? dachte sich der Dreißigjährige und entwarf eine Software zur Manipulation von Handyfotos. Heute, vier Jahre später, ist die Anwendung „Camera 360" in China eines der beliebtesten Applikationsprogramme (Apps) für die mobile Bildbearbeitung. 30

Millionen Menschen nutzen es jeden Tag für 50 Millionen Telefon-Fotos. Die App ist ein reiner Zeitvertreib, ziemlich sinnfrei, aber unter der smartphone-begeisterten Jugend äußerst beliebt. Xu selbst gehört auch dazu, obgleich er mit Mitte 30 ein „alter Junger“ ist, wie er meint. Zum schwarzen Werbe-T-Shirt seines Unternehmens trägt er rote Jeans und Wildlederslipper, auf dem Kopf über der Brille sitzt eine beigefarbene Baseball-Kappe. Xu hat zwei Handys dabei, mit dem einem fotografiert er seine Assistentin und startet das Programm „Camera 360“. Durch einfaches Antippen lässt sich das aufgenommene Gesicht verfremden, zu einer Bleistiftzeichnung etwa, einem Pop-Art-Kunstwerk oder einer Karikatur. Zwei weitere Schritte projizieren die hübsche junge Frau auf das Titelblatt der Frauenzeitschrift „Rui Li“, wenige Sekunden später hat der Chef ihr die fertige Kreation per SMS geschickt. „Andere Programme können das auch“, sagt Xu mit breitem Grinsen, „aber wir waren die ersten in China, sind heute Marktführer und natürlich die innovativsten“.

Originell ist auch der Namen des Unternehmens – und wieder nicht. Es nennt sich „Pinguo“, was so viel wie „Probiere neue Früchte“ bedeutet. Xu will das als Anspielung auf das Internet verstanden wissen, auf dessen Frische, Lebendigkeit und auf die unbegrenzten Möglichkeiten dort. Mit dem chinesischen Namen für den amerikanischen Apple-Konzern, Pingguo (Apfel), habe das nicht das Geringste zu tun, versichert der Gründer und zwinkert. „Das ist reiner Zufall, Schriftzeichen, Aussprache und Bedeutung sind ja völlig verschieden.“ Das kleine Früchtchen Pinguo beschäftigt immerhin 80 Personen, zwei Dutzend von ihnen sitzen hinter ihren Flachbildschirmen im Großraumbüro nebenan. Die Zimmerpflanzen, die Regale aus quadratischen Stauräumen, die lindgrünen Wände und riesigen bunten Deckenleuchten erinnern an einen Ikea-Katalog. Auf der Fensterbank liegen Federballschläger, das ausgeleierte Netz ist draußen vor der Eingangstür gespannt.

Xus Unternehmen ist im Erdgeschoss einer der vielen Betonsiedlungen eingezogen, in denen Chengdus Internetbuden arbeiten. Doch durch die Sträucher, Hecken und die vielen jungen Leute auf den Straßen wirkt die Szenerie weniger trostlos als gedacht. Nebenan liegt ein Café, das „Ling Gang“ heißt, „brillante Idee“. Mitten im Sommer hängen hier Weihnachtsgirlanden, vor deckenhohen Bücherregalen sitzen junge Männer in schwarzen Drehsesseln, nippen an Teetassen und starren auf ihre Laptops. Draußen, neben Graffitis von Pandabären und japanischen Manga-Helden, hat jemand den englischen Spruch „Small makes big“ an die Wand gesprüht. Bisher gilt für die Start-Ups eher das Gegenteil: Die Großen machen die Kleinen möglich. Denn Geld verdienen Pinguo und viele der anderen Neugründungen bisher nicht, sie hängen am Tropf von Wagniskapitalgebern und der lokalen Förderpolitik. Umgerechnet 3,7 Millionen Euro hat Xu bei privaten und staatlichen Investoren eingesammelt, weitere 15 Millionen braucht er noch, um so zu wachsen, wie er sich das vorstellt. „Der Standort ist super für uns, der Softwarepark erlässt uns zwei Drittel der Miete", sagt der junge Mann. „Außerdem finden wir hier die richtigen Leute." Das Online-Gewerbegebiet sei inzwischen so attraktiv, dass Talente aus Peking, Schanghai und Kanton hierherzögen. Und das, obgleich die Gehälter um ein Drittel niedriger seien als in diesen Städten.

Näher an Europa: Der alte Standortnachteil wird zum Vorteil

Niedrige Gehälter, verfügbare, qualifizierte Arbeitskräfte, moderne Infrastruktur, Subventionen – Westchina lockt mit vielen Verheißungen. Das mag Unternehmen genügen, die, wie die genannten App-Entwickler, ihre Anwendungen über Datennetze vertreiben. Oder für solche, die angesichts der steigenden Kaufkraft Produkte in Westchina lokal verkaufen können, etwa die Autobauer oder die Textilindustrie. Exportunternehmen aber, auf deren Stärke sich Chinas Wirtschaft in den vergangenen Jahrzehnten besonders verlassen musste, haben um das Hinterland lange einen Bogen gemacht. Die Industrialisierung konzentrierte sich nicht zufällig auf die Küstengebiete. Man darf nicht vergessen, dass ausländische Investitionen in den ersten 30 Jahren der Volksrepublik weitgehend verboten oder jedenfalls unerwünscht waren. Für Binnenchina galt das noch zehn Jahre länger. Der erste Ort, der 1980 als „Sonderwirtschaftszone" (SEZ) für auswärtige Ansiedlungen geöffnet wurde, war Shenzhen. Hier errichteten vor allem Unternehmer aus dem benachbarten Hongkong ihre Fabriken, denen die Produktion zu Hause zu teuer wurde.

Später wanderte das Geld die Küste hinauf, getrieben auch von den Taiwanern, die nur 200 Kilometer vom Festland entfernt leben. Für Südkoreaner, Japaner, Amerikaner und Australier wurde die Ostküste ebenfalls schnell reizvoll. Selbst für den Handel mit dem fernen Europa erwiesen sich die Hafenstädte in Ost- und Südchina als die wichtigsten Tore. Die meisten Lieferungen von und nach China nehmen die Seeroute, weshalb Schanghai zum größten Hafen auf dem Planeten herangewachsen ist und das Unternehmen CIMC in Shenzhen zum führenden Containerhersteller. 2012 wickelten Chinas Ost- und Südküstenhäfen fast 70 % des Umschlags der zehn größten Häfen der Erde ab.[97]

Für die schweren Kapitalgüter wird sich daran nichts ändern, dass Chinas Küsten sowohl die Herstellung als auch die Ausfuhr dominieren. So ist das Land mittlerweile zum größten Exporteur von Maschinen und Anlagen hinter Deutschland und den USA herangereift; die meisten Betriebe sitzen in Süd- und Ostchina. Anders sieht es bei der Leichtindustrie aus, hochpreisigen Konsumgütern mit vergleichsweise geringem Volumen und Gewicht. In diesen Produktklassen wird es immer interessanter, in Westchina zu fertigen. Denn die höheren Transportkosten spielen nicht dieselbe Rolle wie bei einfachen oder schweren Gütern bzw. lassen sich durch andere Standortvorteile mehr als ausgleichen. Die steigende Bedeutung dieser Waren im Welthandel ist der Grund dafür, dass die Ausfuhr in Zentral- und Westchina heute deutlich schneller zulegt als in den traditionellen Außenhandelszentren. 2012 wuchs der Export aus Ostchina nur um 5 %, in Mittelchina waren es 22 %, im Westen 38 %.

Der Exportboom ist erst durch den Ausbau der Verkehrswege möglich geworden. Xi'an, Chengdu, Chongqing und viele andere Großstädte lassen sich per Pkw und Lkw über makellose Autobahnen erreichen. Zudem ist Chongqing seit der vollständigen Flutung des Drei-Schluchten-Stausees an die Binnenschifffahrt angeschlossen. Das Projekt mag umstritten sein, aber es gewährleistet, dass die Stadt ganzjährig über den Jangtse zu erreichen ist. Für die schnelllebige Informations- und Unterhaltungselektronik sind andere Transportmöglichkeiten noch wichtiger, vor allem die Luftfracht. Um Foxconn und den anderen Neuansiedlern entgegenzukommen, steckt der Flughafen in Zhengzhou derzeit fast 2 Milliarden Euro in den Ausbau der Güterabfertigung, in einen zweiten Terminal und eine zweite Landebahn. Der Flughafen in Chongqing hat extra seine Landebahn verlängert, damit die vollbeladenen Frachtmaschinen des Computerbauers HP dort abheben können. Inzwischen plant man schon ein drittes Terminal und eine dritte Piste, um künftig auch das Riesenflugzeug Airbus A380 abzufertigen.[98]

Chengdu sah sich ebenfalls veranlasst, eine zweite Landebahn und einen weiteren Güter-Terminal zu bauen. Foxconn nutzt den Flughafen, den fünftgrößten in China, um jeden Tag mehr als 80 Tonnen umzuschlagen. Bevor die Kapazität 2018 erschöpft ist, soll ein zweiter Flughafen entstehen. 2015 wird die Zahl der internationalen Flugverbindungen auf 30 verdoppelt. All das spricht dafür, dass sich Westchina immer häufiger auch als Standort für die Exportindustrie lohnt. In diesem wachsenden Zuzug der hochwertigen Leichtindustrie sieht der Ökonom Tom Miller von Dragonomics in Peking – einer der führenden privaten Wirtschaftsanalysegesellschaften in China – eine wesentliche Akzentverschiebung in Chinas wirtschaftlichen Realitäten:

„Vor einem Jahrzehnt war es wegen der logistischen Schwierigkeiten und der hohen Beförderungskosten unprofitabel für fast alle außer einer Handvoll von Exporteuren, sich in Chinas Hinterland niederzulassen. Heute bedeutet die Kombination von rapide steigenden Kosten an der Küste und bezahlbarer Luftfracht, dass die Städte im Inland mit den etablierten Exportzentren an der Küste in Wettbewerb zu treten beginnen."[99]

Güterzüge auf der Transsib: Renaissance der Eisenbahn

Das lukrative Geschäft mit modernen Elektronikgeräten lässt sogar die Reaktivierung von Transportwege lohnend erscheinen, die als zutiefst gestrig gelten: Ausgerechnet Züge erleben in Chinas Außenhandel eine ungeahnte Renaissance. Bisher war die Transsibirische Eisenbahn nur etwas für leidenschaftliche Bahnreisende mit viel Zeit. Seit einigen Jahren aber bewähren sich die Strecken von Europa über Russlands Weiten bis nach Fernost auch für den Frachttransport. Den Anfang machte 2011 die regelmäßige Verbindung von Sachsen in die nordostchinesische Provinz Liaoning. Über diese 11.000 Kilometer lange Strecke befördert die Deutsche Bahn Bauteile für BMW vom Werk in Leipzig bis zur Endmontage in Shenyang. Auf dem Schiffsweg dauerte das früher 46 Tage, seit Aufnahme des Frachtzugs haben sich die Lieferzeiten und Kosten halbiert. Ähnlich wichtig ist die Anbindung von Chongqing nach Duisburg, die 2012 den Regelbetrieb aufnahm. Betreiber des sogenannten Trans-Eurasia-Expresses auf der „Neuen Seidenstraße" ist die Trans Eurasia Logistics GmbH, ein Joint Venture zwischen den Russischen Eisenbahnen RŽD und der DB Mobility Logistics AG, also der Deutschen Bahn. Zwischen Chongqing und Duisburg, dem größten Binnenhafen Europas, fährt seitdem ein- bis dreimal in der Woche ein sogenannter Ganzzug, der 100 Standardcontainer (TEU) befördern kann.

Für die 10.300 Kilometer lange Strecke benötigt die Bahn 18 Tage, die Transportkosten betragen etwa 6.700 Euro je Container. Nach Angaben des Betreiberunternehmens ist der Schiffstransport zwar 66% günstiger, er braucht aber 27 Tage länger, also fast einen zusätzlichen Monat. Die kombinierte Beförderung per Schiff und Flugzeug schaffe es zwei Tage schneller als der Zug, sei aber um 25 % teurer.[100] Ein weiterer Güterzug absolvierte Anfang August 2013 seine Jungfernfahrt zwischen Zhengzhou und Hamburg. Er legte die 10.200 Kilometer in 15 Tagen zurück. Wie das Pendant in Chongqing ist er vor allem mit Informations- und Kommunikationsgeräten gefüllt, den iPads, iPhones oder Notebooks aus den neuen Weltzentren der Branche in Zentral- und Westchina.

Die jüngste Schienenanbindung zu den neuen Industriehochburgen heißt etwas gewunden Chengdu Hatrans YHF Intermodal Logistics. Dahinter verbirgt sich seit April 2013 eine neue Strecke zwischen Chengdu und Lodsch in Polen. Viel eingängiger als der Name des Projekts ist der seines chinesischen Chefs: Tiger Peng. „Ich selbst sehe vielleicht nicht aus wie eine Raubkatze", scherzt der korpulente Brillenträger im schwarzen Polohemd. „Aber als private Firma sind wir angriffslustig und ausdauernd, und unsere Züge sind immer auf dem Sprung". Bisher springen sie erst einmal in der Woche, samstagnachts um 23:30 Uhr. Wenn es gut läuft, soll die Frequenz erhöht werden. Mehr als 20 Exportbetriebe nutzten das Angebot schon, behauptet Peng, Laptop-Fertiger genauso wie die Hersteller von Bankautomaten. Das Interesse scheint tatsächlich recht groß zu sein, jedenfalls besteht der Zug, der in der Nacht langsam aus dem Bahnhof Chengdu-Nord herausschleicht, aus 41 Wagen und ist länger als ein halber Kilometer. „Wir würden noch viel mehr Waggons dranhängen und auch eine zweite Lok", sagt Tiger Peng, der eigentlich Peng Zhaohui heißt, „aber das macht die Gebirgsstrecke nicht mit". An der Grenze zur Nachbarprovinz Shaanxi muss sich das Container-Gefährt die Qin-Berge hinaufquälen. Das ist eigentlich ein Umweg, aber die schnellere Strecke zwischen Chengdu und Lanzhou, der nördlich gelegenen Provinzhauptstadt von Gansu, ist noch im Bau. „Wenn sie Ende 2015 fertig ist, sparen wir zwei Tage, das wird uns weiter Auftrieb geben", erwartet Peng.

Das chinesisch-polnische Gemeinschaftsunternehmen setzt darauf, dass für seine Kunden Zeit Geld ist. „Aber Geld ist eben auch Geld, deswegen müssen die Kosten im Rahmen bleiben", sagt Peng. Der zweiwöchige Bahntransport schlägt mit 8.100 Euro je Container zu Buche, der schnellere Lufttransport ist sechsmal so teuer. Mit Lastwagen und Schiffen sind zwar nur 5.200 Euro fällig, aber dann ist die Fracht sechs Wochen lang unterwegs. Das ist ungünstig für Konsumgüter wie Computer oder Smartphones, deren Nachfrage sich schneller ändert als für Maschinen oder anderen Investitionsgüter. Rechnet man die Lagerkosten und die Kapitalbindung während des Transports mit ein, dann kann der Zug für Exporteure hochwertiger Produkte eine gute Alternative sein.

„Früher war unsere Lage in Westchina ein Nachteil, eigentlich Jahrhunderte lang. Wir galten als abgeschnitten, weil alles über die Küsten lief", sagt Tiger Peng. „Aber jetzt mit den besseren Transportwegen und mit den neuen High-Tech-Produkten entpuppt sich das als Vorteil. Vor allem für Unternehmen, die mit der EU Geschäfte machen: Wir liegen einfach 1.000 Kilometer näher an Europa als Schanghai oder Kanton!"

Hier darf man die Hand aufhalten: Üppige Staatsbeihilfen

Noch ist der Streckenbetrieb von Chengdu nach Lodsch, der bei voller Auslastung 17,4 Millionen Euro umsetzt, ein Zuschussgeschäft. Vor allem, weil die meisten Waggons leer zurück nach Sichuan rollen. Aber Hatrans YHF hat angeblich schon die ersten Verträge geschlossen, um künftig Zulieferteile aus der EU nach China zu befördern, in erster Linie für die stark wachsende Fahrzeugindustrie. Bis es soweit ist, unterstützt die Stadt das private Projekt, „mit mehreren Zehnmillionen Yuan im Jahr", wie Peng verrät. Im Gegenzug musste sich das Unternehmen verpflichten, die Strecke auch während der EU-Schwäche aufrechtzuerhalten und jede Woche mindestens einen Zug fahren zu lassen. Denn für Chengdu ist die Verbindung ein weiterer Prestigepunkt und ein Standortvorteil, mit dem die Stadt um Investoren buhlen kann. Entsprechend viel lässt sich die Verwaltung die Sache kosten.

Ein Wort zu diesen Staatsbeihilfen. Es regnet geradezu Subventionen in Westchina. Das mag ordnungspolitisch fragwürdig sein, zahlt sich aber für Investoren aus. Wie in jeder rückständigen Region auf der Welt – einschließlich Ostdeutschlands – bemüht sich die Regierung, die Standortnachteile mit Geldgeschenken auszugleichen. Der wichtigste Anreiz liegt in der Verringerung der Körperschaftsteuer CIT: Noch bis 2020 müssen Unternehmen in Westchina auf ihr Einkommen nur 15 statt 25 % zahlen.[101] Investitionsausrüstungen dürfen sie zollfrei einführen. Auch die Land- und Erschließungskosten sind hier wesentlich geringer als im Osten. Für einzelne Branchen gibt es weitere Lockangebote. So gewährt man Rohstoffunternehmen und Minenbetreibern Abschläge auf die Pacht und auf die Ressourcensteuern. Das hat viele Kohle-, Gas- und

Ölförderer nach Sichuan gelockt, darunter Shell und Chevron. Für Start-ups in modernen Geschäftsfeldern wie der Online-Wirtschaft, das wurde bereits gezeigt, stehen Investitionsbeihilfen und verbilligte Räumlichkeiten zur Verfügung. Allein die erwähnte Hightech-Zone in Chengdu verwaltet einen Fördertopf von umgerechnet fast 10 Millionen Euro im Jahr.

Wenn ein Unternehmen im Inland keine geeigneten Fach- und Führungskräfte findet, kann es zudem die Kassen des „Chengdu Talent Plans" anzapfen. Der verspricht hochqualifizierten Einzelpersonen oder Teams, die aus dem Ausland in die Stadt umziehen, Wechselprämien von 120.000 Euro. 2012 ließen sich auf diese Weise 167 „Top Professionals" anlocken. Weil sich die westchinesischen Standorte auch untereinander Konkurrenz machen, sind die Förderprogramme sehr vielfältig und kaum noch zu überschauen. Selbst der „Catalogue of priority industries for foreign investment in the Central-Western Region", den das Planungsministerium NDRC zusammen mit dem Handelsministerium Mofcom herausgibt, ist in dieser Frage nicht erschöpfend.[102] Klar aber ist, dass die Anreize in einigen Branchen üppig sind, vor allem, wenn sie Innovationen und/oder viele Arbeitsplätze bieten. Doch wie immer in China ist hinsichtlich der Versprechungen auch Vorsicht geboten. Viele Programme unterstützen die Neuansiedler nur kurzfristig, nach ihrem Auslaufen mag sich das operative Geschäft für den einen oder anderen Investor kaum noch lohnen. In jedem Falle empfiehlt es sich, unterschiedliche Standorte in Westchina zu prüfen. Das wollen wir tun und reisen deshalb von Chengdu nach Chongqing weiter.

6. Neues Zentrum des Riesenreichs: Das moderne Chongqing

Auf dem Weg zur wichtigsten Industriezone der Erde

Schatzgräber müssen heute nicht mehr zu Fuß gehen oder auf Eseln reiten, sie rasen mit 180 km/h weich gepolstert von einem Fundort zum nächsten. Früher dauerte die Bahnfahrt zwischen den Städten Chengdu und Chongqing, die 310 Kilometer auseinanderliegen, viereinhalb Stunden, jetzt sind es nur noch zwei. Wenn die neue Hochgeschwindigkeitstrecke 2014 in Betrieb geht, schnurrt die Fahrzeit weiter zusammen, auf gerade einmal eine Stunde und 15 Minuten. Die beiden Metropolen, die wichtigsten Wachstumspole in Westchina, sollen wortwörtlich zusammenrücken. Geplant ist nichts Weniger, als ihre Wirtschaft so zu verschmelzen, dass hier die größte Industriezone Chinas, wenn nicht der Welt entsteht. Das 2011 beschlossene Mega-Vorhaben heißt Cheng-Yu Economic Zone – das Zeichen Yu (渝) ist die offizielle Abkürzung für Chongqing, etwa auf Autokennzeichen – und soll 2015 eröffnen. Beabsichtigt ist die Verknüpfung vorhandener ebenso wie der Aufbau neuer Infrastruktureinrichtungen und Gewerbeparks in und zwischen den beiden Städten. Das Gebiet wird auch zahlreiche Kreise und weitere Städte mit insgesamt 100 Millionen Menschen umfassen und sich über 200.000 Quadratkilometer erstrecken. Das entspricht etwa der Fläche Weißrusslands und der Einwohnerschaft der Philippinen. Wenn es nach dem Willen der Zentralregierung geht, wird hier Chinas vierter und modernster Wachstumskern entstehen; die anderen sind das Jangtsedelta um Schanghai, das Perlflussdelta um Kanton (Guangzhou) und das Gebiet entlang der Bohai-Bucht mit Peking und Tianjin.

Ist Chongqing die größte Stadt der Welt?

Die Stadt Chongqing liegt Luftlinie rund 1.500 Kilometer südwestlich von Peking. Bis zum Meer bei Schanghai im Osten sind es 1.400 Kilometer. Die Altstadt thront malerisch auf einer Halbinsel oberhalb der Mündung des Jialing-Flusses in den Jangtse. Die bergige, von drei Höhenzügen umgebene „Hauptstadt des Nebels" (Wudu) blickt auf eine wechselvolle Geschichte zurück, auch in jüngerer Zeit. Nach der Vertreibung aus Nanking (Nanjing) durch die Japaner zog Chinas Kuomintang-Regierung 1938 in Chongqing ein. Bis zum Ende des Krieges 1945 diente der alte Handelsplatz als Hauptstadt, zwischenzeitlich auch für die gemeinsame, aber wackelige Kriegsregierung von Mao Tse-tung und Chiang Kai-shek. Damals kam es zu einer ersten größeren Industrialisierungswelle, als kriegsgefährdete Betriebe aus den Küstenregionen hierher verlagert wurden.

Ursprünglich ein Teil der Provinz Sichuan, wurde Chongqing 1997 direkt der Zentralregierung unterstellt, als vierte Stadt nach Peking, Schanghai und Tianjin und als einzige im Binnenland. Man schlug ihr darüber hinaus den gesamten Ostteil

Sichuans zu – ein Siebtel der Provinz –, so dass Chongqing etwa auf die Fläche Österreichs heranwuchs. Damit wollte die Führung einen starken Entwicklungspol in Westchina schaffen, vor allem aber ging es darum, den Vertriebenen und Umsiedlern aus den Überflutungsgebieten des Drei-Schluchten-Staudamms eine neue, dem Papier nach sogar städtische Heimat zu bieten.

Zwischenzeitlich lebten in der neu zugeschnittenen Verwaltungseinheit mehr als 32 Millionen Menschen. Da das Gebiet als Stadt verwaltet wird, erscheint es manchen als „the world's largest city".[103] Allerdings ist das bergige Land außerhalb der urbanen Kernzone zum Großteil agrarisch geprägt, es gibt hier keine zusammenhängende bebaute Fläche. Die Siedlungsdichte ist entsprechend gering. Von der Ausdehnung her ist Chongqing fünfmal so groß wie Peking, auf jedem Quadratkilometer leben aber nur 350 Einwohner. In der Hauptstadt sind es 1.200 Bewohner, in Tianjin 1.100, in Schanghai 3.600. Deshalb ist es zutreffender, Chongqing als „Stadtprovinz" zu bezeichnen.

Derzeit wohnen hier offiziell 29,2 Millionen Personen. Auch so betrachtet, ist Chongqing nicht die größte Stadt der Welt: Nach Angaben der Vereinten Nationen ballen sich in Japans Hauptstadt Tokio fast 37 Millionen Bewohner, so viele hat Chongqing weder jetzt noch in der Vergangenheit je zusammengebracht. Übrigens rangiert in der UN-Liste Schanghai als einwohnerstärkste chinesische Stadt auf Rang sieben mit 17 Millionen Bewohnern. Peking nimmt Platz 13 mit 12,4 Millionen ein. Chongqing erreicht in seinem eigentlichen Stadtgebiet 9,4 Millionen, womit ihm Position 23 in der Welt gebührt.[104]

Bisher ist von der Cheng-Yu Economic Zone, diesem größenwahnsinnig erscheinenden Vorhaben, wenig zu sehen. Das hängt damit zusammen, dass die beiden Städte in Konkurrenz zueinander stehen. Chongqing gehörte früher zu Sichuan und stand trotz seiner reichen und heroischen Geschichte wirtschaftlich immer im Schatten der Hauptstadt Chengdu. Mit der Loslösung von der Provinz und dem starken Flächen-, Bevölkerungs- und Wirtschaftswachstums seit 1997 hat die Metropole am Jangtse aber stark an Selbstbewusstsein gewonnen (siehe Kasten S. 98). Deshalb fühlt sie sich heute Chengdu gegenüber mindestens ebenbürtig. Und so machen sich die beiden großen Schwestern Ansiedlungen eher abspenstig als zusammen-zuarbeiten. Theoretisch sollen sie sich auf unterschiedliche Wirtschaftszweige konzentrieren. In der Praxis aber werben sie oft um dieselben Branchen und Unternehmen.

Das gilt für die Informationstechnik, wo sich, wie gesehen, Chengdu und Chongqing ein Kopf-an-Kopf-Rennen um den Ruf als wichtigster Montagestandort der Welt liefern. Es gilt aber auch für die Kraftfahrzeugfertigung, in der Chongqing auf die längere Tradition verweisen kann als Chengdu und von den Stückzahlen her vorn liegt. Seit jeher gilt die Stadt als Zentrum des Motorradbaus in China, jedes Jahr rollen fast neun Millionen Stück vom Band, ein Drittel der chinesischen Produktion.[105] Sechs der zehn wichtigsten Hersteller sitzen hier, insgesamt finden in den 133 Betrieben rund 400.000 Menschen Arbeit. Auch ein deutsches Unternehmen und seine Aktionäre verdienen an der Branche mit: BMW liefert Motoren an Loncin, einen der größten Motoren- und Motorradhersteller des Landes. Mit einem Umsatz von 1,5 Milliarden Euro zählt Loncin zu den zehn erlösstärksten Konzernen in Chongqing, landesweit ist es Mitglied der erlauchten Gruppe von Chinas „Top-500-Gesellschaften". Anders als Chengdu ist Chongqing zudem Sitz und Eigentümerin eines der großen staatlichen Automobilherstellers namens Chang'an Automotive Corp. Der Konzern stellt einfache Fahrzeuge für den Massenmarkt her, in Deutschland ist das Modell „Landwind" in (schlechter) Erinnerung, weil es in Crashtests völlig versagte. Chang'an unterhält aber auch erfolgreiche Joint-Ventures mit internationalen Akteuren, namentlich mit Suzuki, Ford/Mazda und PSA (Peugeot, Citroën). Darüber hinaus montiert Chang'an-Ford-Mazda als Auftragsfertiger in Chongqing die Volvo-Limousine S80-L.

Nach mehrfachen Erweiterungen auf eine Kapazität von 750.000 Einheiten ist Chongqing inzwischen der wichtigste Ford-Standort außerhalb der Heimatbasis Michigan; ab 2014 können hier bis zu 950.000 Autos im Jahr montiert werden. Das Gemeinschaftsunternehmen betreibt in Chongqing zwei Autowerke und eine Motorenfabrikation, ein weiteres Motorenwerk und eine Getriebeproduktion sind im Bau. Mit der eigenen Massenfertigung und den ausländischen Qualitätserzeugnissen hat sich Chongqing zu einem der führenden Pkw-Standorte in der Asien-Pazifik-Region gemausert. Jeder zehnte in China hergestellte Wagen kommt aus der Nebelstadt, im ersten Halbjahr 2013 eine Million Einheiten. Das Wachstum beträgt im Jahresvergleich 15%, was über dem Landesdurchschnitt liegt.

Übrigens werden jedes Halbjahr auch etwa eine Million Autos in Chongqing selbst verkauft, viele aus eigener Produktion. So ist fast jedes Taxi ein hier gefertigter Suzuki.

Cloud-Computing und LED-Wände aus Shuitu

Chengdu und Chongqing kommen mit ihrer gemeinsamen Wirtschaftsregion auch deshalb nicht vom Fleck, weil ihre bereits bestehenden Entwicklungszonen noch jung und längst nicht ausgelastet sind. Dazu gehört in Chengdu die Hochtechnikzone Tianfu, von der schon die Rede war, in Chongqing heißt das Pendant Shuitu. Auch dieses Gebiet ist gewaltig, wächst schnell und wechselt beinahe täglich sein Gesicht. Mit Allradfahrzeugen sausen wir eine leere, sechsspurige Straße entlang, die für den Verkehr noch nicht freigegeben ist. Makellos glatte Asphaltabschnitte wechseln sich mit unfertigen Pisten ab, hin und wieder versperren Baufahrzeuge den Weg. Unsere Autos halten am Fuße eines begrünten Hügels, den hinauf eine breite Holztreppe führt. Zeng Fanlong geht voran, der Vizebüroleiter des Hochtechnikparks Shuitu. Oben angekommen, weist er wie ein Kommandant auf dem Feldherrenhügel über die riesige Baustelle. „Hier entsteht das neue China“, sagt er stolz und etwas außer Atem. „Gefällt es Ihnen?“[106]

Das neue China ist zumindest groß und modern. Die Ausläufer des Areals verlieren sich auf der einen Seite im Smog, auf der anderen am nächsten Höhenzug. Vor einem geschwungenen fünfstöckigen Bau, der wie ein halbes Schneckenhaus aussieht, dreht sich eine Handvoll Kräne. Weiter hinten ragt ein stumpf zulaufendes Gebäude aus der eisenroten Erde auf, wie ein umgedrehter Schiffsrumpf aus Beton. Zeng Fanlong rückt die Brille zurecht. „Hier vorn kommen Forschung und Entwicklung unter, das dahinten wird ein Fünfsternehotel mit Tagungszentrum.“ Er nickt die Straße hinunter und schmunzelt. „In den fensterlosen Klötzen stehen die Server, die brauchen keine schicke Architektur.“ Zehn Quadratkilometer ist das Gelände für die Datenverarbeitung groß, hier entsteht eines der größten Cloud-Computer-Zentren der Welt. In sechs Jahren sollen eine Million Netzwerkrechner für die Auslagerung von Rechenleistungen zur Verfügung stehen. Die ersten Unternehmen ziehen demnächst ein, darunter China Mobile, China Unicom und China Telecom. Der Telekommunikationsanbieter Pacnet aus Singapur hat seinen Cloud-Dienst bereits aufgenommen. Zwei Dutzend weitere Gesellschaften hätten Verträge unterschrieben, sagt Zeng.

In Shuitu siedeln noch viele andere moderne Branchen, etwa die Biochemie und Halbleiterhersteller. Einer davon ist das Unternehmen Advanced Silicon Technology AST, das LED-Paneele für Werbetafeln produziert, die die Ausmaße von Kinoleinwänden erreichen. „Wir brauchen hochqualifiziertes, aber bezahlbares Personal“, sagt der stellvertretende Vorstandsvorsitzende Shi Yu. Zudem müsse AST logistisch gut angeschlossen sein, um den Rohstoff Silizium verlässlich beziehen und die fertigen Produkte ebenso schnell wieder ausliefern zu können. „All das klappt in Chongqing so gut wie nirgendwo sonst“, sagt Shi. Deshalb will AST hier bis 2014 rund 310 Millionen Euro investieren und 570 Mitarbeiter einstellen. „Chongqing boomt, und wir boomen mit“, sagt Shi und steckt sich eine Zigarette an. Eigentlich kommt das Unternehmen aus Schanghai. Wegen der hohen Kosten dort hat es den Standort aber aufgegeben und ist komplett nach Chongqing umgezogen. AST braucht für die Herstellung der Siliziumsäulen, der sogenannten Ingots, viel Energie. Die ist in Shanghai 25% teurer als in Chongqing, rechnet Shi vor: „Allein am Strom sparen wir 80 Millionen Yuan im Jahr“, annähernd 10 Millionen Euro.

Bei den Lohnkosten gebe es ebenfalls signifikante Unterschiede, die Spitzenkräfte aber seien überall teuer, sagt der Chef. „Entscheidend ist, dass wir überhaupt qualifiziertes Personal bekommen.“ Deshalb ist AST auch nicht nach Gansu noch weiter nordwestlich gegangen, obgleich der Betrieb dort das Land für den Fabrikbau geschenkt bekommen hätte. Doch in Gansu gibt es nicht genügend Halbleiterspezialisten, und man kann Auswärtige kaum dorthin locken, weiß Shi. „Ich zeig Ihnen was“, sagt er unvermittelt, erhebt sich vom Schreibtisch, steckt Zigaretten und iPhone ein und zieht den Reißverschluss seiner grauen Windjacke mit dem blauen Firmenlogo zu. Ein Korridor mit Betriebsfotos an den Wänden führt nach draußen. Es hat geregnet, wie so oft, an den Hügeln ringsum hängen Wolkenfetzen. Jenseits einer Brache, auf der Bretter, Steine und leere Zementsäcke verstreut liegen, entstehen sechs Einfamilienhäuser mit Gärten: weißgetünchte dreistöckige Flachdachbauten mitten im Industriegebiet. „Die sind für unsere ausländischen Entwickler“, erläutert Shi. „Physiker, Ingenieure, alle promoviert. Denen müssen wir etwas bieten, mindestens schicke Häuser und kurze Arbeitswege.“ Die Experten aus den USA, Japan und auch aus Deutschland können in den Villen mietfrei wohnen, zusätzlich erhalten sie ein Gehalt von 2 Millionen Yuan im Jahr (240.000 Euro). „Chinesen sind auch nicht viel billiger, die bekommen anderthalb Millionen“, sagt Shi.

Wie Bo Xilai Chongqing in die Überschuldung trieb

Kometenhaft war sein Aufstieg, aber er verglühte auch schnell wieder. Am 22. September 2013 wurde Bo Xilai, der ehemalige Parteichef von Chongqing, wegen Bestechlichkeit, Unterschlagung und Amtsmissbrauchs von einem Gericht im chinesischen Jinan (Shandong) zu lebenslanger Haft verurteilt. Zuvor hatte schon seine Ehefrau wegen des Mordes an einem britischen Geschäftsmann die Todesstrafe auf Bewährung erhalten. Mit den Schuldsprüchen ging einer der größten und skurrilsten Politskandale in der Geschichte der Volksrepublik zu Ende.[107] Kaum jemand zweifelt daran, dass Bo wie viele andere hohe Kader korrupt war. Aber eher wurde ihm wohl zum Verhängnis, dass er in Peking ganz an die Spitze strebte. Für den großen Machtwechsel in Partei und Regierung zwischen Oktober 2012 und März 2013, der in dieser Form nur alle zehn Jahre stattfindet, hatte er sich einen Platz im Ständigen Ausschuss des Politbüros der KPCh ausgerechnet. Doch seine Widersacher fürchteten eine „neue Kulturrevolution", wie es der scheidende Regierungschef Wen Jiabao damals ausdrückte, und servierten Bo daher ab. Die Disziplinarkommission der Partei, die außerhalb und oberhalb der Strafverfolgungsbehörden agiert, nahm sich des Falles an. Bo musste seine Ämter in Chongqing niederlegen, wurde an einen unbekannten Ort gebracht, sah sich aus der Partei ausgeschlossen, schließlich angeklagt und verurteilt. Ungewöhnlich streng verurteilt, wie die meisten Beobachter fanden.

Es ist unklar, was ihn jenseits des fast schon normalen Vorwurfs, käuflich zu sein, letztlich zu Fall brachte. Vermutlich war es Pekings Furcht vor einer charismatischen Führungspersönlichkeit, welche die Massen und möglicherweise auch Militär und Sicherheitskräfte hinter sich hätte scharen können. Und das mit einer reformfeindlichen, möglicherweise aggressiven, in jedem Falle aber gestrigen politischen Stoßrichtung: In Chongqing praktizierte Bo Xilai eine Art Retro-Maoismus, der im Volk bis heute gut ankommt. Beim Schwenken roter Fahnen und Singen von Revolutionsliedern erinnerten sich die Alten, für die sich das moderne China zu schnell wandelt, an die vermeintlich besseren früheren Zeiten. Die Jungen, die unter einem Wertevakuum leiden, erreichte Bo mit eingängigen ideologischen

Floskeln und dem unverhohlenen Appell an nationale Gefühlslagen. Seine als „links“ apostrophierte Wirtschaftspolitik setzte auf Staatsinterventionismus, auf sozialen Wohnungsbau und auf öffentliche Investitions- und Arbeitsprogramme. Hinzu kam der erfolgreiche Kampf gegen die Chongqinger Mafia, die vor Bos Amtsantritt sowohl unter den Geschäftsleuten als auch in der Öffentlichkeit Angst und Schrecken verbreitet hatte. Bos Politikstil stieß bei weiten Teilen des Volkes auf Zustimmung. Was die Öffentlichkeit nicht sah, war, dass er und seine Clique ein neues Geflecht von Korruption, Nepotismus und anderen Verbrechen spannen, das dem der Mafia kaum nachstand, und dass die wirtschaftlichen Erfolge der Stadt teuer erkauft waren, nämlich mit exorbitanten Schulden.

Selbst nach offiziellen Angaben hatten allein die als Schattenhaushalte geführten staatlichen Finanzgesellschaften bis 2011 Verbindlichkeiten aufgenommen, die 42 % der gesamten Wirtschaftsleistung der Stadtprovinz entsprachen. In ganz China lag der Durchschnitt damals halb so hoch. Der tatsächliche Verschuldungsgrad in Chongqing war vermutlich viel höher. Victor Shih, ehemaliger Finanzprofessor an der Northwestern University in Illinois und einer der führenden Analysten zu Chinas versteckten Schulden, bezifferte die Gesamtverbindlichkeiten der öffentlichen Hand und der Chongqinger Staatsbetriebe für 2011 auf 100 % des Bruttoinlandsprodukts.[108] Der Grund dafür war, dass Chongqing unter Bo Xilai viel geborgtes Geld in publikumswirksame, aber wenig rentable öffentliche Anlageninvestitionen steckte, in Verkehrswege, Stadien, Brücken oder Prunkbauten. Zwischenzeitlich machten solche Projekte bis zu 80 % der gesamten Wirtschaftsleistung aus. Ein Fünftel davon wurde auf Pump finanziert. Ähnlich klar dominierten Partei und Regierung die Realwirtschaft: Statt 27 % wie in ganz China stammten 2011 in der Stadt 40 % der Industrieproduktion aus staatlichen Betrieben.[109] Dieses süße Gift wird Chongqing auch nach Bo Xilais Abgang noch lange übel aufstoßen.

Ein Entwicklungsgebiet so groß wie Berlin plus München

Der Hochtechnikpark von Shuitu gehört zum Chongqinger Entwicklungsgebiet Liangjiang (Zwei Flüsse). Die Wirtschaftszone umfasst nördlich des Jangtse und östlich des Jialing-Flusses drei Stadtbezirke auf 1.200 Quadratkilometern Fläche. Das ist so groß wie Berlin und München zusammen. Auf 550 Quadratkilometern darf gebaut werden, das übertrifft immer noch Köln. Wie Pudong in Schanghai und Binhai in Tianjin untersteht das Gebiet direkt der Zentralregierung. Punkten will es nicht nur mit Hochtechnik und Automobilbau, sondern auch mit Finanzdienstleistungen und Logistik. Im neuen Bankenzentrum, dem „kleinen Hongkong", entsteht gerade ein 470 Meter hoher Wolkenkratzer. Der Zollhafen ist zur ersten Freihandelszone im Inland ausgebaut worden, Zollfreiheit genießen auch Teile des Flughafens. Direkt neben den Startbahnen sind drei der vielen Chongqinger Werke für Personal Computer untergekommen, auch die Bahntrasse nach Duisburg beginnt hier. Auf einigen der Autobahnen, die das Liangjiang-Gebiet durchziehen, ist eine Extra-Spur für Zollfahrzeuge und verplombte Lastwagen reserviert, damit sie schneller vorankommen.

Wie Shuitu für Hightech-Ansiedlungen gedacht ist, so konzentriert sich im Industriepark Long Xing die Luftfahrtindustrie. Um dorthin zu gelangen, geht es wieder breite, teilweise noch gesperrte Straßen entlang. Statt Autos sind hier Bauarbeiter zu Fuß unterwegs, manche haben die ganze Familie dabei und den Hausrat in einem Handwagen. Obgleich die Zufahrten noch gar nicht freigegeben sind, säumen liebevoll gepflegte Grünstreifen die Fahrbahnen rechts und links. Alle 300 Meter arbeitet ein Gärtner in leuchtender Warnweste, pflanzt Blumen, schneidet Hecken, jätet Unkraut oder wässert die Alleebäume. Plötzlich tut sich in der welligen Landschaft eine weite ebene Fläche auf, als habe ein Riese hier seinen Fuß aufgesetzt. Tatsächlich wurden die Anhöhen eingeebnet, allerdings von Menschen. „Wir mussten Platz für die Hallen und für die Landebahn schaffen", sagt Long Junsong und heißt die Gäste willkommen. „Falls wir uns erweitern, müssen auch die Hügel da drüben verschwinden."

Long Junsong ist für die Außenbeziehungen der Chongqing Helicopter Investment Corportion (CQHIC) zuständig, die bisher der wichtigste Investor in dem „Aviation Park" ist. Das Staatsunternehmen will die Stadt zu einem Zentrum für leichte Luftfahrzeuge machen. Das ist insofern bemerkenswert, als der Himmel über

China vom Militär überwacht und dominiert wird. Private Luftfahrzeuge sind nur in Ausnahmen zugelassen. In den geringen Höhen, wo Kleinflugzeuge und Hubschrauber unterwegs sind, ist der zivile Luftraum gesperrt. 2013 gab es in ganz China nur 2.000 Flugzeuge, die für die allgemeine Luftfahrt zugelassen waren; darunter versteht man alle privaten und gewerblichen Flüge außerhalb des Linien- und Charterverkehrs. Zum Vergleich: In den USA sind es 300.000 Flugzeuge.[110]

Chongqing jedoch versucht sich im wahrsten Wortsinne als Pilotgebiet, um die neuen Verkehrsträger auszuprobieren und eine völlig neue Branche in China zu fördern. Deshalb wurde der Luftraum teilweise geöffnet, und deshalb gründete man 2011 das Speerspitzenunternehmen CQHIC. Dessen größter Erfolg war der 2013 besiegelte Kauf des amerikanischen Hubschrauberherstellers Enstrom aus Michigan. Damit sicherten sich die Chinesen zum einen den Zugang zum größten Luftfahrtmarkt der Welt in den Vereinigten Staaten, zum anderen können sie mit der übernommenen Technik jetzt auch in ihrer Heimat Helikopter westlicher Qualität produzieren. Die Chongqinger Aufsichtsbehörde für Staatsunternehmen Sasac, die für das Projekt zuständig ist, beziffert das Marktvolumen in den kommenden zehn Jahren auf 10.000 Luftfahrzeuge für die allgemeine Luftfahrt. Deren Wert könne leicht 120 Milliarden Euro erreichen. Vom Helikoptermarkt in der Volksrepublik soll das jetzt chinesische Unternehmen Enstrom rund 30% erobern. Wer die Neubauten besichtigt, glaubt das gern: Das Werk im Long-Xing-Park besteht aus drei Hallen für Montage, Wartung und Schulung. Jede ist 180 mal 54 Meter groß. Das entspricht etwa einem Hektar und bietet Platz für 20 Schulturnhallen deutschen Standards. Von 2014 an sollen hier 50 Hubschrauber und 20 Kleinflugzeuge im Jahr gebaut werden. Ab 2017 sind 250 Luftfahrzeuge geplant, 2020 dann 500.[111] Bis dahin dürften eine Milliarden Euro in den Standort fließen.

„Die haben die Hallen in nur fünf Monaten hochgezogen. Es ist sagenhaft, was hier in Westchina möglich ist", sagt Dean Ashton. Der kräftige Kanadier leitet die Wartungsabteilung in dem Hubschrauberwerk. Er ist nicht etwa aus Nordamerika nach Chongqing gekommen, sondern hat sich in Schanghai abwerben lassen. Dort, an der Küste, sei zwar das Leben für Ausländer leichter. So gebe es in Chongqing noch nicht genügend internationale Schulen und Kindergärten, auch sei das Warenangebot für den westlichen Geschmack begrenzt. Aber dafür herrsche hier eine größere Aufbruchsstimmung, ein Pioniergeist mit mehr Möglichkeiten. Obwohl Ashton wenig Führungserfahrungen vorweisen kann, haben ihm die Chongqinger sofort zehn Mitarbeiter unterstellt, demnächst sind es dreißig. „Natürlich habe ich zugegriffen. So eine Chance bekomme ich nie wieder!“

Den Ingenieur und Fluglehrer reizt es, am Aufbau eines für China völlig neuen Wirtschaftszweiges mitzuarbeiten, dem zivilen Verkehr mit kleinen Luftfahrzeugen. Angesichts der verstopften Straßen in den Ballungszentren sind z.B. Flugdienste per Hubschrauber denkbar wie in anderen überfüllten Metropolen der Welt. In China bieten das nur Hongkong und Macao an, zwischen denen ein Shuttle-Heli verkehrt. Auch könnten sich künftig Chinas Reiche und Mächtige mit eigenen oder dienstlichen Maschinen zu Geschäftsterminen oder an Ferienorte fliegen lassen, wie das in anderen Ländern üblich ist. „Die Potentiale im Tourismus sind ebenfalls irre“, sagt Ashton. Er und sein neuer Arbeitgeber haben sich bereits eine besondere Attraktion ausgedacht: Hubschrauberrundflüge über den Drei-Schluchten-Staudamm, 20 Minuten lang in einem Helikopter vom Typ Enstrom 480B. Wenn alles wie geplant verläuft, werden die Luftgefährte demnächst sogar auf den Kreuzfahrtschiffen im Jangtse landen können, um zahlungskräftige Passagiere direkt von ihren Luxuskabinen abzuholen. „Da soll noch mal einer sagen, die wären hier rückständig“, sagt Ashton mit einem Kopfschütteln.

Von der Theorie zur Praxis: China erprobt seinen Strukturwandel

Chengdu und Chongqing sind zwei Riesenstädte, von deren wirtschaftlicher Potenz die wenigsten außerhalb Chinas je gehört haben. Dabei ist das Bruttoinlandsprodukt (BIP) in Chengdu größer als das von ganz Ungarn und fast so groß wie das des Nachbarlands Vietnam. Chongqings Kraft übersteigt sogar die Neuseelands und reicht an jene Tschechiens heran. Wären die beiden Städte Einzelstaaten, kämen sie in der Liste des Internationalen Währungsfonds IWF der mächtigsten Volkswirtschaften aus dem Stand auf die Plätze 52 und 58. Ganze elf der 28 EU-Länder sind von ihrer Wirtschaftskraft her unbedeutender als Chengdu oder Chongqing.[112] Diese Entwicklung steht erst am Anfang, denn die Metropolen wachsen jedes Jahr nicht nur viel schneller als die europäischen Vorreiter wie Deutschland, sondern auch als China im Ganzen oder als die Rivalen an der Süd- und Ostküste. Wichtiger noch als schieres

Wachstum sind seine Zusammensetzung und die Zukunftsfestigkeit der beteiligten Branchen. Zweifellos gibt es auch in den Vorzeigestädten Westchinas noch immer viel zu viele alte, ineffiziente Industrien, die meisten dieser Betriebe gehören dem Staat. Auch fließt nach wie vor zu viel Geld in monströse, nicht selten unnötige Infrastrukturprojekte. So hat im Sommer 2013 in Chengdu das größte Gebäude der Welt eröffnet, ein Wohn-, Freizeit- und Shoppingpalast mit den zwanzigfachen Ausmaßen der Sydney-Oper, von dem man sich fragen muss, ob die Stadt ihn wirklich braucht (siehe Kasten). Solche Investitionen treiben das BIP hoch, sagen aber wenig über die wirkliche Bedeutung und Stabilität der städtischen Wirtschaft aus.

Künstliche Sonne, künstliche Brise, künstliches Meer: Im größten Gebäude der Welt ist für viele Spinnereien Platz

Eigentlich sollte das größte Gebäude der Welt genau zu der Zeit eröffnen, als in Chengdu die wichtigste jemals in der Stadt abgehaltene internationale Konferenz stattfand: das Global Forum des amerikanischen Magazins „Fortune“. Das Medienhaus gibt die Liste Fortune Global 500 heraus, welche die umsatzstärksten Unternehmen der Welt aufführt. Dort aufgenommen zu werden, ist ein Fixpunkt für Chinas Großunternehmen und auch für die Regierung, die aus Prestigegründen möglichst viele Konzerne erwähnt sehen will. Das gelingt recht gut. Mit insgesamt 89 Nennungen rangiert China auf Platz zwei hinter den USA (132). Unter den ersten zehn Plätzen belegt die Volksrepublik drei Positionen und damit mehr als jedes andere Land. In der Tabelle der zehn profitabelsten Gesellschaften hat China mit vier Einträgen ebenfalls die Nase vorn.[113]

Superlative zählen viel im bevölkerungsreichsten Land der Welt, und deshalb hätte es so schön gepasst, den flächengrößten je von Menschen errichteten Bau im Juni 2013 einzuweihen, als sich gerade die 500 wichtigsten Konzerne der Welt in Chengdu ihr Stelldichein gaben. Doch waren die Arbeiten noch nicht abgeschlossen, so dass sich erst einige Wochen später die Tore öffneten. Der Außergewöhnlichkeit des Projekts hat die Verzögerung keinen Abbruch getan. Angesiedelt im neuen Entwicklungsgebiet Tianfu New Area – der neuesten

Chengduer Neustadt – erhebt sich der kubische Monsterbau mit dem geschwungenen Dach neben einer ausgedehnten Brache, so dass er schon von Weitem zu sehen ist und so noch spektakulärer wirkt. Mit 100 Metern Höhe und 18 Stockwerken sticht er zwischen Chengdus Wolkenkratzern zwar nicht heraus, aber es sind die enorme Grundfläche und das Volumen, die ihm seine Monumentalität verleihen. 500 Meter lang und 400 Meter breit ist das sogenannte New Century Global Center. Selbst Usain Bolt, der schnellste Mensch der Welt, würde drei Minuten brauchen, um es zu umrunden, ein normaler Spaziergänger benötigt mehr als 20 Minuten. Es lassen sich andere abenteuerliche Vergleiche ziehen: Die 200.000 Quadratmeter, auf denen der Koloss steht, entsprechen der Hälfte des vatikanischen Staatsgebiets. Bis oben angefüllt, könnte das Gebäude den gesamten Wasserverbrauch Berlins von einem Monat aufnehmen, etwa 20 Millionen Kubikmeter.

Es ist die Nutzfläche von 1,7 Millionen Quadratmetern, welche die im Original Xinshiji Huanqiu Zhongxin genannte Struktur zum größten freistehenden Gebäude der Welt macht, noch vor dem Terminal 3 am Flughafen Dubai. Das Areal reicht aus, um das amerikanische Verteidigungsministerium Pentagon annähernd dreimal unterzubringen oder die Sydney-Oper zwanzigmal. Auf etwa einem Viertel der Nutzfläche, 400.000 Quadratmetern, sollen Geschäfte einziehen. Zusätzlich zu zwei Luxushotels mit 1.000 Zimmern, zu Wohnungen, Büros und Seminarräumen der Universität sind hier auch zahlreiche Freizeiteinrichtungen untergekommen, ein Imax-Kino mit 14 Sälen etwa, eine Eislaufbahn und vor allem das „Mediterrane Dorf" in der hallenartigen Gebäudemitte. Neben Palmen und Rasenflächen liegt ein 5.000 Quadratmeter großer Sandstrand an einer Meeresbucht mit künstlichen Wellen, die ans Ufer schwappen. Den virtuellen Horizont dazu liefert der größte LED-Monitor der Welt, 150 Meter lang, auf dem Wolken vorüberziehen und Morgenröte und Abenddämmerung eingespielt werden. Zwischen den Palmhütten und einem Kirchennachbau weht eine salzige Seebrise über die Ferienlandschaft – 1.000 Kilometer vom nächsten Ozean entfernt. Nicht einmal der Himmel und die Sonne, die sich durch das Hallendach zeigen, sind echt. Auch sie werden, mit japanischer Technik, elektronisch vorgegaukelt.[114]

Die Kosten für den Megabau sind unbekannt, es ist von 6 Milliarden Euro öffentlicher Mittel die Rede. Jenseits der Frage, ob das Vorhaben sinnvoll ist und sich je auszahlen wird, haftet ihm jetzt schon der Geruch der Korruption an. Denn der Bauherr des Global Centers, ein örtlicher Milliardär, ist schon kurz nach der Eröffnung verschwunden. Die Medien munkeln, er könnte in einen Bestechungsskandal verwickelt sein, der auch andere Wirtschafts-, Verwaltungs- und Parteigrößen in Sichuan betrifft. „Für viele hat sich das Riesengebäude in Chengdu als das größte und peinlichste Monument in den Korruptionsanschuldigungen erwiesen, die derzeit die Kommunistische Partei durchbohren", schreibt die britische Tageszeitung „The Telegraph".[115]

Kaum ist der umstrittene Hünen-Bau eröffnet, da entsteht gegenüber schon der nächste Hingucker. Die britisch-irakische Stararchitektin Zaha Hadid errichtet hier das Städtische Zentrum für Moderne Kunst. Das Chengdu Contemporary Arts Centre soll ein Museum und eine Ausstellungshalle sowie Veranstaltungs- und Kongresssäle, Bars und Restaurants aufnehmen. Mit 140.000 Quadratmetern Nutzfläche wird es nicht einmal ein Zehntel so groß wie das Nachbargebäude. Aber ästhetisch schlägt die leichthändig hingegossene Wellenform, die an einen Wal erinnert oder auch an eine Designer-Sonnenbrille für Giganten, den protzigen Bau auf der anderen Straßenseite um Längen.[116]

Dennoch ist unverkennbar, dass die Verantwortlichen in den beiden Entwicklungspolen einen neuen Weg der wirtschaftlichen Ausrichtung ausprobieren, der im Einklang steht mit den beabsichtigten Veränderungen für das ganze Land. In Chongqing und Chengdu kann man gewissermaßen heute schon sehen, wie China in Zukunft aussehen soll. Denn wenn es nach dem Willen der Führung in Peking geht, dann steht der zweitstärksten Volkswirtschaft der Welt ein umfassender Strukturwandel bevor, vielleicht der wichtigste seit der Öffnung vor mehr als dreißig Jahren. Zur Erinnerung: Die Regierung von Ministerpräsident Li Keqiang ist bestrebt, die Abhängigkeit von staatlichen Anlageninvestitionen, von Billigexporten und einfachen Massengütern zurückdrängen. Das Modell hat China zwar reich gemacht, aber auch anfällig für Schocks wie die Nachfrageschwäche in Europa oder für die Verwerfungen an den Kredit- und

Immobilienmärkten im Inland. Deshalb ist das Wirtschaftswachstum auf den schwächsten Wert seit 14 Jahren gefallen. Gegensteuern will Peking mit der Förderung des Binnenkonsums, mit dem Ausbau der Dienstleistungen und mit höherer industrieller Wertschöpfung. Das hat das Dritte Plenum, die Reformtagung der Partei, im November 2013 noch einmal bekräftigt. Die Blaupausen für den geplanten Umbau liefern Chongqing und Chengdu, wie der stellvertretende Regierungschef Zhang Gaoli unmissverständlich klarmacht. Als Mitglied des Ständigen Ausschuss des Politbüros der KPCh gehört er zu den sieben mächtigsten Männern Chinas und zu den Wortführern im Dritten Plenum. Auf dem bereits erwähnten „Fortune Global Forum", einem Treffen der wirtschaftlichen Weltelite – das im Juni 2013 erstmals in Westchina stattfand – sagte Zhang in Chengdu:

„Chinas zentrale und westliche Regionen bieten wichtigen strategischen Raum für die künftige Entwicklung, ausreichend Bewegungsfreiheit ebenso wie neue Pole für das Wirtschaftswachstum. (…) Wir werden noch mehr Anstrengungen unternehmen, um die Entwicklung und Öffnung der Zentral- und Westregionen voranzutreiben, vor allem der West-Regionen. (…) Wir werden lokale Industrien mit Wettbewerbsvorteilen schaffen und die Entwicklung solcher Branchen unterstützen, die mit grünen Techniken, Recycling und mit geringem Kohlendioxidausstoß zu tun haben. Auf diese Weise werden die Ressourcenvorteile die wirtschaftliche Stärke des Zentrums und des Westens noch erhöhen. Wir wollen außerdem die Verlagerung einiger Industrien aus den weiter entwickelten östlichen Regionen in die westlichen Regionen fördern, (…) die Urbanisierung aktiv und stetig vorantreiben sowie die Potentiale ausnutzen, die sich aus der Stärkung des Binnenverbrauchs, des Wirtschaftswachstums und der Verbesserung der Lebensbedingungen ergeben. Ich glaube, dass eine neue Welle der Entwicklung und Öffnung der westlichen Regionen der chinesischen Wirtschaft größere Vitalität verleihen und dabei helfen wird, das Problem einer unausgewogenen, unkoordinierten und nicht nachhaltigen Entwicklung zu gegebener Zeit zu lösen."[117]

Die Rede war insofern bemerkenswert, als Zhang einen bekannten Dreiklang des vormaligen Ministerpräsidenten Wen Jiabao aufnahm. Seit 2007 hatte Wen die Defizite des chinesischen Wirtschaftsmodells immer wieder so zusammengefasst, dass das Wachstum „unausgewogen, unkoordiniert und nicht nachhaltig" sei. Zuletzt wiederholte er den Satz in seinem abschließenden Rechenschaftsbericht vor dem Nationalen Volkskongress im März 2013. Damit gestand er indirekt zu, an dem ungünstigen Zustand seit seiner Amtsübernahme 2007 nichts geändert zu haben.[118] Dass

Zhang meint, diese Scharte ausgerechnet im chinesischen Binnenland auswetzen zu können, zeigt die Sonderstellung, die Zentral- und Westchinas für die neue Führung einnehmen.

„Die Theorie ist das eine, wir hier in Chongqing zeigen, wie sie verwirklicht werden kann“, sagt Huang Qigang selbstbewusst, der Strategiedirektor für das Entwicklungsgebiet Liangjiang. Insgesamt hat die Industriezone seit ihrer Gründung 2010 fast 44 Milliarden Euro an Investitionen angezogen, davon mehr als ein Viertel aus dem Ausland. Eine besondere Bedeutung haben in Chongqing wie auch in Chengdu die neuen Zukunftsbranchen erreicht, zudem sind drei Viertel der Investoren Dienstleister, auf denen die besondere Hoffnung der neuen Regierung ruht. Möglicherweise zu Recht: Die Wirtschaftskraft von Liangjiang stieg 2012 um 12,9%, der Außenhandelswert um mehr als 40%. „Beides ist viel mehr als im Rest Chinas“, sagt Huang. Wichtig ist ihm, „dass sich nicht irgendwelche Unternehmen hier ansiedeln, sondern die richtigen: Hightech, Service, Umwelt“. Es gebe entsprechende Auflagen, etwa zur Art der Branche oder zur notwendigen Kapital- und Arbeitsintensität in den Betrieben. Gesteuert werde über Genehmigungen und Anreize, vor allem die Subventionen. „Wir wählen sehr sorgfältig aus und fördern entsprechend“, versichert Huang. Die Investoren stünden Schlange, und zwar jene in den gewünschten, den modernen Wirtschaftszweigen. „Das zeigt, dass wir mit dem Strukturwandel auf dem richtigen Weg sind“, sagt der Mann im grauen Hemd und putzt seine Brille mit den wabenförmigen Gläsern. Eines will er dem Besucher noch mit auf den Weg geben: „Aus Deutschland sollten viel mehr Unternehmen zu uns finden.“

7. Verpasste Chancen? Die Deutschen meiden Westchina

Geplatzte Delegationsreise: Der Mittelstand ignoriert die Region

In Chengdu steht das bereits erwähnte New Century Global Center, das flächengrößte Gebäude der Welt (siehe Kasten S. 108). Es ist nicht der einzige aberwitzige Bau in der Metropole. In derselben futuristischen Neustadt, der Tianfu New Area, liegt auch das „Kleine Vogelnest“. Seine Streben-Konstruktion erinnert an das für die Olympischen Spiele 2008 in Peking gebaute Nationalstadion, dessen Hülle wie ein geflochtener Korb oder eben wie ein Vogelnest aussieht. Die Kopie in Chengdu ist heute ebenso ausgestorben wie das Original. Sie ist allerdings keine Sportarena, sondern ein Bürogebäude, das nach dem verheerenden Erdbeben in Sichuan von 2008 errichtet wurde, diesmal angeblich katastrophensicher. In dem Prachtbau kam zwischenzeitlich die Stadtverwaltung unter, doch mittlerweile wird er kaum noch genutzt. Sein Bauherr war Chengdus Bürgermeister Li Chuncheng, der den Immobilienboom in besonderer Weise förderte. Da er dabei auch vor der Zerstörung historischer Gebäude nicht haltmachte, nannte ihn der Volksmund Li Chaicheng: der, der die Stadt abreißt. Ende 2012 wurde Li abgesetzt, obwohl er inzwischen zum stellvertretenden Parteichef der Provinz und zum Mitglied des Zentralkomitees in Peking aufgestiegen war. Eine Untersuchungskommission warf ihm Verstöße gegen die Parteidisziplin vor, was eine Umschreibung für schwere Korruption ist.[119]

Lis Hinterlassenschaften prägen weiter die Silhouette der Stadt. In derselben Flucht wie das Global Center und das Kleine Vogelnest erhebt sich „La Défense“. Weder vom Namen noch von seinem Äußeren her versucht der Bogenbau seine Herkunft zu verleugnen. Das Bürogebäude ist eine kleinere Replik des gewaltigen Betonwinkels Arche de la Défense in Paris, der wiederum Napoleons Triumphbogen nachempfunden ist. Im westlichen der beiden Flankentürme hat die Deutsche Auslandshandelskammer (AHK) ihr Chengduer Büro bezogen. Lage und Bau sind zwar imposant, im Innern aber lässt die Technik zu wünschen übrig. Weil die Klimaanlage nicht arbeitet, muss Astrid Schröter die Tür offenstehen lassen, damit ein Luftzug entsteht. „Es gibt Schlimmeres“, sagt die China erfahrene Büroleiterin, deren Karte sie als „Liaison Manager Sichuan-Chongqing“ ausweist. Schlimmer ist zum Beispiel, dass sich noch viel zu wenige deutsche Unternehmen für Westchina interessieren – trotz der Anwesenheit der AHK und obwohl in Chengdu seit 2004 ein deutsches Generalkonsulat ansässig ist.

Mit viel Mühe hatten diese und andere Einrichtungen im Juni 2013 eine Delegationsreise für deutsche Wirtschaftsvertreter organisiert. Die Tour sollte in Chengdu beginnen und dann über Kunming, der Hauptstadt der Nachbarprovinz Yunnan, ins aufstrebende Myanmar weitergehen. Yunnan hat eine lange Grenze mit Myanmar (Burma), Laos und Vietnam und entwickelt sich immer deutlicher zu Chinas Drehscheibe für den Investitions- und Warenaustausch mit der Vereinigung Südostasiatischer Staaten ASEAN. 2010 trat ein Abkommen zwischen beiden Wirtschaftsräumen in

Kraft, das von der Bevölkerungszahl her den größten Freihandelsraum der Erde geschaffen hat, vom Warenvolumen her ist es der drittgrößte. Asean ist dadurch zu Chinas wichtigstem Handelspartner hinter der EU und den USA herangewachsen. Die Staatengruppe steht schon für mehr als 10 % des gesamten chinesischen Warenaustauschs, der Handel wächst zudem schneller als mit allen anderen Partnern außer mit Hongkong. Das Abkommen tut vor allem China gut. Sein traditionelles Handelsbilanzdefizit mit der Region hat sich seit Inkrafttreten in einen Überschuss verwandelt. Außerdem probiert die Volksrepublik auf diesem Wege ihre neue Exportstrategie aus: weniger abhängig von den westlichen Märkten und weniger abhängig von billigen Massenwaren zu werden. China liefert in die zehn Asean-Länder mitnichten einfache Plastikwaren oder Textilien, sondern versucht sich an Höherwertigem wie Autos, Elektronik und Kapitalgütern. So ist etwa die Ausfuhr von Werkzeugmaschinen nach Thailand, Vietnam und Indonesien steil angestiegen.[120]

Wegen der zunehmenden Bedeutung von Westchina, Myanmar (Burma) und der ganzen, sich immer stärker integrierenden Region warb das Einladungsschreiben der AHK und des Hamburger Ostasienvereins OAV für die Unternehmerreise mit markigen Worten: „Kommen Sie nicht zu spät! Die Geschäftsanteile werden heute verteilt".[121] Dennoch meldeten sich kaum Unternehmen zu der interessanten Tour an – weshalb das Besuchsprogramm kurzfristig abgeblasen werden musste. Astrid Schröter seufzt, wenn man sie daran erinnert. „Das Interesse der deutschen Wirtschaft an Westchina ist noch ziemlich mau", gibt sie zu, setzt dann aber vorwärtsgewandt hinzu: „Wir sind sehr zuversichtlich, dass das besser wird, wenn sich die Standortvorteile herumsprechen."

China jedenfalls tut Einiges, um Interessenten das Kennenlernen des „Wilden Westens" zu erleichtern. Seit 2013 gibt es erstmals einen Direktflug zwischen Chengdu und Frankfurt, dreimal die Woche betrieben von der staatlichen Fluggesellschaft Air China. Sichuan Airlines fliegt von hier nach Paris, British Airways nach London, KLM nach Amsterdam. Finnair bedient Helsinki von Chongqing aus. Auch die deutsche Kammer, die ein Ableger der Niederlassung in Kanton ist, und das Generalkonsulat bemühen sich redlich um deutsche Investoren. An den Küsten organisiert die AHK „Westchina-Workshops", um dort ansässige Unternehmen von Binnenchina zu überzeugen. 2011 zogen ein halbes Dutzend Firmen ins Landesinnere um, ein Jahr später immerhin doppelt so viele.

Vorbild bei den Bemühungen sind die Amerikaner, die seit den 1990er Jahren in Chengdu ein Generalkonsulat unterhalten und viel früher auf Westchina aufmerksam geworden sind. In Sichuan gibt es fast 1.200 US-Unternehmen, in Chongqing noch einmal 520. Auch die Franzosen sind stark vertreten, weiß Schröter, andere asiatische Länder ohnehin.

Deutschland hingegen bringt es auf gerade einmal 170 Unternehmen in Sichuan und Chongqing, die meisten sind kleine Verkaufsbüros mit fünf bis 20 lokalen chinesischen Mitarbeitern. Zum Vergleich: In Schanghai siedeln mehr als 1.400 Firmen mit Kapital aus der Bundesrepublik, im gesamten Jangtsedelta sind es 2.100. Im Generalkonsulat von Chengdu ist zu erfahren, dass im Amtsgebiet Südwestchina mit Chongqing, Sichuan, Guizhou und Yunnan nur 200 Deutsche leben. In Peking hingegen sind es 4.400, in Schanghai sogar mehr als 8.000. „Die deutschen Unternehmen scheinen den Zug nach Westchina zu verpassen", stellt denn auch die Beratungsgesellschaft EAC in Schanghai fest. Von den 5.000 in China ansässigen deutschen Niederlassungen und Repräsentanzen lägen nur 200 im Binnenland. Zwar sei die Hälfte der Dax-Unternehmen in Westchina vertreten, sie erwirtschafteten aber nur 4 % ihres China-Umsatzes dort.[122] Immerhin sind zwei deutsche China-Hauptquartiere in Chengdu registriert, das des schwäbischen Sensorenfertigers Balluff und das der Bielefelder Chemie-Handelsgesellschaft Goldmann. „Seit einiger Zeit ist Bewegung drin", sagt Schröter und meint damit die Zeit seit der Eröffnung des großen VW-Werks in Chengdu 2011. „Jetzt kommen verstärkt Zulieferer hierher." Zuletzt haben Bosch und das Familienunternehmen Freudenberg eigene Fertigungen in Chengdu eröffnet, der eine für Anti-Blockier-Systeme, der andere für Luft- und Innenraumfilter. „Die, die kommen, sind superzufrieden", hat Schröter erlebt.

Tatsächlich berichten die Unternehmen von kompetenter Beratung in den Ämtern und von Genehmigungen, die oft wesentlich schneller erteilt würden als anderswo in China. So konnte Freudenberg seine Fabrik in der Rekordzeit von nur sieben Monaten hochziehen, vom ersten Spatenstich bis zum Produktionsbeginn. „Wir haben nie zuvor so schnell ein Werk gebaut", sagt Hanno Wentzler, der Vorsitzende der Geschäftsführung von Freudenberg Spezialchemie. Alle Ämter hätten sich als hilfreich und effizient erwiesen, es sei sogar extra eine Nebenstraße geteert worden, um das Betriebsgelände besser anzuschließen. Wentzler macht aber auch klar, dass es nicht so sehr die funktionale Verwaltung, die Subventionen oder die geringeren Kosten sind, die Unternehmen wie das seine in den Westen locken. „Das wäre zu kurzfristig gedacht. Anderswo zahlt man wieder drauf, weil zum Beispiel die Logistikkosten höher sind oder man im Westen die Leute länger anlernen muss." Vielmehr stehe und falle die Standortentscheidung mit der Nachfrage, d.h. bei Freudenberg mit dem Bedarf der Automobilwerke von VW und Volvo in Chengdu. „Die gehen dorthin, wo sie immer mehr Autos verkaufen, also nach Westchina, und wir gehen dorthin, wo immer mehr Autobauer sind, also auch nach Westchina." Der Staat erleichtert die Bedingungen durch den Ausbau der Infrastruktur und durch seine Förderprogramme. Letztlich aber, und das ist eine wichtige Botschaft aus der Industrie, entscheidet der Markt über das Wohl und Wehe des Geschäftserfolgs. Für die Region erweist sich die geographische Abgeschiedenheit eher als Vorteil. Da es viel zu lange dauern würde, die Autoteile aus den anderen Standorten bis nach Chongqing, Chengdu oder Urumqi zu bringen, müssen sich die Zulieferer nolens volens in unmittelbarer Nähe zu den großen Kfz-Konzernen ansiedeln.

„Das Potential ist in Westchina fast unerschöpflich", fasst es Astrid Schröter zusammen. „Der riesige und immer kaufkräftiger werdende Markt ist für viele Branchen unberührtes Neuland mit enormen Wachstumschancen." Neben dem Maschinen- und Autobau sowie der Chemieindustrie, die sich bereits hier tummeln, hat die Kammervertreterin deutsche Anbieter erneuerbarer Energien und alternativer Antriebe im Auge. Auch Unternehmen für Oberflächenbehandlung seien gefragt, vor allem aber die Hersteller von Konsum- und Luxusgütern. Ob Mode, Uhren, Schreib-utensilien, Porzellane, Gläser, Kochgeschirre oder Hausgeräte: Für fast alles fänden sich in der aufstrebenden Mittelschicht liquide und qualitätsbewusste Käufer. Die Spanier und Franzosen hätten es vorgemacht, mit Delikatess- und Weinimporten etwa. Hingegen gebe es in der ganzen großen Weite des Kammerbezirks mit seinen 100 Millionen Einwohnern nur einen einzigen deutschen Weinhändler. Schröter empfiehlt, die Waren nicht nur einzuführen, sondern am Ort zu produzieren. Milchpulver und Kosmetik zum Beispiel ließen sich hier kostengünstig, aber nach deutschen Standards herstellen, glaubt die junge Frau, die seit sechs Jahren in Chengdu lebt. „So etwas fände sicher reißenden Absatz."

Deutsche Pioniere im Wilden Westen

Die deutsche Zurückhaltung sticht deshalb so heraus, weil gerade Chengdu und Chongqing für andere ausländische Investoren schon lange interessant sind. 2010 kürte das amerikanische Magazin „Forbes“ Chengdu zur am schnellsten wachsenden Stadt der Welt. Zwei Jahre später setzte sich die Metropole in der Zeitschrift „Fortune“ an die Spitze einer Umfrage, in der es um Kosten, Arbeitskräfte und Lebensqualität in den chinesischen Städten ging.[123] 2013 hielt „Fortune“ erstmals seine internationale Konferenz „Global Forum“ in Chengdu ab. Auffällig ist, wie schnell sich die Attraktivität Zentral- und Westchinas für ausländische Geldgeber relativ zu anderen Standorten im Land verbessert hat. Gemessen an den Direktinvestitionen kam Chengdu im Jahr 2000 nur an die 17. Stelle der wichtigsten Ziele in China, Chongqing rangierte noch tiefer auf Position 20. Zehn Jahre später aber hatten sich die beiden Städte auf die Plätze sieben und neun hochgearbeitet. Noch erstaunlicher sind die Wachstumsraten in dieser Zeit. Hier führen Chongqing und Chengdu mit einer durchschnittlichen jährlichen Investitionssteigerung um 43 und 36% die Liste unter allen chinesischen Städten sehr deutlich an. Dahinter folgt sogleich Changsha in Zentralchina. Die Beratungsgesellschaft Deloitte, die diese Daten erhoben hat, verweist darauf, dass endlich auch deutsche Konzerne beabsichtigten, ihre Neuinvestitionen nach Westchina zu lenken. Chengdu liege bereits auf Platz drei der beliebtesten Zukunfts-Destinationen hinter Schanghai und Peking.

„Die Attraktivität von Zentral- und Westchina als Investitionsstandort für deutsche Unternehmen hat insgesamt deutlich zugenommen. Es ist daher damit zu rechnen, dass in Zukunft auch ein zunehmender Anteil der deutschen Investitionen in China in die neuen Investitionsstandorte fließen wird.“[124]

Einige namhafte deutsche Investoren in Binnenchina wurden bereits genannt. Dazu gehören auch Siemens, SAP, Bayer oder der Produzent von Industriegasen Messer Griesheim. Das hessische Unternehmen unterhält zehn Standorte in Westchina, wo es vom Zuzug der Elektronikfertiger profitiert. Es versorgt zum Beispiel den Apple-Zulieferer Foxconn mit Stickstoff und Sauerstoff.[125] Jenseits des Verarbeitenden Gewerbes wittern Logistiker ihre Chancen in dem vielversprechenden Landstrich. Zwar gibt es hier auch Rückschläge, Lufthansa Cargo etwa hat ihre Flüge nach Chongqing eingestellt, weil sich der Beförderungsbedarf als „Strohfeuer“ erwies.[126] Aber andere Dienstleister wittern Morgenluft. So sagte der Vorstandsvorsitzende der Deutschen Bahn AG, Rüdiger Grube, bei einer Feierstunde im August 2013 zur Eröffnung der ersten Güterzugverbindung zwischen Zhengzhou und Hamburg: „Der wachsende chinesische Warenverkehr, zusammen mit der anhaltenden Verlagerung von produktionsintensiven Industrien ins chinesische Hinterland, bietet viel Potenzial.“[127] Ähnlich formuliert es Frank Appel, der Vorstandsvorsitzende der Deutschen Post DHL, des größten Logistikkonzerns der Welt. Die Bevölkerung im chinesischen Binnenland werde immer wohlhabender und sorge deshalb für eine gewaltige Nachfrage nach Logistikdienstleistungen: „Ein Schwerpunkt unseres Wachstums liegt in Westchina.“[128] Deshalb war DHL der erste internationale Logistiker, der Chengdu direkt anflog. Für den Zustell- und Expressdienst ist die Volksrepublik inzwischen zum größten Markt aufgestiegen. Rund 8 % ihres Umsatzes erwirtschaftet die Post hier, mehr als 4 Milliarden Euro. DHL, die wichtigste Konzernsparte, versteht sich als Marktführer im internationalen Geschäft mit China und mit Asien ganz generell. Auch die Profitabilität ist hier höher als anderswo.[129]

Das spektakulärste Projekt der deutschen Investoren in Westchina schultert BASF in Chongqing. Wie beschrieben, entsteht dort bis Ende 2014 für fast eine Milliarde Euro die größte Einzelanlage der Welt zur Erzeugung des Kunststoffvorprodukts MDI. Nur am Heimatsitz Ludwigshafen investiert die Gruppe mehr. Erwähnt wurde auch das Vorhaben der Pfälzer, in der Stadt Korla, ebenfalls in Xinjiang, zwei Gemeinschaftsunternehmen zu gründen, um von den reichen und günstigen Erdgasvorkommen in der Provinz zu profitieren. Auch Volkswagen hat es ganz in den chinesischen Nordwesten gezogen hat. In Urumqi nahm der Konzern 2013 sein kleinstes Werk für 50.000 Autos im Jahr in Betrieb. Hier wird der New Santana montiert, ein Einsteigermodell für den Massenmarkt in dem noch untermobilisierten Landstrich.[130]

Mit dem Werk in Chengdu, das seit 2011 den Jetta und Sagitar produziert, ist VW auch in Sichuan ein deutscher Vorreiter. In seinem Windschatten machen Zulieferer wie Bosch, Freudenberg oder Mahle ihre Geschäfte. Zuletzt eröffnete das bayerische Familienunternehmen Webasto aus Stockdorf bei München im November 2013 sein größtes Werk für Schiebe- und Panoramadächer in Chongqing. Damit hat der Weltmarktführer für Schiebedächer innerhalb eines einzigen Jahres seine Präsenz in China um drei auf neun Fertigungsstätten aufgestockt.[131] In Chongqing siedelt zudem das Familienunternehmen Brose mit Stammsitz in Coburg.

Sieben Fabriken an fünf Standorten unterhält der Hersteller von Fensterhebern, Schließ- und Sitzsystemen in China. Von Chongqing aus beliefern die Oberfranken neben VW auch Ford und Volvo. Die Brose-Fabrik liegt in einem unfertigen Industriegebiet. Auf der nagelneuen Straße ohne Fahrbahnmarkierungen sind mehr Fußgänger als Autos unterwegs, die Zufahrt zum Werksgelände ist noch nicht fertig. Das Grundstück direkt hinter der Halle ist unbebaut, zwei Fußballtore machen es zu einem Bolzplatz. „Unsere Erweiterungsfläche", erklärt Werksleiter Wolfgang Beuck, der die Besucher am Firmenparkplatz empfängt. „Das Geschäft wächst so schnell hier, dass man bei der Eröffnung eines Werks schon an den Bau des nächsten denken muss." Spätestens 2017 soll das neue Gebäude stehen.

Beuck, ein hochgewachsener Brillenträger, ist erst seit 2012 bei Brose, aber schon seit 2007 in China. In Nanking und Wuxi hat er früher für Bosch gearbeitet und kann daher aus eigener Erfahrung die Küstenregion mit Westchina vergleichen: „Die Stadt ist attraktiv, und die Lebenshaltungskosten sind hier niedriger. Deshalb fällt es leichter, gute Mitarbeiter zu finden." Früher mag es in Westchina einen Mangel an Ingenieuren und erfahrenen Arbeitern gegeben haben, die Zeiten sind aber längst vorbei, versichert der schlanke Mann mit der roten Krawatte. „Die lokalen Hochschulen bilden gute Leute aus, außerdem kommen viele Arbeiter von den Küsten zurück hierher in die Heimat zu ihren Familien." Beuck hält es für besonders reizvoll, zu Boomzeiten in einer Boomregion zu sein. „Das kennen wir ja in Europa gar nicht mehr. Da wird heute nur optimiert und darauf geachtet, wo man einsparen kann", sagt der Manager. „Hier hingegen bauen wir auf, gestalten alles neu. Das Wachstum in Chongqing macht einfach Freude!" Bedenklich hingegen findet es Beuck, dass in Westchina kraftstrotzende Wirtschaftszentren von der Stärke ganzer EU-Staaten heranwachsen, ohne dass das vielen Europäern bewusst ist:

„Wenn ich in Deutschland erzähle, dass ich in der größten Stadt der Welt lebe, dann werde ich gefragt: Schanghai oder New York? Auf Chongqing kam noch niemand. Die meisten Menschen, die China nicht kennen, denken, dass hier die Menschen mit Strohhüten auf dem Kopf Reis pflanzen. Dabei sieht das moderne Zentrum von Chongqing aus wie Manhattan. Noch weiß das außerhalb Chinas kaum jemand. Aber wenn das Wachstum so rasant weitergeht, wird sich das irgendwann ändern."

Natürlich bringt man als Fremder in einer Stadt mit wenigen Ausländern auch Opfer. In der Provinz Jiangsu westlich von Schanghai, wo sie zuvor lebten, fiel es Beuck und seiner Frau leichter, Anschluss zu finden. In Chongqing ist die „deutsche Community“ viel kleiner als dort, weniger Chinesen als an den Küsten sprechen Englisch. Das habe aber auch sein Gutes, um das eigene Mandarin zu verbessern, findet der fröhliche Brose-Chef, außerdem werde man „als Ausländer mehr bestaunt und sehr freundlich aufgenommen“. Auf Liebgewonnenes muss man als Deutscher trotzdem nicht verzichten. In den Geschäften gibt es immer mehr Waren aus der Heimat zu kaufen, hat Beuck entdeckt, sogar Nutella und deutsches Brot. Im Theater spielen sie das Musical „Cats“, die Höhenzüge rund um Chongqing laden zum Wandern ein. Manchmal zahlt sich auch die nonverbale Kommunikation aus: Beuck unterrichtet Tanz – Standard und Latein – und hat dadurch viele nette Chinesen kennengelernt. „Die Rolle als Pionier gefällt mir“, sagt er. „Wenn's nach mir geht, könnte ich bis zur Rente hierbleiben.“

Ein badischer Tunnelbohrer macht Chinas U-Bahn-Boom möglich

In keinem anderen Land der Welt werden so schnell so viele U-Bahnen gebaut wie in China. Ende 2011 betrieben 14 Städte eine Streckenlänge von 1.690 Kilometern, zwei Jahre später waren es in 19 Städten schon 2.400 Kilometer. An zehn weiteren Orten sind Metros im Bau. Bis 2020 sollen 192 Milliarden Euro investiert werden, um 6.200 bis 7.000 Kilometer zur Verfügung zu stellen. Das wären 24 Milliarden Euro im Jahr. Für 2050 werden sogar 11.700 Kilometer in 229 Städten angepeilt, eine Verfünffachung zu heute.[132] Grob gesagt wächst das chinesische Netz um etwa 300 Kilometer im Jahr. Das entspricht der Gesamtstrecke in Moskau oder Tokio und ist doppelt so lang wie Deutschlands führende Metro in Berlin. Das klingt enorm, muss sich aber an der Masse der Bevölkerung messen lassen. So entspricht das für 2020 geplante Streckennetz je Kopf nur einem Fünftel der Länge in anderen Regionen der Welt.

Schanghai und Peking wetteifern darum, wer die längste U-Bahn auf der Erde unterhält. Derzeit liegt die Hauptstadt mit 442 Kilometern vorn, aber angesichts der schnellen Bautätigkeit sind solche Rekorde immer nur vorläufig.[133] Nicht zu nehmen ist Schanghai eine andere Weltmeisterschaft: Nach Baubeginn 1995 dauerte es bis zur Weltausstellung 2010 nur 15 Jahre, um 400 Kilometer Schienen unter die Erde zu bringen. Die Londoner „Tube“, die in der Welt auf

Platz drei rangiert, benötigte nach ihrem Start 1863 für die gleiche Reichweite 150 Jahre. Peking wiederum ist Chinas älteste U-Bahn. Sie wurde 1969 fertiggestellt, öffnete aber erst 1971, und auch dann nur für wenige Privilegierte, vor allem Beamte, die einen speziellen Ausweis brauchten. Die allgemeine Öffentlichkeit darf in der Hauptstadt erst seit 1981 U-Bahn fahren.

Der beschleunigte Ausbau des innerstädtischen Schienentransports ist Folge der Urbanisierungs- und Umweltkampagnen der Regierung und auch ein verzweifelter Versuch, den Verkehrskollaps aufzuhalten. Um eine Person einen Kilometer weit zu befördern, fallen in U-Bahnen nur ein Zehntel der Emissionen an, die ein Auto erzeugt. Mitte September 2013 erließ der Staatsrat eine Richtlinie zum Ausbau städtischer Infrastruktur, wonach in ausgewählten Städten U-Bahnen zum „Rückgrat des öffentlichen Verkehrs" zu entwickeln seien. Die Zentralregierung bekräftigte darin, allein bis 2015 rund 1.000 weitere Kilometer in Betrieb nehmen zu wollen.[134]

Beim U-Bahn-Bau fließen einige wichtige Treiber der Modernisierung und des neuen wirtschaftlichen Aufschwungs, dem sich dieses Buch widmet, zusammen. Es geht um Verstädterung und Infrastrukturausbau, um den Kampf gegen Luftverschmutzung und verstopfte Straßen und nicht zuletzt auch um die Erschließung Binnenchinas. Fünf Städte im Hinterland haben bereits eigene Metros, in weiteren fünf entstehen sie, darunter in Guiyang (Provinz Guizhou), Lanzhou (Gansu) und Nanning (Guangxi). Und natürlich geht es beim Thema öffentlicher Nahverkehr immer auch um die Chancen für ausländische Unternehmen. Wenn er selbst Geschäftsmann wäre, wüsste er, wo künftig Geld zu verdienen sei, sagte der einflussreiche Umweltforscher Zou Ji vom Nationalen Zentrum für Klimastrategie und Internationale Zusammenarbeit dem „Spiegel": unter anderem beim Bau von U-Bahnen.[135]

Ein großer deutscher Mittelständler ist damit schon sehr erfolgreich, der badische Hersteller von Tunnelbohrmaschinen Herrenknecht. Ein Fünftel seiner 4.800 Mitarbeiter beschäftigt der Weltmarktführer in der Volksrepublik, sie erwirtschaften gut 20% des Konzernumsatzes von zuletzt 1,2 Milliarden Euro. Mehr als 250 Tunnelvortriebsmaschinen zwischen sechs und 15 Metern im Durchmesser hat das Familienunternehmen schon in China verkauft. Dadurch seien 1.000 Arbeitsplätze in Deutschland entstanden, sagt Seniorchef Martin Herrenknecht. Die hundertste der ausgelieferten Mammutmaschinen – die in den kleinen Versionen rund 5 Millionen Euro kosten – wollte Herrenknecht den Chinesen eigentlich schenken. Glücklicherweise sei der Wasserbauminister, dem er das einst versprach, nicht mehr im Amt, feixt der Konzerngründer.

Nach China hat Herrenknecht erstmals im Jahr 2000 geliefert, zwei Jahre später entstand ein Montagewerk. Heute ist der Hersteller der Riesenmaschinen an allen wichtigen Stollenprojekten beteiligt: ob beim Jangtse-Tunnel zur Expo 2010 in Schanghai, bei der Unterquerung des Gelben Flusses für das Süd-Nord-Trinkwasser-Projekt – das größte Infrastrukturvorhaben der Welt – oder bei den Hochgeschwindigkeitstrassen im längsten Superschnellzugnetz auf dem Planeten. Immer wichtiger wird auch das Geschäft mit U-Bahn-Tunneln, und das eben vor allem in Westchina. Deshalb hat Herrenknecht neben seinen beiden Werken in der Küstenprovinz Guangdong eine weitere Fertigung in Chengdu eröffnet.

Der Geschäftsführer ist Kun Bai, ein junger Chinese, der in Stuttgart studiert hat und deshalb erstklassig Schwäbisch spricht. Er sagt „Leischtung" und „Induschtrie" und „bisserl", und man merkt, wie wohl er sich als fleißiger und ambitionierter Chinese bei einem deutschen Qualitätshersteller fühlt. Der Bau der Chengduer Metro sei sehr anspruchsvoll, weil der Untergrund aus einer ungünstigen Mischung aus Kies, Sand und Grundwasser bestehe. „Nirgendwo sonst in China gibt es eine vergleichbar schwierige Geologie", sagt Kun. „Da zu bohren, können nur wir ordentlich hinbringen." Der Geschäftserfolg gibt ihm recht. Für die erste U-Bahn-Linie hat der Generalunternehmer acht Maschinen bei Herrenknecht bestellt. Sieben davon wurden bei der zweiten Linie abermals eingesetzt, plus sechs neuer. Die Konkurrenz bekam nur einen einzigen Zuschlag. Auch die nächste Bestellung war ein voller Erfolg, so dass die Gesellschaft insgesamt schon 90 Millionen Euro mit der Chengduer U-Bahn erlöst hat. „Das ist ein ganz ordentlicher Auftrag", sagt Kun so bescheiden, als wäre er noch im Ländle.

Der junge Mann ist gerade einmal 34 Jahre alt und führt schon 120 Mitarbeiter. In der Heimat studierte er Bauingenieurwesen und strebte dann ins Ausland. Kanada oder Europa? lautete die Frage. Er entschied sich für den alten Kontinent, „wegen der langen Geschichte", wie er sagt. Die Universität Stuttgart akzeptierte ihn, erkannte aber nur einen Teil seines Bachelorstudiums an, so dass er fast von vorn anfangen musste. Kun begann seine Deutschland-Zeit 2002 mit einem Intensivsprachkurs, es folgten dreieinhalb Jahre Bauingenieurstudium in der schwäbischen Hauptstadt. Anschließend wechselte er zu Herrenknecht am Stammsitz in Schwanau in der Nähe von Lahr. Ein Jahr arbeitete er im Werk, ein weiteres in der Verwaltung. Gelernt hat er viel, nicht zuletzt das Schweißen. Im Nachhinein fuchst ihn ein bisschen, dass er nicht den „Europäischen Schweißerschein" erworben hat. Von seinen eigenen Mitarbeiter in Chengdu verlangt er diesen Gütenachweis. So gut es ihm in Deutschland gefiel – Kun isst allen Ernstes gern Spätzle –, er wollte doch nach China zurück. 2007 schickte ihn Herrenknecht deshalb nach Chengdu, mit kaum 27 Jahren wurde er hier Werksleiter.

Der Mann im kurzärmeligen hellblauen Hemd, der unter dem Schutzhelm eine modische Brille trägt, stammt selbst aus Westchina. Geboren ist er in der alten Kaiserstadt Xi'an, wo einst die Seidenstraße ihren Ausgangspunkt nahm. Die Metropole ist heute neben Chengdu und Chongqing das wichtigste Sprungbrett zur Modernisierung der noch weiter westlich gelegenen Gebiete. „Das ist zwar mein Geburtsort, aber er wächst so schnell, dass ich mich dort kaum zurechtfinde", sagt Kun beim Fabrikrundgang. Er schafft es nur einmal im Jahr nach Hause, zur Urlaubszeit rund ums Frühlingsfest im Januar oder Februar. „Jedes Mal sieht die Stadt anders aus, und ich muss mit dem Navigationsgerät fahren, sonst finde ich die Straßen nicht." Europäer wären vermutlich empört, wenn ihnen so etwas an ihren Herkunftsorten widerführe. Sie würden den alten Häusern und Plätzen nachtrauern, Vertrautes vermissen, das ihnen jahrzehntelang Sicherheit und Geborgenheit, ja Heimat vermittelt hat. Viele Chinesen sehen das ganz anders, auch Kun Bai. Für sie bedeuten neue Gebäude, Straßen, Kanalisationen, Stromanschlüsse zunächst einmal Fortschritt. Schmale Gassen und Hofhäuser wirken auf Touristen malerisch, die engen Wohnbedingungen ohne Toiletten und Heizungen sind aber oft katastrophal. „Ich freue mich, dass es mit Xi'an aufwärts geht", sagt Kun. „Es kommen immer mehr Menschen, Fabriken, Arbeitsplätze dorthin. Das ist gut für die Leute aus den Dörfern, damit die auch etwas vom Aufschwung haben."

Die Ost- und Südküste, die der junge Mann ebenfalls gut kennt, findet er „ein bisserl ausgelaugt". Hingegen biete der große Nachholbedarf im Binnenland großartige Geschäftsmöglichkeiten, auch und gerade für Infrastruktur-Unternehmen wie Herrenknecht. „Xi'an, Chongqing, Kunming, Chengdu – das ist die Zukunft. So dynamisch wie hier wachsen die Städte im Osten schon lange nicht mehr." Konsequenterweise unterhält das Unternehmen auch Büros im zentralchinesischen Wuhan sowie in Kunming, der Hauptstadt der Nachbarprovinz Yunnan. Dorthin hat die Herrenknecht-Mannschaft aus Chengdu schon zwölf Maschinen geliefert. Interessant ist die Region für die Badener auch deshalb, weil es hier viele Gebirge gibt. Jede längere Überlandstraße, Eisenbahnlinie, Wasser- oder Gasleitung muss durch einen Berg hindurch, in Hügelmetropolen wie Chongqing gilt das auch innerstädtisch. Herrenknecht nutzt seine Basis in Sichuan sogar für den Export. Etwa ein Viertel des Umsatzes von 200 Millionen Euro im Jahr stammt aus dem Ausfuhrgeschäft. Die Lieferungen gehen nach Indien, Malaysia, Singapur und nach Südostasien, schließlich grenzen elf Länder direkt an Westchina. Mit der Südostasiatischen Staatengemeinschaft Asean unterhält die Volksrepublik seit 2010 ein Freihandelsabkommen. Allerdings schickt Herrenknecht von Chengdu aus nicht seine schweren Tunnelbohrer auf die Reisen, „sondern alles, was in Container passt", wie Kun klarmacht. Dazu gehören zum Beispiel Tunnelfahrzeuge zum Abtransport des Gerölls oder Separationsanlagen, um dieses anschließend zu trennen.

Mittelständler wie Herrenknecht, Brose oder Freudenberg bilden die Vorhut der deutschen Industrie in der Karawane Richtung Westchina. Wie schnell sich dieser immer mehr Pioniere anschließen, auch das hat Kun Bai in Xi'an und Chengdu erfahren. Als er 2007 das Werk übernahm, lag es allein auf weiter Flur. Die Straßen waren verlassen, die Nachbargrundstücke verwaist. Heute platzt das Industriegebiet aus allen Nähten, auf der achtspurig ausgebauten Trasse reihen sich Auto an Auto und Lastwagen an Lastwagen. Zum Glück hatte sich Herrenknecht genügend Platz gesichert, um 2012 eine neue Halle zu bauen. Seitdem ist das Werk genauso groß wie die Schwesterproduktion in Kanton. „Jetzt geht's in Westchina erst richtig los", sagt Kun und zeigt auf eine Brache neben der Halle. „Wir sind vorbereitet: Das ganze Gelände dahinten bis zum Zaun können wir noch für Erweiterungen nutzen."

8. Zusammenfassung: Die Schätze in Chinas Hinterland

Chinas Entwicklungsdynamik verschiebt sich immer weiter weg von den alten Wirtschaftshochburgen an den Küsten hin zu den neuen im Hinterland. Hier zahlt sich nicht zuletzt die üppige Förderpolitik aus, denn um Westchina auf Vordermann zu bringen, hat die Regierung viel Geld in die Hand genommen. Den Gesamtaufwand zu beziffern, ist ähnlich schwierig, wie in Deutschland die Kosten für den „Aufbau Ost" zu berechnen. Man kann aber annehmen, dass mindestens eine halbe Billion Euro in Ansiedlungen und Infrastrukturprogramme in Westchina geflossen sind. In Ostdeutschland sind die vergleichbaren Ausgaben, wenn man die alles überstrahlenden Sozialtransfers herausrechnet, ähnlich hoch, das Programm läuft dort aber auch schon zehn Jahre länger.

Die staatlichen Investitionen und die ihnen folgenden Ansiedlungen haben Westchina einen erheblichen Schub nach vorn versetzt. Die Wirtschaftsleistung bleibt zwar hinter dem Landesdurchschnitt zurück, aber sie wächst deutlich schneller. Das ist wichtig, um eines Tages die Konvergenz zu erreichen, d.h. die Angleichung an den Rest des Landes. Dieser Zeitpunkt liegt nicht mehr fern: Wenn man das schnellere Wachstum der vergangenen Jahre fortschreibt, dann dürfte das Hinterland den Rest Chinas etwa 2017 erreichen. Somit wäre der „Aufbau West“ nach 17 Jahren abgeschlossen. Das ist nur etwa die Hälfte der Spanne, die sich Deutschland für den „Aufbau Ost“ vorgenommen hat, doch ist dort die Konvergenz in weite Ferne gerückt.

Nicht nur über Transfers, auch aus eigener Kraft kann Binnenchina wachsen. In der Erde dieses Landesteils liegen abenteuerliche Mengen an Rohstoffen verborgen, Boden-Schätze im wahrsten Wortsinne. Wichtige konventionelle Energieträger und Mineralien, Öl, Gas, Kohle, Eisen, um nur einige zu nennen, aber auch weniger bekannte Reichtümer, etwa der Großteil der bisher für die Förderung erschlossenen Reserven an Seltenen Erden. Um Chinas Energiehunger zu stillen, werden die unkonventionellen Kraftquellen immer wichtiger. Nirgendwo stecken im Gestein mehr Schiefergasvorkommen fest als in China. Beim Schieferöl rangiert die Volksrepublik auf Rang drei.

Chinas „Wilder Westen“ kann mit weiteren verlockenden Standortvorteilen aufwarten. Angesichts der vielen Menschen und deren Nachholbedarf ist der Landstrich als gigantischer Markt interessant für Konsum- und Investitionsgüterhersteller gleichermaßen. Wer hier produzieren will, findet günstige Bedingungen vor. Es gibt Beihilfen, etwa in Form von Steuerabschlägen, vor allem aber sind die laufenden Kosten deutlich niedriger als an der Küste. Ungelernte Arbeiter erhalten 15% weniger Lohn als dort, bei den in Ost- und Südchina besonders raren qualifizierten Kräften sind die Unterschiede noch größer. Die Aufwendungen für die Land- und Energienutzung sind im Westen ebenfalls geringer, bei der Fabrikmiete kann der Unterschied bis zu 50% betragen.

Immer mehr Verarbeitungsbetriebe begeben sich deshalb auf den großen Treck nach Westen, dorthin wo die Märkte, Rohstoffe, Arbeitskräfte sind. Die meisten machen an einer Handvoll Orten halt, die beliebtesten Ziele sind Chengdu und Chongqing. Durch die hohen Investitionen (und die staatliche Hilfe) wächst die Wirtschaft dort schneller als in fast allen anderen Städten Chinas und der Welt. Chongqings Bruttoinlandsprodukt ist inzwischen größer als das von Neuseeland, das von Chengdu übersteigt den Wert in Ungarn.

Nach wie vor spielen alte Industrien eine große Rolle hier, etwa die Schwerindustrie. Aber es siedeln sich auch immer mehr moderne Autohersteller in Chengdu und Chongqing an, die viele Menschen beschäftigen, Technologien und Zulieferer anziehen und hohe Gewinne abwerfen. Darüber hinaus experimentieren die beiden Städte erfolgreich mit Zukunftsbranchen wie der Bio-, Medizin- und Halbleitertechnik, mit Software- und App-Entwicklungen sowie mit der Informations- und Unterhaltungselektronik. Einige der wichtigsten IT-Fertiger sitzen hier, so dass heute ein beachtlicher Teil von Computern, Smartphones und Prozessoren aus den beiden Metropolen stammt. Hilfreich ist dabei, dass ihre Technischen Hochschulen einen guten Ruf genießen und den Arbeitsmarkt jedes Jahr mit Zehntausenden Absolventen füttern. Hier zahlen sich die Bildungsoffensiven der Fünfjahrespläne aus, die besonderes Gewicht auf bessere Schul- und Universitätsangebote in Westchina legen. Der logistische Nachteil Westchinas, tief im Landesinnern zu liegen, erweist sich zunehmend als Vorteil. Leichte und wenig voluminöse Produkte zu vergleichsweise hohen Preisen, etwa Computerchips oder Tablet-Computer, lassen sich von den noch nicht überfüllten und kostengünstigen Flughäfen schnell in alle Welt verfrachten. Für größere Güter, die nach Europa gehen, bietet sich die Eisenbahn an, die von hieraus 1.000 Kilometer weniger zurücklegen muss als von der Küste.

Wichtig ist den Verantwortlichen in Westchina, dass sie das in die Jahre gekommene Erfolgsmodell der Ost- und Südküste nicht wiederholen, sondern einen neuen Weg der wirtschaftlichen Ausrichtung ausprobieren, der im Einklang mit den beabsichtigten Veränderungen für das ganze Land steht. Die Abhängigkeit von staatlichen Anlageninvestitionen, von Billigexporten und einfachen Massengütern soll einem Modell weichen, in dem der Binnenkonsum, die Dienstleistungen und eine höherer industrielle Wertschöpfung die bestimmenden Wachstumstreiber sind. Die Vorbilder dafür und zugleich die Experimentierfelder sind wiederum Chongqing und Chengdu.

Viele ausländische Investoren haben das schon erkannt, pumpen viel Geld ins Hinterland und sehen hier einer Fortsetzung des chinesischen Wirtschaftswunders entgegen. Die Deutschen hingegen tun sich mit Ansiedlungen noch schwer. Während in Sichuan und Chongqing 1.700 US-amerikanische Unternehmen ansässig sind, bringen es die Deutschen nur auf ein Zehntel dieser Summe. Spricht man mit den Pionieren deutscher Unternehmen, die trotzdem „tief im Westen" gelandet sind, so sind sie zumeist sehr zufrieden mit den Bedingungen dort. Als „First Mover" bestellen sie den Grund für die Nachfolger, manchmal auf sehr wörtliche Weise wie das Tunnelbohrunternehmen Herrenknecht, das von den enormen Investitionen in den Ausbau der U-Bahnen profitiert.

Deutsche Unternehmen haben nur selten zu den schnellsten gehört, die in Schwellenländern expandierten, weder in Afrika noch in Asien. Das hängt damit zusammen, dass viele von ihnen dem Mittelstand angehören, wo sich falsche Markt-, Investitions- und Produktentscheidungen bitter rächen können. Insofern sind die Deutschen nicht langsam, sondern vorsichtig, weil sie nichts überstürzen wollen. Je erfolgreicher und überzeugender sich Chinas Westen präsentiert, umso mehr Gesellschaften aus Bayern, Baden-Württemberg, Niedersachsen, NRW und aus anderen Teilen der Heimat werden den Weg hierher finden. Das ist das Schöne an Chinas unendlichen Weiten: Hier ist genügend Platz für jeden. Auf welche enormen Wanderungs- und Verdichtungsbewegungen sich das gesamte Land in Zukunft wird einstellen müssen und welche Chancen sich daraus ergeben, das sollen die folgenden Kapitel zeigen.

Chinas Urbanisierung: Selbst dreckige Stadtluft macht frei

1. Die Verstädterungsinitiative: Erwartungen und Widerstände

Jedes Jahr eine Metropole von der Größe Pekings

Chinas Zukunft liegt in Millionenstädten, deren Namen außerhalb des Landes kaum jemand kennt oder aussprechen kann. Orte wie Zhoukou, Nanyang, Shijiazhuang oder Zhengzhou haben mehr als zehn Millionen Einwohner, sind also alle größer als New York. Xuzhou, Heze, Shangqiu, Zhumadian und Yancheng bringen es auf mehr als acht Millionen, selbst Wuhu auf Platz 147 der größten Agglomerationen ist immer noch größer als Berlin. Es gibt sogar drei Megacitys mit mehr als zwanzig Millionen Bewohnern, Chongqing, Schanghai und Peking. Praktisch keine der hundert größten Städte ist Heimat von weniger als fünf Millionen Personen. Allein in den vergangenen zehn Jahren ist die Zahl der urbanen Zentren mit mehr als einer Million Einwohnern um 27 auf heute 274 angewachsen.[136] Diese so genannten bezirksfreien Städte (Chinesisch: Dijishi, Englisch: Prefecture Level Cities) umfassen auch die umliegenden ländlichen Gemeinden, so dass sie mit den Metropolen anderswo in der Welt nicht ohne Weiteres zu vergleichen sind. Aber selbst wenn man nur die Kernstädte berücksichtigt, liegen 42 von weltweit 307 Millionenstädten in China. Zum Vergleich: In der EU sind es gerade einmal 19, in den USA nur neun.[137] Andere Quellen nennen immer wieder die Zahl von heute 100 Millionenstädten in China, die bis 2030 auf 221 ansteigen werde.[138]

Die Dynamik der chinesischen Urbanisierung ist und bleibt ungeheuer. 2005 lebten rund 570 Millionen Chinesen in den Städten, 2011 gab es mit 691 Millionen erstmals in der langen Geschichte des Landes mehr Städter als Bauern (siehe Abbildung S. 129). 2025 könnte ihre Zahl 926 Millionen erreichen und 2030 dann die Marke von einer Milliarde übertreffen.[139] In den 1960er Jahren betrug die

Schutzhelme statt Strohhüte: Chinas Bauern strömen in die Städte

Stadt- und Landbewohner in China

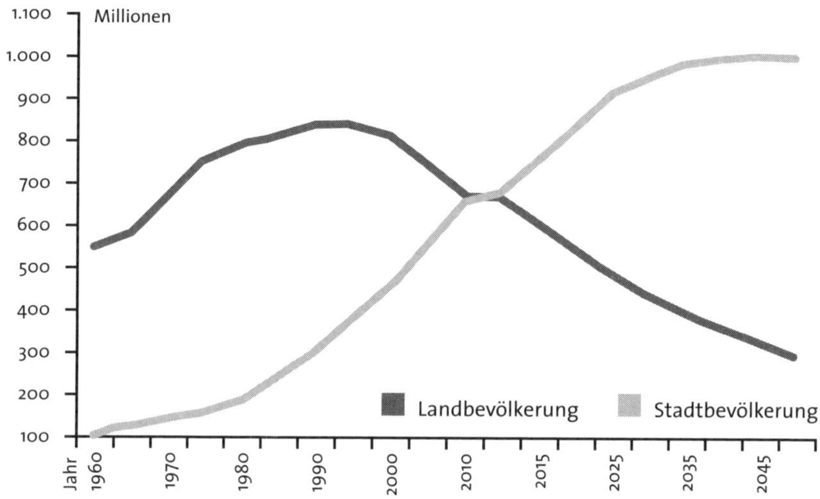

Verstädterungsquote

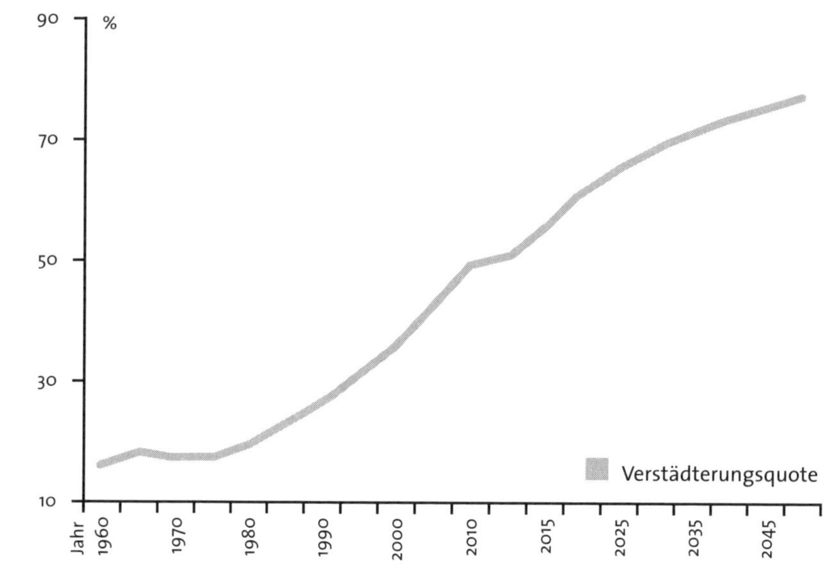

Quelle: Magnus / UBS, Urbanisation, S. 5.

Verstädterungsquote 17%, im Jahr 2000 waren es dann 35%, bis 2030 könnten es 70% werden (siehe Abbildung S. 129). Das bedeutet, dass sich bis dahin weitere 310 Millionen Menschen vom Land auf den Weg in die Städte machen werden, so viele wie in den Vereinigten Staaten leben.[140] Um sie unterzubringen, muss China insgesamt jedes Jahr eine Stadt von der Größe Pekings oder Schanghais für rund 20 Millionen Einwohnern bauen. Andere Berechnungen erwarten sogar einen Zuzug von 400 Millionen Personen innerhalb von zehn Jahren, also 40 Millionen pro Jahr.[141] „Die Geschwindigkeit und der Umfang dieser Migration sind ohne Beispiel in der menschlichen Geschichte" fasst Helen Clark das Phänomen zusammen, die ehemalige Premierministerin Neuseelands, die heute das Entwicklungsprogramm der Vereinten Nationen UNDP leitet. China habe seit Gründung der Volksrepublik 1949 nur 62 Jahre gebraucht, um von 11% Verstädterung auf mehr als 50% zu kommen. In Europa seien dafür 150 Jahre nötig gewesen, in Lateinamerika 210 Jahre.[142]

China steht mit dem Phänomen der Verstädterung nicht allein da, ist aber der herausragende Fall – sowohl historisch als auch in der Gegenwart. Die Beratungsgesellschaft McKinsey, welche die Herausbildung der 600 wichtigsten Großstädte der Welt bis 2025 untersucht hat, schreibt dazu:

„Die dramatischste Geschichte heutzutage und in den nächsten Jahren ist die Verschiebung der ökonomischen Schlagkraft von den Städten der entwickelten Welt in jene der aufstrebenden Märkte. (...) Es ist keine Übertreibung zu sagen, dass wir derzeit die bedeutsamste wirtschaftliche Transformation beobachten, die die Welt je gesehen hat. China erlebt eine Verstädterung, die hundertmal so umfangreich ist wie die Großbritanniens im 18. Jahrhundert und zehnmal so schnell verläuft. Eine Konsequenz davon ist, dass sich das Gleichgewicht auf der Erde, das Gravitätszentrum der Weltwirtschaft, zurück nach Asien bewegt, und das mit einer nie zuvor gesehenen Geschwindigkeit."[143]

Rund 440 der 600 dynamischsten Städte auf dem Planeten liegen in Schwellen- und Entwicklungsländern. Den Berechnungen zufolge werden sie zwischen 2010 und 2025 etwa 47% zum globalen Wirtschaftswachstum beitragen. China dominiert diese Gruppe unangefochten: Es steuert 242 Großstädte bei und dürfte im genannten Zeitraum 28% des gesamten Weltwachstums aufbringen. Allein sechs der 20 wichtigsten Städte der Zukunft, der Megalopolen, werden sich in China befinden.

Li Keqiang und seine „neue Urbanisierung“

Die 2013 ins Amt gekommene neue Regierung in Peking verleiht der Infrastruktur- und Urbanisierungskampagne zusätzlichen Schwung. Die Angelegenheit gehört zu den Lieblingsthemen des Ministerpräsidenten Li Keqiang, der den Fünfjahresplan noch als Vize-Regierungschef mitverfasst und eine wirtschaftswissenschaftliche Doktorarbeit zum Thema Verstädterung geschrieben hat. Li zufolge hat „die Urbanisierung das größte Potential, um die Binnennachfrage zu steigern“.[144] Obwohl die städtische Bevölkerung mittlerweile größer sei als die ländliche, hinke China nicht nur den entwickelten Volkswirtschaften hinterher (80% Verstädterung), sondern auch einigen Schwellenländern mit ähnlichem Durchschnittseinkommen wie die Volksrepublik.

Um die Relevanz und Modernität des Themas zu veranschaulichen, spricht Li Keqiang von einer „neuen Urbanisierung“ und verweist gern darauf, dass die amerikanische Hightechindustrie und die chinesische Verstädterung „die Zwillingsmotoren der Weltwirtschaft des 21. Jahrhunderts“ seien. Städter gäben im Durchschnitt fast viermal so viel Geld aus wie die Landbevölkerung, rechnet der Volkswirt vor, jeder Bauer, der in die Stadt ziehe, steigere den Binnenkonsum um 10.000 Yuan im Jahr (1.200 Euro). Erhöhe man den Urbanisierungsgrad um nur einen Prozentpunkt, bedeute das in China einen Zuzug von zehn Millionen Menschen und eine zusätzliche Kaufkraft von 12 Milliarden Euro im Jahr. Trotz des riesigen Heeres an Wanderarbeitern, so Li Keqiang weiter, „verbleibt in den Dörfern ein gigantischer Pool ungenutzter Arbeitskräfte“. Das bestätigen die Berechnungen der Investmentbank Morgan Stanley. Ihnen zufolge braucht China 200 Millionen Bauern, um die Landwirtschaft ohne Produktivitätssteigerungen aufrecht zu erhalten. Tatsächlich umfasse die Gruppe der Arbeitsfähigen auf dem Land aber 510 Millionen Menschen. Die überzähligen 310 Millionen müssten auf dem Land entweder nicht-agrarisch eingesetzt werden – was schwer fällt –, oder sie könnten in die Städte ziehen.[145]

Schon lange versucht China, dieses Potential besser als bisher zu nutzen, jetzt aber will Peking die Sache endlich richtig angehen, wie die Partei auf dem Dritten Plenum im November 2013 bekräftigt hat. Vorgesehen ist ein detaillierter Entwicklungsplan bis 2020, der Urbanisierungsmittel von 5 Billionen Euro umfassen soll.[146] Das federführende Planungsministerium NDRC strebt an, die Zahl der Metropolregionen auf 20 zu verdoppeln. In den bisherigen zehn – darunter befinden sich die Industriehochburgen Peking-Tianjin-Hebei, das Jangtsedelta um Schanghai, das Perlflussdelta um Kanton, die Shandong-Halbinsel oder das Gebiet Harbin-Changchun in der Mandschurei – leben etwa 40 % der Bevölkerung auf nur 10 % der chinesischen Landfläche. Sie erwirtschaften aber 68 % der gesamten Wirtschaftsleistung des Landes, was die überdurchschnittliche Potenz der urbanen Großräume veranschaulicht. Partei und Regierung geht es bei den Zukunftsplänen weniger um einen weiteren Zuzug in die Megacitys, die jetzt schon als übervölkert gelten, sondern um die Ertüchtigung und Vernetzung „kleinerer" Millionenstädte, damit diese die nächsthöhere quantitative und qualitative Stufe erreichen sollen.[147]

Hier treffen zwei entscheidende Entwicklungen aufeinander: die zunehmende Verstädterung sowie der Aufbau einer neuen Mittelklasse, die für den Binnenkonsum besonders wichtig ist. Diese jungen kaufkräftigen Schichten, die an anderer Stelle dieses Buches genauer untersucht werden, wachsen überproportional stark in den noch nicht gesättigten Märkten heran, vor allem in Westchina. Damit sind Städte „zweiter und dritter Ordnung" gemeint, d. h. solche urbane Zentren, deren Wirtschaftsleistung 2010 mindestens 22 Milliarden Yuan im Jahr betrug, nach heutigem Kurs etwa 2,6 Milliarden Euro. Zu den Orten erster Ordnung gehören Peking, Schanghai, Kanton und Shenzhen, weil ihr Bruttoinlandsprodukt wenigstens 110 Milliarden Euro im Jahr erreicht.[148] Nach Berechnungen von McKinsey lebten 2002 noch 40 % der Oberen Mittelklasse in diesen „Tier-1-Cities". Zwanzig Jahre später aber könnten es nur noch 16 % sein. Hingegen werde die Bedeutung der „Tier-2-" und „Tier-3-Cities" von 58 auf 86 % zunehmen.

„Das Wachstum der Mittelklasse wird in den kleineren Großstädten des Nordens und Westens viel stärker sein", schreiben die Fachleute von McKinsey.[149] Hätten 2002 erst 13 % der konsumorientierten und konsumfähigen Gruppen im Binnenland gewohnt, werde sich die Quote bis 2022 auf 39 % verdreifachen. Auch Orte vierter Ordnung dürften vom Ausbau der Infrastruktur, von der Vernetzung und Urbanisierung in Westchina profitieren, wie das Beispiel der Stadt Wuwei in Gansu zeigt. Sie liegt in der neuen „Regionalen Entwicklungszone Jinchang-Wuwei" auf der Kreuzung zweier ausgebauter Bahnlinien und vieler Fernstraßen. 2000 zählten erst 1.000 der 87.000 Familien zur Mittelschicht. 2022, wenn sich die Stadt auf 650.000 Haushalte mehr als versiebenfacht haben wird, dürften 390.000 Familien in diese Klasse aufgestiegen sein, also 60 % statt zuvor 1,2 % der dortigen Gesamtbevölkerung.

Wiederum deckt sich das mit Beobachtungen anderswo in der Welt, aber wiederum ist das Phänomen nirgendwo so ausgeprägt wie in China. Erwartungsgemäß werden 2025 in aller Welt rund 2,6 Milliarden Städter zur „Klasse der Konsumenten“ gehören, d.h. jeden Tag mehr als 10 Dollar oder 7,40 Euro ausgeben können. 600 Millionen davon werden aus Schwellenländern neu hinzugekommen sein, vor allem aus der Volksrepublik. Starke Erhöhungen gibt es nicht nur im Einstiegssegment, also beim Erwerb einfacher Güter, sondern auch bei den hohen Haushaltseinkommen mit mehr als 52.000 Euro im Jahr oder 140 am Tag. Bis 2025 wird sich die Zahl solcher Familien in den Großstädten der Schwellenländer auf 60 Millionen verdreifachen. Mit mehr als elf Millionen Haushalten stellt China abermals den Löwenanteil.[150] All das bedeutet, dass die riesige Konsumwelle, die in den vergangenen Jahrzehnten bereits Ostchina nach oben gespült hat, immer weiter ins Land hineinschwappt und auch hier dafür sorgen wird, dass es großen Teilen der (urbanen) Bevölkerungsschichten in Zukunft immer besser gehen wird. Davon werden nicht nur sie selbst profitieren, sondern auch die Hersteller und Händler von Gütern aller Art, egal, ob es sich um Beton, Stahl, Maschinen oder um Verbrauchsprodukte handelt.

Hemmschuh Hukou: Wanderarbeiter als Städter zweiter Klasse

Doch hinter diesen Hoffnungen auf das Städte- und Konsumwachstum stehen manche Fragezeichen, nicht zuletzt wegen des restriktiven Meldewesens in China, des sogenannten Hukou-Systems (siehe Kasten S. 136). Gut ein Drittel der Stadtbewohner sind Wanderarbeiter, ebenso der Großteil derer, die noch zuziehen sollen und auf denen deshalb die genannten Wachstumshoffnungen ruhen. Obgleich sie in den urbanen Zentren wohnen und arbeiten, zählen die ehemaligen Bauern noch lange nicht zu den vollwertigen Städtern oder städtischen Verbrauchern. Weil sie von ihren Familien getrennt leben und von bestimmten städtischen Leistungen ausgeschlossen sind, senden sie Geld nach Hause in ihre Heimatdörfer und sparen für härtere Zeiten. Der erfahrene China-Kenner und „Welt“-Korrespondent Johnny Erling bemerkt dazu treffend: „Die Millionen Bauernarbeiter, die an den Rändern der Städte wohnen, sind nicht einmal Bürger zweiter Klasse, sondern nur Zugewanderte mit Bleiberechtspapieren. Sie haben keinen Anspruch auf 65 Stadtprivilegien, die vom Recht auf Schulbesuch bis zur Krankenversicherung reichen (...).“[151]

Die neue Regierung ist sich dieser Ungerechtigkeit durchaus bewusst. Der Vorsitzende des Planungsministeriums NDRC, Xu Shaoshi, kritisiert recht ungeschminkt: „Mehr als 200 Millionen Wanderarbeiter und die sie begleitenden Familienmitglieder, die in den Statistiken zur Stadtbevölkerung auftauchen, haben nicht den gleichen Zugang wie die registrierte Einwohnerschaft zu den grundlegenden öffentlichen Angeboten in der Bildung, in der Beschäftigung, in der medizinischen Versorgung, in der Rente, bei bezahlbarem Wohnraum und auf anderen Gebieten."[152] Dem NDRC zufolge erhielten zwischen 2010 und 2012 rund 25 Millionen Bauern einen urbanen „Hukou", 8,4 Millionen im Jahr. Das entspricht nur der Hälfte des gesamten Zuzugs in die Städte in jenen Jahren, bedeutet also, dass ein großer Teil der Wanderarbeiter nach wie vor ohne Stadtrechte bleibt.[153]

Xus Chef, Ministerpräsident Li Keqiang, schreibt dazu: „Diese Angelegenheit verursacht Konflikte und Schwierigkeiten, sie ist jedoch auch die Quelle unseres größten Potentials: Wenn wir unsere Anstrengungen erhöhen, dieses ‚zweistufige Klassensystem' abzuschaffen, wird das helfen, die Stadt-Land-Entwicklung neu auszubalancieren, gesellschaftliche Spannungen zu lösen und bisher ungenutzte Möglichkeiten für die Binnennachfrage freizusetzen."[154] Um diesen Missstand zu ändern, ist nach Lis Verständnis gleichsam eine Urbanisierung innerhalb der Urbanisierung nötig, eine zweite Welle der Integration ehemals ländlicher Familien in die Städte. Sobald man die Wanderarbeiter zu vollwertigen Mitgliedern der Stadtgemeinden aufwertet, so das Kalkül, lässt sich ihre Konsumfreude wecken.

Eine solche Reform der Haushaltsregistrierung hat sich die Regierung seit langem vorgenommen und nimmt sie sich gemäß dem Dritten Plenum auch jetzt wieder vor. Aber die Vorstöße sind bisher immer gescheitert. Die Widerstände gehen vor allem von den Stadtverwaltungen aus, die mit dem jetzigen System gut leben können: Die Zugereisten treiben mit ihrer Arbeitskraft den Wohlstand der Städte voran, nehmen aber selbst kaum Leistungen in Anspruch. Der Journalist Erling zitiert in diesem Zusammenhang den Demografen und Vizegouverneur der Provinz Hubei, Gu Shengzu, mit der Berechnung, dass es 100.000 Yuan oder 12.000 Euro kosten würde, um aus einem Zuwanderer einen echten Stadtbürger mit allen sozialen Ansprüchen zu machen. Abweichende Angaben sprechen von wenigstens 50.000 Yuan je Person, aber auch das wären noch 6.000 Euro.[155]

Folgt man Gu Shengzu und nimmt zehn Millionen Zuzüge im Jahr an – ein eher konservatives Ziel der kommenden Urbanisierungsperiode – sind also 122 Milliarden Euro nötig. Andere Berechnungen kommen auf fast 490 Milliarden Euro im Jahr.[156] Das Entwicklungsprogramm der Vereinten Nationen UNDP hat für die kommenden 20 Jahre einen Bedarf von 41,6 Billionen Yuan kalkuliert, der nötig sei, um die Wanderarbeiter vollständig zu integrieren, etwa 80% der gesamten Wirtschaftsleistung Chinas von 2012. Fast die Hälfte der Summe müsste dafür genutzt werden, den Zuzüglern vergleichbare Rentenansprüche wie den angestammten Einwohnern zu bieten.[157] Pro Jahr betragen die Kosten umgerechnet 260 Milliarden Euro. Egal ob es 122, 260 oder gar 490 Milliarden Euro sind: Das ist enorm viel Geld für die chinesischen Kommunen, die oft heillos überschuldet sind. Nicht zuletzt deshalb hat sich die Zentralregierung an die Spitze der Reformbemühungen gesetzt. Peking will den Prozess steuern und ist auch bereit, wesentliche Teile der Kosten zu schultern. In dem entsprechenden NDRC-Bericht heißt es dazu:

„Wir sollten die Beschränkungen durch das Hukou-System in Städten und kleineren Großstädten vollständig abschaffen. In mittel-großen Großstädten sollten die Restriktionen geordnet verschwinden, in den großen Großstädten muss das Hukou-System graduell geöffnet werden. In den Mega-Citys sollen vernünftige Bedingungen dazu geschaffen werden, dass berechtigte Wanderarbeiter schrittweise einen permanenten Wohnsitz erhalten können."[158]

Dass die Hukou-Reformen bisher immer ins Leere liefen, hing auch damit zusammen, dass die Städte ein Wachstum um jeden Preis betrieben haben. Den Verantwortlichen in der Verwaltung und der Partei ging es oft nicht um die Verbesserung der Lebens- und Arbeitsbedingungen, sondern um die Steigerung der städtischen Einnahmen (durch Landverkäufe), des Bruttoinlandsprodukts (durch Betoninvestitionen), des Prestiges (durch Protzbauten) und nicht zuletzt auch des persönlichen Reichtums (durch Korruption).

Planungsminister Xu Shaoshi bemängelt denn auch offen die „geringe Qualität der bisherigen Urbanisierung". So verkauften die Städte – die auf diese Einnahmen angewiesen sind – vorschnell Landnutzungsrechte für neue Siedlungsgebiete. Einige urbane Zentren breiteten sich „wie Pfannkuchen" aus, mit breiten Straßen, Plätzen und Satellitenstädten, die häufig niemand nutze. Dadurch werde unnötig Ackerland vernichtet, was die Versorgungssicherheit mit Lebensmitteln gefährde. „Einige Großstädte werden vom Verkehrskollaps geplagt, von der schlechter werdenden Luft- und Wasserqualität und vom maroden Zustand der Gebäude", warnte der chinesische Chefplaner. Dennoch zeigte sich auch Xu vom „neuen Urbanisierungspfad chinesischer Prägung“ überzeugt: „Die Verstädterung ist der einzige Weg zur Modernisierung.“[159]

Wie einst Jesus in Bethlehem: Die Mühsal des Hukou-Systems

„Es begab sich aber zu der Zeit, dass ein Gebot von dem Kaiser Augustus ausging, dass alle Welt geschätzt würde“, schreibt der Evangelist Lukas über die Geburt Jesu. „Und jedermann ging, dass er sich schätzen ließe, ein jeder in seine Stadt.“ Maria muss mit ihrem Mann nach Bethlehem reisen, da Josef aus dem dort ansässigen „Hause und Geschlechte Davids war“. Was dann geschah, feiern die Christen als das Weihnachtsfest. Hinter der Frohen Botschaft tritt die Zählung der römischen Steuerpflichtigen berechtigter Weise in den Hintergrund: Nirgendwo erwähnt die Bibel, ob sich das Paar mit dem besonderen Neugeborenen wirklich erfassen ließ.

Die Chinesen von heute kennen die Mühen der administrativen Reisen in ihre Heimatorte. In der Volksrepublik gilt ein kompliziertes Einwohnermeldesystem, „Huji“ oder „Hukou“ genannt, das stark an die biblischen Zeiten erinnert. Für jeden wichtigen Behördengang müssen die Bewohner an den Ort zurückkehren, wo sie, zumeist seit ihrer Geburt, registriert sind. Das gilt vor allem für die rund 260 Millionen Wanderarbeiter. Offiziell gemeldet sind sie in ihren Dörfern im Inland, wirtschaftlich aktiv aber werden sie oft viele hundert Kilometer entfernt in den Industriehochburgen der Küsten. Deshalb leben mittlerweile mehr als die Hälfte der Chinesen in Städten, doch nur 35% haben einen urbanen „Hukou“ und genießen somit alle Rechte der Städter.[160] Den Wohnsitz offiziell zu wechseln, ist den wenigsten vergönnt und ohne Geldzahlung oder Fürsprache höherer Stellen – etwa der Staatskonzerne – fast unmöglich.

Die 27 Jahre alte He Meihua etwa stammt aus der Landprovinz Anhui. Sie arbeitet aber im mehr als 1.100 Kilometer nördlich gelegenen Peking als Haushaltshilfe, weil sie dort doppelt so viel verdient. Eigentlich kommt sie nur zweimal im Jahr in ihr Dorf zurück: zum chinesischen Neujahrsfest und rund um den Nationalfeiertag am 1. Oktober. „Aber immer wenn etwas Wichtiges auf dem Amt zu erledigen ist, müssen wir nach Hause", sagt sie und meint damit sich und ihren Mann, der in Peking auf dem Bau arbeitet. Das war bei ihrer Hochzeit so, bei der Beantragung zur Geburt ihres Kindes – dazu bedarf es in China einer Erlaubnis – und ebenso bei der Ausstellung der Geburtsurkunde.[161]

Auch wenn der Ausweis ausläuft, wenn sie einen Reisepass oder ein Visum beantragen oder wenn sie von ihrem eingeschränkten Wahlrecht Gebrauch machen wollen – immer dann müssen sie die lange Reise von Peking auf sich nehmen. Ihre fünfjährige Tochter wohnt bei den Großeltern in Anhui und wird dort bleiben. Das auch deshalb, weil Kinder von Wanderarbeitern in Peking nur mit Mühe eingeschult werden können.

Es gibt für sie zwar spezielle Schulen, die aber haben einen schlechten Ruf. Normale öffentliche Anstalten lassen nur eine begrenzte Zahl zugezogener Kinder zu oder nehmen Extragebühren für die Aufnahme. Spätestens wenn die Schüler das „Gaokao" genannte Eintrittsexamen für Universitäten ablegen wollen, das chinesische Abitur, müssen sie an eine Schule in ihrer Heimat zurückkehren. In der Stadt werden sie nicht zugelassen, was sie diskriminiert, denn mit den Abschlüssen aus den Metropolen ist es einfacher, zu den guten Hochschulen zugelassen zu werden. Die liegen zumeist ebenfalls in diesen Weltstädten. Nicht nur die Kinder, auch die Eltern werden benachteiligt. Anders als Pekinger Bürger mit geringem Einkommen haben Zugereiste wie He und ihr Mann keinen Anspruch auf verbilligte Sozialwohnungen. Und sollten sie einst auf die Wohlfahrt angewiesen sein, könnten sie in der Stadt, in der sie arbeiten, keine Sozialhilfe beziehen.

Neben moralischen Bedenken sprechen auch handfeste wirtschaftliche Gründe gegen das Hukou-System. Es erschwert die Freizügigkeit von Arbeitskräften, senkt deren Produktivität und verringert den Konsum, weil die Betroffenen in Ermangelung sozialer Sicherheit selbst vorsorgen müssen. Auch belastet es die Infrastruktur und erhöht die Transaktionskosten. Die Reisewelle zum chinesischen Neujahrsfest ist alljährlich die größte Migrationsbewegung der Welt. „Das Hukou-System ist aus der Zeit und muss reformiert werden", sagt Tao Ran, Professor für Volkswirtschaft an der Renmin-Universität in Peking. „Zumindest solche Wanderarbeiter, die schon länger in den Städten leben und ordentlich verdienen, sollten wir dort auch registrieren." Tao erinnert daran, dass die Zuzugsbegrenzungen aus den fünfziger Jahren stammen, als die Landwirtschaft aufrechterhalten werden musste, es in den Städten nicht genügend Arbeit gab und daher urbane Verelendung drohte. Doch seitdem hat sich die Lage grundlegend gewandelt. Durch Flächenzusammenlegung, bessere Anbaumethoden und Automatisierung hat die agrarische Effizienz zugenommen. Gleichzeitig sind in den Industriezentren im Perlfluss- oder Jangtsedelta weiterhin die Arbeitskräfte knapp.

Freilich gibt es viele Wanderarbeiter, die ihren ländlichen Hukou gar nicht gegen einen städtischen tauschen wollen. Denn an der dörflichen Registrierung hängen der Besitz des Bauernhauses und das Nutzungsrecht für Grund und Boden.

Gleich auf seiner ersten programmatischen Pressekonferenz als Ministerpräsident im März 2013 sicherte Li Keqiang den Wanderarbeitern zumutbare Lebensbedingungen zu. Die Regierung plane, jedes Jahr zehn Millionen Familien aus städtischen Elendsvierteln in Sozialwohnungen umzusiedeln. „Wir müssen eine urbane Malaise verhindern, eine Situation, wo Hochhäuser neben Barackensiedlungen existieren", sagte Li. „Das wichtigste ist, dass der neue Typ der Verstädterung Hand in Hand geht mit einer landwirtschaftlichen Modernisierung. (...) Das kann die Bauern bereichern und der ganzen Nation zum Nutzen dienen." Bei seinen Reisen hätten ihm viele Leute vom Lande gesagt, es sei ihr Traum, so zu leben wie die Städter. „Jetzt öffnet die Urbanisierung die Tür dazu, diesen Traum wahr werden zu lassen", versprach der Ministerpräsident.[162]

Die Pläne sind nicht frei von Widersprüchen. Denn einerseits wünscht die Regierung die Öffnung des Hukou-Systems und letztlich die volle Freizügigkeit für alle Chinesen ohne amtliche Gängelung. Andererseits aber will sie die Entwicklung in alter paternalistisch-dirigistischer Weise steuern. So sagte Li Keqiang auf derselben Pressekonferenz, die neue Herangehensweise bedeute nicht, wuchernde Citys zu errichten, sondern erfordere einen koordinierten Ausbau verschieden großer Städte. Dazu müssten die Behörden in den unterschiedlichen Landesteilen die Verstädterung „im Rahmen ihrer eigenen Möglichkeiten vorantreiben" – letztlich also doch wieder entscheiden, ob und wie viele Zugereiste sie unterbringen wollen.[163] Etwas anderes kommt hinzu. Die Ausbaupläne für die städtische Infrastruktur unterminieren gleich zwei Ansinnen der neuen Führung: die Kommunen nicht länger finanziell zu überfordern sowie die staatlichen Ausgaben für Stahl und Beton zurückzufahren, damit das Wirtschaftswachstum weniger abhängig von den Anlageninvestitionen wird. Hier herrscht unübersehbar ein Zielkonflikt in der geplanten Strukturreform, wie auch George Magnus von der Investmentbank UBS in einer kritischen Würdigung der Urbanisierungspläne schreibt:

„Neue Städte und Großstädte zu bauen, hat per se einen kurzfristigen positiven Einfluss auf das Bruttoinlandsprodukt. Mit Blick auf die chinesischen Verhältnisse würde aber dieser von Investitionen und Krediten getriebene Stimulus den wirtschaftlichen Umbau unterspülen. Er würde die Übertreibungen in der Infrastruktur und in der Immobilienbranche noch unterstreichen, die Schuldenlast erhöhen und die Gefahr heraufbeschwören, dass das Wirtschaftswachstum abrupter als ohnehin schon unterbrochen wird."[164]

Skeptiker wie Magnus legen den Finger in die Wunde, wenn sie sagen, dass die Urbanisierung Folge wirtschaftlichen Aufschwungs sei und nicht umgekehrt. „Länder wachsen nicht, weil sie verstädtern, sondern sie verstädtern, weil sie wachsen", sagt auch der Finanzwissenschaftler Michael Pettis.[165] Er ist Professor an der Peking-Universität und einer der bekanntesten Warner vor ausufernden Infrastrukturausgaben und einer daraus resultierenden Überschuldung der öffentlichen Hand. Zu Recht weist Pettis darauf hin, dass die Urbanisierung zunächst Kosten bedeutet, Kapitalkosten und Arbeitskosten, die an anderer Stelle wieder eingespielt werden müssen, zuvörderst durch Steuern. Diese Belastung lässt die Steuerzahler weniger konsumieren und investieren. Letztlich sei die „gemachte Verstädterung" daher ein Nullsummenspiel. Die Hoffnung, durch sie Wachstum zu erzielen, könnte sich – wie Pettis argumentiert – als „Urbanization Fallacy" herausstellen, als Urbanisierungs-Trugschluss.

Anders sieht es allerdings aus, das gestehen auch die Wissenschaftler zu, wenn die Ertüchtigung der Städte zur Ansiedlung moderner Industrien und Schaffung leistungsfähigerer Arbeitsplätze führt: „Es ist nicht der Akt des Bauens all dieser Dinge, der Wohlstand und echtes, langanhaltendes Wachstum bewirkt. Nur wenn das Bauen all dieser Dinge die allgemeine Produktivität so steigert, dass sie die Kapital- und Arbeitskosten für das Bauen übertrifft, nur dann wird die Gesellschaft reicher." Der Hinweis ist von zentraler Bedeutung, und natürlich kennt auch Chinas Führung diese Zweifel. Es sei an die bildhafte Mahnung von Planungsminister Xu Shaoshi erinnert, Chinas Städte dürften nicht länger Zement und Asphalt wie Pfannkuchenteig ausgießen.

Jeder in China hat die abschreckenden Beispiele überflüssiger städtischer Investitionen vor Augen, die auch als „weiße Elefanten" bezeichnet werden. Der bekannteste Fall ist der neue Teil der Stadt Ordos in der Inneren Mongolei, der Kangbashi heißt. Das alte Ordos – Dongsheng – hat selbst schon fast zwei Millionen Einwohner. Die prestigehungrige Stadtverwaltung wollte in der 35 Kilometer entfernt liegenden Retortenstadt aber noch einmal eine Million Bewohner unterbringen. Verpflichtet und befähigt dazu fühlte sie sich durch das schnelle wirtschaftliche Wachstum der Region, nachdem dort eines der größten Kohlevorkommen Chinas entdeckt worden war. Mit dem vielen Geld errichteten die Verantwortlichen gigantische Wohnblocks, Plätze, Straßenzüge, die Bewohner aber blieben aus. Selbst der um die Hälfte reduzierte Ausbau für 500.000 Einwohner ließ sich nicht mit Leben füllen, so dass die englische Rundfunkanstalt BBC und andere „New Ordos" zur „größten Geisterstadt Chinas" ausriefen.[166]

Ein anderer riesengroßer weißer Elefant ist die New South China Mall in Dongguan östlich von Kanton, das größte Einkaufszentrum der Welt. Auf den 600.000 Quadratmetern Bruttofläche lassen sich 2.350 Geschäfte unterbringen. Damit bietet der Riesenbau zehnmal so viel Platz wie das Kaufhaus des Westens (KaDeWe) in Berlin, Deutschlands größter Konsumtempel. Aber seit der Eröffnung 2005 stehen mehr als 90% des südchinesischen Gebäudes leer.[167] Ähnliches gilt für viele Flughäfen, die im Zuge des Konjunkturprogramms seit 2009 gebaut oder erweitert worden sind, um am Ort Wachstum und Beschäftigung zu schaffen. Nach Zahlen der Luftfahrtbehörde CAAC weist mehr als die Hälfte von Chinas 180 Flugplätzen weniger als zwölf Starts und Landungen am Tag auf, ein Viertel erreicht nicht einmal sechs Bewegungen. Mehr als 130 Flughäfen schreiben operativ Verluste, das sind fast drei Viertel aller Anlagen.[168]

2. Der wirtschaftliche Schub durch die Urbanisierung

Kein anderes Land investiert mehr Geld in die Infrastruktur

Trotz berechtigter Zweifel an der Wirtschaftlichkeit ist der Modernisierungsschub durch die Urbanisierung immens. Bereits in der zurückliegenden Regierungsperiode von 2008 bis 2013 sind Abermilliarden in den Ausbau der Infrastruktur und der Städte geflossen. Während Deutschland die Eröffnung des Hauptstadtflughafens BER in Berlin wegen technischer Defekte immer wieder verschieben musste, entstanden in China 31 Flughäfen, also sechs im Jahr – nicht alle, wie gesagt, werden auch genutzt. Bis zu den Olympischen Spielen 2008 hatte China im Eisenbahnverkehr keine einzige Hochgeschwindigkeitsstrecke. Am Ende der Fünfjahresperiode verfügte das Land mit fast 9.000 Kilometern über das längste Netz der Welt mit den schnellsten Linienverbindungen. Die Länge der Autobahnen hat sich in derselben Zeit auf 96.000 Kilometer annähernd verdoppelt.[169] Bis heute steckt China 8,5% seines Bruttoinlandsprodukts in Verkehrswege und in weitere Infrastrukturvorhaben, doppelt so viel wie Indien, aber auch mehr als jede andere bedeutende Region einschließlich der USA und der EU.

Die Ausbaupläne für die Zukunft sind noch ehrgeiziger als in der Vergangenheit und werden in erster Linie den rückständigen Landesteilen zugutekommen. Vorerst bleiben die Städte entlang der Küste wohlhabender als der Rest der Volksrepublik, prognostiziert die Beratungsgesellschaft McKinsey. „In Zukunft aber werden die Gebiete im Inland mit stärkeren Wachstumsraten einen zunehmenden Teil der Infrastrukturausgaben erhalten."[170] Die Völkerwanderung in die Städte erfordert eine enorme Ertüchtigung der Verkehrsinfrastruktur. Bis 2020 ist in den großen und kleinen Städten den Landes der Bau von 70 Flughäfen vorgesehen, so dass vier Fünftel aller Chinesen in höchstens anderthalb Stunden Autofahrt Zugang zum Luftverkehr erhalten; einige Quellen sprechen sogar von 100 neuen Landeplätzen in nur zehn Jahren.[171] Darunter sind spektakuläre Vorhaben in Westchina. Der neue Flughafen in Kunming, der Hauptstadt der Provinz Yunnan, ist nach nur drei Jahren Bauzeit bereits in Betrieb. Dafür haben die Chinesen sogar Berge versetzt: Die Arbeiter trugen fast 100 Höhenmeter einer Hügelkette ab und schütteten die Erde anderswo wieder auf. Aus dem Stand wurde der Platz mit 24 Millionen Passagieren im Jahr der siebtgrößte in China. 2020 will man 38 Millionen Reisende abfertigen.

Noch größer wird der Flughafen im Autonomen Kreis Ninglang der Yi-Minderheit in Yunnan. 2020 soll er 45 Millionen Passagieren im Jahr zur Verfügung stehen. Damit würde er, nach heutigen Maßstäben, zu den 20 größten Airports der Welt gehören und den zweitgrößten deutschen Platz in München mühelos in den Schatten stellen. Technisch überaus anspruchsvoll ist der Bau des höchstgelegenen Zivilflughafens der Welt in Tibet. Das Projekt in 4.436 Metern Höhe ist in Nagqu rund 300 Kilometer nördlich von Lhasa geplant. Die Eröffnung könnte 2014 erfolgen. China überholt sich mit dem Gipfelstürmer gewissermaßen selbst. Der bisherige Rekordhalter ist der Flughafen Daocheng-Yading im gleichnamigen autonomen tibetischen Kreis im Hochland von Sichuan auf 4.411 Metern. Die Nummer drei heißt Bamda und liegt auf 4.334 Metern ebenfalls in Tibet. Wegen des geringen Luftdrucks und des niedrigen Sauerstoffgehalts in der Höhe, der längere Rollwege erfordert, müssen die Start- und Landebahnen besonders lang sein, in Bamda etwa misst die Piste mehr als fünf Kilometer.

Das wirtschaftlich wichtigste Projekt ist der Bau des neuen Flughafens in Peking. Der bestehende Airport – der zweitgrößte der Welt – hat trotz Eröffnung des dritten Terminals 2008 seine Kapazitätsgrenzen erreicht und muss entlastet werden. Im Januar 2013 entschied deshalb der Staatsrat, dass im Bezirk Daxing ein zweiter internationaler Hauptstadtflughafen zu bauen sei. Während der bisherige im Nordosten liegt, entsteht der neue rund 50 Kilometer südlich des Zentrums. Damit sollen zum einen die ärmeren Teile Pekings aufgewertet und zum anderen die Provinzen Hebei und die Hafenmetropole Tianjin besser mit Peking vernetzt werden. Der Beijing Daxing International Airport soll 2018 eröffnen, der Beginn der Bauarbeiten ist für 2014 vorgesehen. Der Flughafen wird mindestens 8 Milliarden Euro kosten und soll 2025 rund 70 Millionen Reisende bedienen. Das Areal umfasst rund 27 Quadratkilometer, was etwa der Fläche Macaos entspricht. In der Endausbaustufe könnte die Anlage über acht Start- und Landebahnen verfügen und bis zu 130 Millionen Passagiere im Jahr abfertigen.[172] Das würde sie zum betriebsamsten Airport der Welt vor Atlanta machen.

Ähnliche Riesenambitionen zeigt China zu Wasser. Während Deutschland mit viel Brimborium seinen Tiefwasserhafen Jade-Weser-Port eröffnet hat, bauen die Asiaten an einer zehnmal so großen Anlage. In Qingdao, der ehemaligen deutschen Kolonie

Tsingtau 600 Kilometer südöstlich von Peking, entsteht der größte Hafen der Welt. Eine neue Ausbaustufe soll bis 2020 rund 30 Millionen Standardcontainer (TEU) im Jahr umschlagen – zusätzlich zu den schon vorhandenen 14,5 Millionen TEU. Die gesamte Güterabfertigung möchte man auf mindestens 700 Millionen Tonnen verdoppeln.[173] Demgegenüber verfügt das neue Gelände in Wilhelmshaven über eine Kapazität von nur 2,7 Millionen TEU, selbst die größten deutschen Häfen, Hamburg und Bremen/Bremerhaven, haben 2012 zusammen nur 15 Millionen TEU gelöscht. Schon jetzt rangiert Qingdao auf Platz acht der größten Häfen. Die Liste des World Shipping Council führt Schanghai mit 33 Millionen TEU an, vor Singapur, Hongkong und Shenzhen. Von den zehn Spitzenreitern kommen sieben aus China.[174]

Selbst das Hinterland der Volksrepublik setzt auf Wasserstraßen. In Chongqing ist der erste chinesische Freihafen abseits der Küsten entstanden, in Wuhan wird für umgerechnet 20 Milliarden Euro ein neuer Binnenhafen mit einer Güterkapazität von 200 Millionen Tonnen gebaut. Selbst wenn der Export in Zukunft weniger flott wachsen sollte, erfordert doch der steigende Wohlstand im Inland immer größere Umschlagkapazitäten. In der ganzen Welt dürfte sich das Container-Aufkommen bis 2025 mehr als verdreifachen, dazu sind 21 neue Häfen von der Größe des Spitzenreiters Schanghai nötig. Für den Ausbau werden Investitionen von schätzungsweise 150 Milliarden Euro benötigt, mehr als ein Drittel davon in China.

Die Expansion der chinesischen Straßen und Schienenwege geht ebenfalls unvermindert weiter. Erwartet wird, dass für den Ausbau bis 2030 rund 12 Billionen Euro nötig sind. Der Aufholbedarf ist immens, was langfristige, andauernde Wachstumsperspektiven verspricht. So umfasst Chinas Straßennetz trotz der großen Anstrengungen der vergangenen zehn Jahre, in denen es sich verdoppelt hat, kaum 6 % der gesamten Streckenlänge in der Welt. Gemäß dem Bevölkerungsanteil müsste es mindestens dreimal so lang sein.[175] Ebenfalls kolossal sind die Anstrengungen bei der Eisenbahn. Im laufenden Fünfjahresplan bis 2015 planen die Verantwortlichen 8.700 Kilometer neue Hochgeschwindigkeitstrassen – fast eine Verdopplung des bisherigen Netzes. Die gesamte Streckenlänge der Bahn soll von 91.000 auf 120.000 Kilometer wachsen, also in nur fünf Jahren um mehr als 30 % zulegen. Noch wesentlich stärker ist der Anstieg in Westchina mit 36.000 auf 50.000 Kilometer.[176] Um einen Eindruck von den neuen modernen Verkehrswegen zu gewinnen, besteigen wir jetzt am Pekinger Südbahnhof den Hochgeschwindigkeitszug zu Chinas wichtigster Wirtschaftsmetropole: „Eine Fahrkarte nach Schanghai, bitte!“

China ist uneinholbar – auch auf der Schiene

Die Zeit vergeht wie im Flug, und das mitten auf der Erde. Schon die erste Lautsprecherdurchsage im Hochgeschwindigkeitszug zwischen Peking und Schanghai vermittelt ein eindrucksvolles Gefühl von Schnelligkeit. „Nächste Station Nanking-Süd“, säuselt eine Frauenstimme auf Chinesisch und Englisch. Peking und Nanking liegen mehr als 900 Kilometer auseinander. Das wäre so, als wenn der Schaffner in Hamburg als nächsten Halt München ausriefe – und der Zug keine dreieinhalb Stunden später dort einträfe.

Bereits wenige Kilometer nach der Abfahrt am Südbahnhof in Peking zeigt die Fließtextanzeige am Abteildurchgang eine Geschwindigkeit von 304 km/h an. Dörfer und Städte sausen ohne Stopp vorbei, darunter Millionenmetropolen wie Tianjin. Bald tauchen die ersten Reisfelder auf, ein Fischer mit ausladendem Strohhut stochert einen Kahn über einen Tümpel. China-neu rast an China-alt uneinholbar vorbei. Dank des Expresszuges schrumpft die Reisezeit zwischen Peking und Schanghai, den beiden wichtigsten Metropolen des Landes, von zehn auf weniger als fünf Stunden zusammen. Die Entfernung beträgt mehr als 1.300 Kilometer. Das Flugzeug braucht dafür zwei Stunden, ist aber oft verspätet, so dass die Flugreise nicht selten viel länger dauert.

Nach nur drei Jahren Bauzeit, Projektkosten von 27 Milliarden Euro und zwei Millionen Kilometern Testbetrieb nahm die Verbindung im Juni 2011 den Linienverkehr auf. Anders als bei vielen öffentlichen Vorhaben in Europa ging die Strecke Monate vor dem ursprünglich geplanten Termin in Betrieb. Dennoch lief vieles schief. Der Eisenbahnminister Liu Zhijun und sein Chefingenieur für die Superschnellzüge mussten wegen des Verdachts der Bestechlichkeit ihren Hut nehmen. Liu hatte angeblich 8 Millionen Euro an Schmiergeld angenommen. Daraufhin wurde der „Vater der Hochgeschwindigkeitszüge“ aus der Kommunistischen Partei ausgeschlossen und sogar auf Bewährung zum Tod verurteilt. Sein völlig überschuldetes Ministerium stutzte die neue Regierung zusammen.

Viel mehr noch als diese Skandale setzte ein schwerer Unfall dem Ruf der Superbahnen zu. Im Juli 2011, nur einen Monat nach der

Jungfernfahrt zwischen Peking und Schanghai, stießen nach einer Signalstörung zwei Züge in der Nähe der Ostküstenstadt Wenzhou zusammen. 40 Personen starben, mehr als 200 wurden verletzt. Daraufhin drosselten die Verantwortlichen vorübergehend die Höchstgeschwindigkeit von 350 auf 300 km/h, senkten die Fahrpreise und verzögerten den weiteren Ausbau des Netzes; die Anbindung nach Hongkong etwa, die eigentlich für 2012 geplant war. Dennoch sah das Jahr einen weiteren Superlativ der Bahngeschichte. Zum 119. Geburtstag von Mao Tse-tung am 26. Dezember 2012 eröffnete die längste Expressverbindung der Welt zwischen Peking und Kanton (Guangzhou) in Südchina. Seither legen die Züge die Distanz von rund 2.300 Kilometern in etwa acht Stunden zurück. Das entspricht einschließlich der Bahnhofsaufenthalte einer Durchschnittsgeschwindigkeit von 290 km/h.

Die rasanten Gefährte, wie sie auch zwischen Peking und Schanghai zum Einsatz kommen, ähneln auffällig stark dem deutschen ICE. Vom Notfallhammer über die Gepäckablage bis hin zu den rot-grünen Knöpfen zum Türöffnen fühlt man sich sogleich zu Hause. Das gilt auch für das typische Piepsen beim Türenschließen. Die Bordküche mit Tresen und Speisewagen, die Toiletten, das gläserne Kabuff für den Zugführer – all das sieht sehr nach ICE aus. Der Hersteller weist das von sich – und auch wieder nicht. Der Zug vom Typ CRH 380 BL sei eine Eigenentwicklung, profitiere aber von den Kooperationen mit ausländischen Anbietern, sagt Wu Kechao von der Tangshan Railway Vehicle Corporation, die zu Chinas Eisenbahnriesen CNR gehört. 90 % der Teile und des Know-hows stammten aus China, der Rest aus dem Ausland. „Siemens zum Beispiel ist ein sehr guter Partner."[177] Die Deutschen haben 2008 für die Olympischen Spiele Chinas erste Hochgeschwindigkeitszüge für die Strecke Peking–Tianjin in einem Gemeinschaftsunternehmen gebaut. Eine ähnliche Zusammenarbeit gab es mit japanischen und kanadischen Zugproduzenten.

Der größte Unterschied zum ICE ist die Ausstattung der Abteile. In der vermeintlich kommunistischen Version in China herrscht eine deutliche Klassengesellschaft. In der „Economy Class" bestehen die Reihen aus fünf Sitzen, getrennt durch den Mittelgang. Die Klapptischchen über den Zeitungsnetzen im Vordersitz oder der geringe Neigewinkel der Rückenlehnen erinnern an die zweite Klasse in Deutschland. In der „First Class" stehen nur noch vier Sitze nebeneinander. Die Beinfreiheit ist groß, gemütliche Sitze laden zum Ruhen ein, über einen Kopfhöreranschluss lässt sich das Videoprogramm auf den Deckenmonitoren verfolgen. Wer in der besten Klasse unterwegs ist, die hier „Business Class" heißt, hat einen eigenen Bildschirm in der Armlehne, der breite Sitz lässt sich elektrisch in die Horizontale bringen wie ein Bett.

In Deutschland wäre solcher Komfort unerschwinglich, in China ist er etwa so teuer wie ein reguläres Economy-Flugticket. Unbezahlbar hingegen ist ein Lächeln der Stewardessen in den adretten blauen Uniformen. Sie heißen die Fahrgäste schon beim Einstieg willkommen und servieren ihnen Getränke und einfache warme Speisen – mit Stäbchen natürlich. Die scheue Wang Xi hat sich für den Job qualifiziert, weil sie die Anforderung erfüllte, zwischen 1,67 und 1,72 Meter groß und schlank zu sein, und das Auswahlverfahren bestanden hat. Sie versteht sogar etwas Englisch. Sie setze alles daran, dass der Service besser sei als im Flugzeug, verspricht sie. Dann aber bittet sie um Entschuldigung, demnächst treffe der Zug in Nanking ein, da sei noch viel zu tun. Nanking? Jetzt schon? Tatsächlich rauscht der Zug schon bald über eine gewaltige Jangtse-Brücke auf den nagelneuen blitzsauberen Bahnhof zu. Im Weggehen sagt Wang Xi noch: „Ich bin sehr stolz auf den Zug." Dazu hat sie – trotz mancher Widrigkeiten – allen Grund.

400.000 neue Aufzüge: Chancen für Lieferanten und Architekten

Geradezu monumental muten Chinas Vorhaben zur Errichtung von Wohn- und Geschäftsgebäuden an. Zwischen 2010 und 2025 sind in der ganzen Welt Neu- und Ersatzbauten mit einer Grundfläche von 80.000 Quadratkilometern geplant. Fast 40 % werden in China entstehen, das entspricht etwa der Größe Belgiens. Weit mehr als die Hälfte davon ist neuer Wohnraum. In der Zeit zwischen 2005 und 2025 ist die Errichtung von bis zu 50.000 Wolkenkratzern mit mehr als 30 Stockwerken vorgesehen, also 2.500 im Jahr. Das ist nicht weniger als der zehnfache Bestand von New York City. Die Bauindustrie profitiert von all diesen Anstrengungen enorm. In die Errichtung und Renovierung der Gebäude fließen, grob überschlagen, knapp 1,5 Billionen Euro im Jahr. Für die öffentliche Infrastruktur sind noch einmal 370 Milliarden nötig; 2001 waren es in diesem Feld erst 86 Milliarden Euro. Die Zahl der dort beteiligten Unternehmen hat von 45.000 auf 71.000 zugenommen, fünf der zehn größten Baukonzerne der Welt sind mittlerweile chinesisch.[178]

Für ausländische Immobilienkonzerne und Architekturbüros, egal ob sie aus Deutschland, Österreich, der Schweiz oder aus anderen Industrienationen stammen, bieten sich in dieser Aufbruchstimmung ungeahnte Möglichkeiten, jedenfalls theoretisch. So haben die Berater von McKinsey die Errichtung von Geschäftsgebäuden als einen der fünf wichtigsten Wirtschaftszweige identifiziert, die von der Urbanisierung profitieren werden. Planungs-, Entwicklungs- und Baugesellschaften sollten neben den USA vor allem China in den Blick nehmen, raten die Experten, da acht der zehn aussichtsreichsten Städte dort liegen.[179] Die staatlichen Ausschreibungen sind gigantisch. Das Volumen der öffentlichen Aufträge beträgt in China Schätzungen zufolge zwischen 12 und 20% des Bruttoinlandsprodukts, also bis zu 1,3 Billionen Euro im Jahr.

Angesichts dieser gewaltigen Summe sind die USA und Europa gleichermaßen bemüht, die neuen Chancen für ihre Unternehmen in China auszuloten und zugleich die Regierungszusammenarbeit in Fragen der Verstädterung zu intensivieren. So stand das Gipfeltreffen der Europäischen Union (EU) mit China Ende November 2013 ganz im Zeichen der Urbanisierung. Allerdings ist es viel schwieriger, bei den Ausschreibungen zum Zuge zu kommen, als es die Empfehlungen der Politiker, Berater und die nackten Zahlen nahelegen. Nach Angaben des Hauptverbands der Deutschen Bauindustrie erwirtschafteten seine Mitgliedsunternehmen 2012 in China gerade einmal 17 Millionen Euro Umsatz. Der Anteil der Volksrepublik am gesamten Auslandsgeschäft macht kaum 0,1% aus.[180] Schuld an der Auftragsschwäche sind nicht zuletzt die Intransparenz des Marktes und andere Zugangsbeschränkungen. Es sei, schreibt die deutsche Gesellschaft für Außenwirtschaftsförderung Gtai, „für ausländische Baufirmen in China nahezu unmöglich, Ausschreibungen zu gewinnen".[181]

Besser läuft es für Lieferanten und Ausrüster von großen Bauprojekten. Von den 650.000 neuen Fahrstuhlanlagen, die jedes Jahr auf der Welt installiert werden, kommen 400.000 in China zum Einsatz. Das ist ein gefundenes Fressen für Thyssen Krupp Elevator, auf dessen Aufzüge, Rolltreppen und rollende Bürgersteige (Fahrsteige) man in chinesischen Gebäuden allerorten stößt. Nach Angaben des Unternehmens hat sich der Markt in den vergangenen zehn Jahren mehr als verzehnfacht. Allein 2012 hat Thyssen Krupp 100 Bahnhöfe mit 250 Liften und 650 Rolltreppen ausgestattet. Im größten unterirdischen Kopfbahnhof der Welt in Hongkong, wo eine neue Hochgeschwindigkeitsstrecke nach Peking beginnen soll, stehen den

Passagieren 73 deutsche Rolltreppen und acht Fahrsteige zur Verfügung. Im World Financial Center in Schanghai, einem der höchsten Wolkenkratzer Asiens, rasen die schnellsten Doppeldecker-Aufzüge der Welt dem Himmel entgegen, ebenfalls produziert und eingebaut von den Essenern. Die Fahrstühle sausen das 492 Meter hohe Gebäude, das wie ein überdimensionaler Flaschenöffner aussieht, mit zehn Metern in der Sekunde (36 km/h) hinauf und hinunter. Thyssen Krupp Elevator unterhält in China – einem sehr umkämpften Markt mit 400 Herstellern – 50 Niederlassungen und ein Aufzugwerk, ein zweites ist im Bau.

In Chinas Bauboom entstehen auch interessante Nischenmärkte für ausländische Unternehmen, etwa auf den vielen neuen Flughäfen: Siemens liefert Gepäckbänder, das Allgäuer Unternehmen Goldhofer setzt immer mehr Flugzeugschlepper ab, der Mittelständler Contrac aus Wiesbaden verkauft die Passagierbusse, die zwischen Flugzeug und Terminal verkehren.[182] Mit ihrem Modell Cobus sind die Hessen sogar Weltmarktführer.[183] Ausländische Architekten kommen in China ebenfalls zum Zug. Es gibt eine Reihe namhafter Vorzeigebauten aus dem deutschsprachigen Raum, allen voran das Pekinger Olympiastadion „Vogelnest“ des Basler Unternehmens Herzog und de Meuron.[184] Das Büro Albert Speer und Partner (AS&P) aus Frankfurt hat auf 50 Quadratkilometern eine ganze Stadt bei Schanghai gebaut, Anting-Neustadt für 50.000 Bewohner. Wegen des dortigen VW-Werks heißt die Siedlung auch Deutsche Stadt. Eine weitere Autostadt entsteht mit Hilfe der Frankfurter am VW- und Audi-Standort Changchun in der Mandschurei. In diesem „Detroit des Nordens“ (AS&P) sollen auf 120 Quadratkilometern 300.000 Menschen unterkommen. Auf noch einmal 60 Quadratkilometern in Changchun plant AS&P eine „Ökostadt“ für 500.000 Menschen.

Noch ehrgeiziger ist das Projekt der Konkurrenten Gerkan, Marg und Partner (gmp). An der Zufahrt zu Schanghais Tiefwasserhafen Yangshan, der zur neuen internationalen Freihandelszone gehört, errichten die Hamburger die Retortenstadt Lingang für nicht weniger als 800.000 Einwohner. 2020 soll sie fertig sein. Nach Selbsteinschätzung der Architekten stellt die Satellitenstadt „neben Chandigarh, Brasilia und Canberra die einzige Stadtneugründung dieser Größenordnung während der letzten hundert Jahre dar“.[185] Nötig ist sie geworden, weil sich Schanghais maritime Expansion auf den neuen Hafen in Yangshan konzentriert. Damit ihn auch die mächtigsten Schiffe anlaufen können, ist er mitten ins Meer hineingebaut worden. Vom Festland führt eine fast 33 Kilometer lange Straßenbrücke dorthin, schnurstracks über die offene See.

Wegen des schwachen Einwohnerzustroms sind die Retortenstädte Anting und Lingang in Anlehnung an das erwähnte Neu-Ordos als „Geisterstädte" verspottet worden.[186] Für die Architekten aber zahlen sie sich dann aus, wenn die Unternehmen in China weiterempfohlen werden und längerfristig ins Geschäft kommen. Gmp habe in China jahrelang rote Zahlen geschrieben, berichtet die „Süddeutsche Zeitung", jetzt aber rolle der Rubel: Die Hanseaten könnten sich drei Dependancen in China leisten und erhielten immer mehr Zuschläge, der wichtigste war jener für den Umbau des prestigeträchtigen Nationalmuseums direkt am Platz des Himmlischen Friedens, Tiananmen, in Peking.[187] Nach Angaben des Netzwerks Architekturexport (NAX) der Bundesarchitektenkammer unterhalten inzwischen mehr als ein Dutzend großer deutscher Büros eine Präsenz in China. Die wichtigsten neben gmp und Speer seien KSP, graft und Henn. „Deutsche Architekten sind außerhalb Europas nur selten zu finden. Ihre Präsenz in China ist daher eher ungewöhnlich", schreibt NAX zu den wachsenden Chancen im Reich der Mitte.[188] Zaghaft wagen sich die ausländischen Baufachleute auch nach Westchina vor. In Chongqing hat gmp auf 100.000 Quadratmetern Bruttogeschossfläche eine der größten Veranstaltungshallen des Landes geschaffen, das Grand Theatre. Das schiffartige Gebäude, das auf einer Landzunge oberhalb des Jangtse thront, bietet in seinem Opernhaus 1.750 Besuchern Platz und im Theater weiteren 800.

So beeindruckend der Bau- und Verkehrsboom auch ist, er hat doch im wahrsten Wortsinn eine schmutzige Seite. Kaum ein anders Land leidet so stark unter Luft- und Umweltverpestung wie China. Der folgende Abschnitt macht jedoch Mut: Falls das Land im Ressourcenschutz und in der Ökologie wie beabsichtigt umsteuert, dient das nicht nur der Natur und den Menschen, sondern auch der Wirtschaft.

3. Chinas „Green Economy“: Wie man aus Dreck Geld macht

Die Kehrseite der Medaille: 1,2 Millionen Umwelttote

Die Luftverschmutzung in Chinas Großstädten ist hochgefährlich, manchmal auf sehr indirekte Weise. So habe ich mir ihretwegen das Handgelenk gebrochen. Doch der Reihe nach: Es ist der 12. Januar 2013. Seit Tagen hat die Luftbelastung in Peking Höchststände erreicht. Die Messstation auf dem Gelände der amerikanischen Botschaft meldet immer neue Rekorde, heute ist es besonders schlimm. Eigentlich reicht die Skala für den Luftqualitäts-Index (AQI) nur bis 500. Er berücksichtigt erdnahes Ozon, Feinstäube, Kohlenmonoxid, Schwefeldioxid und Stickstoffdioxid. Die Spanne von 300 bis 500 bezeichnen die Amerikaner als „Hazardous“, „Gefährlich“. Jetzt sind die Werte doppelt so hoch! Dafür gibt es keine internationale Klassifikation mehr, den Umweltwächtern fehlen sozusagen die Worte über so viel Dreck in der Luft. Im vergangenen Jahr führte ein vorwitziger Mitarbeiter in der US-Botschaft eine eigene Kategorie ein, „Crazy Bad“, „Irre schlecht“. Aber diese recht zutreffende Anzeige verschwand schnell wieder. Zeitweilig hieß es dann „Beyond the Index“, „Außerhalb des Indexes“, mittlerweile wurde „Hazardous“ einfach ausgeweitet. Die Skala ist jetzt, wie man das von anderen Katastrophen wie Erdbeben kennt, „nach oben offen.“

Unterhalb von „Gefährlich“ heißen die Stufen „Sehr gesundheitsschädlich“ (ab einem Wert von 201), „Gesundheitsschädlich“ (ab 151), „Gesundheitsschädlich für empfindliche Gruppen“ (ab 101), „Gemäßigt“ (ab 51) und darunter „Gut“. Wie es um die Luft bestellt ist, erfahren die Pekinger jeden Morgen über ihre Smartphone-Apps. In der Deutschen Schule und im Kindergarten informieren spezielle Tafeln über die Belastung. Wenn der AQI den Wert 200 übersteigt, findet der Sportunterricht nur noch unter Einschränkungen statt. Ab einer Belastung von 300 dürfen die Kinder nicht mehr ins Freie. Besonders tückisch sind die Feinstäube, je kleiner umso gemeiner. Teilchen, deren Durchmesser weniger als 2,5 Mikrometer betragen, heißen nach einer international gültigen Definition der amerikanischen Umweltschutzbehörde (EPA) „Particulate Matters 2.5“ (PM 2,5). Diese „Feinst-Stäube“ werden vom Körper nur unzureichend gefiltert, sind lungengängig und können deshalb schwere Erkrankungen bis hin zu Herzinfarkten und Lungenkrebs verursachen.[189]

Eine Studie der Weltgesundheitsorganisation WHO fand heraus, dass die urbane PM-2,5-Belastung für 3% aller tödlichen Herzlungenleiden auf der Welt verantwortlich ist. 5% aller Todesfälle nach Krebserkrankungen der Luftröhre, Bronchien und Lungen gehen auf das Konto dieser Feinst-Stäube. Sie sind zudem schuld am Tod jedes hundertsten Kindes unter fünf Jahren, das an einer akuten Atemwegsinfektion stirbt. Zwei Drittel der Fälle treten in Asien auf.[190] Die 2012 veröffentliche Untersuchung „Global Burden of Disease" ergänzte, dass 2010 in China wegen der Luftverpestung 1,2 Millionen Menschen vorzeitig starben, fast 40% der Umwelttoten in jenem Jahr auf der ganzen Welt. Nur Fehlernährung, Bluthochdruck und das Rauchen bringen in China mehr Menschen um als die Feinstäube.[191] Die Umweltschutzorganisation Greenpeace veröffentlichte im selben Jahr eine Studie, wonach die Minipartikel PM 2,5 jedes Jahr 8.600 Tote in Peking, Schanghai, Kanton und Xi'an auf dem Gewissen haben. Die Wissenschaftler wählten diese Städte aus, um den Norden, Osten, Süden und Westen des Landes zu berücksichtigen; als am schlimmsten verschmutzt erwies sich Xi'an.[192]

Der Schaden an der Umwelt lässt sich auch finanziell beziffern. Im Jahr 2010 hat das chinesische Umweltministerium die Belastungen für die Wirtschaft und für die Ökosysteme des Landes auf 1,5 Billionen Yuan beziffert, nach heutigem Kurs 180 Milliarden Euro. Das waren 3,5% des BIP jenes Jahres.[193] In einer gemeinsam mit der Weltbank erstellten Studie kam das Ministerium an anderer Stelle sogar auf gesundheitsbedingte Kosten von 4,3% des BIP, ausgelöst vor allem durch die Luft- und Wasserverschmutzung. Zählt man die nicht gesundheitsrelevanten Auswirkungen hinzu, sind es 5,8% des BIP.[194] Bezogen auf 2012 kostet die Umweltverschmutzung China also rund 360 Milliarden Euro. Das bedeutet, dass die Verpestung der Natur jedes Jahr die gesamten Wirtschaftsleistung eines Landes wie Belgien oder Argentinien zunichtemacht.

In den erwähnten smogtrüben Tagen im Januar 2013 und auch häufig danach sind die PM-2,5-Werte auf bedenkliche Höhen geschossen, in der Hauptstadt und anderswo. Insgesamt waren in 17 Provinzen rund 600 Millionen Menschen den Partikeln ausgesetzt, mehr als in ganz Europa leben. Die Amerikaner maßen in Peking bis zu 900 Mikrogramm je Kubikmeter ($\mu g/m^3$), selbst die chinesischen Behörden gaben zu, dass an einigen Tagen mehr als 700 $\mu g/m^3$, erreicht wurden. In Shijiazhuang, der Hauptstadt der Nachbarprovinz Hebei, stellten sie einen Spitzenwert von 1.000 $\mu g/m^3$ fest. Zur

Einordnung: Die Weltgesundheitsorganisation WHO empfiehlt, sich nicht einer Belastung von mehr als 25 µg/m³ im Tagesdurchschnitt auszusetzen. Aufs Jahr gerechnet dürften es nicht mehr als 10 µg/m³ sein. In Amerika hat die EPA einen Grenzwert von durchschnittlich 35 µg/m³ am Tag und 15 µg/m³ im Jahr festgelegt. In Peking kann man über diese Ratschläge nur gequält lächeln, solche Traumwerte herrschen hier so gut wie nie.

Wegen der schlechten Luft leben die Menschen in Nordchina fünf Jahre kürzer als im Süden

Wer früher stirbt, ist länger tot – und hat vermutlich in China zu viel geatmet. Das geht aus einer Studie hervor, die erstmals die langfristigen Gesundheitsschäden der Luftverschmutzung auf eine wissenschaftliche Grundlage stellt. Das Ergebnis: In Nordchina, wo mehr Kohle verbrannt wird, leben die Menschen im Schnitt fünf Jahre kürzer als im Süden. Eine wirkliche Kausalität zwischen hoher Feinstaubbelastung und hoher Mortalität kann zwar auch diese Untersuchung nicht belegen. Aber die Korrelationen sind so frappierend, dass wohl etwas dran sein wird an dem schon lange vermuteten Zusammenhang.[195]

Rechne man die bis in die 1990er Jahre gewonnenen Erkenntnisse auf die Gegenwart hoch, so verlören die rund 500 Millionen Nordchinesen in Zukunft 2,5 Milliarden Lebensjahre, heißt es in einer vom Massachusetts Institute of Technology (MIT) veröffentlichten Untersuchung. „Wir können jetzt mit mehr Überzeugung sagen, dass es die Lebenserwartung dramatisch verkürzt, wenn man der Umweltverschmutzung längerfristig ausgesetzt ist, vor allem dem Feinstaub“, sagte der federführende MIT-Professor für Umweltwirtschaft, Michael Greenstone, bei der Vorstellung der Ergebnisse. An der Studie waren auch zwei chinesische und ein israelischer Wissenschaftler beteiligt.

Die Autoren haben für ihre Arbeit die offiziellen chinesischen Luftwerte von 1981 bis 2000 herangezogen sowie die Sterbestatistiken seit 1991. Sie können zeigen, dass die Feinstaubbelastung in Nordchina im Durchschnitt um 55 % über jener im Süden liegt. Gleichzeitig ist auch die Mortalität wegen Herz- und Atemwegserkrankungen signifikant höher, und zwar in allen Altersgruppen. Ein Neugeborenes in Nordchina hat je 100 µg/m³, die es regelmäßig mehr einatmen muss als ein Baby im Süden, im Vergleich zu diesem eine verkürzte Lebenserwartung um drei Jahre.

Mindestens ebenso interessant wie das Resultat des MIT-Papiers ist sein Zustandekommen. Die Wissenschaftler haben zwei repräsentative Gruppen miteinander vergleichen können, wie es sonst nur in gruseligen Menschenversuchen möglich gewesen wäre: die eine wurde jahrzehntelang dem Dreck ausgesetzt, die andere nicht. In der ersten Gruppe treten deshalb die tödlichen Herz- und Atemwegserkrankungen signifikant häufiger auf. Möglich wurde die Gegenüberstellung durch willkürliche Bestimmungen aus der Mao-Zeit, die zum Teil bis heute fortwirken. Damals wurde festgesetzt, dass oberhalb des Huai-Flusses im Winter geheizt werden durfte, unterhalb hingegen nicht. Den Familien im Norden stellte die Regierung dafür unentgeltlich Kohle zur Verfügung. Bis heute gibt es im Süden, wo es tendenziell wärmer ist, kaum Kohle- oder Gasheizungen. Der Huai-Strom verläuft zwischen dem Gelben Fluss und dem Jangtse rund 250 Kilometer oberhalb von Schanghai und 950 Kilometer unterhalb von Peking.

Die Forscher nun untersuchten die Gebiete unmittelbar dies- und jenseits der künstlich gezogenen Wetter- und Subventionsscheide. Eigentlich unterscheiden sich die Gegenden in nichts voneinander: Klima, Vegetation, Wirtschaft, Verwaltung, Bevölkerung, soziale Schichtung, Einkommen, Ernährung, Grundwasser – so gut wie alles ist identisch. Auch die gasförmigen Luftbelastungen, etwa durch Schwefeldioxid und Stickstoffoxid, treten gleich häufig auf, weil sie hin- und hergeblasen werden. Das gilt aber nicht für die schwerer beweglichen Feinstäube aus der Kohleverbrennung. Deshalb müssen wohl sie den Ausschlag für die Krankheitshäufigkeit geben.

Noch eine weitere Besonderheit aus der Mao-Epoche half den Wissenschaftlern. Damals wurde das Hukou-System eingeführt, die bereits erwähnte Zwangsregistrierung der Haushalte, die bis heute gilt. Sie legt fest, dass ein Wechsel des Wohnorts – der meist auch Geburtsort ist – nur sehr schwer möglich ist. Damit wollte der Staat die Landflucht aufhalten, die Bauern an ihre Schollen binden und der Slumbildung in den Städten vorbeugen. Für die Studie bedeutete das, dass die Mobilität der Untersuchten gering war. Wer nördlich des Huai lebte, blieb dort auch, atmete die schlechte Luft ein – und erkrankte oftmals.

So makaber es klingt: Für die Forschung erwiesen sich diese bis in die Gegenwart andauernden Auswüchse von Autoritarismus und Willkür als positiv. Die Autoren nennen die Gegebenheiten einen „quasi-experimentellen Ansatz". Natürlich habe die Regierung die Menschen nicht bewusst den Schadstoffen aussetzen wollen, sagt Studienleiter Greenstone. „Das war die unbeabsichtigte Folge einer Politik, die (damals) recht vernünftig ausgesehen haben muss." Unter anderen Umständen aber, das gibt Greenstone zu, wäre man nie an derlei aussagekräftige Daten gekommen. „Wir werden, Gott sei Dank, niemals eine randomisierte kontrollierte Untersuchung haben, wo wir einige Leute über ihr ganzes Leben hinweg einer größeren Umweltverschmutzung aussetzen und andere einer geringeren."[196]

Aber genau das ist bis 1980 und vermutlich auch darüber hinaus an beiden Ufern des Huai-Flusses passiert. Wenn Wissenschaft und Politik aus den so gewonnenen Ergebnissen jetzt die richtigen Lehren ziehen und die unerträgliche Luftbelastung in China verringern helfen – dann war der vorzeitige Tod vieler tausend Menschen nicht ganz vergeblich.

Zurück zum 12. Januar 2013, einem Samstag, als der Dreckpegel auf ungekannte Höhen klettert. Wie die Kinder beschäftigen und toben lassen, ohne ins Freie zu gehen, fragen wir uns? Einen Ausweg bietet das klimatisierte Eisstadion in einem nahegelegenen Einkaufszentrum. Vater dreht großspurig einige schnelle Runden auf den Schlittschuhen, um dem Rest der Familie die Scheu vor der Glätte zu nehmen – stürzt und bricht sich die Hand. Natürlich ist er nicht selbst schuld daran, sondern die Luftverschmutzung, die ihn so weit getrieben hat. Im Krankenhaus ist es voll, Knochenbrüche aus den Skigebieten im Norden und von den vereisten Straßen, aber vor allem wegen der vielen Atemwegserkrankungen. „Die Leute husten, sind schlapp, haben tränende Augen", sagt ein übermüdeter Arzt. „In dieser Ballung habe ich das noch nie erlebt."

Die Verpestung in Chinas Großstädten ist Folge einer exzessiven, einer falschen Urbanisierung. Wenn so viele Menschen, Kraftwerke, Fabriken, Heizöfen, Autos und Lkw zusammenkommen wie in

Peking, dann muss die Umweltbelastung entschlossen bekämpft werden: durch Filter, durch bessere Energieträger, bessere Kraftstoffe und Reifen, durch geringeren Verbrauch, durch den Ausbau des öffentlichen Nahverkehrs, durch effizientere Heizungen und Dämmungen. Wenn das nicht ausreicht durch Werksverlagerungen, Fahrverbote, drastische Verteuerung der Mobilitäts-, Energie-, Wasser-, Abfall-, Produktionskosten. Lange haben die chinesischen Verantwortlichen das Thema als lästig beiseitegeschoben. Die AQI-Veröffentlichungen der US-Botschaft wurden im Internet blockiert, man warf, wie so oft, den Ausländern Verleumdung und Einmischung in die inneren Angelegenheiten vor. Die Vertuschung ging so weit, dass ein Weltbank-Bericht zensiert wurde, der die Zahl der chinesischen Todesopfer durch Luftverschmutzung auf 350.000 bis 400.000 im Jahr bezifferte. Hinzu kämen 300.000 Tote wegen schlechter Innenraumbelüftung, hieß es in der ursprünglichen Version des dann um fast ein Drittel gekürzten Reports „Cost of Pollution in China“. Die unzensierte Fassung ist nie erschienen.[197]

Doch in dem schlimmen Winter 2013 konnten die Machthaber nicht länger die Augen vor der Dramatik verschließen, denn die Zustände führten nicht nur zu Krankheiten, sondern erzeugten auch großen Unmut in der Bevölkerung. Vor allem über die Gefahren für Kinder, die in der städtischen Ein-Kind-Gesellschaft besonders umhegt werden. Da die Führung nichts mehr fürchtet als soziale Instabilitäten, reagierte sie schnell. Seitdem gibt es im ganzen Land offizielle Feinstaubstationen, die die besonders unschönen Miniaturpartikel PM 2,5 messen und den aktuellen Stand stündlich und für jeden sichtbar im Internet und per App veröffentlichen.

Das erschreckende Ergebnis der neuen Transparenz ist, dass Chinas Großstädte noch viel dreckiger sind als gedacht. Die US-Messungen hatten sich auf Orte beschränkt, an denen die Amerikaner Vertretungen unterhalten, Peking, Schanghai, Kanton, Chengdu. Das chinesische System aber ist flächendeckend und zeigt, dass das vermeintlich so unrühmliche Peking nicht einmal die am meisten verschmutzte Stadt des Landes ist. Zieht man den chinesischen AQI heran, der sich anders zusammensetzt als der amerikanische, dann heißt Chinas dreckigster Ort Xingtai (siehe Tabelle S. 157).[198] Er liegt etwa 450 Kilometer südlich von Peking in der Provinz Hebei. Die bezirksfreie Stadt bringt es mit ihren Außenbezirken auf 7,2 Millionen Einwohner. Sie gilt als älteste Siedlung Nordchinas, bekannt ist sie auch durch ein schweres Erdbeben Mitte der 1960er Jahre. Heute ist Xingtai die wichtigste Kohlelagerstätte der Region mit einer jährlichen Verarbeitung von 20 Millionen Tonnen. Hier stehen einige der leistungsstärksten Kohlekraftwerke des Landes, was die besonders drastische Luftverschmutzung erklären dürfte.

Bemerkenswert ist, dass die zehn schmutzigsten Städte alle südlich von Peking liegen, sechs in Hebei, vier in Shandong. In dieser Großregion, zu der auch die Hafenstadt Tianjin zählt, stehen rund 580 Kohlekraftwerke – so viele wie in den ganzen USA.[199] Durch die Beckenlage und den Wind aus Süden bekommt die Hauptstadt neben der eigenen Umweltverschmutzung auch die Luftbelastung der umliegenden Dreckschleudern zu spüren. Das gilt nicht nur für den AQI allgemein, sondern auch für die besonders gefährliche Komponente PM 2,5. Einer Auswertung der Deutschen Bank von 2013 zufolge liegen die meisten der schlimmsten Emittenten dieses Feinstaubs ebenfalls südlich von Peking. So gesehen ist das erwähnte Shijiazhuang Chinas dreckigste Stadt; Peking steht nur auf Position 14.[200] Leider ist die Statistik zur Feinstaubbelastung, die einen internationalen Vergleich zuließe, lückenhaft. Es liegen nur ältere Werte der Weltbank vor und nur für die größeren Partikel PM 10. Gemäß diesen Angaben von 2010 ist das westchinesische Xi'an die am meisten verpestete Stadt auf der Erde. Hier erreicht die jährliche Durchschnittsbelastung 112 $\mu g/m^3$, das ist etwa der sechsfache Wert der WHO-Höchstgrenze für PM 10. Angesichts des Smogs in der alten Kaiserstadt kann man annehmen, dass die weltberühmten Terrakotta-Soldaten am liebsten wieder unter die Erde flüchten würden ... Auf Platz zwei der ungesündesten Metropolen liegt Delhi, dahinter folgt gleich wieder eine chinesische Stadt, Tianjin, wiederum südlich von Peking. Insgesamt gehören 20 der 30 Spitzenreiter in der Liste zu China. Deutschlands dreckigste Stadt, Berlin, nimmt mit einem Wert von 18 $\mu g/m^3$ Position 83 ein. Das frühere Sorgenkind London steht mit 16 $\mu g/m^3$ sogar noch besser da.[201]

Kein Weiter-So: Ehrgeizige Ziele für den Umweltschutz

Nicht allein die Luft ist in China kontaminiert, auch die Böden sind es und das Wasser. Das zuständige Ministerium bezeichnet 40 % der Flüsse als „ernsthaft verunreinigt", eine Folge von 75 Milliarden Tonnen Abwässern im Jahr. Allein am Jangtse sollen mehr als 10.000 petrochemische Fabriken stehen, weitere 4.000 am Gelben Fluss. 20 % der Gewässer gelten als derart giftig, dass die Anwohner keinerlei Kontakt zu ihnen haben sollten.[202] Die Weltbank hat ausgerechnet, dass belastetes Trinkwasser 60.000 Todesfälle im Jahr verur-

Unbekannte Dreckschleudern: Die schmutzigsten Städte Chinas und der Welt

Am stärksten belastete Städte in China nach AQI	Jahres-Durchschnitt Nov. 2012 bis Nov. 2013 (Indexstand)	Am stärksten belastete Städte in China nach PM 2,5	Tages-Durchschnitt 1. Quartal 2013 (µg/m³)	Am stärksten belastete Städte der Welt nach PM 10	Jahres-Durchschnitt 2010 (µg/m³)
Xingtai	207	Shijiazhuang	217	Xi'an (China)	112
Shijiazhuang	193	Baoding	190	Delhi (Indien)	108
Liaocheng	171	Handan	186	Tianjin (China)	101
Dezhou	165	Xi'an	178	Kairo (Ägypten)	99
Hengshui	162	Langfang	176	Chongqing (China)	98
Heze	162	Hengshui	171	Kalkutta (Indien)	92
Handan	157	Tangshan	163	Buenos Aires (Argentinien)	87
Baoding	154	Jinan	159	Shenyang (China)	81
Langfang	151	Urumqi	159	Zhengzhou (China)	78
		Zhengzhou	153	Kanpur (Indien)	78
		14. Peking	119	14. Peking	72
		48. Schanghai	74	50. Wien	32
		55. Kanton	64		
		70. Lhasa	37	**WHO-Grenzwert**	**20**
		WHO-Grenzwert	**25**	81. Zürich	19
				83. Berlin	18
				88. New York	17
				98. London	16

Quelle: Chinesisches Umweltministerium, Deutsche Bank, Weltbank

sacht. Vor allem auf dem Land, wo durch die Verunreinigung das Risiko steigt, an Durchfall, Magen-, Leber- oder Blasenkrebs zu sterben.[203] Auch in 90% der Städte gilt das Grundwasser als verschmutzt. Ähnlich hoffnungslos sieht es für viele Böden aus. Im südchinesischen Guangdong ordnete 2013 erstmals eine Provinzregierung die systematische Untersuchung des Untergrundes auf Schadstoffe an. Auslöser war die Empörung über das Auftauchen von Reis, der mit Kadmium belastet war. Die Proben ergaben, dass 28% der Erde im Perlflussdelta mit Schwermetallen verseucht sind. Der größte Teil davon zählt zur Belastungsstufe III, was bedeutet, dass von den Böden ernsthafte Gesundheitsgefahren ausgehen. Das Perlflussdelta macht 14% der Provinz Guangdong mit den Zentren Kanton (Guangzhou) und Shenzhen aus.[204] In Chinas einwohner- und wirtschaftsstärkster Provinz wohnen 104 Millionen Menschen mit einer Wirtschaftskraft von umgerechnet 680 Milliarden Euro im Jahr. Das übersteigt die ökonomische Leistung von ganz Indonesien.

Angesichts der dramatischen Lage sieht sich die Regierung zum Handeln gezwungen. Als unmittelbare Folge der erbärmlichen Werte nach dem Jahreswechsel 2012/2013 beschloss sie einen Katalog zur Verbesserung der Luftqualität und stellte Milliarden für zusätzliche Umweltinvestitionen in Aussicht. Der Chefvolkswirt der Deutschen Bank für China, Jun Ma, nennt das Programm „die aggressivste politische Anstrengung in Chinas Geschichte, um das Problem der Luftqualität anzugehen". Der Schritt sei der „erste Meilenstein" in einer Kampagne, die sich zum Ziel setze, die Durchschnittsbelastung der Städte mit PM 2,5 bis 2030 auf einen Durchschnittswert von 35 µg/m^3 zu senken.[205] Das wäre zwar noch immer das Dreifache der Jahresvorgabe der Weltgesundheitsorganisation WHO, würde aber eine Verringerung um zwei Drittel zum heutigen Stand in China bedeuten.

Im Juni 2013 legte der Staatsrat – die Zentralregierung in Peking – seine Empfehlungen vor, im September gab es dann schon einen verbindlichen und detaillierten „Aktionsplan zur Vorbeugung und Kontrolle der Luftverschmutzung". Er bedeutet eine deutliche Verschärfung der Regelungen aus dem Vorjahr. Die zentrale Vorgabe lautet jetzt, die PM-10-Feinstäube in allen größeren Städten zwischen 2012 und 2017 um 10% zu verringern. Für die noch gefährlicheren Partikel PM 2,5 werden regionale Ziele vorgegeben. Der besonders verdreckte Großraum Peking-Tianjin-Hebei soll den Ausstoß um 25% senken, für das Jangtse- und das Perlflussdelta werden Verringerungen um 20 und 15% angestrebt.[206]

Die Anweisungen des Aktionsplans gehen bis in die Einzelheiten und berücksichtigen die wichtigsten Quellen des Feinstaubs PM 2,5. Der entsteht zu fast 20% bei der Kohleverbrennung, zu 15% im Verkehr (Emissionen, Reifenabrieb u. a.) und zu 11 % durch das Abbrennen von Biomasse, etwa auf den Feldern oder beim Kochen und Heizen mit Feuerholz. Der meiste Feinstaub aber kommt indirekt durch chemische Reaktionen auf, wobei flüchtige Gase zu festen Mikropartikeln werden. Auf diese Weise gerieren Stickstoffe und Sulfate 31 % der PM 2,5 in einer Stadt wie Peking. Sie werden fast überall erzeugt, am Bau, im Verkehr, in der Industrie und in den Kraftwerken, weshalb die Eindämmung von Schwefeldioxid und Stickstoffoxid zu den Prioritäten des Plans gehört. Schlägt man die Oxide den entsprechenden Primäremittenten zu, dann ist die Kohleverbrennung zu 45 % an den PM 2,5 schuld, gefolgt vom Verkehr und vom Bereich Industrie/Bau mit je 20 %.

Im Einzelnen sieht der Regierungskatalog vor, die Kapazitäten in der besonders schadstoffintensiven Stahlindustrie im Großraum Peking-Tianjin-Hebei bis 2017 um 120 Millionen Tonnen zu verringern. Den Kohleverbrauch möchte man dort um 80 Millionen Tonnen senken. Damit einher geht der Ausbau der Kernkraft und der erneuerbaren Energien, so dass 2017 rund 65 % des Verbrauchs aus Kohle und 13 % aus nicht-fossilen Quellen gedeckt werden sollen. Auch müssen künftig mehr als 60 % aller neuen Busse in Peking, Schanghai und Kanton umweltfreundlich betrieben werden. Es gelte zudem, ineffiziente Kohleheizungen abzuschaffen und in ganz China leistungsfähigere und emissionsärmere Diesel- und Benzinkraftstoffe einzuführen, heißt es in dem Papier. In Schlüsselindustrien würden zwischen 2012 und 2017 die Schadstoffe im Verhältnis zur Wertschöpfung um 30 % gesenkt, die Energieintensität müsse bis dahin um 20 % fallen. Kurzfristig, d. h. bis 2015, will man in Industrieanlagen und Kraftwerken neue Filter einbauen, die organischen Abfälle der Petrochemie besser aufbereiten und das Leitungsnetz für Erdgas ausbauen, weil es als vergleichsweise umweltfreundlich gilt. Darüber hinaus muss dann jede kreisfreie Stadt Messstationen für PM 2,5 unterhalten.

Damit der Gesetzesvorstoß kein zahnloser Tiger bleibt, obliegt die Kontrolle der neuen Regularien erstmals der Organisationsabteilung der Kommunistischen Partei. Das ist ein echtes Novum und ein starkes Zeichen, denn nie zuvor hat sie die Einhaltung von Umweltrichtlinien überwacht. Das mächtige Organ besitzt die Möglichkeit, Zentral-, Provinz- und Lokalbeamte einzusetzen und sie auch auszutauschen, falls sie die Ziele nicht erreichen oder sich den Vorgaben widersetzen. Die Zentralregierung hat die Daumenschrauben bereits angezogen. Der zuständige Vize-Regierungschef Zhang Gaoli kündigte an, jeden Monat eine Liste der zehn umweltfreundlichsten und zehn umweltfeindlichsten Städte zu veröffentlichen.[207]

Für chinesische Verhältnisse sind die beschlossenen Maßnahmen aggressiv und weitgehend, und es fällt auf, dass ihre Durchsetzung und Kontrolle politisch hoch aufgehängt ist. Nicht-staatliche Einrichtungen gehen indes in ihren Forderungen noch viel weiter, weil nur durch ein schnelles und drastisches Eingreifen dauerhafte Klima-, Umwelt- und Gesundheitsschäden minimiert werden könnten. Greenpeace weist darauf hin, dass während des elften Fünfjahresplans zwischen 2006 und 2010 der Kohleverbrauch um 44% gestiegen sei, die Kraftwerkskapazitäten zur Stromerzeugung hätten in derselben Zeit um 80% zugenommen. Dadurch sei der Ausstoß von Stickoxiden, einem der Hauptverursacher von Feinstaub, „radikal angeschwollen“. Die Umweltschützer halten es für unumgänglich, die Rauchgasentstickung massiv und schnellstmöglich zu verbessern, zuvörderst durch Subventionsanreize und durch bindende Reduktionsziele für Kraftwerke. Die Hälfte der Kohle werde in den Dampfkesseln der Industrie verfeuert, kritisiert Greenpeace, dort seien die Energieausbeute und die Emissionen besonders schlecht. Deshalb müssten ineffiziente Anlagen sofort abgeschaltet und durch moderne ersetzt werden.[208]

Noch viel weiter gehen die Empfehlungen der Deutschen Bank in Hongkong. Diesen zufolge lassen sich die PM-2,5-Ziele bis 2030 nur durch einen kompletten Umbau der Energie-, Industrie- und Verkehrsbasis erreichen. Bis 2017 dürfe der durchschnittliche Kohleverbrauch im Jahr nur um 2,7% steigen statt der beabsichtigten 4%, schreiben die Fachleute. Zwischen 2017 und 2030 müsse die Nutzung dann um 22% verringert werden. Mithilfe neuer Techniken ließen sich die Emissionen aus der Verfeuerung um 70% reduzieren. Bei Autos seien sogar 80% möglich, wenn reinere und effizientere Kraftstoffe verwendet würden. Ohne gravierende Einschnitte in Neuzulassungen kommt das Konzept der Banker nicht aus. Statt 400 Millionen Autos dürften bis 2030 nur 230 Millionen verkauft werden, verlangen sie. Der Absatz könne nicht länger um 20% per annum steigen wie in den vergangenen fünf Jahren, sondern nur noch um 6%. Die Eisenbahnstrecken müssten bis 2030 um 150% verlängert werden, die U-Bahn-Netze sogar um 1320%. Auch gelte es, die Ausbeute alternativer Energieträger viel stärker zu erhöhen als geplant, einschließlich der Nutzung von Erdgas und Kernkraft. Falls China diese Empfehlungen nicht verwirklicht, sehen die Fachleute im wahrsten Wortsinne schwarz für die Umwelt.

„Natürlich kann China strengere Emissionsanforderungen für die Kohlenutzung in Kraftwerken und der Industrie einführen. Auch lassen sich die Standards für die Kraftstoffqualität, die Autoabgase und die Treibstoffeffizienz erhöhen. Unsere Berechnungen zeigen, dass diese Maßnahmen helfen werden, aber sie reichen nicht aus, um PM 2,5 (grundlegend) zu verringern (…). Der derzeitige Trend des Kohleverbrauchs und der Autozunahme impliziert, dass die Luftverschmutzung in China noch viel schlimmer werden wird als die jetzt schon unerträglichen Zustände. Wenn sich dieser Trend nicht ändert, dann können selbst die höchsten Anstrengungen zur Durchsetzung strengerer Emissionsregeln die Luftqualität bis 2030 nicht auf ein sicheres Niveau bringen. Mit anderen Worten: Es ist eine umfassende Veränderung im Energie-Mix und im Verbrauch durch die Autos nötig, um PM 2,5 auf ein erträgliches Maß zu bringen.“[209]

Milliarden-Investitionen für das große Reinemachen

Für den Umbau der Energiewirtschaft und den Ausbau des Umweltschutzes in China sind exorbitante Investitionen nötig. Bei der Vorlage des Aktionsplans im Sommer 2013 bezifferte der zuständige Vize-Abteilungsleiter im Umweltministerium, Wang Jian, die anvisierten staatlichen und privaten Investitionen auf 204 Milliarden Euro.[210] Zuvor hatte schon die Chinesische Umwelthandelskammer CECC angekündigt, dass 240 Milliarden Euro zur Kontrolle und Bekämpfung der Wasserverunreinigung eingesetzt würden. Weitere 120 Milliarden Euro flössen in die Verbesserung der Umweltbedingungen auf dem Land. Die Gesamtsumme von 564 Milliarden Euro übersteigt den Ansatz der vorausgegangenen Fünfjahres-Periode um gut die Hälfte.[211] Schon vor dem Wachrüttler vom Januar 2013, als die Luftverschmutzung traurige Rekordwerte erreichte, hatte die Volksrepublik mehr Geld in die Energiewende gesteckt als jedes andere Land. 2012 überholte sie erstmals die Vereinigten Staaten und setzte sich bei den Investitionen in erneuerbare Energien mit 65,1 Milliarden Dollar oder 48 Milliarden Euro an die Weltspitze (siehe Tabelle S. 163). Das waren 20% mehr als im Vorjahr und bedeutet, dass China inzwischen 30% aller Ausgaben der 20 größten Volkswirtschaften (G20) stemmt. Wie schnell Chinas Aufstieg zum grünen Vorreiter vonstattengeht, zeigt sich daran, dass das Land 2005 erst 5 Milliarden Dollar für diesen Industriezweig aufwendete, nicht einmal 8% der heutigen Ausgaben. Mittlerweile rangiert Peking bei den Neuinstallationen ganz vorn und führt auch im Gesamtbestand mit 152 Gigawatt (GW). Das entspricht einem Viertel der Kapazität in der gesamten G20. Seit 2008 hat die Volksrepublik ihre installierte Leistung um fast ein Viertel gesteigert.[212]

Auf der Strecke zum Erfolg gibt es viele Schwierigkeiten und manche Augenwischerei. So stehen Unmengen von Windkraftanlagen zwar auf dem Papier und auch in der Landschaft herum. Viele von ihnen sind aber gar nicht am Netz oder drehen sich nicht, so dass sie nur Kosten statt Strom erzeugen. Die Europäische Handelskammer in Peking berichtet, dass sich das Problem 2012 annähernd verdoppelt habe, so dass 20 bis 30% der Windmühlen nicht genutzt würden.[213] Bis heute wurden zudem viele Übertragungsschwierigkeiten nicht gelöst, auch sind die großen Wasserkraftwerke wegen ihrer seismischen, ökologischen und sozialen Folgen umstritten. Dass China die Kernenergie zu den sauberen Trägern zählt und in die entsprechenden Statistiken einrechnet, stößt ebenfalls auf Widerspruch. Zudem bewegt sich Peking in den internationalen Klimaverhandlungen so gut wie nicht. Dennoch: Im Inland verdient die Wendung vom Saulus zum Paulus der Umweltpolitik Beachtung und Anerkennung. Der Pew Charitable Trust, eine gemeinnützige Stiftung aus Philadelphia, die zu den führenden Datenanalysten für erneuerbare Energien gehört, formuliert es so:

„In der Welt der sauberen Energien hat sich der Schwerpunkt von den Vereinigten Staaten und Europa nach China verlagert. (…) In weniger als einem Jahrzehnt ist China vom Nachzügler zum Grundpfeiler in der Solar- und Windkraft aufgestiegen. Wenn man die Langzeitziele berücksichtigt, die in der Welt ohne Beispiel sind, und wenn man sich vor Augen hält, dass die Zwischenziele in Rekordzeit eingehalten oder übertroffen werden, dann ist es wahrscheinlich, dass China in dieser Dekade der Anführer in der Welt bleibt.“[214]

Im Einzelnen hat China 2012 rund 31,2 Milliarden Dollar in die Solarenergie investiert. Das bedeutet, dass das Land rund ein Viertel der Aufwendungen der ganzen Welt für diese Technik aufbringt. Mit 27,2 Milliarden Dollar stemmt es zudem 37% aller Windenergieinvestitionen. Bei den anderen Energieträgern liegen die Asiaten ebenfalls vorn, bei Hydrokraft, Geothermie, Meerwasserkraft und Biomasse. Vorreiter sind sie auch beim Verhältnis der Investitionen zum Bruttoinlandsprodukt. 2012 erhöhte China die Kapazität der Erneuerbaren um 23,1 Gigawatt, wovon 16 GW auf Wind- und 3,2 GW auf Solarstromanlagen entfielen. Allein der Zuwachs übersteigt die gesamte installierte Kapazität in Ländern wie Brasilien oder Großbritannien, die immerhin die Plätze neun und zehn in der Welt belegen (siehe Tabelle S. 163).

China als grüner Vorreiter: Die Bedeutung der erneuerbaren Energien wächst

Land	Investitionen in erneuerbare Energien 2012 in Mrd. Dollar	Veränderung gegenüber 2011 in %	Installierte Leistung in Gigawatt 2012
China	65,1	+20	152
USA	35,6	−37	133
Deutschland	22,8	−27	71
Japan	16,3	+75	27
Italien	14,7	−51	31
Großbritannien	8,3	−17	15
Indien	6,9	−45	30
Südafrika	5,5	+18.233	NN
Brasilien	5,3	−32	16

Quelle: The Pew Charitable Trust

Zuvor war die Photovoltaik jahrelang ein Stiefkind im Reich der Mitte gewesen. Die Hersteller von Solarzellen und Modulen verdienten zwar viel Geld damit, aber fast ausschließlich außerhalb des eigenen Landes. Sie lieferten die Bauteile bevorzugt nach Europa und in die USA, wo die alternative Stromerzeugung unabhängig von der Herkunft der Paneele gefördert wird. Doch seit sich die Amerikaner und Europäer mit Zöllen gegen „Dumping-Solarzellen" aus Fernost zur Wehr setzen, haben diese Märkte an Attraktivität eingebüßt. In der Heimat selbst hingegen sprießt die Branche wie nie zuvor: um die internationalen Ausfälle wettzumachen, um die in Not geratenen chinesischen Solarkonzerne zu retten – die größten der Welt –, um den industriellen Strukturwandel zu bewerkstelligen und schließlich auch, um die Energiewende voranzubringen. Das alles führt dazu, dass China in der Solarerzeugung 2013 etwa 10 GW installieren will. Das wäre ein Weltrekord und würde erstmals den bisherigen Spitzenreiter Deutschland in den Schatten stellen.

Die Zukunftspläne sind überaus ehrgeizig. Zwischen 2012 und 2015 soll die Windenergiekapazität von 74 auf 100 GW erhöht werden, bis 2020 auf 200 GW. Die Ziele für die Photovoltaik, die es 2012 auf 6,5 GW brachte, lauten 21 GW bis 2015 und dann 50 GW bis 2020. Selbst wenn die jährlichen Ausgaben für die Branche nur um 10% statt wie zuletzt um 20% steigen, fließen bis 2015 fast 240 und bis

2020 annähernd 820 Milliarden Dollar in den Ausbau der modernen Elektrizitätserzeugung, das sind mehr als 600 Milliarden Euro. Es gibt, das kann man ungeschützt sagen, kaum einen Schatz, der in China mehr verspricht als dieser. Gerade weil das Land zum Handeln gezwungen ist, wenn es unabhängiger von Energieimporten werden und nicht an den eigenen Emissionen ersticken will. Aber der Zugang zu diesen versteckten Reichtümern ist steinig. Ausländische Windkraftanbieter können ein Lied davon singen! Jahrelang wurden sie systematisch vom Markt ausgegrenzt oder durch unerfüllbare Ausschreibungsvoraussetzungen abgeschreckt. Das eine oder andere Unternehmen packte daraufhin frustriert die Koffer und verließ China. Zwischen 2005 und 2011, so beschwerte sich die Europäische Handelskammer in Peking wiederholt, habe kein international produzierender Hersteller einen einzigen nennenswerten Auftrag in China erhalten. Die USA zogen wegen der Benachteiligung und angeblich unzulässiger Staatsbeihilfen sogar vor die Welthandelsorganisation WTO.

Seit einiger Zeit läuft es wieder besser für die Ausländer, aber nur für solche Hersteller, die in China selbst produzieren. So hat Siemens gemeinsam mit einem lokalen Joint-Venture-Partner seinen ersten Windpark vor der chinesischen Ostküste in Betrieb genommen. Dort sind 21 Anlagen mit einer Leistung von 48 Megawatt (MW) installiert. Im Bau sind zudem drei weitere 50-MW-Projekte an Land. Alle dafür benötigten Maschinenhäuser und Rotoren – mit gewaltigen Durchmessern von 110 Metern – stammen aus einem Siemens-Werk in Schanghai. Der dänische Konkurrent Vestas hat 58 Anlagen mit insgesamt 49 MW in der Inneren Mongolei installiert, die deutsche Nordex AG beliefert zwei Windparks in der Nordwestprovinz Ningxia mit 33 Windmühlen, die 45 MW Leistung erzeugen können. Noch immer geht es bei diesen Ausschreibungen weder transparent noch fair zu, außerdem leidet die Windbranche unter gewaltigen Überkapazitäten und mageren Preisen. Ähnliches gilt für die Solarbranche, wo die Ausländer noch seltener ein Bein auf die chinesische Erde bekommen. Die EU-Handelskammer resümiert daher: „Der Wettbewerb in dem Industriezweig hat stark zugenommen. Die Fähigkeit internationaler Unternehmen, darin zu bestehen, wird durch Regulierungen und politische Vorgaben behindert, welche einheimische Anbieter auf unfaire Weise bevorzugen.“[215]

Das Terrain ist also äußerst uneben und nichts für ungeduldige Schatzgräber ohne Ausdauer. Aber zum einen zeigen die Beispiele von Siemens, Nordex und anderen, dass Beharrlichkeit in China zum Erfolg führen kann. Zum anderen bietet das enorme Potential von mehreren Hundert Milliarden Euro genügend Chancen für gewiefte Nischenanbieter. Einen von ihnen haben wir auf der Internationalen Lichtmesse in Kanton getroffen, der – natürlich – größten Leistungsschau dieser Art auf der Welt.

Rechtzeitig Nischenmärkte sichern: Beispiel Solarthermie

„Sonnenenergie ist eine feine Sache", sagt Sebastian Steuer, Geschäftsführer des Mittelständlers Alanod aus Ennepetal. „Wir wachsen damit kräftig, vor allem dank China." Es klingt wie eine verkehrte Welt: Überall befindet sich die Solarindustrie im freien Fall, wegen China und auch in China selbst. Anleger haben Milliarden verloren, weil die Aktien zu Pfennigwerten verkommen sind. Aufgrund der Überkapazitäten, der Preisrückgänge, wegen falscher Anreize und unbezahlbarer Investitionen ist die Branche in eine schlimme Krise geraten, aus der sie erst langsam wieder herausfindet.[216]

In Deutschland, dem mit Abstand größten Markt, sind viele Unternehmen in die Insolvenz gegangen. In China, dem mit Abstand größten Herstellerland, sieht es nicht viel besser aus. Selbst der einst führende Modulproduzent, die Suntech-Gruppe, hat Zahlungsunfähigkeit angemeldet. Das Thema ist politisch aufgeladen, seit klar ist, dass Peking seine Unternehmen subventioniert. Deshalb können sie ihre Produkte noch billiger anbieten. Erst haben die Vereinigten Staaten dagegen hohe Anti-Dumping-Zölle verhängt, 2013 folgte die Europäische Kommission, bis sie sich mit China in einem Quasikompromiss einigte. Ausgerechnet in diesen Zeiten preist der Oberflächenbeschichter Alanod aus dem Ruhrgebiet die Branche in hohen Tönen: Man erziele derzeit 12 Millionen Euro Umsatz in China, etwa 6% der Gesamterlöse, sagt Steuer, der zur Internationalen Lichtmesse nach Kanton gekommen ist. In wenigen Jahren sei eine Verdreifachung der Erlöse in China drin – wegen des florierenden Solargeschäfts.

Passt das zusammen? Ja, denn zur Solarenergie gehört nicht nur die Erzeugung von Strom, sondern auch die Erhitzung von Wasser mithilfe der Sonne. Statt von Photovoltaik spricht man dabei von Solarthermie. Dieser Industriezweig ist viel weniger bekannt als die Elektrizitätsgewinnung, hat aber erhebliche Bedeutung. Das liegt vor allem an China. Nach Angaben des Renewable Energy Policy

Networks (REN 21) in Paris, einem führenden Branchendienst, waren 2012 auf der ganzen Welt Solarthermieanlagen mit einer thermischen Leistung von 255 Gigawatt installiert. Gegenüber dem Vorjahr war das ein Anstieg um mehr als 14%.[217]

Nirgendwo ist die Solarthermie so wichtig wie in der Volksrepublik. Nach den Zahlen von REN 21 standen hier 2011 etwa 68% aller installierten Anlagen. An zweiter Stelle rangierten Deutschland und die Türkei mit je 4,6%. Mehr als 80% der international neu aufgebauten Leistung entfiel auf China. Seit 2009 nimmt das Wachstum zwar ab. Es herrscht Konsolidierungsdruck, schätzungsweise 1.000 kleine Unternehmen mussten schließen. Die Marktführer heißen jetzt Sunrain – das 2012 als erstes an die Börse ging –, Linuo, Himin und Sangle. Trotz der Rückschläge ist die Branche aber weiterhin ein wichtiger Wirtschaftsfaktor. Sie gibt in China 800.000 Menschen Arbeit, etwa so vielen wie alle anderen erneuerbaren Energien zusammen.

Der jährliche Umsatz ist mit 5 Milliarden Euro viel kleiner als in der Photovoltaik, legt aber verlässlich zu. Jedes Jahr werden Hunderttausende neuer Häuser mit den typischen schrägen Kollektoren und der darüber thronenden Wassertrommel ausgestattet. Gerade auf dem Land sind sie allgegenwärtig, 60% des Markts sind solche Dachanlagen. In China werden vor allem Vakuumröhren aus Glas eingesetzt. Das Verfahren ist preisgünstig, die Anschaffungskosten je Kilowatt beziffert REN 21 auf 150 bis 635 Dollar, statt der 950 bis 2.200 Dollar in den OECD-Ländern. Doch da die Geräte anfällig sind, nicht sehr langlebig und weniger effizient, hat China eine Umrüstungsinitiative angestoßen. Es sollen mehr Flachkollektoren eingesetzt werden, die früher Kupfer verwendet haben und jetzt Aluminium nutzen.

Genau darauf setzt der Beschichter Alanod, Weltmarktführer für die Veredelung von Aluminiumbändern. In China nutze die Solarthermie für diese Technik 40 Millionen Quadratmeter, weiß Steuer, in Deutschland kaum 1,5 Millionen. „Wenn wir in China nur zwei Millionen abbekommen, sind das 20 Millionen Euro zusätzlicher Umsatz für uns, ein Riesengeschäft.“ Kein Wunder, dass sich auch andere deutsche Anbieter für den Markt interessieren, darunter die Flachkollektoren-Hersteller Bosch Thermotechnik und Viessmann. Deutschland sei weiterhin führend, schreibt REN 21: 2011 stammten ein Drittel der zwanzig größten Flachkollektorenhersteller von hier. Was lehrt das die Schatzsucher? Manchmal kommen sie an das Gold in der großen Truhe nicht heran, dann müssen sie sich mit einer kleineren Schatulle begnügen. Aber auch die kann in einem Markt wie China recht üppig gefüllt sein. Dazu ein weiteres Beispiel: Mit Flugzeug, Auto und Schiff reisen wir tief nach Südwestchina, um herauszufinden, wie ausländische Unternehmen aus Wasser Geld erzeugen – mit dem größten Talsperren-Projekt der Welt, gegen das sogar der Drei-Schluchten-Staudamm verblasst.

Der „Vier-Schluchten-Staudamm“ mit deutschen Turbinen

Aus Chinas tiefster Baustelle würde der Berliner Fernsehturm nicht einmal mit der Antennenspitze herausragen. Deutschlands höchstes Bauwerk misst 368 Meter, die Arbeiten für den Staudamm Xiluodu auf der Grenze zwischen Sichuan und Yunnan finden in einer 400 Meter tiefen Schlucht statt. An Drahtseilen hangeln sich Laufkatzen über den Abgrund, um mannshohe Trichter mit Beton hinabzulassen. „Wir bauen hier das drittgrößte Wasserkraftwerk der Welt“, sagt Chefingenieur Wang Wei von der Betreibergesellschaft China Three Gorges Corporation (CTGPC), die auch den Drei-Schluchten-Staudamm unterhält. „Da müssen Mensch und Maschine Tag und Nacht anpacken.“ Kein anderes Land der Welt errichtet mehr Großkraftwerke als China. Insgesamt gibt es hier etwa 86.000 Stauseen. Der erste, kaum sieben Meter hohe Damm wurde bereits im sechsten Jahrhundert vor Christus aufgeschüttet. 2012 wiesen Chinas Wasserkraftwerke eine installierte Leistung von 229 GW auf – eine Steigerung um 7,3 % gegenüber dem Vorjahr – und lieferten 864 Milliarden Kilowattstunden Strom, rund ein Drittel mehr als 2011. In China stehen heute fast ein Viertel der weltweiten Kapazitäten für Hydrokraft zur Verfügung, Brasilien auf Platz zwei bringt es nicht einmal auf die Hälfte dieses Werts.[218]

Jedermann kennt den Drei-Schluchten-Staudamm in China, das ökologisch, kulturhistorisch und sozial umstrittene Riesenwehr am Jangtse, dessen Stausee sich über 600 Kilometer erstreckt. Es liegt in der Nachbarprovinz Hubei zwischen den Metropolen Wuhan und Chongqing, ist ein beliebtes Ziel für Flusskreuzfahrten und bewährt sich als gigantischer Dynamo. In der aktuellen Ausbaustufe beträgt seine Kapazität zur Stromerzeugung 22,5 GW, das ist mehr als bei jedem anderen Wasserkraftwerk auf der Welt. Xiluodu, rund 800 Kilometer stromaufwärts gelegen, wird mit 13,9 GW fast die gleiche Kapazität erreichen wie das zweitgrößte Hydroprojekt Itaipú in Südamerika. Im Juli 2013 ging ein Abschnitt der Anlage in Betrieb, die vollständige Eröffnung ist für 2015 geplant. Das Vorhaben ist lediglich Teil eines viel größeren Entwurfs. Im Mittelabschnitt des Jangtse, der hier Goldsandfluss (Jinsha Jiang) heißt, plant die Regierung vier Kraftwerke in einem zusammenhängenden System aus Dämmen und Stauseen, das man den „Vier-Schluchten-Staudamm" nennen könnte. Nach Investitionen von 24 Milliarden Euro sollen sie eine Nennleistung von 42 GW erbringen, doppelt so viel wie der bisherige Rekordhalter an den drei Schluchten. Die wichtigste Talsperre neben Xiluodu entsteht in Baihetan und wird ähnlich groß ausfallen. Die beiden anderen Projekte heißen Wudongde und Xiangjiaba. Bei Letzterem wird das mit 114 Metern höchste Schiffshebewerk der Welt errichtet.[219]

An den Projekten hängen Aufträge in Milliardenhöhe und Zehntausende Arbeitsplätze. Die staatliche CTGPC, die sich als weltgrößter Betreiber von Hydroprojekten versteht, beschäftigt 11.000 Mitarbeiter. Aus Umsätzen von 35 Milliarden Euro zieht der Konzern einen Gewinn von 1,3 Milliarden Euro. Die ebenfalls staatliche Baugesellschaft Sinohydro gibt 130.000 Menschen Arbeit. Sie erlöst etwa 10 Milliarden Euro und verdient 160 Millionen Euro im Jahr. Wie stark diese Unternehmen sind, zeigte sich daran, dass CTGPC Ende 2011 dem krisengeschüttelten portugiesischen Staat für fast 3 Milliarden Dollar mehr als ein Fünftel der Anteile an der Energiegruppe Energias de Portugal abkaufen konnte.

Auch ausländische Unternehmen machen mit Chinas Wasserkraft immer bessere Geschäfte. Die französische Alstom-Gruppe unterhält in Tianjin das größte Turbinenwerk der Welt. Nach der Lieferung von 14 der 32 Einheiten am Drei-Schluchten-Damm hat die Gesellschaft den Zuschlag für vier der acht Anlagen in Xiangjiaba bekommen. Sie wurden im Juli 2013 installiert. Das Liefervolumen beträgt 160 Millionen Euro. In Xiangjiaba kommen die weltstärksten Turbinen mit einer Nennleistung von 800 Megawatt (MW) zum Einsatz, 100 MW mehr als in den drei Schluchten. „Wir sehen ganz klar die Entschlossenheit der chinesischen Regierung zum Einsatz erneuerbarer Energien", sagt Alstoms ehemaliger Landeschef Claude Burckbuchler. „Deshalb schalten wir einen Gang höher." Der deutsche Konkurrent Voith Hydro hat gemeinsam mit GE Hydro sechs Turbinen für den Drei-Schluchten-Staudamm geliefert. Jetzt soll er zwölf Anlagen am Jinsha Jiang installieren, darunter drei der achtzehn 780-MW-Generatoren in Xiluodu.

Die erste dieser leistungsstärksten „Generator-Turbinen-Einheiten", die Voith je gebaut hat, wurde im August 2013 an das Betreiberunternehmen CTGPC übergeben. Die Riesenmaschine wiegt 1.350 Tonnen und ist Teil des größten Einzelprojekts in der Geschichte des schwäbischen Konzerns. Die Gesamtleistung aller drei Voith-Turbinen in Xiluodu wird etwa derjenigen des größten deutschen Kernkraftwerks in Gundremmingen entsprechen. Alle achtzehn Generatoren zusammen können helfen, 41 Millionen Tonnen Kohle im Jahr weniger zu verbrauchen. Die Emissionseinsparungen beziffert Voith auf 150.000 Tonnen Kohlendioxid, 480.000 Tonnen Stickstoffdioxid und 850.000 Tonnen Schwefeldioxid.[220]

Zwar schlägt sich die chinesische Konkurrenz immer besser, darunter die Unternehmen Dongfang und Ha'erbin. Aber auch weiterhin wird es für internationale Ausrüster in China viel zu verdienen geben, da immer größere und immer effizientere Turbinen gefragt sind, wie sie bisher nur die Ausländer liefern können. Klar ist: Wer sich am Jangtse bewährt, dem winken Folgeaufträge. Nach dem „Vier-Schluchten-Staudamm" will der Staatsrat mindestens acht weitere Wasserkraftwerke entlang des Jinsha Jiang errichten lassen. Ein noch größeres Projekt als Xiluodu ist angeblich im tibetischen Yalu Zangbujiang geplant. Allein zwischen 2012 und 2015 ist ein Zubau von mehr als 60 GW vorgesehen. „Wir brauchen alle zwei Jahre ein Drei-Schluchten-Projekt, wenn wir uns dem Klimawandel stellen wollen", sagt der ehemalige Präsident der International Commission on Large Dams, der Chinese Jia Jinsheng, „Das zunehmende Bewusstsein für den Umwelt- und Ressourcenschutz in unserem Land hilft der Wasserkraftnutzung."

Wo Unternehmen und Aktionäre einsteigen sollten

Welche anderen Branchen gibt es, in denen Ausländer aus Chinas neuem Umweltbekenntnis Kapital schlagen können? Eine ganze Menge, und sie bieten Möglichkeiten sowohl für Großunternehmen als auch für Mittelständler. Um nur einige zu nennen: Die BASF, der größte Chemiekonzern der Welt, hat in den Großstädten Nanking und Hangzhou Busse so umgerüstet, dass sie 30% weniger Stickoxide und 80% weniger Feinstaub ausstoßen. Zudem haben die Ludwigshafener für die Dämmung von 1,2 Millionen Wohnungen gesorgt, damit sie 50% weniger Energie benötigten. Das Berliner Recyclingunternehmen Alba setzt in China darauf, dass das Land die so genannte Kreislaufwirtschaft forciert. Alba-Chef Axel Schweitzer berichtet von ersten entsprechenden Vereinbarungen mit den Chinesen. Als besonders wichtig und vielversprechend bezeichnet er die Wiederverwertung von Elektroschrott und Automobilen im größten Computer- und Kraftfahrzeugmarkt der Welt. Ein anderes Beispiel: Die chinesischen Papiermaschinen des Familienunternehmens Voith brauchen 30% weniger Wasser und 20% weniger Energie als herkömmliche Modelle. Die Gruppe aus Schwaben interessiert sich auch für die Altpapieraufbereitung sowie für die Stromerzeugung aus Meereswellen. Voith beschäftigt in China 4.000 Mitarbeiter, das Werk in Kunshan in Ostchina nutzt zur Energieversorgung Erdwärme und Solarzellen. „Es ist unsere modernste Fabrik", sagt Hubert Lienhard stolz.[221] Er ist der Vorsitzende der Voith-Geschäftsführung und seit August 2013 Sprecher des Asien-Pazifik-Ausschusses der Deutschen Wirtschaft APA. Damit steht erstmals der Chef eines Familienunternehmens an der Spitze der Wirtschaftsvereinigung.

Von der „Green Economy" können auch kleine deutsche Unternehmen profitieren. Überhaupt sind sie es, die in China die schwarz-rot-goldene Fahne hochhalten, viel mehr noch als Großkonzerne wie VW, Siemens oder BASF. Was kaum jemand weiß: Von den 5.000 deutschen Unternehmen in China mit ihren 220.000 Mitarbeitern zählten drei Viertel zum Mittelstand. Diese Zahl meldete 2012 die Deutsche Auslandshandelskammer in Peking, die Unternehmen mit höchstens 500 Mitarbeitern und einem Umsatz von nicht mehr als 50 Millionen Euro zu dieser Gruppe rechnet. „Deutsche Mittelständler spielen eine wichtige Rolle für die chinesische Wirtschaft", sagt Kammerchefin Alexandra Voss. Begehrt seien sie wegen ihrer außergewöhnlichen Produkte, der Innovationen und der Qualität. „Die Nachfrage nach hochwertigen Spezialprodukten wird in China steigen", sagt Voss, gerade in der Umwelttechnik, wo deutsche Mittelständler besonders stark seien.

Auch Jörg Höhn, der Geschäftsführer des German Centre in Peking, verweist auf die Pläne der Regierung, stärker auf den Umwelt- und Ressourcenschutz zu achten. „Wenn sich hier die Spreu vom Weizen trennt, haben deutsche Mittelständler mit ihren Qualitätsprodukten gute Aussichten." Allein im German Centre, das zur Landesbank Baden-Württemberg gehört, sind auf 17 Etagen 100 deutsche Unternehmen untergekommen.[222] Eines davon ist der Immobilienentwickler Drees & Sommer aus Stuttgart. Er hat sein Büro in einer Zeit eröffnet, in der die Regierung Spekulationen am Bau bekämpft und die traditionelle Immobilienwirtschaft deshalb als vermintes Gelände gilt, allzumal für Ausländer. „Das beunruhigt uns nicht", sagt der Geschäftsführer in Peking, Markus Lauber. „Der Schwenk von Quantität zu Qualität kommt uns zugute." Lauber setzt, wie so viele deutsche Unternehmen, auf Modernisierung, Wärmedämmung und Energiesparen. „Hier liegt Chinas Zukunft, und von der hoffen wir, profitieren zu können", sagt Lauber.

Egal ob BASF, Alba, Voith oder Drees, sie alle werden künftig in China noch viel mehr verdienen können als heute schon. Denn das Land hat ein Mega-Paket für Umweltinvestitionen beschlossen, das genau ihre Geschäftsfelder abbildet: sauberes Fahren, Wiederaufbereitung, energiesparendes Bauen. Im August 2013 veröffentlichte die Zentralregierung in Peking die „Ansichten des Staatsrats zur Beschleu-nigung der Entwicklung energiesparender und umweltschonender Industrien". Hinter dem sperrigen Titel verbirgt sich das umfassendste Programm zum Ausbau der „Green Economy", der grünen Wirtschaft, das China je gesehen hat. Der zentrale Satz des Papiers lautet: „Der Produktionswert der energiesparenden und umweltfreundlichen Industrien soll jedes Jahr im Durchschnitt um mehr als 15% wachsen und so bis 2015 den Ausstoß dieser Branchen auf 4,5 Billionen Yuan steigern. Diese Industrien sollen zu einer neuen tragenden Säule für die Volkswirtschaft werden."

4,5 Billionen Yuan sind etwa 540 Milliarden Euro, also ein ziemlich prächtiger Schatz! Damit entstünde aus dem Stand ein Wirtschaftszweig, der etwa den Umfang und das Wachstum der gesamten chinesischen Textilindustrie erreicht.[223] Wohlgemerkt, die Summe beschreibt nicht die Investitionen, sondern den Wert der produzierten grünen Güter und Dienstleistungen im Jahr 2015. Die Marke kann man als glaubhaft und erreichbar ansehen, weil der Plan mit hohem politischen Willen aus der Führungsspitze ausgestattet ist. Er fügt sich ein in das überwölbende Ziel von Regierung und Parteispitze, Chinas Wirtschaft zu modernisieren und grundlegend umzubauen, wie es in dem Papier unmissverständlich heißt:

„Das Energiesparen und der Umweltschutz können bei der Ausweitung der Binnennachfrage helfen, bei der Stabilisierung des Wachstums, bei den Strukturanpassungen und dabei, Chinas Wirtschaft auf ein höheres Niveau zu heben. Die beschleunigte Entwicklung solcher Industrien ist von zentraler Bedeutung, um Investitionen und Verbrauch anzuregen, um neue Wachstumspunkte zu schaffen, um die Ertüchtigung der Industrie und die Umstellung des Entwicklungsmodells voranzutreiben, um das Energiesparen, die Emissionsverringerung und die Verbesserung des Lebensstandards zu fördern, um eine andauernde Wirtschaftsentwicklung zu gewährleisten und um im Jahr 2020 eine Gesellschaft des bescheidenen Wohlstands auszubilden."[224]

Deutsche, Schweizer und österreichische Gesellschaften haben in allen Gebieten, welche die Regierungsinitiative fördert, etwas anzubieten. Vor allem in diesen Punkten:

- Entwicklung und Vertrieb hocheffizienter Dampfkessel in der Industrie sowie einer neuen Generation von Elektromotoren: Dazu werden bis zu 20 neue Fabrikationsstandorte entstehen. Zudem setzt der Katalog auf effizientere Beleuchtung in Form von LED.
- Verbreitung von Fahrzeugen mit alternativen Antrieben: Dazu sollen neue Kaufbeihilfen beitragen, besonders will man private Pkw, Taxis und Transporter fördern. All das passt zur Strategie von VW, BMW und Mercedes, die allesamt eigene Elektroautos für den chinesischen Markt entwickeln. Außerdem sind die Regierungen Deutschlands und Chinas eine „strategischen Partnerschaft für Elektromobilität" eingegangen, in der Unternehmen, staatliche Stellen und Forschungseinrichtungen zusammenarbeiten. Derzeit baut die deutsche Wirtschaft in Peking probehalber ein Netz von Ladestationen auf.
- Verbreitung technischer Anlagen zur Verbesserung der Luftqualität: Hier geht es vor allem um industrielle Großgeräte, aber der Text erwähnt auch Luftreiniger in Innenräumen. Die schlechte Luft in Chinas Großstädten hat einigen Anbietern bereits eine Sonderkonjunktur beschert. Etwa dem Unternehmen Venta aus Weinheim, das sich als weltweit führender Hersteller von Luftbefeuchtungs- und Luftreinigungsgeräten für Innenräume versteht. Mächtig profitieren kann auch der Schweizer Konkurrent IQ-Air. In den schlimmen Pekinger Winterzeiten 2013 schoss der Auftragseingang des Familienunternehmens auf das Fünf- bis Zehnfache normaler Zeiten. Insgesamt verdreifachte sich der China-Umsatz im ersten Quartal im Vergleich zum Vorjahr.
- Förderung neuer Methoden zur Abwasser- und Abfallbehandlung: Bis 2015 sollen dafür alle Städte und Kreise entsprechende Kapazitäten aufbauen. Für das Schmutzwasser sind mehr als 200 Millionen Kubikmeter am Tag geplant, für die umweltgerechte Beseitigung von Siedlungsabfällen 870.000 Tonnen am Tag. Ausgestattet mit Rauchreinigern sollen moderne Verbrennungsanlagen jeden Tag 300 Tonnen davon verfeuern.
- Ausbau der Kreislaufwirtschaft: Es sollen bis zu 15 nationale Cluster für die Refabrikation aufgebaut werden, d. h. für das Sammeln und die Aufbereitung gebrauchter technischer Geräte, von Klima-

anlagen über ausrangierte Computer, Kopierer und Handys bis zu Auto- und Maschinenteilen.

- Einrichtung von Modellstandorten für „urbane Minen": Damit ist die sogenannte Stadtschürfung gemeint, die systematische Gewinnung und Nutzung von Sekundärrohstoffen in der Stadt. Im Grunde handelt es sich um Wertstoffhöfe nach deutschem Vorbild, wo neben Schrott und Sperrmüll auch Bauschutt, Glas, Papier und Kunststoffe gesammelt, aber eben auch wiederaufbereitet werden.
- Stärkung der Dienstleistungen für Umweltschutz und Energieeinsparung: Vorstellbar ist die Einführung von Audits und Energieausweisen. Nach dem Vorbild deutscher Energieberater könnten Fachleute den Wärme-, Wasser- und Stromverbrauch von Wohn- und Geschäftsgebäuden messen und Verbesserungen vorschlagen. Explizit heißt es in dem Papier, es gehe um „Marktmechanismen zur Energieeinsparung und um den Handel mit eingesparten Energiemengen".
- Beginn der Aktion „Grünes Bauen": Es ist geplant, mehr Grün- und Waldflächen in den Städten auszuweisen und insgesamt 1.000 Quadratkilometer „grüner Baufläche" bereitzustellen. Bei Neubauten soll der Anteil umweltfreundlicher Gebäude ein Fünftel erreichen. Auch will man 20.000 Kilometer Fernwärmeleitungen modernisieren, 2.000 energiesparende öffentliche Gebäude hochziehen sowie 60 Millionen Quadratmeter staatlicher Büroflächen energetisch umbauen.
- Die Energieeffizienz von elektrischen Endgeräten soll bis 2015 um 15% steigen. Dann sollen hocheffiziente Produkte einen Marktanteil von mehr als 50% haben. Dabei ist etwa an Apparate im Haushalt, an Computer und Telekommunikationsgeräte zu denken.
- Förderung ressourcenschonender Verbrauchsgüter: Es sollen mehr Reinigungsgeräte für Schornsteine/Kamine, für die Innenluft und für Autoauspuffe verkauft werden, auch will man den Hausabfall und die Waschmittelkonzentration verringern.
- Zusammenstellung eines Fachkräftepools mit Spezialisten aus dem Ausland: Unternehmen und Forschungseinrichtungen sind gehalten, künftig enger mit internationalen Experten zusammenzuarbeiten, auch genießt die Ausbildung in den Feldern „Innovationen", „Umweltschutz" und „Energiesparen" Priorität. Hoch-

qualifizierte Ausländer sollen neue Ideen ins Land bringen und an der Gründung von Unternehmen beteiligt werden.

- Verstärkung der Öffentlichkeitsarbeit und der Bildung für Energieeinsparung und Umweltschutz: Um das zu erreichen, werden in ganz China 100 Regionen als Vorbild- und Modellzonen für ökologisches Verhalten etabliert.

- Anwerben internationalen Kapitals und Know-hows: Ausländische Investitionen werden den Plänen nach gezielt in energiesparende und umweltschonende Industrien gelenkt. Dazu sollen neue Arten der Finanzierung gefunden und zusätzliche Kanäle für den Kapitalzufluss geöffnet werden. Es gelte, den entsprechenden Geschäftsleuten ihre Tätigkeit und ihren Aufenthalt in China möglichst angenehm zu gestalten. Man möchte den Import „fortschrittlicher Kern- und Schlüsseltechnologien" erleichtern, einschließlich solcher Anlagen, welche die Umwelt schonen oder beim Energiesparen helfen. Ganz wichtig ist hier der Satz: „Die staatliche Unterstützung für energiesparende und umweltschonende Betriebe gilt auch für Unternehmen mit ausländischem Kapital, sofern sie die Bedingungen erfüllen."

Indirekt können aus der Initiative auch ausländische Privatleute Honig saugen, die keine Unternehmer sind: als Aktionäre nämlich. Die Deutsche Bank hat mehr als 30 börsennotierte Gesellschaften identifiziert, die von den Regierungsplänen profitieren dürften.[225] Die meisten sind an den abgeschotteten Festlandsbörsen in Schanghai oder Shenzhen gelistet, so dass zunächst nur chinesische Anleger oder einige internationale Fonds an ihrem Aufstieg mitverdienen können. Ausländische Privatanleger können aber ohne Umweg Aktien jener Unternehmen kaufen, die in Hongkong oder ganz im Ausland gehandelt werden. Von diesen tauchen in der Liste der Bank immerhin zehn Gesellschaften auf.

- **Abwasseraufbereitung**: Beijing Enterprises Water, China Everbright International, Tianjin Capital Environmental Protection, Sound Global und C&G Environmental Protection

- **Luftreinhaltung**: Guodian Technology and Environment

- **Feststoffabfälle**: Dongjiang Environment und Beijing Development

- **Erdgas**: CIMC Enric

- **Recycling**: Chiho-Tiande sowie abermals Dongjiang Environment.

Die Deutsche Bank hält sich mit Anlageempfehlungen zwar zurück, rät aber explizit in zwei Fällen zum Handeln: Aktien von Beijing Enterprises Water solle man kaufen, von China Everbright International hingegen zunächst die Finger lassen. Die Kollegen der Investmentbank Morgan Stanley raten bei beiden Papieren zum Abwarten und bringen stattdessen die folgenden in Hongkong und Taiwan zu erwerbenden Versorger- und Umweltaktien ins Spiel:

- **Windenergie**: Longyuan Power
- **Gas und erneuerbare Energien**: Suntien Green Energy,
- **Kohlevergasung / Stadtgas**: Datang International
- **Erdgas**: ENN Energy
- **LED / Energiesparendes Licht**: Epistar

Die fünf Werte haben die Fachleute zu gleichen Teilen in einem „Green China Basket" zusammengeführt. Darin sind, untergewichtet, auch die Aktien von Beijing Enterprises Water und China Everbright enthalten. Die Titel seien, heißt es in einer Einschätzung der Hongkonger Banker, „die größten Nutznießer des Aktionsplans".[226] Morgan Stanley ist gegenüber Chinas grünem Bekenntnis und den wirtschaftlichen Auswirkungen also äußerst optimistisch, sicherlich auch aus Eigeninteresse, wie die Zeitschrift „Börse Online" vermutet: „Die Investmentbanken wittern ein Riesengeschäft".[227] Die Spezialisten der Deutschen Bank schwelgen ebenfalls in Begeisterung über die Anlagechancen: „Nach der klaren Vorgabe der Regierung dürfte Chinas Umweltindustrie schon in naher Zukunft erblühen. Das bringt in der Branche Anlagemöglichkeiten in Hülle und Fülle mit sich." Ähnlich euphorisch formuliert es von staatlicher Seite der Umweltforscher Zou Ji. Er ist der Stellvertretende Leiter des Nationalen Zentrums für Strategien zum Klimawandel und für die Internationale Zusammenarbeit. Die Forschungs- und Beratungseinrichtung in Peking ist direkt an das mächtige Planungsministerium NDRC angeschlossen. „Umweltschutz kann euch reich machen!" laute die Botschaft an die Unternehmer, sagt Zou. „Die neue Richtlinie ist so bedeutend, weil sie strikt wirtschaftlich argumentiert."

Hochgefühle auch auf deutscher Seite. „Was in China passiert, ist unglaublich", sagte Stephan Kohler, der Leiter der Deutschen Energieagentur Dena der Zeitschrift „Spiegel."[228] Deutsche Energieunternehmen sollten jetzt unbedingt nach China gehen, empfiehlt der Fachmann. Das gelte für die Anbieter von Regeltechnik, die in Chinas riesigen Stromnetzen zum Zuge kommen könnten. Es gelte aber ebenso für den Spezialmaschinenbau – selbst in der darniederliegenden Photovoltaik. Kohler weiß, dass die deutschen Solarmodulhersteller gegenüber den Chinesen zwar keinen Stich mehr machen. Aber die Anlagen, die diese Zellen und Paneele in Fernost herstellen, kommen zu 80% aus Deutschland.

4. Krawatten statt Blaumann: Aufschwung der Dienstleistungen

Der Hinkende setzt zum Sprung an: Freihandelszone Schanghai

In Chinas Städten wird auch in Zukunft das Verarbeitende Gewerbe eine entscheidende Rolle spielen, für die Beschäftigung, als Investor, Wirtschaftstreiber und Steuerzahler. Zwei neue politische Trends bremsen jedoch sein Wachstum. Zum einen die Entschlossenheit, den Schadstoffausstoß und den Energieverbrauch zu begrenzen, zum anderen das Ziel, die Bedeutung der Investitionen und der Massenfertigung einfacher Güter zurückzudrängen und stattdessen höherwertige moderne Wirtschaftszweige zu fördern. Ein solcher sind die Dienstleistungen. Sie konzentrieren sich in den Städten, egal ob es sich um den Handel, um Verkehr und Logistik, um das Gastgewerbe, um Banken, Versicherungen oder um Handwerksbetriebe handelt. Deshalb werden diese Branchen mit dem Wachstum der Städte an Geltung gewinnen.

Bisher hinkt Chinas Dienstleistungswirtschaft hinterher, sie machte 2012 nur 44,6% des Bruttoinlandsprodukts aus. Das ist nicht nur weniger als der Anteil der Industrie, sondern bleibt auch deutlich hinter dem Wert in entwickelten Volkswirtschaften zurück, mit denen China gleichziehen will. Dort trägt der Tertiärsektor mindestens 60% zur nationalen Wirtschaftsleistung bei. Während die Landwirtschaft in China deutlich schwächer wächst als das BIP, legen Industrie und Dienstleistungen mit je 8,1% stärker zu als die Gesamtwirtschaft. Dass beide gleich schnell wachsen, bedeutet freilich auch, dass die Services der vorauseilenden Industrie nicht näherkommen.[229] Genau das will die Regierung ändern, wie das Dritte Plenum noch einmal unterstrichen hat. Sie hat deshalb einen eigenen Fünfjahresplan für diesen Sektor aufgestellt. Dieser sieht vor, dass die Dienstleistungen bis 2015 das Verarbeitende Gewerbe zum ersten

Mal in der langen Geschichte Chinas überholen werden. Gefördert werden dem Plan zufolge zwölf Branchen, darunter Finanzdienstleistungen, Handel, Tourismus, Gesundheitswesen undAltenversorgung. Statt etwa 35% wie 2010 sollen am Ende der Periode knapp 39% aller Beschäftigten als Dienstleister arbeiten.[230] Wohlgemerkt, schon jetzt gibt der Sektor mehr als 260 Millionen Menschen ein Auskommen und ist seit 2011 der größte Arbeitgeber noch vor der Industrie. Aber die Beschäftigungsquote ist viel geringer als z. B. in Malaysia mit 60% oder in den USA mit 81%. „Verglichen damit, wo China sonst auf seinem Entwicklungspfad steht, müsste man erwarten, dass die Dienstleistungen die Hälfte aller Jobs stellen", schreibt Xu Qiyuan, ein Spezialist für diese Fragen an der Akademie für Sozialwissenschaften CASS, Chinas führender staatlicher Denkfabrik.[231]

Xu betrachtet die Rückständigkeit im Zusammenhang mit der mehrfach erwähnten „Falle mittlerer Einkommen". Damit ist gemeint, dass das schnelle Wachstum aufstrebender Volkswirtschaften abreißt, sobald sie ein gewisses Einkommensniveau erreicht haben. Xu sieht China jetzt schon mit einem Fuß in dieser Schlinge. „Eine neue Quelle des Wachstums muss her", fordert er deshalb. „Was könnte das sein? Die Antwort ist: die Dienstleistungswirtschaft." Es gelte, Monopole und Oligopole zu zerschlagen – zu denken wäre etwa an die staatlichen Mobilfunkanbieter oder an die Banken – und viel mehr Geld als bisher in Dienstleistungen zu investieren, etwa in Bildungs-, Finanz- und Gesundheitseinrichtungen. Ein solches Vorgehen triebe nicht nur den Binnenkonsum in die Höhe und verspräche bessere Kapitalrenditen als in der Industrie, sondern es böte auch Millionen gut ausgebildeter Universitätsabgänger höher bezahlte Beschäftigungsmöglichkeiten als bisher. All das wäre im Sinne des angestrebten Strukturwandels und würde die Zukunftsfestigkeit des Landes erhöhen, argumentiert der Wissenschaftler: „Chinas Befähigung, über die Falle mittlerer Einkommen hinwegzuspringen, ist von Reformen in der Service-Industrie abhängig."

Ähnlich sieht es die Beratungsgesellschaft Dragonomics in Peking. Sie weist darauf hin, dass das Wachstumstempo im Service viel höher ist als in der Industrie.

„Sowohl einheimische als auch ausländische Unternehmen beginnen, bei den Wachstumserwartungen in China nicht länger auf das Verarbeitende Gewerbe und auf die Immobilien zu setzen, sondern auf die Dienstleistungen. Das ist hochvernünftig, da ein großer Teil der chinesischen Bevölkerung mittlerweile Einkommensniveaus erreicht hat, bei denen ein zunehmender Anteil ihrer Mehrausgaben eher in Dienstleistungen fließt als in gewerbliche Erzeugnisse".[232]

Traditionell hat das Verarbeitende Gewerbe stets mehr als 50 % der ausländischen Direktinvestitionen angezogen. 2012 aber betrug sein Anteil nur noch 44 %. Im gleichen Maße ist die Bedeutung der Services gestiegen, im Juni 2013 erstmals auf fast die Hälfte des angelockten Kapitals. Die Signifikanz des Sektors könnte noch viel höher sein, wenn China, wie es das ZK auf dem Dritten Plenum im November 2013 beschlossen hat, seine Dienstleistungsmärkte weiter öffnete und die Staatsmonopole zerschlüge. Entscheidend ist dabei, dass die beabsichtigte Liberalisierung auch internationalen Dienstleistern zugutekommen soll. Es gebe für sie zwar nach wie vor viele Hürden auf dem Weg in den Markt, hat Greg Gilligan festgestellt, der Geschäftsführer der Amerikanischen Handelskammer AmCham in China. „Aber in der Tat ist es so, dass sowohl ausländische als auch einheimische Dienstleistungsanbieter von der beabsichtigten Strategie der chinesischen Regierung profitieren werden, die Wirtschaft neu auszutarieren."[233]

In diesen Umbauplänen zeigt sich, dass Chinas neue Führung noch über die Absichten des Fünfjahresplans zur Förderung der Dienstleistungen hinausgehen will. Denn sie sieht in dem Wirtschaftszweig einen „neuen Motor zum Antrieb des nachhaltigen Wachstums", wie es Ministerpräsident Li Keqiang ausdrückt. Als Teil der Urbanisierung soll der Sektor einer der wichtigsten Treiber für den angestrebten Umbau der Nationalökonomie werden, indem er hilft, die Abhängigkeit vom Export zu minimieren und stattdessen die Nachfrage im Inland zu erhöhen. „Wenn wir das Angebot an Dienstleistungen ausweiten und zugleich ihre Qualität verbessern, setzt das riesige Potentiale in der Binnennachfrage frei und unterstützt damit unser Bestreben, das ökonomische Wachstum zu stabilisieren und seine Zusammensetzung zu optimieren", formulierte Li das Ziel im Mai 2013. Wie so häufig will es China dabei wortwörtlich auf einen Versuch ankommen lassen. Li sagte: „China wird seine Service-Industrie weiter öffnen und verschiedene Pilotzonen zum Experimentieren mit dem freien Handel von Dienstleistungen einrichten, um aus der Entwicklung Nutzen zu ziehen."[234]

Genau vier Monate nach Lis Versprechen war es soweit: Am 29. September 2013 gab die Regierung in Schanghai den Startschuss für die erste internationale Freihandelszone auf dem chinesischen Festland. Ihre Bedeutung muss sich erst noch erweisen, aber der Versuch zeigt, dass es China gerade im Feld der Finanzdienstleistungen ernst meint mit der Liberalisierung und dass diese Öffnung ausländischen Anbietern besonders zugute kommen könnte. So ist es nicht-chinesischen Investoren in dem 29 Quadratkilometer großen Gebiet künftig möglich, freier Geld umzutauschen und anzulegen. Dadurch dürften sie stärker von den chinesischen Waren-, Dienstleistungs- und Kapitalmärkten profitieren. Auch wird es ausgewählten internationalen Banken erlaubt, sich in der Metropole niederzulassen. Als eines der der ersten europäischen Geldhäuser hat die Deutsche Bank im November 2013 eine entsprechende Lizenz beantragt. Auf diese Weise will der Staatsrat, der die Reformen beschlossen hat, die Nachteile für Ausländer und private chinesische Finanzeinrichtungen abbauen und den Wettbewerb stärken. Das soll zu neuen Bankkunden und zu Produktivitätssteigerungen in den Staatsinstituten führen, damit sie sich jenseits des Zinsgeschäfts auf alternative Geschäftsfelder vorwagen und gestählt werden für den Tag, an dem sie in Konkurrenz zu internationalen Geldhäusern treten müssen.[235]

Die Neuerungen in der „Pilot-Freihandelszone" und in den entsprechenden Beschlüssen des Dritten Plenums bedeuten eine kleine Revolution für Finanzdienstleistungen. Denn bisher ist die Landeswährung Renminbi außerhalb von Handelsgeschäften nicht konvertibel. Auch erlauben die strengen Kapitalverkehrskontrollen keine direkten Anlagemöglichkeiten aus dem Ausland. Zudem wird in Schanghai ebenso wie in der südlich davon gelegenen „Hochburg der Privatindustrie" Wenzhou mit der Freigabe der Einlagenzinsen experimentiert. Überall sonst legt die Zentralbank einen Referenzwert fest. Da der Wettbewerb nach der Zinsfreigabe anziehen dürfte, erwarten die Sparer höhere Renditen und könnten, jedenfalls der Theorie nach, mehr Geld für privaten Konsum ausgeben. Wann genau die neuen Freiheiten in Kraft treten, ist unklar. In dem Papier ist von den kommenden zwei bis drei Jahren die Rede, also bis 2016. Spätestens 2020 will Schanghai ein internationales Finanzzentrum wie New York oder London sein. Das ist nur vorstellbar, wenn für Finanzeinrichtungen Niederlassungsfreiheit besteht, wenn die Kapitalkontrollen wegfallen und wenn die Zinssätze den Marktkräften unterliegen. Auch dürfte bis dahin der Wechselkurs des Renminbi freigegeben werden.

Insgesamt will man in Schanghai die Beschränkungen in 18 Dienstleistungszweigen lockern. So lässt man Ausländer eigene Schifffahrtsgesellschaften gründen und Mehrheiten an Reedereien erwerben. Es ist ihnen gestattet, Schulen und Berufsschulen zu eröffnen, sofern sie einen einheimischen Partner beteiligen. Internationale Krankenversicherer dürfen testweise Verträge hier verkaufen, nicht-chinesischen Gesundheitseinrichtungen, etwa Krankenhäusern, werden hundertprozentige Niederlassungen gewährt. Anwälte, Finanzdienstleister und Reisebüros können mehr Geschäfte betreiben als anderswo. Auch bestimmte Telekommunikationsdienstleistungen sind künftig zulässig, des Weiteren die Herstellung und der Vertrieb von Konsolen für elektronische Spiele; bisher waren sie in China verboten.

Die Reaktionen auf das neue Freihandelsgebiet fielen überwiegend positiv aus. Einige Kommentatoren verglichen seine Bedeutung mit der Einrichtung der ersten Sonderwirtschaftszone in Shenzhen 1980, mit der Chinas Wirtschaftswunder begann.[236] Die Europäische Handelskammer lobte die Neuerungen in Schanghai als wichtige Schritte auf dem Weg zu gleichen Wettbewerbsbedingungen für chinesische und fremde Unternehmen sowie als „möglichen Durchbruch dafür, wie China in Zukunft mit ausländischen Investitionen umgeht". Die Kammervertreter erwarten, dass die Freihandelszone schon bald auf den gesamten östlichen Teil Schanghais, Pudong, ausgeweitet wird und dass solche Experimentiergebiete auch in anderen Städten entstehen.[237]

Genau das hat das Dritte Plenum des ZK wenig später beschlossen. Kaum waren seine Entscheidungen bekannt, kündigte das Parteikomitee der Nordwestprovinz Xinjiang Ende November 2013 an, eine Freihandelszone mit den Nachbarländern anzustreben. Für die Deutsche Bank unterstreicht der Versuch die Entschlossenheit der Zentralregierung, „die Liberalisierungspolitik für Investitionen und für das Finanzwesen weiterzutreiben. Die Freihandelszone in Schanghai wird als Testgebiet für diese Reformen dienen." Solche Veränderungen halten die Banker für unerlässlich, damit China dem geplanten Transpazifischen Freihandelsabkommen TPP mit den USA, Japan und vielen anderen Schwergewichten beitreten könne. Denn dieses riesige Gebiet werde 40 % der Weltwirtschaftsleistung umfassen und könnte sich für den freien Handel als wichtiger erweisen als die Welthandelsorganisation WTO. „Wenn China vom TPP ausgeschlossen wäre, würde es einen bedeutsamen Teil des Weltmarktes verlieren und könnte sich Hürden für Auslandsinvestitionen gegenübersehen", befürchtet die Bank.[238]

Klar ist also, dass sich etwas tut in der Dienstleistungswirtschaft und dass offenbar Chinas Integration in die Weltwirtschaft zunimmt. Galt das seit dem WTO-Beitritt 2001 zunächst vor allem für Anlageninvestitionen und für den Warenhandel, so weiten sich die Aktivitäten jetzt auf die Services aus. Wir wollen uns einige dieser Branchen genauer anschauen und in ihren Hinterzimmern nach verborgenen Schätzen stöbern. Mal sehen, was sich dort heute schon finden lässt, auch ohne den ambitionierten Feldversuch in Schanghai und ohne die weitreichenden Pläne des Zentralkomitees. Der Tourismus zum Beispiel ist jetzt schon ein großer Dienstleistungserfolg.

Reiseweltmeister China: Unser Stück vom Touristen-Kuchen

Sommer 2013 in Rothenburg ob der Tauber. Der Aufstieg zum Rathausturm ist so eng und der Ansturm so groß, dass die Stadt am Eingang eine kleine Ampel angebracht hat. Erst wenn sie auf Grün springt, ist auf der Aussichtsplattform wieder Platz und der nächste Besucherpulk erhält Zutritt. Kichern unter den wartenden Chinesen. „Eine Superidee", sagt eine junge Frau, aber ihr Gefährte in der zehnköpfigen Reisgruppe schüttelt den Kopf: „Warum machen sie nicht einfach den Turm größer?"

Rothenburg, das malerische Kleinod mit der restaurierten Stadtmauer, ist eine der Hauptsehenswürdigkeiten für asiatische Touristen in Deutschland. Noch ist der mittelfränkische Ort eher auf Japaner eingestellt. Die Auslagen vieler Andenkengeschäfte sind auf Deutsch, Englisch und Japanisch beschriftet, Gleiches gilt für die Hinweisschilder in den Museen und Kirchen und für die Speisekarten in mancher Gastwirtschaft. Doch immer mehr der fernöstlichen Gäste kommen gar nicht aus Japan, sondern aus China. „Nehmen's mir das nicht übel, aber ich kann die eh nicht auseinanderhalten", sagt die Verkäuferin in einem Weingeschäft und zuckt mit den Schultern. Zeitweilig habe sie für die weitgereisten Kunden einen japanischen Kollegen gehabt, aber der konnte mit den Chinesen auch nicht reden und wollte es auch nicht. „Die mögen sich wohl nicht dahinten?" fragt die junge Frau im Trachtenkleid. Ein Unterschied zwischen den Nationalitäten sei ihr allerdings doch aufgefallen, sagt sie nach kurzem Nachdenken. „Ich hab den Eindruck, dass die Kinesen mehr teure Weine kaufen als die Japaner, kann das sein?"

Kann es. Chinesen geben auf Reisen gern viel Geld aus, für Andenken, Geschenke und um den anderen in der Gruppe zu signalisieren, wie viel sie sich leisten können (siehe Tabelle S. 182). Besonders begehrt sind Luxusartikel, wozu in Deutschland neben den Weinen auch Boss-Anzüge, Montblanc-Füller oder WMF-Töpfe gehören. Zum

China hat Deutschland erstmals als Reiseweltmeister überholt

Land	Ausgaben auf Auslandsreisen in Mrd. Dollar				Marktanteil in %	Ausgaben je Kopf in Dollar
	2005	2010	2011	2012	2012	
Welt	**680**	**931**	**1.044**	**1.074**	**100**	**153**
China	21,8	54,9	72,6	102,0	9,5	75
Deutschland	74,4	78,1	85,9	83,8	7,8	1025
USA	69,9	75,5	78,7	83,7	7,8	266
Großbritannien	59,6	50,0	51,0	52,3	4,9	830
Russland	17,3	26,6	32,5	42,8	4,0	302
Frankreich	31,8	39,0	44,1	38,1	3,5	601
Quelle: Welttourismusorganisation UNWTO						

chinesischen Neujahrsfest, der Hauptreisezeit der Chinesen, gaben sie 2013 rund 6,3 Milliarden Euro für Luxusgüter jenseits ihrer Grenzen aus, 18% mehr als in der Urlaubszeit des Vorjahres. In einer Umfrage gaben fast drei Viertel aller Reisenden an, im Ausland regelmäßig solche teuren Produkte einzukaufen.[239]

Die Chinesen sind Reiseweltmeister. Und das, obgleich sie erst seit der Jahrtausendwende weitgehend ungehindert in der Welt umherfliegen können. Mit 83,2 Millionen Auslandsreisen überholten sie 2012 erstmals die Deutschen und zugleich auch die Amerikaner, die 2011 noch auf Platz zwei rangiert hatten. Die Asiaten sind zudem das erstes Volk, das in einem Jahr mehr als 100 Milliarden Dollar für den Auslandstourismus ausgegeben hat. Das waren fast 41% mehr als im Vorjahr. Selbst wenn man die Reisen der Festlandchinesen in ihre wichtigsten Destinationen – nach Hongkong und Macao – abzieht, stellen sie mit ca. 30 Millionen Touristen im Jahr immer noch die fünfgrößte Besuchergruppe im Ausland. Die Welttourismusorganisation der Vereinten Nationen UNWTO weist in diesem Zusammenhang auf die Bedeutung der Wechselkurse hin. Der chinesische Rekord sei nicht zuletzt dem steigenden Wert der Landeswährung Renminbi zu verdanken gewesen.

Der UNWTO zufolge ist China seit zehn Jahren der mit Abstand am schnellsten wachsende Markt für die Herkunft des Auslandsfremdenverkehrs (Source Market oder Quellmarkt). Zwischen 2000 und

2012 habe sich die Zahl der Reisenden verachtfacht. Die gleiche Steigerung hätten die Ausgaben erfahren. Als Gründe für den Zuwachs nennt die in Madrid ansässige Organisation die rapide Verstädterung mit steigenden Einkommen sowie die Erleichterung von Auslandsreisen. „Es sind weiterhin die aufstrebenden Volkswirtschaften, die das Wachstum in der Tourismusindustrie anführen", sagte UNWTO-Generalsekretär Taleb Rifai. Die starke Zunahme insbesondere in China und Russland spiegele den Aufstieg der Mittelschicht in diesen Ländern wieder. „Das wird mit Sicherheit die Landkarte im internationalen Fremdenverkehr verändern."[240]

Die Aussichten bleiben rosig, gerade für China. Das China Outbound Tourism Research Institute COTRI prognostiziert für 2013 rund 95 Millionen chinesische Touristen in aller Welt (+14%), die 110 Milliarden Dollar im Ausland ausgeben werden (+8%). Deutschland rangiert als Reiseziel zwar nur auf Platz 13, nimmt innerhalb Europas aber schon Position drei hinter Frankreich und Russland ein. 2012 kam eine Dreiviertelmillion Chinesen nach Deutschland, die allerdings im Schnitt nur zwei Nächte blieben.[241] Das aber kann sich ändern, denn der Typus der Gäste wechselt. Die Fachleute sprechen von einer „zweiten Welle chinesischer Touristen", die außerhalb großer Gruppen unterwegs seien. Ihr Anteil erreiche schon 30 bis 40% aller Auslandsreisenden aus China und wachse rapide. Viele von ihnen haben mehr Bares und größere Reiseerfahrung als die Gruppenteilnehmer, sprechen besser Englisch, sind im Schnitt jünger als 45 Jahre, legen mehr Wert auf Ökologie, besuchen auch abgelegene Ziele, bleiben länger und entscheiden selbst, wo und wofür sie ihr Geld ausgeben (anders als viele Gruppen, die in bestimmte Geschäfte, Restaurants und Hotels geschleust werden). Die Experten raten, diese neue Zielgruppe zu ködern, wenn Deutschland, Österreich oder die Schweiz künftig ein größeres Stück vom 100-Milliarden-Dollar-Kuchen abbekommen wollen.[242]

Um in der Sprache der Schatzsucher zu reden: Es wartet im Tourismus also noch so mancher Hort darauf, gehoben zu werden. Auch wenn China inzwischen für fast 10% des Weltmarkts steht, erreichen die Ausgaben je Kopf gerade einmal 75 Dollar pro Reise. Das ist nur die Hälfte des internationalen Durchschnitts und entspricht dem letzten Platz in der Tabelle der 15 eifrigsten Reisenationen. Zum Vergleich: Jeder deutsche Tourist oder Geschäftsreisende lässt mehr als 1.000 Dollar im Ausland, beim Spitzenreiter Singapur sind es sogar 4.200 Dollar. Auch deshalb ist es so vielversprechend, auf die chinesischen Individualreisenden einzugehen. Untersuchungen zufolge geben nämlich zwei Drittel von ihnen auf ihren Reisen mehr als 980 Dollar aus. Das ist dreizehnmal so viel wie der chinesische Mittelwert, sechseinhalb mal so viel wie der Weltdurchschnitt, und es übersteigt sogar die durchschnittlichen Ausgaben eines Briten im Ausland. Anders gerechnet bezahlt etwa die Hälfte der chinesischen Einzelreisenden Rechnungen von fast 100 Dollar am Tag, eine wirklich stattliche Summe.

Aufmerken lässt dies: Deutschland ist in Europa die wichtigste Destination für die neuen spendablen Einzelgäste aus Fernost.[243] Man kann sich für Hotels, Gaststätten, Freizeiteinrichtungen und Urlaubsorte vorstellen, was es bedeutet, wenn nicht nur die Zahl der chinesischen Besucher weiterhin zweistellig wächst, sondern wenn sie auch noch deutlich mehr Geld als bisher in Europa lassen. Um einen Eindruck von der gewaltigen Welle zu bekommen, die auf die Gastländer zurollt, empfiehlt sich ein Blick auf Chinas Inlandstourismus, der noch viel mächtiger ist. Er verzeichnete 2012 rund drei Milliarden Reisen (+12%), auf denen 2,3 Billionen Yuan oder 360 Milliarden Dollar ausgegeben wurden (+18%). Je Reise also immerhin 120 Dollar.[244] Wenn, was mit wachsendem Lebensstandard zu erwarten ist, ein immer größerer Teil dieser Inlandstouristen ins Ausland strebt, dann könnte es tatsächlich sinnvoll werden, in den Rothenburger Geschäften Chinesen einzustellen – und den Rathausturm zu erweitern.

Wie wir noch mehr Chinesen nach Deutschland locken, etwa mit Labskaus

Professor Wolfgang Georg Arlt gilt in Deutschland als einer der besten Kenner des chinesischen Fremdenverkehrs. Er lehrt Tourismus-Management an der Fachhochschule Westküste in Heide (Holstein). Außerdem leitet er das von ihm gegründete Institut COTRI, welches das Auslandsreiseverhalten der Chinesen untersucht. Arlt studierte Sinologie und Politik an der FU seiner Heimatstadt Berlin, in Taiwan und Hongkong, war Reiseleiter und Reiseveranstalter in China. Seit seinem ersten Besuch 1978 ist er rund 130-mal in die Volksrepublik gereist. „Deutschland kann vom Reiseweltmeister China enorm profitieren", sagt der Tourismusforscher.[245]

FRAGE: Herr Professor Arlt, wir sitzen in einem deutschen Biergarten mitten in Peking. Es ist gerappelt voll. Was treibt die vielen Chinesen zu Bier und Leberkäse?

ARLT: Das ist für viele eine kleine Deutschlandreise, etwas Exotisches. Schauen Sie, der Herr am Nebentisch isst gerade eine Schweinshaxe. Das ist wie eine Mutprobe, mit der er zeigt, wie international er ist. Als würden wir Schlange bestellen.

Eine ziemlich teure Mutprobe, ein halber Liter Bier kostet umgerechnet 8,20 Euro.

Geld spielt keine Rolle, wie so oft bei der Oberschicht. Freizeitparks sind hier auch irre teuer. Ein chinesisches Sprichwort sagt, wer auf Reisen ist, darf nicht knickerig sein.

Gilt das auch für das Ausland?

Da erst recht. Die Chinesen haben 2012 erstmals die Deutschen als Reiseweltmeister abgelöst und mehr als 100 Milliarden Dollar im Ausland gelassen.

Warum reisen Chinesen so gern?

Fernreisen sind ein Statussymbol. Wer ein schönes Haus, ein dickes Auto und den Sohn auf einer ausländischen Universität hat, der investiert als nächstes in weite Reisen. Unsere Umfragen zeigen, dass viele das eigentlich gar nicht mögen. Sie hassen das lange Fliegen, das Wetter dort oder das Essen. Aber so wie man gern seine Gucci-Tasche oder seinen Audi präsentiert, will man anderen auch Fotos aus Sydney zeigen können. Das hat auch geschäftliche Vorteile. Wer sich New York leisten kann, gilt als kreditwürdig.

Der chinesische Mischkonzern Wanda will in London das erste chinesische Luxushotel bauen. Gibt es da nicht schon genügend?

Schon, aber kaum eines ist auf Chinesen eingestellt. Wanda will im Ausland Hotels von Chinesen für Chinesen bauen, das ist clever. Übrigens sind chinesische Investoren in Europa längst aktiv. Die Hainan-Airlines-Gruppe HNA ist dort an mindestens 50 Hotels beteiligt.

Taugen normale Hotels denn nichts?

Die machen vieles falsch, und deshalb sind die meisten Chinesen mit dem Service in Europa unzufrieden. Das beginnt schon damit, dass sie an der Rezeption falsch angesprochen werden, weil im Chinesischen der Familienname vorn steht. Oder sie werden für Japaner gehalten, das geht gar nicht!

Sind die kulturellen Unterschiede so groß?

Immens! Im Westen bekommt an der Rezeption immer erst die Dame den Schlüssel, in Japan der Herr. In China aber ist der Chef als erster dran, egal ob er männlich oder weiblich ist.

Kann man nicht darüber hinwegsehen?

Nicht wenn man so empfindlich ist wie viele Chinesen. Sie fühlen sich schnell herabgesetzt, obwohl das niemand will. Außerdem: Wer in Paris 600 Euro für eine Suite bezahlt, kann erwarten, dass die anderen sich anpassen, nicht er selbst.

Auch beim Essen?

Natürlich! Man sollte zum Beispiel akzeptieren, dass Chinesen in Restaurants sehr laut sind. Das ist nicht ungehobelt, sondern dient der Gesundheit. Sie sagen: Wer beim Essen schweigt, bekommt Verstopfung.

Und was ist mit chinesischen Speisen?

In westlichen Hotelketten gibt es zum Frühstück längst Sushi-Büffets für Japaner, aber keinen Reisbrei, keine Sojamilch oder salziges Gemüse für Chinesen. Das sollte man anbieten, obgleich die Chinesen dann vielleicht doch Cornflakes essen. Es geht darum, den Reisenden gegenüber Respekt zu zeigen und ihre Gleichwertigkeit zu unterstreichen. Dazu sollten auch Hinweisschilder und Speisekarten auf Chinesisch gehören oder hier und dort ein asiatisches Kunstwerk.

Wenn wir in Venedig das Schild sehen „Wir sprechen Deutsch“, gehen wir doch eher nicht in solch ein Restaurant …

Chinesen wissen so etwas aber sehr zu schätzen, und darauf sollten sich die Gastronomie und Hotellerie einstellen. Ich war gerade in Berlin in einem Hotel mit 150 Fernsehkanälen, aus Peru, aus Brasilien und sonstwo. Es gab nur einen Sender aus China, und der war auf Englisch.

Wie kann man Chinesen noch gewinnen?

Mit viel Personal. Chinesen warten nicht gern und wollen umsorgt werden. Ich schätze, dass Wanda in London fünfmal so viele Leute einstellt wie andere. Das rechnet sich, wenn die Auslastung stimmt und man ganze Urlaubspakete anbietet. Wanda ist ja auch Reiseveranstalter.

Und außerhalb der Hotels?

Wenn ein Reiseführer in Aachen sagen kann: „Karl der Große lebte zur Zeit Ihrer Tang-Dynastie", dann hat er schon gewonnen. Dann werden er, seine Organisation und die Stadt weiterempfohlen. Es zahlt sich wirklich aus, Chinesen mit Achtung zu begegnen.

Wie wichtig sind Chinesen für Deutschland?

Noch hält sich ihre Menge in Grenzen. Meist ist Deutschland Teil einer Europareise, da ist an jeder Station wenig Zeit. Selbst ins Karl-Marx-Haus in Trier geht nur ein Zehntel der Chinesen wirklich hinein, der Rest lässt sich allenfalls davor fotografieren. Wenn Karl Marx nicht zieht, wer dann? (lacht)

Die Bedeutung chinesischer Urlauber wird also überschätzt?

Keinesfalls, denn wir befinden uns erst am Anfang. Die Zahl der Deutschlandreisen wächst rasant um rund 20 % im Jahr. Das schafft kein anderes Herkunftsland.

Wie kann man davon profitieren?

Jede Region in Deutschland hat etwas zu bieten, sie sollte es aber besser auf Chinesen zuschneiden. Woher kommen Sie zum Beispiel?

Aus Bremen.

Warum bietet Bremen nicht einen Kurs zum Labskaus-Kochen auf Chinesisch an, am besten im historischen Rathaus? Mit Video zum Mitnehmen, Urkunde und dem einen oder anderen VIP, der vorbeikommt und Ni hao sagt. Wer sich zum Fotografieren auf den Stuhl des Bürgermeisters setzt, zahlt 150 Euro extra. Wir mögen das albern finden, aber Chinesen lieben so etwas. Sie sind Deutschland sehr zugetan, kommen gern und kaufen viel ein. Nicht nur Kuckucksuhren, sondern auch Töpfe, Werkzeuge oder Boss-Anzüge. Wenn es Deutschland klug anstellt, kann es von den neuen Reiseweltmeistern enorm profitieren.

Versicherungen: Es geht um das Leben von 1,3 Milliarden Menschen

Bevor die Chinesen daran denken können, zu reisen und viel Geld im Urlaub auszugeben, müssen sie erst einmal ihre Risiken zu Hause abdecken, sich also versichern. Das Potential für Versicherungsgeschäfte in China ist riesig, der Schatz quillt förmlich unter dem Truhendeckel hervor: 2012 wuchsen die Bruttobeitragseinnahmen um 8 % auf 187 Milliarden Euro. Am stärksten stiegen die Krankenversicherungen mit 25 % vor den Unfall- und Sachversicherungen.[246] Die Dynamik des Versicherungsgeschäfts dürfte sich noch beschleunigen. Natürlich gibt es auch einen Fünfjahresplan für dieses Gewerbe, und der sieht vor, das Volumen bis 2015 zu verdoppeln. Statt 1.140 Yuan wie 2010 soll die Versicherungsdichte dann 2.100 Yuan betragen, rund 250 Euro; gemeint sind damit die Prämien je Kopf und Jahr. Rosige Aussichten bieten sich den Konzernen auch langfristig. Nach Berechnungen der Allianz wird die Zunahme der Beitragseinnahmen in den kommenden zehn Jahren im Durchschnitt 12,1 % betragen, das Wirtschaftswachstum von geschätzt 7 bis 7,5 % im Jahr also deutlich übersteigen. Bis 2023 dürfte sich der Anteil des Landes am Weltversicherungsmarkt auf 13 % verdoppeln. Dann wären nur noch die USA wichtiger als China. Anders ausgedrückt: Fast ein Viertel aller neuen Prämien könnten bis 2023 in der Volksrepublik erwirtschaftet werden. Als Haupttreiber für diese rasante Entwicklung hat die Allianz neben dem allgemeinen Wirtschaftswachstum die stark expandierende Mittelklasse, die steigende Lebenserwartung und den Nachholbedarf im chinesischen Hinterland identifiziert.[247]

Doch das Geschäft ist mühsam in China, jedenfalls für Ausländer. Der Markt ist hochreguliert und weder offen noch fair. Im Geschäft mit Lebensversicherungen entfallen deshalb nur 4,3 % des Volumens auf internationale Konzerne, bei Sach- und Unfallversicherungen sogar nur 1,2 %. Die Ausländer fühlen sich benachteiligt, obgleich Peking beim Beitritt zur Welthandelsorganisation WTO 2001 versprochen hatte, sie auf den Markt für Lebens-, Kranken-, Renten- und bestimmte Sachversicherungen zu lassen. Doch trotz aller Beschwernisse wollen die 50 internationalen Konzerne im Land den interessanten Markt nicht allein den Chinesen überlassen. Laut einer Umfrage der Beratungsgesellschaft PWC erwartet die Mehrheit der ausländischen Anbieter, dass ihre Beitragseinnahmen mit Lebensversicherungen bis 2015 um 15 bis 30 % im Jahr wachsen werden. Bei den Sach- und Unfallversicherungen sind 20 % möglich, wobei viel davon abhängen wird, ob und wie sich die angekündigte Öffnung des Markts für Kraftfahrzeugversicherungen auszahlen kann.[248] Unübersehbar ist das Interesse der großen Akteure, über Zukäufe an Marktanteile zu gelangen. Die größte französische Bank BNP Paribas ist deshalb im Juli 2013 ein Gemeinschaftsunternehmen mit der Bank of Beijing zum Vertrieb von Versicherungspolicen eingegangen. Die ebenfalls französische Axa-Gruppe hat für fast eine halbe Milliarden Euro die Hälfte der Anteile an dem chinesischen Schadensversicherer Tian Ping gekauft. Dadurch ist sie aus dem Stand zum größten ausländischen Anbieter solcher Produkte in China geworden.

Da Lebensversicherungen die mit Abstand größte Gruppe bilden – sie sind fast doppelt so bedeutsam wie die Sachversicherungen und zehnmal so groß wie die Krankenversicherungen – und da die deutschen Anbieter hier am ehesten vorankommen, sollen diese Geschäfte noch etwas genauer beleuchtet werden. Nach Angaben der Regulierungsbehörde CIRC betrugen die Bruttobeitragseinnahmen der Lebensversicherungen 2012 etwa 107 Milliarden Euro, eine Verdreifachung seit 2005. Die Beratungsgesellschaft McKinsey erwartet bis 2020 rund 480 Milliarden Euro, damit würde China auch hier vom fünften auf den zweiten Rang hinter Amerika vorrücken.[249] Die Dominanz der Lebensversicherungen ist im Vergleich zu den Industrieländern ungewöhnlich. So sagt der Vorstandsvorsitzende der Ergo Versicherungsgruppe aus Düsseldorf, Torsten Oletzky: „Anders als im Westen hat sich in China der Markt für Lebensversicherungen viel schneller entwickelt als der für Sachversicherungen. Das Land könnte uns deshalb ein überaus interessantes Wachstum bescheren."

Um die Sahne abzuschöpfen, hat Ergo im Sommer 2013 in einem ersten Schritt in Jinan, der Hauptstadt der Provinz Shandong, ein Hauptquartier mit Vertriebsbüro eröffnet. Da die Pflicht zu Gemeinschaftsunternehmen besteht, ist man dort mit dem lokalen staatlichen Finanzinvestor SSAIH zusammengegangen. Der Umsatz der Partner aus Beitragseinnahmen soll innerhalb der ersten fünf Jahre, also bis 2018, von mindestens 1,2 auf wenigstens 48 Millionen Euro steigen. Nach spätestens zehn Jahren will man die Gewinnschwelle erreichen. Die Anfangsinvestitionen betragen 72 Millionen Euro, von denen jeder Partner die Hälfte trägt. Sofern man die Geschäftsziele erreicht, sollen in den ersten zehn Jahren insgesamt 240 Millionen Euro investiert werden. „Gemessen am Ergo-Eigenkapital von

5 Milliarden Euro ist das kein riesiges Engagement, aber es eröffnet uns langfristige Wachstumsoptionen auf einem der spannendsten Versicherungsmärkte der Welt“, sagt Oletzky siegessicher.[250]

Um in China zu trumpfen, ist Ergo allerdings einen mühsamen Weg gegangen. Sechs Jahre lang musste das Unternehmen auf eine Lizenz warten. Die berechtigt die Rheinländer lediglich, in einer einzigen Provinz tätig zu sein und auch nur mit Lebensversicherungen. Oletzky nimmt diese Rückschläge sportlich: „Wir dachten, dass wir nach drei, vier Jahren so weit wären. Das Gute an der Verzögerung war, dass wir viel über den Markt gelernt haben.“ Diesen Markt dominiert die chinesische Konkurrenz unumstritten: In Shandong gibt es 75 Lebensversicherungen, Ergo ist die einzige ausländische, die ihren Sitz dort hat. Dabei leben in der Provinz südlich von Peking mehr Menschen als in Deutschland. Ein weiterer Stolperstein liegt in den Renditeerwartungen der Versicherten. Chinesen, die größten Sparer der Welt, sehen Lebensversicherungen vor allem als Sparprodukte. Da die öffentliche Altersvorsorge unzureichend ist, legen sie ihr Geld privat an und erwarten hohe Zinsen. Chinesische Lebensversicherer investieren auch in riskante Anlagen, weshalb sie relativ hohe Rückflüsse erwirtschaften. Europäern und Amerikanern ist das nach den Regeln in ihrer Heimat zumeist verboten. Den Renditewettbewerb können sie also nicht gewinnen.

Oletzky sieht diesen Nachteil nicht. Viele vermeintlich rentable Versicherungen würden vorzeitig gekündigt und zahlten sich deshalb für die Kunden nicht aus, sagt er. Letztlich sei es besser, ein verlässliches Produkt über die gesamte Laufzeit zu bringen, selbst wenn es auf dem Weg geringere Zinsen verspreche. Genau hier sieht der Ergo-Chef die Chance seines Unternehmens: „Wir können in China mit Qualität trumpfen. Ergo setzt nicht auf Zockerei, sondern auf eine verlässliche Beratung, erstklassige Produkte, auf die Risikoabsicherung und auf nachhaltiges Sparen.“ Die Vorsorge für den Todesfall werde in China oft ausgeblendet. Aber immer mehr Angehörige der stark wachsenden gehobenen Mittelschicht erkennten, wie wichtig dergleichen für die Familie sei. Für die Zukunft erwartet Oletzky einen Markt, der stärker wächst als das Bruttoinlandsprodukt, und einen mehr als verdoppelten ausländischen Anteil am Geschäft von schätzungsweise 10 % in zehn Jahren. Den Ausländern kommt zugute, dass die chinesische Regierung die Qualität der Versicherungen erhöhen will. So sollen sich künftig die Mindestkapitalanforderungen an den Regeln im Westen orientieren.

Das Beispiel der Düsseldorfer zeigt, dass China zunehmend als Kompensation für die schwachen Heimatmärkte herhalten muss und kann. Ergo nämlich braucht dringend Erfolge mit Lebensversicherungen, denn das Geschäft gehört zu den Sorgenkindern der Gesellschaft, die zur Münchner Rückversicherung Munich Re gehört. Angesichts der niedrigen Zinsen fällt es Ergo wie allen anderen deutschen Versicherern schwer, rentierliche Anlagen zu finden und das Garantieversprechen an die Kunden einzuhalten. In Deutschland gingen 2012 Ergos Einnahmen aus dem Neugeschäft mit Lebensversicherungen um ein Fünftel zurück, statt 45 Millionen Euro Gewinn wie im Vorjahr kam es zu einem Verlust von 9 Millionen Euro. Insofern wäre es tatsächlich ein Erfolg, wenn die Gesellschaft, wie geplant, in absehbarer Zeit in China Gewinne schreiben würde.

Mit Dienen Geld verdienen: Die Sozialversicherungen

Die „eiserne Reisschüssel" ist längst leer: China muss umsteuern

Sie wohnen mehr als 10.000 Kilometer voneinander entfernt und sehen sich doch täglich. „Über Skype natürlich, das ist ja keine große Sache" sagt Ma Shenmei und zeigt auf ihren Laptop mit der eingebauten Kamera. Dennoch überrascht die moderne Kommunikation ein bisschen, denn Ma ist 80 Jahre alt. Sie lebt mit ihrem Mann in einem Altenheim in Peking, die Tochter ist in Kanada nahe Toronto zu Hause. Auf einer Kommode neben dem Schreibtisch mit dem Computer steht ein Foto von den vier Enkeln. „Wäre unsere Tochter in China geblieben, hätte sie nur ein Kind haben dürfen", sagt Ma mit einem Schulterzucken.

Moderne Alten- und Pflegeheime wie die Einrichtung „Cuncao Chunhui" im Nordosten der Hauptstadt sind in China noch selten. Aber die Ein-Kind-Politik, die steigende Lebenserwartung und die berufliche Mobilität von jungen Menschen wie Mas Tochter machen den Ausbau der Seniorenbetreuung immer dringlicher. Der wirtschaftliche Aufstieg des Landes, der auch ein medizinischer ist, hat sich in den vergangenen 30 Jahren für die meisten Menschen ausgezahlt. Seine Folgen höhlen jedoch einen Generationenvertrag aus, der in China, wie in vielen agrarischen Gesellschaften, seit Jahrhunderten gilt. Traditionell kümmern sich die Kinder um ihre Eltern, bis diese sterben – oft am selben Ort, oft im selben Haus. Doch mit der zunehmenden Industrialisierung in Ost- und Südchina hat es Hunderte Millionen junge Leute als Wanderarbeiter aus den agrarischen Binnenprovinzen an die Küsten verschlagen. Auch immer mehr Hochqualifizierte nutzen die Chancen an anderen Orten, nicht selten im Ausland. Ihre Eltern bleiben in den Dörfern zurück, wo sie sich oft um die Enkel kümmern und Geldsendungen aus der Ferne empfangen. Nach dem Tod der Alten treten die Rückkehrer aus den Städten an ihre Stelle. Wenn sie überhaupt heimkommen.

Der Transfer von Arbeitskräften und Kapital geht so lange gut, wie die Rimessen ausreichen und wie die alten Leute nicht ernsthaft krank werden. Doch die Überalterung, die zunehmende Zahl von Pflegefällen und die Tatsache, dass sich immer weniger junge Leute um immer mehr alte kümmern müssen, gefährden die Stabilität des Systems. Deshalb versucht sich die Regierung am größten Umbau in der Geschichte der Sozialversicherungen. Das Ziel ist nichts Geringeres, als ein lückenloses Vorsorgegeflecht für 1,35 Milliarden Menschen zu knüpfen: in der Gesundheits- und in der Rentenversicherung. Flankiert wird die Reform von manchem abstrusen Gesetz. Weil Elternliebe und konfuzianische Erziehung – welche die Altenverehrung lehrt – nicht ausreichen, gilt seit Sommer 2013 eine Verpflichtung für erwachsene Kinder und Enkel, regelmäßig ihre Eltern und Großeltern besuchen zu müssen. Schon zwei Tage nach Inkrafttreten wurde eine Frau dazu verurteilt, mindestens zwei Feiertage im Jahr mit ihrer gehbehinderten Mutter zu verbringen.[251]

Zu Maos Zeiten, als praktisch die gesamte Wirtschaft dem Staat gehörte, oblagen Kranken- und Seniorenbetreuung der Regierung und ihren Konzernen. Nach dem Prinzip der „Eisernen Reisschüssel“, das eine Rundumbetreuung (und Kontrolle) von der Wiege bis zur Bahre vorsah, unterhielt jede der staatlichen Arbeitseinheiten (Danwei) nicht nur Wohnungen, Geschäfte und Schulen, sondern auch Krankenhäuser und Rentenkassen. Nennenswerte Beiträge der Empfänger wurden nicht erwartet. Mit der wirtschaftlichen Öffnung in den 1980er und 1990er Jahren und mit der Abwicklung der Großkonzerne und Volkskommunen (der agrarischen Kollektivbetriebe) mussten die Chinesen plötzlich selbst für sich sorgen. Es wurden zwar staatliche Hilfen angeboten und auch Versicherungen nach vermeintlich marktwirtschaftlichem Muster eingerichtet. Das System war aber nicht in der Lage, in ähnlicher Weise besser und reicher zu werden wie die schnell wachsende Wirtschaft als Ganze. Im Gegenteil: Die Hauptbürde lastete fortan auf den Menschen, weshalb sie seitdem genötigt sind, aus eigener Tasche für Alter und Krankheit vorzusorgen. Im Zusammenhang mit den Finanzmarktreformen zur Förderung des Binnenverbrauchs wird auf das erzwungene Sparverhalten näher einzugehen sein. Wichtig ist schon an dieser Stelle die Feststellung, dass die Kassen vorn und hinten nicht ausreichen und dass die Betroffenen deshalb ihr Geld lieber auf die hohe Kante legen, statt es auszugeben. Eine Umfrage der Beratungsgesellschaft McKinsey ergab, dass die Furcht vor exorbitanten Gesundheitskosten der Hauptgrund für die hohen Sparraten ist.[252]

Jeder dritte Diabetiker ist Chinese: Die Reform des Gesundheitswesens

Um die Versorgung zu verbessern und die Konsumenten zu entlasten, trat 2009 eine Gesundheitsreform in Kraft, welche die zerfaserten Anstrengungen seit der Jahrtausendwende zusammenführte und beschleunigte. Die Neuordnung hatte zur Folge, dass heute 96 % der Bevölkerung gesetzlich krankenversichert sind, sogar auf dem Land und sogar die Wanderarbeiter. 2006 waren es erst 46 %, unmittelbar vor Beginn der Reform dann 86 %.[253] Der Anteil der Gesundheitskosten am Bruttoinlandsprodukt ist seit 2001 von 4,6 auf 5,2 % gestiegen und dürfte nach Vorbild anderer asiatischer Staaten weiter zunehmen. In Südkorea und Japan betragen die Vergleichswerte 7,2 % und 9,3 %.[254] Die Ausgaben pro Kopf sind in China mit 278 Dollar im Jahr noch immer gering, das entspricht etwa dem Wert von Swasiland. Aber 2001 betrugen sie in China erst 47 Dollar und vor Beginn der Reform 2009 auch nur 157 Dollar.[255] Seit damals deckt die Versicherung eine einfache Grundversorgung ab und übernimmt bei Krankenhausaufenthalten etwa die Hälfte der Kosten, den Rest müssen nach wie vor die Patienten schultern. Auf die Gesamtkosten im Gesundheitswesen bezogen, trägt der Staat inzwischen fast 56% der Belastungen, 2001 waren es nicht einmal 36 %.[256] In derselben Zeit haben sich die Ausgaben im Gesundheitswesen auf 390 Milliarden Dollar annähernd verfünffacht. 2020, wenn die gegenwärtige Reformperiode abgeschlossen sein soll, könnten es nach Berechnungen der Beratungsgesellschaft McKinsey rund eine Billionen Dollar werden. Das wären dann 7% der gesamten Wirtschaftsleistung des Landes.[257]

Verantwortlich für den Kostenanstieg sind vor allem bessere medizinische Verfahren, die Zunahme von teuren Zivilisationskrankheiten wie Diabetes, Krebs, Herzkreislauf- oder Atemwegserkrankungen, die Urbanisierung samt wachsendem Wohlstand sowie die größere Abdeckung mit Versicherungen und Krankenhäusern; niedergelassene Ärzte gibt es außerhalb der traditionellen chinesischen Medizin nur selten. Verschwendung, unnötige Verschreibungen und Behandlungen sowie die grassierende Korruption im Gesundheitswesen spielen ebenfalls eine Rolle. 2013 wurde ruchbar, dass auch internationale Pharmaunternehmen in dunkle Machenschaften verwickelt sind.[258] Das ändert aber nichts daran oder ist geradezu ein Beweis dafür, dass der Markt für Ausländer hochinteressant ist. McKinsey schreibt dazu:

„Chinas Gesundheitsbranche entwickelt sich weiter mit erstaunlichem Tempo. (...) Von Arzneimitteln über Medizinprodukte bis zur Selbstmedikation: China gehört zu den attraktivsten Märkten der Welt und ist bei weitem der am schnellsten wachsende in allen Schwellenländern. (...) Wer spät kommt, wird es schwer haben."

Das Marktvolumen für Medikamente ist zwischen 2006 und 2011 um 163 % auf 71 Milliarden Dollar gestiegen, so dass sich China von der neunten auf die dritte Position in der Welt hochgekämpft hat. Denselben Platz – statt, wie zuvor, Rang sechs – nimmt das Land jetzt bei der Medizintechnik ein, wo die Zunahme 150 % auf 20 Milliarden Dollar betragen hat. Große Hersteller wie GE Healthcare oder Philips Healthcare setzen in China mehr als eine Milliarde Dollar im Jahr um. Ähnlich sieht es in der Pharmabranche aus. Der führende britische Anbieter Glaxo Smith Kline erlöste hier 2012 rund 1,6 Milliarden Dollar. Bedeutende europäische Arzneimittelhersteller wie dieser beschäftigen 3.000 bis 4.000 Personen im Land und geben im Schnitt 140 Millionen Dollar im Jahr für lokale Forschung und Entwicklung aus. Rund 40 % der im Land vertretenen ausländischen Gesellschaften stammen aus der EU. Die Volksrepublik ist nicht zuletzt deshalb so interessant, weil die alten Märkte in Europa, Japan und den USA schwächeln. Und so dient, wie McKinsey urteilt, „die chinesische Erfolgsgeschichte als Gegengewicht zu den stagnierenden Verkäufen und sinkenden Investitionen in Europa und Nordamerika".

Was macht China so attraktiv? Neben die bekannten Faktoren Größe und Marktwachstum tritt im Gesundheitswesen ein Spezifikum, welches die Weltgesundheitsorganisation WHO als „doppelte Krankheitslast" (double burden of disease) bezeichnet: In Schwellenländern treffen großflächig auftretende Infektionen, wie sie in der Dritten Welt üblich sind, auf die Zivilisationskrankheiten der Industrienationen.[259] Wegen seiner Größe, der weiten Binnenunterschiede zwischen modernen und rückständigen Regionen und wegen seiner beispiellos schnellen Entwicklung ist diese Doppelbelastung nirgendwo so ausgeprägt wie in China. Es ist erschreckend, wie schnell sich die Krankheiten hier ausbreiten – es bietet aber eben auch Geschäftsmöglichkeiten. Beispiel Diabetes. Nach einer chinesisch-amerikanischen Studie aus dem September 2013 leben in keinem anderen Land so viele Zuckerkranke wie in der Volksrepublik. 11,6% der erwachsenen Bevölkerung oder 114 Millionen Menschen seien betroffen, schreiben die Wissenschaftler nach der Untersuchung von fast 100.000 Testpersonen; das ist erstmals mehr als in den USA mit 11,3%. Rund 50% oder 493 Millionen erwachsene Chinesen litten zudem an Prädiabetes, einem Vorstadium, bei dem der Zuckerstoffwechsel bereits gestört ist, aber noch kein Diabetes Typ 2 vorliegt.[260]

Damit ist jeder dritte Zuckerkranke auf der Welt ein Chinese, nicht jeder fünfte, wie es dem Anteil des Landes an der Bevölkerung entspräche. „Die Zuckerkrankheit ist in China zu einer Katastrophe geworden", sagt Paul Zimmet, Ehrenpräsident der International Diabetes Federation IDF. Schuld an der Wohlstandskrankheit sei die „boomende Wirtschaft". 1980 habe die Prävalenz von Diabetes in der chinesischen Bevölkerung erst 1% betragen, die Zunahme seitdem sei „international ohne Beispiel".[261] Der Anstieg wird mit Fehlernährung und mit der sich schnell ausbreitenden Adipositas (Fettsucht) erklärt, nicht zuletzt bei Kindern und Jugendlichen. Es gibt weitere aufrüttelnde Rekordzahlen wie diese. So sollen bis zu einem Zehntel der chinesischen Gesamtbevölkerung mit Hepatitis B infiziert sein, und jedes Jahr werden 350.000 Leberkarzinome diagnostiziert, fast die Hälfte aller Fälle auf der Welt.[262]

Wie man mit der „doppelten Krankheitslast" aus alten und neuen Leiden in China Geld verdienen kann, macht das Unternehmen Qiagen vor. Die im deutschen Tec-Dax notierte Gesellschaft ist einer der führenden Anbieter von Testverfahren für molekulare Diagnostik. Qiagen schaffte es während der Atemwegserkrankung Sars 2002/2003 auf den chinesischen Markt. Damals spendete das Unternehmen entsprechende Tests. „Das öffnete uns die Türen", sagt der Vorstandsvorsitzende Peer Schatz, ein Schatzgräber in China, der nur zufällig so heißt.[263] Bei den nachfolgenden Pandemien der Vogel- und der Schweinegrippe 2005 und 2009 sei man bereits

„primärer Lieferant“ gewesen. 2005 konnte Qiagen eine Niederlassung in Schanghai eröffnen. Ein Jahr später übernahm man PG Biotech in Shenzhen. Insgesamt beschäftigt die Gruppe rund 400 Mitarbeiter in China, 10% seines Personals. Rund 5% der Gesamterlöse stammen aus der Volksrepublik, 2012 waren das knapp 63 Millionen von 1,25 Milliarden Dollar. Der Anteil wird jedes Jahr größer, da der Umsatz in Fernost zweistellig und damit doppelt so stark wächst wie im Gesamtkonzern. Schon jetzt ist das Land der drittgrößte Markt für die Gruppe. „Asien und vor allem China sind für uns der Zukunftsmarkt schlechthin“, sagt Schatz. In spätestens zwölf Jahren werde der Umsatz in Asien größer sein als in Europa.

Qiagens Forschungs- und Entwicklungsabteilung (F&E) in Shenzhen profitiert davon, dass viele Patente von Fremdunternehmen in Asien nicht gelten und deshalb keine Lizenzgebühren anfallen. Von Shenzhen aus geht Qiagen die Zivilisationskrankheiten in China an. Als Marktführer versteht man sich unter anderem bei Tests, die sogenannte HPV-Infektionen nachweisen können. Diese gelten als verantwortlich für den Gebärmutterhalskrebs. „Wenn man solche Erkrankungen rechtzeitig behandelt, kann man nicht nur Menschen retten, sondern auch enorme Kosten vermeiden“, sagt Schatz. Die Tests kosteten einen Bruchteil der Behandlung oder des Arbeitsausfalls der Erkrankten. Qiagen setzt in den kommenden Jahren sehr auf die Ausweitung der öffentlichen Versorgung bis in die ländlichen Gemeinden hinein. Die Regierung strenge sich auch deshalb so sehr an, weil sie soziale Spannungen fürchte, falls die Vorsorge auf dem Lande hinter jener in den Städten zurückbleibt, sagt Schatz. Trotz allem Optimismus gibt es natürlich auch Schwierigkeiten auf dem großen Markt, etwa, wie so häufig, mit dem Patentschutz. „Dutzende Wettbewerber versuchen, bei uns abzukupfern“, sagt der Unternehmenslenker kopfschüttelnd. „Manchmal sind sogar die Schachteln nahezu identisch.“

Ähnliche Chancen wie im Pharma- und Biotechgeschäft ergeben sich für Ausländer auf dem Markt für Krankenversicherungen. Wie erwähnt, ist der Zugang zum chinesischen Assekuranzgeschäft schwierig und vermint. Aber zum einen öffnet er sich immer weiter: So empfehlen das mächtige Planungsministerium NDRC und der aktuelle Fünfjahresplan im Gesundheitswesen den Aufbau eines Systems privater Zusatzversicherungen. Darüber hinaus sicherte der Staatsrat als Zentralregierung im August 2013 zu, die Eintrittsbarrieren im Gesundheitswesen zu senken, mehr privates Geld aus dem In- und Ausland in das System zu lassen und den Markt für kommerzielle Krankenversicherungen zu beleben. In der neuen Freihandelszone in Schanghai sind ausländische Policen bereits zugelassen. Zum anderen spielt der wachsende Wohlstand der Chinesen den nicht-staatlichen Anbietern in die Hände. Denn trotz der Ausweitung der gesetzlichen Krankenversicherung klafft in der Kostenübernahme eine riesige Lücke, gerade für anspruchsvolle Medikamente und Therapien. Auch der Aufenthalt in Einzelzimmern wird nicht erstattet. „Dieses Umfeld bietet eine einzigartige Möglichkeit für private Krankenversicherer, einzuspringen und die Versorgungslücke auszufüllen", schreibt McKinsey.[264] Den Angaben der Fachleute zufolge interessierten sich immer mehr Angehörige der Mittel- und Oberschicht für eine Zusatzversicherung. Etwa 30 % der Stadtbevölkerung hat bereits eine solche Absicherung, weitere 20 % wollen sich eine zulegen. Besonders erpicht darauf sind bessergestellte Haushalte mit einem verfügbaren Monatseinkommen von mehr als 11.000 Yuan (1.320 Euro). Die Dynamik im Markt werde daher stark zunehmen, erwartet McKinsey, sowohl vonseiten der lokalen als auch der internationalen Anbieter. Denn wo sonst könne man am Aufbau eines Gesundheitswesens für mehr als 1,3 Milliarden Menschen mitverdienen?

China wird alt, bevor es reich wird: Die Reform der Rentenversicherung

Zurück ins Alten- und Pflegeheim „Cuncao Chunhui" in Peking. Der poetische Name geht auf ein Gedicht aus der Tang-Zeit (A.D. 618 bis 907) zurück und heißt so viel wie „Der kurze Halm vergilt es der Frühlingssonne". Der Ausdruck ist ein Synonym für Elternverehrung und eine Mahnung an jedes Kind, die empfangene Liebe an Vater und Mutter zurückzugeben. Früher geschah das, indem die Nachgeborenen die Alten und Siechen bei sich aufnahmen und pflegten, heute müssen sie, wie in den Industrieländern, dafür bezahlen, dass Dritte diese Aufgaben übernehmen. Je nach Zimmergröße kostet die Unterkunft im „Cuncao Chunhui" 2.000 bis 2.500 Yuan im Monat. Hinzu kommen 900 Yuan für das Essen sowie, je nach Schweregrad, bis zu 3.000 Yuan für die Pflege. Der Maximalbetrag von 6.400 Yuan oder 770 Euro ist viel für chinesische Verhältnisse. Die Angehörigen müssen dafür tief in die Tasche greifen. Eine weitere Quelle für die Kostendeckung sind die Ersparnisse der Senioren und die Mieteinnahmen aus den Eigentumswohnungen, die sie nicht mehr selbst bewohnen. „Die Rente trägt auch einen Teil bei", sagt der Gründer und Leiter der Einrichtung, Wang Xiaolong, „aber das ist natürlich nicht viel".

China teilt mit vielen anderen Ländern ein ernsthaftes demografisch-soziales Problem: Zu viele Alte werden künftig zu wenig Geld haben, weil ihre wachsende Zahl und ihr langes Leben die Rentenkassen und die Angehörigen überfordern. Noch hält der Generationenvertrag. 2013 waren 68 % der Einwohner zwischen 15 und 59 Jahren alt und zählten somit nach internationalen Standards zur erwerbsfähigen Bevölkerung. Die gleiche Quote erreichte Südkorea. In den USA waren es 61 %, in Deutschland 60 % und in Japan nur 55 %. Auf der anderen Seite der Skala sind derzeit gerade einmal 14 % der Chinesen 60 Jahre alt oder älter, im Vergleich zu 17 % in Korea, 20 % in den USA, 27 % in Deutschland und 32 % in Japan. Noch stehen jedem chinesischen Rentner rechnerisch fast fünf arbeitsfähige Landsleute gegenüber, so dass die Versorgung gewährleistet ist.[265]

Doch das Bild ändert sich dramatisch schnell. China hat den Höchststand in der Zahl der Erwerbsfähigen bereits überschritten, 2012

Immer weniger Junge für immer mehr Alte

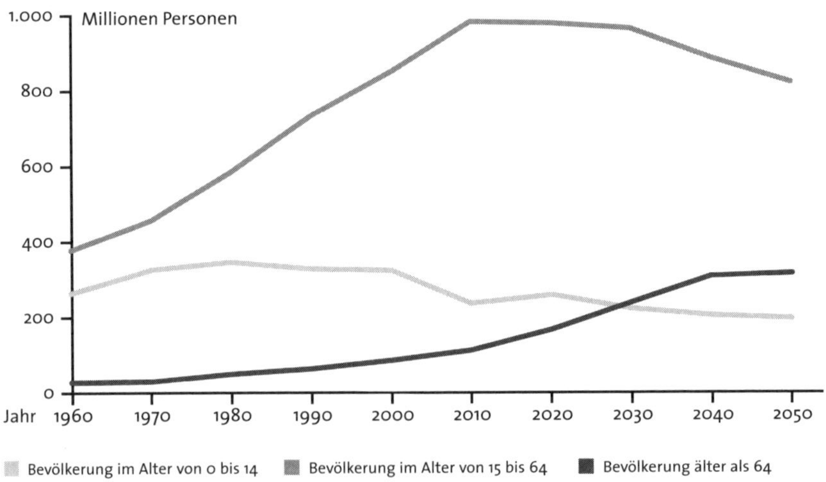

Quelle: Weltbank, http://datatopics.worldbank.org/hnp/popestimates

ging sie um 3,5 Millionen Personen zurück. Etwa im Jahr 2050 werden statt 4,9 Arbeitnehmer nur noch 1,6 da sein, um einen Alten zu ernähren. In anderen Ländern wird das Verhältnis zwar noch ungünstiger ausfallen, in der EU, in Japan, Südkorea oder Singapur. Aber nirgendwo schreitet die Überalterung so schnell voran wie in China und das zu einem vergleichsweise frühen Zeitpunkt der wirtschaftlichen Entwicklung. Zwischen 1980 und 2050 dürfte sich das Durchschnittsalter der Chinesen auf 46 Jahre mehr als verdoppeln. Kurz gesagt: Das Land wird alt, bevor es reich wird. Robert Pozen von der Harvard Business School, einst Mitglied im Beirat zur Stärkung der Sozialversicherungen des amerikanischen Präsidenten George W. Bush Junior, formuliert das Dilemma so: „China wird eines der ersten Länder sein, dass als Entwicklungsland altert."[266]

Natürlich weiß das auch die Regierung und versucht gegenzusteuern. Wie im Gesundheitswesen bemüht sie sich, eine Grundsicherung für die Altersversorgung aufzubauen. Mit einigem Erfolg: 2013 waren nach Regierungsangaben 788 Millionen Chinesen rentenversichert, 80 % der relevanten Bevölkerungsgruppe von 980 Millionen Personen. Zu dem Erfolg trugen vor allem zwei neue Systeme bei, die sich nach 2009 aus dem Stand heraus zu den wichtigsten Säulen entwickelt haben, jedenfalls von der Zahl der Versicherten her. Die eine umfasst Städter, die älter als 16 Jahre und nicht formal beschäftigt sind. Die andere zielt auf Landbewohner in der gleichen Altersklasse ab. Vor 2009 gab es für beide Gruppen keine verlässlichen öffentlichen Rentenkassen, heute deckt das neue Verfahren 484 Millionen Personen ab.[267]

Hinzu kommen 304 Millionen Beitragszahler, die in den Städten formale Arbeitgeber haben, nach deutscher Definition würde man sie „sozialversicherungspflichtige Beschäftigte" nennen. Sie und ihre Arbeitgeber zahlen schon seit Längerem in eine Einrichtung ein, die Pensionssystem für Unternehmen in den Städten (UEPS) heißt. Auch hier ist die Zahl der Versicherten stark gestiegen, allein 2012 um 47 Millionen Personen oder 18 %. Die bindende Vorgabe im Fünfjahresplan gebietet, dass bis 2015 rund 360 Millionen Menschen auf diese Weise abgesichert sein müssen. Städtische Rentner erhielten 2013 aus diesen Kassen im Durchschnitt 207 Euro im Monat, 14 % mehr als im Vorjahr.[268] Das übersteigt den Verdienst mancher Arbeiter, deckt aber nicht einmal ein Drittel der Kosten in Pflegeheimen wie dem „Cuncao Chunhui".

Ob versichert oder nicht, noch immer gelten in China fast 5 % der städtischen Alten als arm, auf dem Land sind es sogar 22 %.[269]

Unterversorgt sind auch die Wanderarbeiter. Für sie ist das System so lange nicht attraktiv, wie es nicht landesweit gilt. Theoretisch können die mobilen Arbeitskräfte ihre Anrechte zwar von einem Ort zum anderen mitnehmen. In der Praxis aber ist das nur mit hohem bürokratischem Aufwand und mit Abschlägen in den Bezügen möglich. Es gibt nicht einmal ein nationales Verzeichnis der Beitragszahler. 2012 ist die Zahl der rentenversicherten Wanderarbeiter um 10 % gestiegen, aber von einer sehr geringen Basis aus. Nur 45 Millionen der 260 Millionen Betroffenen haben eine solche Absicherung, das sind weniger als ein Fünftel.[270]

Es existieren viele weitere Mängel im Rentenwesen, etwa bei der Frage, wie die verschiedenen Vorsorgekassen strukturiert sind, wie sie verwaltet werden und wie sie das Geld anlegen. Ein großes Problem ist die Auszahlung jener Bezüge, auf die Staatsbedienstete in der Zeit der „eisernen Reisschüssel" Anrechte erwarben, für die sie aber nie eingezahlt haben. Die am besten etablierte Untergruppe im Vorsorgewesen ist das erwähnte Programm UEPS. Es besteht aus zwei Töpfen: einem für das Umlageverfahren, aus dem heraus die Ansprüche heutiger Rentner bezahlt werden, und einem für die Kapitaldeckung, in dem der Versicherte individuell Geld für seinen eigenen Ruhestand anspart. Die erste Kasse füllen die Arbeitgeber, indem sie dort 20 % der Lohnhöhe ihrer Mitarbeiter einzahlen. In der zweiten legt der Versicherte weitere 8 % seiner Bezüge für später zurück. Weil aber das Geld im Umlagetopf nicht ausreicht, u. a. wegen der genannten Erblasten aus früheren Zeiten, greifen die Lokalverwaltungen als Hüter des Rentenwesens auf die individuellen Vorsorgekonten zu. In Extremfällen plündern sie diese persönlichen Rücklagen um bis zu 90 %.

In der Benennung der Schwachstellen liegt bereits eine Empfehlung zu ihrer Beseitigung. Es bietet sich an, die Rentenversicherung so zu zentralisieren, dass die verschiedenen Subsysteme verschmolzen und künftig von der (reichen) Zentralregierung statt von den (armen) Kommunen verwaltet werden. Auch gilt es, den Markt stärker für private Anbieter von Zusatzversicherungen zu öffnen sowie mehr Anlageklassen zu schaffen und diese für die Pensionskassen zu öffnen. Das in Zukunft kaum noch zu finanzierende Umlageverfahren muss zugunsten von mehr Kapitaldeckung verringert werden. Gleichzeitig sollte der Zentralstaat die Verpflichtungen aus der Danwei-Zeit aus den Kassen herauslösen und mit Steuermitteln befriedigen, um das Rentenwesen davon für immer zu befreien.

Zwei weitere, vielleicht noch wichtigere Stellschrauben hat das Zentralkomitee der KPCh auf dem Dritten Plenum im November 2013 neu justiert: ein höheres Rentenalter einzuführen und die Ein-Kind-Politik zu lockern. Wie erwähnt gehen, chinesische Männer mit 60 Jahren in Rente, Frauen sogar, je nach Tätigkeit, mit 50 oder 55 Jahren. Eine Weiterbeschäftigung ist nur in Ausnahmefällen erlaubt, obgleich viele Rentner auf Zusatzverdienste angewiesen sind. Der Ausweg lautet oft Schwarzarbeit. Angeblich müssen drei Viertel der Senioren in den Städten dazuverdienen. „Die Schwelle im Rentenalter muss dringend heraufgesetzt werden", fordert Du Peng, Professor für Gerontologie an der Volksuniversität in Peking. „Sie stammt von 1950, als die Lebenserwartung im Schnitt 42 Jahre betrug und jede Frau sechs Kinder hatte. Heute liegt sie bei 75 Jahren, und es sind viel weniger Kinder da, die sich um die Alten kümmern können." Du empfiehlt, zunächst das Rentenalter der Frauen dem der Männer anzugleichen und später das Gesamtniveau anzuheben. Diese Gedanken teilen inzwischen auch Partei- und Regierung, wie die Beschlüsse des Dritten Plenums zeigen. Um dem drohenden Arbeitskräftemangel entgegenzuwirken und um die Vorsorgesysteme zu retten, sollten alle Beschäftigten künftig bis zum 65. Lebensjahr tätig sein, sagt etwa He Ping, der Direktor des Forschungsinstituts für Sozialversicherungen im Arbeitsministerium. Von 2016 an müsse das Rentenalter alle 24 Monate um ein Jahr steigen. 2026 wäre dann für Männer die Schwelle von 65 Jahren erreicht, 2036 und 2046 für Frauen. Das würde auch das tatsächliche Renteneintrittsalter nach oben treiben. Nach Angaben von Gewerkschaftern liegt es im Durchschnitt bei nur 52 Jahren.[271]

Der Hauptgrund für Chinas zunehmende Vergreisung ist die Ein-Kind-Politik seit 1978. Ohne diese Beschränkung wären seitdem 400 Millionen Kinder mehr geboren worden, hat der Versicherungskonzern Allianz berechnet.[272] Schon im laufenden Jahrzehnt werde sich das negativ am Arbeitsmarkt niederschlagen, wenn die Politik das Rentenalter nicht heraufsetze, sagt Michael Heise, Chefvolkswirt der Allianz. „Selbst eine Lockerung oder Aufhebung der Ein-Kind-Politik könnte einen Rückgang des Arbeitskräftepotentials nur abmildern, aber nicht mehr verhindern." Falls die Regierung das Rentenalter auf 65 Jahre erhöhte, würde das Maximum der verfügbaren Beschäftigten zwar auch schon 2016 erreicht, argumentiert Heise. „Rechnerisch stünden dem Arbeitsmarkt langfristig aber bis zu 110 Millionen Menschen mehr zur Verfügung, als wenn man das bisherige Rentenalter beibehielte."

Klar wird aus allen Untersuchungen dieses: Chinas Wirtschaft und Gesellschaft brauchen „demografiefeste Sozialsysteme" (Heise), wenn die Reise zu mehr Wohlstand weitergehen und immer mehr Bevölkerungsschichten mitnehmen soll. Neuerdings schreckt der Staat vor einschneidenden, aber unvermeidlichen Umbauten wie der Erhöhung des Rentenalters oder der Aufweichung der Geburtenbegrenzung nicht mehr zurück; Letztere gilt allerdings wegen zahlreicher Ausnahmen ohnehin nur für ein Drittel aller Eltern.[273] Die Brisanz der Angelegenheit wurde also erkannt, und die Regierung hat entsprechende Reformen angestoßen. Nach Aussagen des ehemaligen Ministerpräsidenten Wen Jiabao geht es zunächst darum, eine zwar unzulängliche, aber lückenlose Abdeckung in dem großen Land auf die Beine zu stellen. „Wenn das erreicht ist, können wir daran gehen, diese Programme zu verbessern und die Versicherungsstandards im Einklang mit der sozialen und wirtschaftlichen Entwicklung des Landes zu erhöhen."[274]

Gerade auf dem Land sind die Leistungen noch erbärmlich. Sie betragen 55 Yuan im Monat. Das sind real betrachtet zwar mehr als die Summe, die der nominale Wechselkurs ergibt (8,20 Dollar). Aber selbst mit kaufkraftbereinigt 35 Dollar im Monat lassen sich im China von heute keine großen Sprünge machen.[275] Der Yuan-Betrag liegt unterhalb der nationalen Armutsgrenze und erreicht nur 8% des ländlichen Durchschnittseinkommens, auch kaufkraftbereinigt übersteigt der Wert nicht die Armutsschwelle der Weltbank. Die gleiche mickerige Auszahlung erhalten solche Rentner in den Städten, die frühen keinen Arbeitgeber hatten, also zum Beispiel ehemalige Straßenhändler, Tagelöhner oder andere Arbeiter in der informellen Wirtschaft.

Liegen in diesen Veränderungen der Demografie und der Sozialversicherungen Chancen für Wirtschaftsbetriebe? Durchaus. So werden sich Konsumgüterhersteller auf neue Kundengruppen einstellen müssen. Ähnlich wie in den Industrieländern wächst in China eine Käuferschicht der „Best Agers" heran, die andere Bedürfnisse hat als die nachgeborenen Generationen. Dabei ist nicht nur an geriatrische Produkte zu denken wie Medikamente, medizinische Hilfsmittel, Zahnersatz, Körperpflegemittel, Inkontinenzprodukte o.ä. Sondern auch an spezielle Altenmode, an gut verträgliche, zucker- oder salzarme Lebensmittel oder an adaptierte elektrische Geräte. Ma Shenmei, die nette Dame aus dem Altenheim „Cuncao Chunhui", kramt einen Taschenrechner mit besonders großen Tasten aus einer Schublade hervor. So etwas wünscht sie sich auch für ihr Mobiltelefon und für ihren Computer. „Das gibt es, kommt aber meist aus Japan", sagt sie. Mit ihrem Mann würde sie außerdem gern ein bisschen verreisen, „aus Peking raus, vielleicht einfach mal in die Berge". Doch daraus ist bisher nichts geworden, weil sich die beiden das allein nicht zutrauen. Die Tochter lebt weit weg in Kanada, und sich einer regulären Gruppe mit jüngeren Leuten anzuschließen, kommt für das Ehepaar nicht infrage. Im Internet hat Ma gelesen, dass es neuerdings Seniorenausflüge gibt. „Das ist mal etwas Neues", sagt sie sich, und das sagen sich sicher auch die Veranstalter, die mit ihrer neuen betagten Kundschaft Geld verdienen wollen.

Natürlich ist die Kaufkraft der Senioren noch beschränkt. Aber in der stark wachsenden Gesellschaftsgruppe gibt es immer mehr relativ Wohlhabende, die sich Oberklasse-Heime wie das „Cuncao Chunhui" leisten können und leisten müssen, weil sie keinen anderen angemessenen Ort für ihren Lebensabend haben. Derzeit schießen überall in China Zentren zur Altenbetreuung wie Pilze aus dem Boden. „Das ist eine dramatische Entwicklung, in manchen Wohngegenden hat die Hälfte der Senioren niemanden, der sich um sie kümmert", sagt der Gerontologe Du Peng. Deshalb habe der Staatsrat Ende 2011 ein Konzept zum Ausbau von Pflegeheimen verabschiedet. Ziel ist es, zwischen 2012 und 2015 die Zahl der Betten auf 6,1 Millionen zu verdoppeln. Dann fänden immerhin 3 % der Alten dort einen Platz. In den Industrieländern sei die Quote doppelt so hoch, sagt der Professor. „Da uns ein ähnliches Problem wie dort droht, müssen wir auch ähnliche Anstrengungen unternehmen."

Auf dem Land soll es künftig in jeder Gemeinde ein solches Heim geben, am einfachsten in ehemaligen Grundschulen, die nicht mehr gebraucht werden. Die monatlichen Kosten von 36 Euro je Bewohner könne die Wohlfahrt tragen, wenn der Betroffene kein Geld habe, schlägt Du vor. In den Städten allerdings sind die Aufwendungen viel höher, in Peking etwa kostet jeder Platz in einem öffentlichen Pflegeheim 205 Euro im Monat. Das ist viel, aber deutlich weniger als in den gehobenen privaten Einrichtungen wie dem „Cuncao Chunhui". Es gehe auch in der Altenpflege darum, eine Grundversorgung aufzubauen, nicht weniger, aber auch nicht mehr, stellt Du klar: „Alles was darüber hinausgeht sollten wir dem Markt überlassen. Von mir aus Luxusheime nach Fünf-Sterne-Manier, die von Ausländern betrieben werden, warum denn nicht?"

Wang Xiaolong ist genau derselben Meinung. Er ist der Gründer, Hauptgeldgeber und Chef von „Cuncao Chunhui". 50 Angestellte kümmern sich hier um 100 Gäste, der Älteste ist 102 Jahre alt – etwa so alt wie die Zeder in dem ruhigen Innenhof. „Der Markt ist riesig und wächst mit großen Schritten", sagt Wang und nippt an einem typisch chinesischen Teebecher mit Deckel. „Da findet jeder Kunde und jeder Investor etwas Passendes". Wang und vier weitere Gesellschafter haben 1,2 Millionen Euro in das Projekt gesteckt, um aus einem alten Hotel ein modernes Altenpflegheim zu machen. Schon nach einem Jahr waren alle Zimmer belegt, auf jedes freie Bett kommen heute mindestens drei Bewerber. 2017, nach sechs Jahren im Markt, will man schuldenfrei sein. Kein Wunder, dass der Erfolg Geschäftsleute aus aller Welt anzieht, die etwas Ähnliches versuchen wollen. Sie fühlen sich dadurch ermutigt, dass die Kommunistische Partei auf dem Dritten Plenum beschlossen hat, die Altenpflege stärker für Ausländer zu öffnen. So bot ein Amerikaner Wang und seinen Koinvestoren viel Geld, um ihnen das Haus samt Betreuungskonzept abzukaufen. „Der wollte 40 ähnliche Heime bauen", berichtet der Mann im blauen Anzug und pustet in die heiße Tasse. „Aber das Geschäft machen wir lieber selbst". Aus „Cuncao Chunhui" will Wang jetzt eine Altenheim-Kette machen. Das nächste Haus soll schon dreimal so groß werden.

5. Zusammenfassung: Die Schätze der Urbanisierung

Das Wirtschaftswachstum der Zukunft findet vor allem in den Städten der Schwellenländer statt. Weltweit das größte Potential dafür bietet China. Es gibt hier einen natürlichen Zuzug in die urbanen Zentren, der noch verstärkt wird durch die Urbanisierungspolitik der Regierung. 242 der 600 dynamischsten Städte auf dem Planeten liegen im Reich der Mitte. Zwischen 2010 und 2025 werden sie 28 % zum Wachstum der gesamten Weltwirtschaft beisteuern. Es ist also nicht übertrieben zu sagen, dass fast ein Drittel der weltweiten Zukunftsschätze in der Verstädterung der Volksrepublik verborgen liegen. Entscheidend ist, dass hier keine Saturierung zu erkennen ist, sondern dass die Dynamik zunehmend auf die Städte zweiter, dritter und auch vierter Ordnung übergeht, während die relative Bedeutung der Ostküstenmetropolen wie Peking, Schanghai oder Kanton abnimmt.

Unter den Städtern sind immer mehr vergleichsweise wohlhabende Menschen mit einem Haushaltseinkommen von mehr als 52.000

Euro im Jahr oder 140 Euro am Tag zu finden. Bis 2025 wird sich ihre Zahl in allen Schwellenländern verdreifachen, und abermals stellt China dabei den Löwenanteil. All das bedeutet, dass eine riesige Investitions- und Konsumflut, wie sie in den vergangenen Jahrzehnten bereits Ostchina zu Wohlstand gebracht hat, auch im Landesinnern dafür sorgen wird, dass es großen Teilen der städtischen Bevölkerungsschichten in Zukunft immer besser gehen wird. Davon werden nicht nur sie selbst profitieren, sondern auch die Hersteller, Händler und Dienstleister von Angeboten aller Art aus der ganzen Welt.

Der Weg zum Erfolg ist von vielen Hürden blockiert. So muss das Meldesystem Hukou verändert werden, das echte Freizügigkeit verhindert und Millionen Wanderarbeitern die volle Teilnahme am städtischen Leben und Konsum vorenthält. Richtig betrieben jedoch kann die Urbanisierung enorme Kräfte zur Steigerung der Produktivität, des Wachstums und des Wohlstands in China freisetzen. Die Erschließung und Vernetzung der Städte ist nur über enorme Investitionen möglich. China steckt einen größeren Teil seines Bruttoinlandsprodukts in Verkehrswege und in weitere Infrastrukturvorhaben als jede andere bedeutende Region einschließlich der USA und der EU. So wachsen im bevölkerungsreichsten Land der Welt die größten Metropolen, Häfen, Flughäfen, die längsten Straßen und schnellsten Schienenverbindungen der Welt heran. Ausländische Unternehmen können davon kräftig profitieren, etwa Gebäude- und Flughafenausrüster oder Architekturbüros.

Mächtige Kraftreserven wohnen der Dienstleistungswirtschaft in den Städten inne, z. B. dem stark expandierenden Vorsorgewesen. In China werden die umfangreichsten Sozialsysteme aufgebaut, die die Welt je gesehen hat. Das Ziel, eine Grundsicherung in der Kranken- und Rentenversicherung für 1,35 Milliarden Menschen aufzubauen, ist fast erreicht. Dadurch wächst das Land zum führenden Pharma- und Medizintechnikmarkt heran, auf dem internationale Konzerne viel stärker punkten können als einheimische. Dort wo die öffentlichen Leistungen noch bescheiden sind, entstehen lukrative Nischenmärkte, etwa für Lebens- und Krankenversicherungen oder im Pflegegeschäft. Die Kasse dürfte künftig auch im Tourismus lauter klingeln. Die Chinesen sind zwar Reiseweltmeister im Ausland, sie geben aber noch recht wenig Geld pro Kopf aus und urlauben lieber in Asien als in Europa. Doch das wird sich mit der steigenden Zahl kaufkräftiger Individualreisender ändern. Sie suchen Kultur und Natur gleichermaßen, wovon Zentraleuropa besonders profitieren dürfte, etwa Deutschland, die Schweiz oder Österreich.

Apropos Natur. Große Chancen schlummern in der Energie- und Umweltwirtschaft. Beschleunigt durch den Schock der schlechtesten Luftwerte aller Zeiten im Januar 2013, will Chinas Regierung der „grünen Wirtschaft“ die größte Entwicklungsspritze verpassen, die es je gab. Schon jetzt investiert kein Land mehr Geld in erneuerbare Energien als China. Neue Pläne sehen vor, bis 2017 jedes Jahr 150 Milliarden Dollar in den Umweltschutz zu stecken. Hinzu kommt die Verpflichtung, die „Green Economy“ bis 2015 zu einer „Schlüsselindustrie“ aufzubauen, die 730 Milliarden Dollar im Jahr erwirtschaftet. All das ist dringend nötig, denn die Kosten für den Raubbau mit der Natur werden auf 490 Milliarden Dollar im Jahr geschätzt, der grausame menschliche Preis beläuft sich auf 1,2 Millionen Umwelttote im Jahr.

Von der Umwelt- und Energiewende können Ausländer in doppelter Weise profitieren. Die enormen Investitionen sollen schnell zu messbaren Erfolgen führen, um die Bevölkerung zu beruhigen, die immer vernehmlicher unter der Verseuchung der Luft, des Wassers, der Böden und Lebensmittel ächzt. Schnelle Erfolge lassen sich nur mit etablierten und bewährten Produkten und Konzepten erreichen. Das kommt solchen Branchen und Unternehmen zugute, die sich seit Jahren oder gar Jahrzehnten auf alternative Antriebe, auf erneuerbare Energien, aufs Strom- und Wärmesparen, auf die Gebäudedämmung oder auf andere Felder der grünen Wirtschaft spezialisiert haben. Viele dieser Betriebe sitzen in Deutschland, Österreich oder in der Schweiz, einige sind sogar Marktführer. Deren Zukunftschancen wurden auf dem „Europäisch-Chinesischen Urbanisierungs-Forum“ Ende November 2013 in Peking deutlich. Ausdrücklich luden Vize-Premier Zhang Gaoli und Planungsminister Xu Shaoshi die europäischen Unternehmen ein, die Verstädterung und die Grüne Wirtschaft in China voranzutreiben. EU-Ratspräsident Herman Van Rompuy warb damit, dass keine andere Weltregion in diese Fragen mehr Expertise habe als Europa. Daher verspreche die chinesische Urbanisierung, ein „starker Antrieb für unsere Geschäftswelt zu werden“.

Auch ohne ohne selbst im Land tätig zu sein, können Ausländer aus Chinas Ökologisierung Gewinn schlagen. Wenn sie als Aktionäre in die richtigen chinesischen oder internationalen Unternehmen investieren, werden sie an deren Aufschwung mitverdienen. Ein wesentlicher nicht-monetärer Nutzen kommt hinzu. China ist der mit Abstand größte Energieverbraucher und Schadstoffemittent der Welt. Nicht nur in absoluten Zahlen, auch je Kopf übersteigt sein Anteil den Durchschnitt der Welt und erst recht den der anderen Schwellenländer. Es ist im Sinne nicht nur der Chinesen, sondern der ganzen Menschheit, dass die Klimabelastung, die Rohstoff-, Energie- und Naturvergeudung im bevölkerungsreichsten Land der Erde drastisch eingedämmt werden. Dieser Schatz erscheint auf den ersten Blick nicht sehr prunkvoll. Aber ohne dass er gehoben wird, sind die anderen prächtigen Truhen nur durch einen hässlichen Grauschleier hindurch zu erkennen, wie ihn viele Einwohner der verdreckten chinesischen Großstädte so oft vor Augen haben.

Der Binnenverbrauch

1. Die Mittelschicht als Konsumtreiber

Wenn nur jeder tausendste Chinese …
Wie groß ist die Mittelschicht?

China ist das Land der großen Zahlen, viele eindrucksvolle wurden schon genannt. Die riesige Bevölkerung stellt die Mächtigen vor enorme Herausforderungen, die wohl niemand besser in Worte gefasst hat als der ehemalige Regierungschef Wen Jiabao. Nach seiner Amtseinführung 2003 machte er zu verschiedenen Anlässen eine ebenso einfache wie frappierend wahre Rechnung auf: „Jedes kleine Problem wird zu einem großen, wenn man es mit 1,3 Milliarden multipliziert. Und jede große Menge wird zu einer sehr winzigen, wenn man sie durch 1,3 Milliarden teilt.“[276]

Der Satz, der die Schwierigkeiten illustrieren sollte, die auf die neue Regierung warteten, lässt sich auch positiv umdrehen, etwa so: Jedes große Problem wird zu einem kleinen, wenn man es durch 1,3 Milliarden teilt. Und jede kleine Menge wird zu einer riesigen, wenn man sie mit 1,3 Milliarden multipliziert. Denn natürlich sind die Ausdehnung des Landes und sein Bevölkerungsreichtum Fluch und Segen zugleich. Ein Fluch für den, der Hunderte Millionen Haushalte versorgen muss, mit Lebensmitteln, Trinkwasser, Strom oder Krankenhausbetten. Ein Segen aber für den, der diese Menschen als Kunden gewinnt.

Seit Jahren grübeln Unternehmenslenker und Marketingstrategen darüber nach, wie sie Chinas unerschöpflich scheinende Märkte nutzen können. „Wenn nur jeder Hundertste Chinese mein Haarspray kaufte … meine Glühlampen … meine Schweizer Taschenmesser … mein Red Bull …“, fragen sie sich, und das Ergebnis lässt die Augen leuchten. Wo sonst lassen sich von derlei Konsumgütern 13 Millionen Einheiten an den Mann bringen? In Indien bisher nicht, dort verhindert die unzulängliche Infrastruktur die Lieferung in die letzten Winkel des Landes. Auch fehlt in weiten Teilen des Subkontinents – anders als in China – die Stromversorgung, was nicht nur den Glühlampenlieferanten den Absatz erschwert.

Doch ganz so einfach ist der Massenverkauf selbst in China nicht. Die Güter des täglichen Bedarfs stammen zumeist aus heimischer Herstellung, viele Märkte sind Ausländern verschlossen, die Geschmacks- und Qualitätsvorstellungen der Verbraucher unterscheiden sich von jenen in den Industrieländern. In zahlreichen Branchen sind Ausländer schon vom Preis her nicht wettbewerbsfähig, egal ob sie ihre Produkte importieren oder im Land selbst fertigen. Weite Teile der Bevölkerung haben schlichtweg nicht das Geld, um jenseits von Nahrung und Kleidung einkaufen zu gehen, und wenn doch, geben sie es für billige heimische Fabrikate aus, nicht für die teuren ausländischen. Dazu wiederum eine eindrucksvolle Zahl: Obgleich das verfügbare Pro-Kopf-Nettoeinkommen auf dem Land 2012 real um fast 11 % gestiegen ist, erreicht es erst einen Durchschnitt von 7.917 Yuan. Das sind nicht einmal 1.000 Euro – im Jahr. Der so genannte Median liegt bei 7.019 Yuan, was bedeutet, dass eine Hälfte mehr Geld zur Verfügung hat, die andere weniger. Fast 40 % der ohnehin geringen Einnahmen fließen in Nahrungsmittel.

In den Städten sieht es nicht viel besser aus. Hier zehren, neben den Ausgaben für Lebensmittel, die Miete oder die Abzahlung der Eigentumswohnung einen großen Teil des Geldes auf. Hinzu treten die Rücklagen für das Alter, die Gesundheit und für die Ausbildung der Kinder. Da hilft es wenig, dass das verfügbare Pro-Kopf-Einkommen in den Städten 2012 real um fast 10 % auf 24.565 Yuan gestiegen ist. Das sind knapp 3.000 Euro je Jahr und Person, der Median beträgt knapp 22.000 Yuan.[277]

Hinter den Zahlen verbirgt sich eine wichtige Botschaft: Die Kaufkraft der Chinesen ist auch 35 Jahre nach Beginn der Öffnungspolitik noch immer gering. Auf dem Land gilt die Subsistenzwirtschaft, was bedeutet, dass die Menschen vor allem das essen, was sie anbauen, und in ihren eigenen Hütten und Häusern wohnen. In den Städten leben Hunderte Millionen Menschen, die gerade so über die Runden kommen und jeden Yuan auf die Seite legen, nicht zuletzt jene 263 Millionen Wanderarbeiter, die eigentlich vom Land stammen und ihre Familien zu Hause mitversorgen. Das sind mehr Personen, als in ganz Indonesien leben, dem von der Einwohnerzahl her viertgrößten Land der Erde. Es ist demnach eine Milchmädchenrechnung, von der reinen Einwohnerzahl Chinas auf seine Marktpotenziale zu schließen.

Ist die Suche nach einem Schatz für Konsumgüterhersteller also vergeblich? Ganz im Gegenteil, aber es ist nötig, die Zielgruppe genauer zu fassen. Die liegt nicht in Chinas Gesamtbevölkerung, sondern in ihrem kaufkräftigen Teil, der gern als Mittelschicht oder Mittelklasse bezeichnet wird. Viele Jahrzehnte lang gab es in der Volksrepublik offiziell weder das Phänomen noch den Begriff. In der Maoistischen Doktrin existierten nur drei Klassen im Staat: Arbeiter, Bauern und Intellektuelle. Mit Beginn der Öffnungspolitik der 1980er Jahre kristallisierte sich dann zwar eine Gruppe von Unternehmern und Verbrauchern heraus, die nicht in dieses Schema passte, aber dennoch verdrängte man das Phänomen und seine Beschreibung bis zur Jahrtausendwende. Erst jetzt diskutierten Wissenschaft und Gesellschaft über den „zhongjian ceng" 中间层 (Mittleren Strom), die „zhongjian shouru jieceng" 中间收入阶层 (Schicht mittlerer Einkommen) oder die „zhongdeng shouru qunti" 中等收入群体 (Gruppe mittlerer Einkommen); später setzte sich der Begriff „zhongchan jieji" 中产阶级 durch: Mittelklasse.[278]

Da die Zählweise ähnlich uneinheitlich ist wie die Begrifflichkeit, umfasst die chinesische Mittelklasse je nach Definition zwischen 240 Millionen und einer Milliarde Menschen. Unbestreitbar aber ist: Sie hat jetzt schon kolossale Ausmaße, und sie wird immer größer und reicher. Die Asiatische Entwicklungsbank zählt jeden zur Mittelklasse, der – nach Kaufkraft bereinigt – zwischen 2 und 20 Dollar am Tag ausgibt. Das sind in China 89 % der Einwohner oder mehr als eine Milliarde Menschen.[279] Berücksichtigt man nur Einwohner mit mehr als 4 Dollar verfügbarem Einkommen am Tag, sind es 66 %. Legt man die Schwelle bei 6 Dollar an, um die Obere Mittelklasse abzubilden, erreicht der Wert immer noch 44 %, was 600 Millionen Menschen entspricht.

Vorsichtiger ist die Zählung staatlicher chinesischer Stellen. Das Nationale Statistikbüro NBS rechnet Haushalte mit einem Jahreseinkommen von 60.000 bis 500.000 Yuan (7.200 bis 60.000 Euro, 9.700 bis 81.000 Dollar) zur Mittelschicht. Nach einer Erhebung der Chinesischen Akademie für Sozialwissenschaften CASS, der wichtigsten staatlichen Denkfabrik, betraf das 2009 rund 230 Millionen Personen oder 40 % der urbanen Bevölkerung.[280] Cheng Li, Politologe an der Washingtoner Denkfabrik Brookings Institution, der ein Standardwerk zur chinesischen Mittelklasse herausgegeben hat, definiert die Mittelschicht über eine Kombination von Einkommen, Vermögen, Bildung, Beruf, Konsumverhalten und Zugehörigkeitsgefühl. Er beziffert den Umfang dieser Schicht in China ähnlich wie die CASS auf 243 Millionen Personen.[281]

Umstritten ist auch, wie stark die Mittelklasse wächst. Selbst innerhalb der CASS variieren die Wachstumsraten stark, von 1,8 bis 3 %. Einigen Berechnungen zufolge dürfte 2015 ein Drittel von Chinas Milliardenvolk zu dieser Klasse zählen, etwa 450 Millionen Menschen. Fünf Jahre später werden dann schon 40 % erwartet, deutlich mehr als eine halbe Milliarde Personen. Die Beratungsgesellschaft McKinsey hat 2012 rund 174 Millionen Mittelstandshaushalte gezählt, à drei Personen wären das 522 Millionen Menschen. Bis 2022 dürften es 271 Millionen städtische Familien mit 814 Millionen Angehörigen werden.[282] Belastbar dürfte nach der Extrapolation der verschiedenen Daten die Aussage sein, dass 2013 rund 300 Millionen Personen zur chinesischen Mittelschicht zählten und dass diese um mindestens zehn Millionen Konsumenten im Jahr wächst. Alle drei Jahre kommt also rechnerisch die Einwohnerzahl von ganz Malaysia, Kanada oder Taiwan hinzu.

Billionen für den Konsum: Die Chinesen gehen shoppen

McKinsey hat herausgefunden, dass die Konsumausgaben der Mittelschicht zwischen 2012 und 2022 um das Zweieinhalbfache steigen werden, von 1,2 Billionen auf 3 Billionen Dollar. Die Asiatische Entwicklungsbank gibt die Kaufkraft der Mittelschicht für 2010 deutlich geringer mit 641 Milliarden Dollar an.[283] Dieser Wert entspricht aber immer noch der gesamten Wirtschaftsleistung der Schweiz. Die Mittelstandsforscher Homi Kharas und Geoffrey Gertz, die in China eine „Neue Globale Mittelklasse" heranwachsen sehen, liegen mit ihren Schätzungen zwischen den genannten Werten und sprechen für 2009 von einer bereinigten Kaufkraft von etwa 860 Milliarden Dollar. Noch rangiere China damit in der Welt auf Platz sieben und steuere 4 % zur globalen Nachfrage bei. Bis 2020 aber setze sich das Land ganz an die Spitze der kaufhungrigsten Länder noch vor die Vereinigten Staaten. Dann dürften seine Bürger für fast 4,5 Billionen Dollar im Jahr einkaufen, das sind rund 13 % der globalen Ausgaben (siehe Tabelle S. 212).[284]

Diese großen Zahlen überzeichnen die Bedeutung der Mittelschicht, wenn man an ihrem Potential zum Erwerb westlicher Produkte interessiert ist. McKinsey hat deshalb genauer hingeschaut und die Mittelschicht weiter untergliedert. Die Befunde sind frappierend:

Mega-Einkaufsbummel: Konsumausgaben der chinesischen Mittelklasse

Land 2009	Mrd. Dollar*	Weltanteil in %	Land 2020	Mrd. Dollar*	Weltanteil in %
USA	4.377	21	China	4.468	13
Japan	1.800	8	USA	4.270	12
Deutschland	1.219	6	Indien	3.733	11
Frankreich	927	4	Japan	2.203	6
Großbritannien	889	4	Deutschland	1.361	4
Russland	870	4	Russland	1.189	3
China	859	4	Frankreich	1.077	2
Italien	740	3	Indonesien	1.020	2
Mexiko	715	3	Mexiko	992	2
Brasilien	623	3	Großbritannien	976	2

Quelle: Kharas / Gertz, New middle class, S. 40 — * = kaufkraftbereinigt

Im Jahr 2000 zählten nur 4% der urbanen Haushalte zur Mittelklasse, weil sie ein verfügbares Jahreseinkommen von 60.000 bis 229.000 Yuan hatten (nach heutigem Kurs 7.200 bis 28.000 Euro). 2012 gehörten der Gruppe, preisbereinigt, schon 68% an, bis 2022 dürften es 75% werden. Wichtiger noch: Die kaufkräftige Obere Mittelklasse, die mindestens 106.000 Yuan (13.000 Euro) im Jahr zur Verfügung hat, wächst besonders stark, von 14% 2012 auf 54% zehn Jahre später (siehe Abbildung S. 213).

Fast im selben Maße wie die Obere Mittelschicht an Bedeutung gewinnt, nimmt das Gewicht der Unteren oder Massen-Mittelklasse ab, von 54 auf 22%. Die arme Gesellschaftsschicht, deren Angehörige weniger als 60.000 Yuan (7.200 Euro) ausgeben können, schrumpft von 29 auf 16%. Am anderen, oberen Ende verdreifacht sich der Anteil der Reichen mit 230.000 oder mehr Yuan (28.000 Euro) von 3 auf 9%. Glaubt man den Berechnungen, dann steigen zwischen 2012 und 2022 die gesamten städtischen Konsumausgaben um das Zweieinhalbfache auf 3,2 Billionen Euro. Davon werden die Reichen mit 25% überproportional viel ausgeben und die Armen mit 5% überproportional wenig, was kaum überrascht. Die Obere Mittelschicht dürfte ungefähr den Anteil an allen Verbrauchsgüterausgaben übernehmen, der ihrer Mannstärke entspricht, rund 56%. Der durchschnittliche Zuwachs ihrer privaten Konsumaus-

Chinas Obere Mittelschicht wirft den Konsum-Turbo an

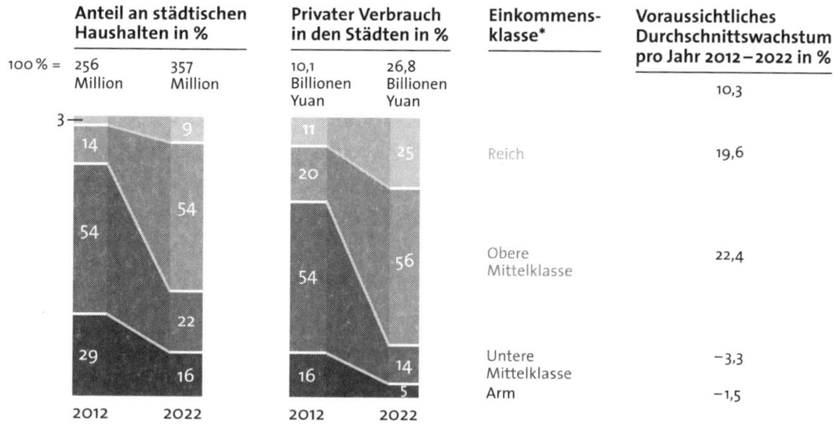

*Gemessen am verfügbaren Haushaltsjahreseinkommen zu Preisen von 2010.
Reich = mehr als 229.000 Yuan, Obere Mittelklasse = 106.000 bis 229.000 Yuan,
Untere Mittelklasse = 60.000 bis 106.000 Yuan, Arm= weniger als 60.000 Yuan

Quelle: McKinsey

gaben ist aber viel stärker als in allen anderen Gruppen, sogar als jener der Reichen. Die Steigerung beträgt im Durchschnitt 22,4 % im Jahr. McKinsey stellt deshalb treffend fest: „Die Obere Mittelklasse dürfte der entscheidende Motor für die Konsumausgaben der kommenden zehn Jahre werden."

Natürlich wächst die Mittelschicht auch in anderen Schwellenländern stark. Aber China ist der mit Abstand interessanteste Markt, wie die Experten der Beratungsgesellschaft Silk Road Associates herausgefunden haben, die in Honkong, Bangkok und Melbourne ansässig sind: Zwei Drittel der gesamten Mittelklasse im Asien-Pazifik-Raum lebt heute schon in China.[285] Abermals gilt: Eine große Menge an Personen und an verfügbarem Einkommen macht noch keine Märkte. Aber Silk Road kann zeigen, dass die Ausgaben der Privathaushalte in 156 untersuchten Städten tatsächlich ähnlich stark zulegen wie ihre Einkommen. Das ist überraschender als es scheint, denn eigentlich verläuft die Nachfragekurve bei Verbrauchsgütern in aufstrebenden Volkswirtschaften mit steigenden Einkommen nicht linear, sondern S-förmig: Zu Beginn wächst der Bedarf schnell, erreicht dann einen Scheitelpunkt und flacht sich anschließend immer mehr ab, je reifer die Märkte werden. In China scheint das nicht der Fall zu sein, was zweierlei Schlüsse zulässt. Entweder befindet sich die Entwicklung noch vor dem Höhepunkt, möglicherweise ist der Einkommenszuwachs noch nicht stark genug. Oder aber es werden auf einem höheren Einkommensniveau höherwertige Güter derselben Produktklasse nachgefragt.

Das ist die Erklärung, die Ben Simpfendorfer überzeugender findet. Er ist der Gründer von Silk Road und war früher Chefökonom für China bei der Royal Bank of Scotland und bei JP Morgan. In Wirklichkeit bestehe die vermeintlich gerade Linie aus vielen kleinen S-Kurven, argumentiert er, und verweist als ein Beispiel auf den Kauf von Rindfleisch. Zunächst fragten die Menschen einfaches lokales Fleisch nach, mit steigendem Einkommen dann importiertes, später sogar das ganz teure organische. Simpfendorfer nennt dieses Phänomen das „Upgrading der chinesischen Mittelklasse". Es greife zum Beispiel immer dann, wenn die Verbraucher gesundheitsorientiert seien wie bei Lebensmitteln, markenbewusst wie bei Handtaschen oder beides wie bei importierten Kosmetika.

Konkret bedeutet all das, dass sich die Mittelschicht immer stärker zum Haupttreiber für den Konsum in China entwickelt. Der in Schanghai geborene und heute in Washington forschende Mittelklassen-Experte Cheng Li bringt dieses Phänomen so auf den Punkt:

„Unter den vielen Kräften, die den Kurs der Entwicklung in China bestimmen, wird sich langfristig wohl keiner als bedeutender herausstellen als der schnelle Aufstieg und das explosionsartige Wachstum der chinesischen Mittelklasse. […] Noch nie in der Geschichte haben so viele Menschen in einer oder zwei Generationen einen solchen wirtschaftlichen Fortschritt geschafft."[286]

In absehbarer Zeit dürfte Chinas Mittelschicht die Vereinigten Staaten und dann auch die Europäische Union hinter sich lassen, zunächst in ihrer Zahl, später auch in der Kaufkraft. Nach Erkenntnissen des Weltwährungsfonds IWF hat die Volksrepublik schon 2011 stärker zum Wachstum des weltweiten Konsums beigetragen als Amerika. In jenem Jahr gaben die Chinesen 600 Milliarden Dollar mehr aus als 2010, bei den Amerikanern waren es rund 500 Milliarden. Nach Meinung der IWF-Fachleute bietet dieser Rekord „einen ersten Eindruck von dem Potential, das Chinas Verbrauch hat, um als wesentliche Quelle für die Endnachfrage in der ganzen Welt zu fungieren".[287]

Das veränderte Kaufverhalten hilft westlichen Herstellern

Die Obere Mittelklasse wächst, wenn man sich an McKinsey orientiert, bis 2022 um das Dreifache und stellt dann die Mehrheit der städtischen Konsumenten im größten Markt der Welt, rund 190 Millionen Haushalte mit 580 Millionen Menschen. Diese Gruppe verfügt, auch das sollte deutlich geworden sein, über ausreichend Geld, um Konsumgüter zu westlichen Preisen zu erwerben. Die „neue Hauptströmung" der chinesischen Verbraucher, wie die Berater sie nennen, ist bereit, von ihrer höheren Position auf der Bedürfnispyramide aus neue, teure Produktgruppen ins Visier zu nehmen und bei den Gütern, die man bisher schon kaufte, zur nächstbesseren Qualität zu greifen. Im Englischen nennt man das „trading up", eine höher Handelsstufe besteigen bzw. auf aufwendigere Waren umsteigen. Besonders interessant ist eine Untergruppe an Verbrauchern, die als zweite Generation (G2) bezeichnet wird, weil ihre Angehörigen erst während der Öffnungspolitik seit Mitte der 1980er Jahre zur Welt kamen. Sie sind Ende 20 oder noch jünger und in einer Phase relativen Wohlstands aufgewachsen, als es den meisten Städtern materiell jedes Jahr besser ging. Die Marktforscher bezeichnen sie als „selbstbewusst, eigenständig in ihren Entscheidungen und entschlossen, diese Selbständigkeit durch ihren Konsum zur Schau zu stellen. Die meisten sind Einzelkinder, denn als sie geboren wurde, begann die Regierung, strenger auf die Ein-Kind-Politik zu achten".[288]

Der nächste Satz der Fachleute lässt aufhorchen: „Diese Generation der Verbraucher ist die bisher am weitesten am Westen ausgerichtete." Sie sähen teure Produkte als besser an als billige, probierten gern neue Dinge aus, hätten eine Neigung zu digitalen Geräten der Informations-, Kommunikations- und Unterhaltungstechnik und orientierten sich bei vielen Kaufentscheidungen im Internet. Ihr Geschmack sei verfeinerter als jener der Generation zuvor, sie suchten nach Status, zeigten eine große Loyalität zu Marken, denen sie vertrauten, und zögen Nischenhersteller den Massenproduzenten vor. Da chinesische Einzelkinder der Mittelschicht sehr verwöhnt werden, reicht ihr Einfluss über die eigenen Einkäufe hinaus. Sie entscheiden den Umfragen zufolge auch über einen Teil des Familienerwerbs, d. h. sie bestimmen das Shopping-Verhalten der Eltern oder sogar der Großeltern mit.

Diese Veränderungen schlagen sich im Handel spürbar nieder. Bis vor Kurzem kaufte die Mehrheit der urbanen Mittelschicht nach pragmatischen Gesichtspunkten ein. Verglichen wurden Preis und Funktion der täglichen Güter, indes spielten Marken oder die Ansprache durch das Design und durch andere ästhetisch-gefühlsartige Faktoren nur eine untergeordnete Rolle. Neuerdings aber gewinnen solche Kategorien an Bedeutung, wie eine Befragung beim Kauf von 40 Arten von Verbrauchsgütern ergeben hat. Demnach wird für die Obere Mittelschicht neben dem rein „funktionalen Nutzen" der „emotionale Nutzen" immer wichtiger. Er gehört schon zu den fünf wesentlichen Kaufentscheidungen, bei einigen Produktgruppen gar zu den beiden wichtigsten. Das hat konkrete Auswirkungen etwa auf den Kauf von Haarwaschmitteln, wo die Neigung der Oberen Mittelschicht, nach Empfindung und Geschmack statt nach Preis und Rationalität einzukaufen, um 50 % höher ist als in der Unteren Mittelschicht.[289]

Wie sollten sich westliche Konsumgüterhersteller auf diese Verschiebungen einstellen? Zum einen kommt ihnen das „trading up" natürlich zugute, denn ihre Produktqualität und ihre Marken sind international anerkannt, während die Hürde, dass die Waren in China zu teuer sind, dem Verkauf immer seltener im Weg steht. Um an die Obere Mittelschicht und hier vor allem an die G2 heranzukommen, sind moderne Werbe-, Marketing- und Vertriebsoffensiven nötig, etwa in Sozialen Medien oder im Elektronischen Handel via Internet. So nutzt der amerikanische Sportartikelhersteller Nike in Chinas Städten Tausende von Quick-Response-Codes – quadratischen Informationspunkten zum Einscannen – in Taxis, Bussen, U-Bahnen, auf Werbeplakaten oder Uni-Aushängen, um mit potentiellen Kunden in Kontakt zu treten. Nike ist auch im Dienst für gesprochene Kurzmitteilungen Weixin (We Chat) aktiv, den praktisch jedes Mitglied der G2 nutzt, der außerhalb Chinas aber noch recht unbekannt ist.[290]

Westliche Konzerne müssen zudem ihr Distributionsnetz erweitern, um Millionen Angehörige der Mittelschicht außerhalb der bisherigen Schwerpunktmärkte zu erreichen. Da die Wirtschaft und der Wohlstand im Binnenland inzwischen viel stärker wachsen als an den Küsten, sind neue, nicht immer leicht zu etablierende Vertriebswege nach Zentral-, Nordost- und Westchina unerlässlich. Entscheidend ist dabei allerdings, den Massenmarkt nicht zu vernachlässigen. Deshalb kann eine Doppelstrategie sinnvoll sein, die sich mit einfachen Produkten an die Untere Mittelschicht und mit den höherwertigen an die Obere Mittelschicht wendet. Wie man es vermeidet, sich dabei selbst Konkurrenz zu machen, zeigt McKinsey mit Verweis auf einen namentlich nicht genannten Süßigkeitenhersteller. Dieser vertreibt seine teuren Snacks über ansprechende Einzelhandelsketten in den wohlhabenden Städten und bietet zugleich die einfachen Naschereien über Tante-Emma-Länden in den weniger bedeutenden Ortschaften an. Der deutsche Bayer-Konzern geht mit seiner Division „Consumer Care", die verschreibungsfreie Arznei- und Nahrungsergänzungsmittel anbietet, einen ganz ähnlichen Weg, wie die Experten ermittelt haben. In den 28 wichtigsten Metropolen wenden sich die Leverkusener gezielt an die Obere Mittelschicht, gleichzeitig wurde der Vertrieb aber auch auf die kleineren Städte ausgedehnt, um dort die breite urbane Masse zu erreichen. Dieses duale Vorgehen kann sich schnell auszahlen. So hat der Süßigkeitenproduzent in den ersten drei Jahren nach Einführung der Strategie seinen China-Umsatz jedes Jahr um 15% gesteigert. Die McKinsey-Berater fassen ihre Ergebnisse zu diesen und anderen Fällen so zusammen:

„Chinas neue Mittelklasse wird viel schneller immer wichtiger, als es die meisten Unternehmen haben vorhersehen können. Internationale Konzerne, die noch nicht begonnen haben, sich auf immer reichere und anspruchsvollere Einkäufer einzustellen, sollten damit jetzt beginnen. Sonst riskieren sie, dass sich ihre Geschäfte verschlechtern, weil die Märkte an ihnen vorbeilaufen."[291]

Es sind die Hersteller des gehobenen täglichen Bedarfs, die auf Chinas neue Käuferheere setzen. Dazu gehört auch der deutsche Konzern Henkel. Für ihn ist die Volksrepublik in erster Linie als Markt für Industrieklebstoffe interessant. Deshalb hat das Unternehmen in Schanghai das größte Klebstoffwerk der Welt gebaut. Mit dem zweiten Standbein, dem Verkauf von Wasch- und Reinigungsmitteln, kommt der Persil-Produzent zwar nicht voran, wohl aber mit dem dritten und margenstärksten Geschäftszweig namens „Beauty Care". Dahinter verbergen sich Körperpflegeprodukte wie Seifen, Duschgels, Shampoos, Hautcremes und nicht zuletzt die in China sehr wichtigen Haarfärbemittel. Bisher machen all diese Produkte 15% des China-Umsatzes aus, rund 170 Millionen Euro im Jahr, den Rest steuert die Klebstoffsparte bei. Der Vorstandsvorsitzende Kasper Rorsted ist aber entschlossen, den Kosmetik-Anteil an den Erlösen in den kommenden Jahren auf 30% zu verdoppeln. Dazu werde man stark investieren, kündigt Rorsted an, „vor allem bei Beauty Care wollen wir expandieren". Das passt zu Rorsteds Strategie, bis 2016 die Hälfte des Umsatzes von dann 20 Milliarden Euro in Schwellenländern zu erwirtschaften.[292]

China, wo Henkels Erlöse jedes Jahr um 10 bis 20% wachsen, ist der wichtigste Treiber auf dem Weg zu diesem Ziel. Mit fast 7% des Gesamtumsatzes von 16,5 Milliarden Euro rangiert die Volksrepublik für die Düsseldorfer jetzt schon auf Platz drei hinter den USA und Deutschland, in absehbarer Zeit wird Position zwei angepeilt. China ist nicht nur ein besonders großer Markt für Henkel, sondern auch ein überaus profitabler, wie Rorsted verrät: „Wir verdienen hier mehr Geld als anderswo." Der Hersteller von Marken wie Schwarzkopf, Schauma oder Fa setzt in China auf die Produktfamilie Syoss und auf speziell für Asiaten entwickelte Produkte. So kommen einige Haarfärbemittel aus einer Flasche wie für Rasierschaum: Die Öffnung besteht aus zwei Düsen, die die beiden Komponenten beim Austreten sogleich mischen, so dass sie sich direkt ins Haar einmassieren lassen. „Der Kosmetik-Markt ist wahnsinnig attraktiv", erläutert Rorsted, „die Chinesen sind im positiven Sinne sehr eitel". Zwar halten sich die Pro-Kopf-Ausgaben noch sehr in Grenzen. Wer aber Schönheitsprodukte nutzt, gibt einen höheren Anteil seines Einkommens dafür aus als die Europäer. „Das ist für die Chinesen erschwinglicher Luxus, den man vorzeigen kann", sagt Rorstedt. Je städtischer China werde und je mehr Menschen in die Mittelschicht hineinwüchsen, umso lukrativer werde der Markt für den Konzern.

Wichtig ist aus all dem Gesagten die Erkenntnis, dass die Klasse der Kauffreudigen in China nicht nur stark wächst, sondern sich in ihrem Ausgabenverhalten auch zunehmend auffächert. Sie fragt sowohl einfache Einsteiger-Produkte nach als auch Höherwertiges bis hin zu Luxusgütern. Wenn westliche Anbieter wettbewerbsfähig sind, die richtige Strategie wählen und am Markteintritt nicht gehindert werden, können sie in allen Preiskategorien trumpfen. Auf einige Beispiele wird unten genauer einzugehen sein. Zunächst ist aber wichtig, deutlich zu machen, welche Faktoren die Kaufkraft in den kommenden Jahren beflügeln werden. So stark wie selten zuvor in der Geschichte.

Andere Haut, andere Haare. Warum L'Oréal in China mit Bleichmitteln und Ginseng experimentiert

Das französische Unternehmen L'Oréal, der führende Kosmetikhersteller der Welt, unterhält in Schanghai ein großes Versuchslabor. Kittelträger huschen durch die Gänge, die ein wenig an Krankenhausflure erinnern. In einem der Zimmer liegen zwei Probanden mit entblößtem Oberkörper. Ihre Rücken erinnern an Schachbretter, die Felder sind unterschiedlich stark gebräunt. Auf diese Weise lassen sich Sonnencremes testen. Die Zulassungsvoraussetzungen seien mindestens so strikt wie im Westen, sagt Forschungsdirektor Didier Saint Leger. „Wir müssen genau auf die asiatischen Hauttypen eingehen."[293]

Fast alle namhaften Hersteller von Kosmetika bieten ihre Produkte in China an. Die chinesische Konkurrenz spielt in dem Markt, der ein Volumen von rund 12 Milliarden Euro hat, so gut wie keine Rolle. Der größte heimische Anbieter Bawang rangiert auf Platz zehn. Selbst wenn Marken und Verpackung der internationalen Konzerne so aussehen wie im Westen, haben 80% aller Kosmetika in Asien eine andere Zusammensetzung. Das hat mit der unterschiedlichen Beschaffenheit von Haut und Haaren zu tun, mit abweichendem Geschmack und mit den Umweltbedingungen. Da die ultraviolette Sonnenstrahlung in Asien drei- bis viermal so stark scheint wie in Europa oder Amerika, schützten schon Eltern ihre Neugeborenen mit Cremes. Die Haut chinesischer Frauen altert zehn Jahre später, dann aber merklicher. Auch Mittel zum Bleichen der Haut haben hier eine lange Tradition und verkaufen sich millionenfach. Besonders wichtig ist der Hautpflegemarkt, den L'Oréal dominiert. Immer gefragter werden „Anti-Aging"-Produkte, da die Gesellschaft rasant altert.

Die Beschaffenheit des Haares ist ebenfalls anders, genauso wie die Waschgewohnheiten. Viele Friseure massieren das Shampoo ins trockene Haar ein, weshalb L'Oréal mit einem eigenen „Trockenshampoo" experimentiert. In dem Labor erfährt man auch, dass Männer in China weniger unter Haarausfall leiden als im Westen, dass sie aber ebenfalls ergrauen. „Man merkt es nur nicht, weil viel mehr Herren tönen oder färben als in Europa – und genauso ungern darüber reden", sagt Saint Leger. Für L'Oréal zählt indes nur der Absatz. Im Geschäft mit Haarfärbemitteln ist man in Fernost Marktführer.

Der Konzern will künftig in China mehr Umsatz erwirtschaften als in jedem anderen Land, einschließlich Frankreichs. Dafür wird die Zahl der Werke in Asien von fünf auf acht erhöht, drei stehen dann in China. Das Potential erscheint enorm: Jeder Japaner nutzt Kosmetikwaren im Herstellungswert von 115 Euro im Jahr, in Südkorea sind es 44, in Thailand 16 Euro. Demgegenüber beträgt der Wert für China erst 5 Euro. Um das zu ändern, wollen die Franzosen neue Märkte in der Haar- und Männerpflege erschließen und den Vertrieb auf mehr als 660 Städte ausdehnen. Als L'Oréal Mitte der neunziger Jahre nach China kam, gab es schon keine Vorschrift mehr, in der Branche Gemeinschaftsunternehmen eingehen zu müssen. 1996 baute der Konzern eine eigene Fabrik in Suzhou. 2004 kaufte er zwei chinesische Marken, Mininurse und Yue Sai, um in den Massenmarkt einzusteigen. Zur Entwicklung speziell auf asiatische Verbraucher zugeschnittener Linien entstand 2005 das Forschungslabor in Schanghai-Pudong, ein Jahr später verdoppelte man die Produktion.

Neben Haut- und Haarpflege ist der chinesische Markt für Makeup noch klein. Die geringe Bedeutung des Schminkens liege an traditionellen Barrieren und an der Furcht der Chinesinnen vor Chemieprodukten, erläutert Leger. „Wenn eine Frau doch mal einen Lippenstift benutzt, wischt sie ihn ab, bevor sie ihr Kind küsst." L'Oréals chinesische Tochtergesellschaft Yue Sai schlägt aus dieser Skepsis Kapital und nutzt Zutaten der traditionellen Medizin: die Pfingstrose zum Bleichen, Jasmin zum Schutz der Haut und Ginseng zu ihrer Regenerierung.

2. Chinas neuer Geldsegen: Warum die Kaufkraft steigen wird

„Autos kaufen keine Autos“: Satte Lohnerhöhungen

Die Kaufkraft der Mittelschicht-Chinesen ist eindrucksvoll, sie könnte aber noch viel höher sein. Bisher macht der private Konsum gerade einmal ein Drittel der gesamten Wirtschaftsleistung aus, des sogenannten Bruttoinlandsprodukts. In westlichen Industrieländern wie den Vereinigten Staaten ist der Anteil am BIP mehr als doppelt so hoch. Nicht nur das: Die Quote ist in China sogar immer weiter gesunken: 1999 betrug sie noch 45 %, zehn Jahre später dann 36 %. Für diese Entwicklung gibt es vor allem zwei Gründe: die geringen Reallohnsteigerungen und die hohen privaten Sparquoten.

Trotz eindrucksvoller Wohlstandszugewinne sind die Einnahmen der Chinesen nicht annähernd so stark gewachsen wie die Wirtschaftsleistung. Das zeigt sich am Verhältnis des verfügbaren Pro-Kopf-Einkommens zum Bruttoinlandsprodukt je Einwohner. 2002 landeten, vereinfacht gesprochen, mehr als 82 % der Wertschöpfung

Ein großer Teil des Aufschwungs geht an den Konsumenten vorbei

Jahr	BIP pro Kopf	Verfügbares Einkommen pro Kopf	Verfügbares Einkommen in % des BIP
2002	9.367,838	7.703,00	82,2
2003	10.510,401	8.472,00	80,6
2004	12.299,469	9.422,00	76,6
2005	14.143,700	10.493,00	74,2
2006	16.456,274	11.760,00	71,5
2007	20.117,484	13.786,00	68,5
2008	23.647,643	15.781,00	66,7
2009	25.545,359	17.175,00	67,2
2010	29.943,307	19.109,00	63,8
2011	35.113,668	21.810,00	62,1
2012	38.353,527	24.565,00	64,0

Quelle: Chinas Nationales Statistikbüro, IWF. Angaben in Yuan pro Jahr.

eines chinesischen Arbeiters als Geld in seiner Brieftasche. Zehn Jahre später waren es nur noch 64% (siehe Tabelle S. 221). Das bedeutet: An weiten Teilen des Aufschwungs hat die chinesische Normalbevölkerung bisher gar nicht partizipiert. Hätte sie es, könnte man denken, dann wären die Verkaufszahlen der Konsumgüterindustrie noch famoser, dann würden die deutschen Maschinen- oder Autobauer hier noch lauter jubilieren, dann wäre das Wirtschaftswachstum noch eindrucksvoller als ohnehin schon.

Doch ganz so einfach funktionieren die ökonomischen Zusammenhänge nicht. Chinas Wirtschaft ist auf den Weltmärkten ja gerade deshalb so erfolgreich und als Investitionsstandort gerade deshalb so beliebt, weil die Reallöhne lange Zeit so spärlich gestiegen sind. Ein wichtiger Teil der chinesischen Wettbewerbsfähigkeit beruht bis heute auf diesen Vorteilen bei den Arbeitskosten. Will man die Bezüge ohne Absatzeinbußen steigern, dann muss man die Produktivität anheben: über eine höhere Automatisierung und über eine bessere Qualifikation der Arbeitskräfte mit entsprechenden Effizienzsteigerungen (siehe S. 73 ff). Oder man wendet sich gleich ganz neuen Branchen zu, in denen die Wertschöpfung und die Gewinnmargen höher sind, so dass sich die Unternehmen das teure, aber gut ausgebildete Personal leisten können.

Beides will China in jenem Strukturwandel versuchen, den sich die 2013 ins Amt gekommene Regierung verschrieben hat und den die allmächtige KPCh auf ihrem Dritten Plenum im November 2013 noch einmal bestätigte. Der Umbau soll so erfolgen, dass spürbar höhere Löhne gezahlt werden können. Unausgesprochen folgt Chinas Führung damit einem Bonmot des amerikanischen Kraftfahrzeugpioniers Henry Ford. Um eine Verdopplung der Löhne in seinen Werken zu rechtfertigen, hatte er darauf hingewiesen, dass die Arbeiter ja auch potentielle Kunden seien. In diesem Zusammenhang soll er gesagt haben: „Autos kaufen keine Autos.“[294] Über die sogenannte Kaufkrafttheorie ist viel gestritten worden, oft im Zusammenhang mit der Nachfragepolitik des englischen Ökonomen John Maynard Keynes (der allerdings nicht Lohnerhöhungen im Sinn hatte, sondern eine antizyklische Konjunkturpolitik des Staates). Klar ist, dass es nur darum gehen kann, einen Teil des größer werdenden Kuchens an die Arbeiter zu verteilen, gemessen etwa an den genannten Produktivitätsfortschritten.

Und genau das ist es, was Chinas Führung im Sinn hat, sofern man ihren Ankündigungen glauben kann. Das Ziel hat schon der ehemalige Staatschef Hu Jintao unmissverständlich vorgegeben: in einer seiner letzten Amtshandlungen als Parteivorsitzender und als Vermächtnis an seinen Nachfolger Xi Jinping. In seiner Abschiedsrede auf dem Parteitag im November 2012 – die mit Xi abgestimmt war – sagte Hu, bis 2020 müsse das verfügbare Pro-Kopf-Einkommen in der Stadt und auf dem Land verdoppelt werden. In Preisen von 2010 hätte dann jeder Stadtbewohner 38.220 Yuan im Jahr zur Verfügung und jeder Bauer 11.840 Yuan. Das sind zwar nur 4.600 bzw. 1.400 Euro, aber, immerhin, es wäre ein großer Fortschritt zu heute. Es müsse sichergestellt werden, „dass die Bevölkerung ihre Portion von den Früchten der wirtschaftlichen Entwicklung abbekommt", sagte Hu. „Dazu sollten wir den Anteil des persönlichen Einkommens an der Verteilung des Nationaleinkommens erhöhen." Auch Hu weiß, dass das nicht über Gebühr passieren darf, weil sonst Chinas Wettbewerbsfähigkeit litte. Deshalb setzte er hinzu: „Die Erhöhung der Entgelte muss im Einklang mit der Verbesserung der Arbeitsproduktivität erfolgen."[295]

Das ist ein hoher Anspruch, der nicht einfach einzulösen sein wird. Das gilt vor allem für die rund 260 Millionen Wanderarbeiter, deren Ausbildung und Produktivität gering sind. Bisher waren es auch ihre Löhne, aber diese steigen stark. Die Bezüge orientieren sich an den staatlichen Mindestlöhnen, die jede Provinz selbst festlegt (siehe S. 73ff und Tabelle S. 71). Dem aktuellen Fünfjahresplan zufolge sollen sie um 13% im Jahr zunehmen, fast doppelt so stark wie das übrige Lohnniveau und das Bruttoinlandsprodukt. Trotz der geringen Höhen – der üppigste Mindestlohn wird derzeit in Shenzhen gezahlt: 1.600 Yuan oder 200 Euro im Monat – kann diese Kampagne angesichts der vielen Menschen eine gewaltige Kaufkraft freisetzen. Allerdings sind Lohnerhöhungen wenig wert, wenn sie wieder aufgefressen werden, etwa von der Inflation oder von Steuern und Abgaben. Deshalb haben sich Regierung und Notenbank zu einer weitgehenden Preisstabilität verpflichtet. Gemäß dem Fünfjahresplan sollen die Verbraucherpreise um nicht mehr als 4% im Jahr steigen, für 2013 beträgt das Ziel 3,5%.

Auch die Steuern und Abgaben will Peking bändigen. In einem ersten Schritt sind die Freibeträge in der Einkommensteuer stark angehoben worden. Das bedeutet, dass ein größerer Teil der persönlichen Einnahmen steuerfrei bleibt, theoretisch also in den Konsum gesteckt werden kann. Wer nach Abzug der Sozialabgaben von seinem Einkommen nur noch 3.500 Yuan oder weniger im Jahr übrig hat, braucht gar keine Steuern zu bezahlen; bis 2011 betrug die Schwelle 2.000 Yuan. Das mag kümmerlich erscheinen, ist aber eine Ausweitung um 75%. Das Finanzministerium rechnet damit, dass es deshalb 160 Milliarden Yuan weniger Steuern einzieht. Diese umgerechnet 20 Milliarden Euro im Jahr könnten also in den Verbrauch fließen. Bemerkenswert ist in diesem Zusammenhang, wie wenig Privatpersonen in China überhaupt Steuern zahlen. Nach Auskunft des Finanzministeriums waren es vor der Reform 84 Millionen, jetzt sind es nur noch 24 Millionen. Und das bei einer Einwohnerschaft von 1,35 Milliarden Menschen und 800 Millionen Arbeitskräften!

Jeder Yuan hat zehn Haare: Wie heißt die chinesische Währung richtig?

In diesem Buch geht es immer nur um das eine: um Geld. Aber wie heißt das chinesische Geld eigentlich? „Renminbi", wie man manchmal liest, oder „Yuan"? Wie so oft in China gilt beides. Renminbi, abgekürzt RMB oder CNY, ist die Bezeichnung für die Währung an sich. Yuan bezieht sich auf die größte Einheit dieser Währung. Als Analogie bietet sich das englische Pfund mit seiner Währungsbezeichnung Sterling an. Einfach gesagt: Wann immer ein Betrag folgt, verwendet man Yuan, sonst eher Renminbi. In einer Bank kann man sagen: „Ich möchte gern Renminbi in Euro umtauschen" oder: „Ich möchte gern 10.000 Yuan in Euro umtauschen."

Renminbi bedeutet „Volkswährung" und existiert erst seit dem chinesischen Bürgerkrieg. Die von den Kommunisten gegründete Volksbank, die bis heute so heißt, gibt seit 1948 eigenes Geld heraus. Sie nannte es zunächst Volksbanknoten, dann Neue Währung, Volksnoten und seit 1949 schließlich Volkswährung. Die Zähleinheit war aber stets der sehr viel ältere Yuan. Er wurde 1889 als Silbermünze in der Qing-Dynastie eingeführt, wo man das Wort als „rund" oder „kreisförmig" übersetzte. Das Schriftzeichen 元 standen auch Pate für die Währungsbezeichnungen in Japan und Korea. Bis heute werden der Hongkong-Dollar, Macaos Pataca und der Neue Taiwan-Dollar so geschrieben. Auch gänzlich fremde Währungen verleiben sich die Chinesen gern sprachlich ein. So heißt der Dollar „Amerikanischer Yuan" und der Euro „Europäischer Yuan".

Umgangssprachlich nutzen die Chinesen für den Yuan das Wort Kuai, was ursprünglich Stück bedeutete. Ein Yuan besteht aus zehn Jiao (Ecke), meist Mao (Haar) genannt. Dasselbe Schriftzeichen 毛 bezeichnet übrigens den Republikgründer Mao, der alle Yuan-Geldscheine ziert. Die kleinste Währungseinheit bildet der Fen (Ration). Die Aluminiummünzen, deren Herstellungskosten höher sind als ihr Wert, sind kaum noch im Umlauf. Demgegenüber gibt es viel zu viele rote Mao Tse-tungs in China: Die leuchtenden 100-Yuan-Scheine sind die Banknoten mit dem höchsten Nennwert. Das spiegelt zwar die geringe Inflation, ist dem Reichtum des Landes aber nicht mehr angemessen. Die meisten Autokäufe etwa werden in bar getätigt, wofür der Fahrer solide Geldköfferchen und der Händler eine tüchtige Zählmaschine braucht.

Durch die Unterteilung in die drei Einheiten Yuan, Mao und Fen unterliegen Ausländer hin und wieder Missverständnissen. Sagt ein Verkäufer, dass das Seidentuch „einhundert drei" kostet, dann will er nicht 103, sondern 130 Yuan. Sonst würde er sagen „einhundert null drei". Als Eselsbrücke ist zu empfehlen, sich den Mao als Groschen zu merken.

Überhaupt muss man das Zählen in China neu lernen. Für „eins" und „zwei" gibt es je zwei Ausdrücke, abhängig vom Zusammenhang. Komplizierter ist, dass die Chinesen jenseits von 9.999 andere Zahlenblöcke bilden. 10.000 heißt Wan, 15.000 heißt „Wan fünf", 50.000 heißt „fünf Wan", 100.000 sind „zehn Wan". Für eine Million muss man „hundert Wan" sagen, hingegen gibt es für 100 Millionen den eigenen Ausdruck „Yi". 350.070.330 heißt also „Drei Yi, 5007 Wan, dreihundert drei". Eine Milliarde sind „zehn Yi". Über noch größere Beträge wie Billionen oder Trillionen herrscht seit der Finanzkrise nicht nur in China Verwirrung.[296]

Zu viel unterm Kopfkissen: Die Sparquote muss sinken

Amerika und China hängen auf Gedeih und Verderb voneinander ab. Für die Finanz- und Güterverflechtungen zwischen der größten und der zweitgrößten Volkswirtschaft der Welt gilt ein eingängiger Kreuzreim: Die Vereinigten Staaten sparen zu wenig und importieren zu viel, China importiert zu wenig und spart zu viel. Die Amerikaner geben ihr Geld gern mit vollen Händen aus, vor allem für chinesische Waren. Der daraus entstehende Handelsbilanzüberschuss der Chinesen nährt die Devisenreserven in Peking, das dickste Sparpolster, das je eine Regierung angehäuft hat. Daraus verleiht China Hunderte Milliarden Dollar zurück in die USA, Peking ist Washingtons größter Auslandsgläubiger. In Amerika fließt das viele Geld wieder in den Wirtschaftskreislauf, wird abermals für chinesische Importe ausgegeben – die ganze Geschichte beginnt von Neuem. Natürlich ist das eine grobe Vereinfachung der Zusammenhänge, was aber stimmt ist, dass die Chinesen Weltmeister im Sparen sind. Zählt man die Rücklagen des Staates, der Unternehmen und der privaten Haushalte zusammen, dann machen sie mehr als die Hälfte des BIP aus. Das ist etwa das Doppelte des Durchschnittswerts in der Gruppe der 20 größten Volkswirtschaften (G20).[297] Den größten Teil sparen die privaten Haushalte, und dieser Wert steigt seit Jahren. Mitte der 1990er Jahre legten die Haushalte weniger als 20% ihres verfügbaren Jahreseinkommens zurück, heute sind es auf dem Land mehr als 30% und in der Stadt rund 25%.[298] Jeder vierte Yuan landet also auf der Bank oder unter dem Kopfkissen.

Die Chinesen sparen deshalb so viel, weil sie ihren Sozialsystemen nicht trauen. Sie bunkern Geld für spätere oder schlechtere Zeiten, um die Ausbildung der Kinder zu bezahlen, um mögliche Krankenhausrechnungen zu begleichen – einschließlich der Schmiergelder an die Ärzte – und um die Ausgaben im Alter zu bestreiten, wenn sie nicht mehr arbeiten können oder dürfen; Männer müssen, wie erwähnt, in China mit 60 Jahren in Rente gehen, Frauen spätestens mit 55. Diese Zwickmühle hat die Führung erkannt und will sie lösen. Wenn man die Vorsorgeeinrichtungen ausbaut und mit mehr Geld versorgt, so das Kalkül, dann lassen sich die Menschen dazu hinreißen, weniger zur Seite zu legen und mehr auszugeben. Bezüglich der Sozialversicherungen hat sich China nach Hus Jintaos Worten nicht weniger vorgenommen, als „ein vollständiges, mehrschichtiges und haltbares System aufzubauen, um eine grundlegende soziale Absicherung sowohl für die städtische wie für die ländliche Bevölkerung einzurichten“.

Von dieser Herkulesaufgabe war schon ausführlich die Rede: ein Renten- und Gesundheitswesen für 1,35 Milliarden Menschen, für ein Fünftel der Weltbevölkerung. Doch China kommt nicht umhin, seine staatlichen Sozialausgaben stark zu erhöhen, wenn es, wie angestrebt, von einem Land mittlerer zu einem der höheren Einkommen werden möchte. Als Vergleich kann die Organisation für Wirtschaftliche Zusammenarbeit und Entwicklung OECD herhalten, welche die Industriestaaten repräsentiert, aber auch Schwellenländer wie die Türkei, Mexiko und Chile. Die Mitglieder wenden im Durchschnitt 28,3 % ihres BIP für öffentliche Sozialausgaben auf, in China sind es gerade einmal 9,6 %, also etwa ein Drittel davon.[299] Selbst im Vergleich nur mit anderen aufstrebenden Volkswirtschaften wie Brasilien oder Russland sind die chinesischen Anstrengungen gering.[300]

Chinas private Haushalte müssen also mit ihren Ersparnissen „die Löcher im Sicherheitsnetz flicken", wie der Weltwährungsfonds IWF es nennt.[301] Die Weltbank formuliert es so: „Sie sparen für die Regentage".[302] Befreit man jedoch die Menschen von den Belastungen, könnte der Verbrauch rapide steigen. Jeder Yuan etwa, den der Staat in die Krankenversicherung steckt, erhöht den Berechnungen zufolge die Ausgaben der Privathaushalte um 2 Yuan. Weitet die Regierung ihren Etat für Gesundheit, Bildung und Altersvorsorge um 1 % des BIP aus, steigt der Anteil des privaten Verbrauchs am BIP um 1,25 %. Insgesamt erwarten die Weltbank und der Staatsrat, die chinesische Zentralregierung, bis 2030 mindestens eine Verdopplung der Quote in der Altersvorsorge. Der BIP-Anteil an den Gesundheitsausgaben könnte um mehr als die Hälfte steigen. Macht die Regierung ihre Pläne wahr, auch alle Beschäftigten in der informellen Wirtschaft zu erfassen, ist sogar eine Verdreifachung im Rentenwert möglich.

Nun muss man fragen, woher der Staat das Geld für den Ausbau der Sozialversicherungen nehmen soll. Von den Versicherten und ihren Arbeitgebern? Das würde den gewünschten Ausgabeneffekt natürlich konterkarieren. Schon jetzt ist die Abgabenquote für beide Seiten hoch: Auf die Bezüge eines Angestellten zahlt der Chef 44 % in die verschiedenen Pflichtkassen ein, der Mitarbeiter weitere 22 %. Ein durchschnittlicher Arbeiter bekommt in China nicht einmal zwei Drittel seiner Bruttobezüge ausgezahlt, der Rest fließt in die Vorsorgetöpfe, einschließlich eines Haussparfonds. Pfiffiger als diese Quote noch zu erhöhen ist es, die zur Kasse zu bieten, die im Geld schwimmen, nämlich die Staatsunternehmen. Bisher zahlen sie nur einen Bruchteil ihrer Milliardengewinne an ihre Eigentümer aus, also an die Regierung bzw. an das Volk. Das meiste Geld reinvestieren sie, oft in Überkapazitäten, oder sie sparen es in Form zweifelhafter Anlagen wie ungenutzter Immobilien. Das zeigt sich an der Sparquote der Unternehmen, die ähnlich hoch ist wie die der privaten Haushalte und ähnlich stark steigt. Das Geld ist oft völlig unproduktiv angelegt, in jedem Falle kommt es kaum der Allgemeinheit zugute.

Genau dort setzen die Beschlüsse des Dritten Plenums an. Sie sehen vor, dass die Staatsbetriebe von 2020 an 30 % ihrer Gewinne ausschütten müssen, vor allem an die Sozialversicherungen. Bisher ist der Anteil höchstens halb so hoch. Bezogen auf die Nettoprofite wären nach den neuen Regeln 2012 fast 60 Milliarden Euro aus den öffentlichen Konzernen in die Sozialkassen geflossen – eine überaus eindrucksvolle Summe. Dort, in der sozialen Dienstleistungswirtschaft, werden Kapital und Beschäftigte dringend gebraucht, dort stecken enorme Wachstumsaussichten. Vor allem aber könnte diese Art der Finanzierung Arbeitnehmer und Arbeitgeber von drückenden Abgaben entlasten. Die Wissenschaftler Homi Kharas und Geoffrey Gertz von der Brookings Institution in Washington haben ausgerechnet, dass die Erhöhung der Haushaltseinkommen durch Netto-Reallohnsteigerungen und geringere Vorsorgebelastungen die Konsumfähigkeit der Chinesen signifikant vergrößern würde. Der Anteil der kaufkräftigen Mittelschicht an der Gesamtbevölkerung könnte sich so, unabhängig von ihrem ohnehin starken Wachstum, noch einmal um sechs bis zehn Prozentpunkte erhöhen.[303]

Schlüssel zur Schatztruhe: Die Reform des Finanzwesens

Um die Lust der Chinesen am Geldausgeben zu erhöhen, ist auch die eingeleitete Reform der Finanzmärkte enorm wichtig. Bisher spart das große Volk zwar viel, erzielt wegen der niedrigen, staatlich vorgegebenen Einlagenzinsen aber kaum reale Erträge, also Renditen oberhalb der Geldentwertung. Chinas Finanzmärkte werden sowohl nach innen wie nach außen begrenzt und kontrolliert. Während ein deutscher oder österreichischer Sparer Aktien, Anleihen und Währungen in der Schweiz, Amerika, Großbritannien oder Japan kaufen und verkaufen kann, ist das einem chinesischen Anleger weitgehend verwehrt. Der Renminbi ist nicht frei konvertibel, also weder unbegrenzt käuflich noch verkäuflich, sein Wechselkurs wird nicht am Markt durch Angebot und Nachfrage ermittelt, sondern von der Zentralbank vorgegeben. Geld kann ohnehin nicht einfach über die Grenze gelangen, denn es herrschen strenge Kapitalverkehrskontrollen. So dürfen chinesische Privatleute jedes Jahr nur 50.000 Dollar aus dem Ausland empfangen oder dorthin senden. Anlagen im Inland sind knifflig, unsicher oder kaum lukrativ. Nach wie vor fließt viel Geld in Immobilienanlagen, aber die Regierung erhöht die Eintrittshürden immer mehr, um Spekulanten abzuschrecken.

Die Aktienmärkte gehören zu den schwächsten der Welt. 2010 und 2011 fiel der Leitindex Shanghai-Composite um 13 und um 23 %, im folgenden Jahr ging es zwar leicht aufwärts, aber 2013 kam der nächste Absturz. Gleichzeitig steckt der Handel mit Anleihen und anderen Wertpapieren noch in den Kinderschuhen, bietet sich als Alternative also auch nicht an. Die Renditeaussichten für alternative Finanzprodukten wie Vermögensverwaltungsprodukte (Wealth Management Products, WMP) und Ähnliches, deren Marktvolumen sich in den vergangenen Jahren stark vermehrt hat, sind zwar vielversprechend. Dieser graue Kapitalmarkt ist aber kaum überwacht und gilt deshalb als hoch riskant. Zocker können sich darauf einlassen, nicht aber solche Menschen, die für Alter, Krankheit oder die Ausbildung ihrer Kinder vorsorgen müssen.

Ihnen bleibt deshalb nur, das Geld brav zur Bank zu tragen. Für einjährige Spareinlagen bekommen sie dort 3 % p. a. Da die Inflation, also der Auftrieb der Verbraucherpreise, ähnlich hoch ist, bleibt die Sparsumme unterm Strich immer gleich viel wert bzw. gleich wenig. Nun kann man einwenden: Auch in den Industrieländern ist das Zinsniveau niedrig. Das stimmt. Dennoch versuchen die Banken dort, sich gegenseitig Kunden abzujagen, indem sie unterschiedliche Zinssätze anbieten. Außerdem steht den Anlegern in der freien Welt auch das Ausland offen. Der Kunde hat also eine Wahl, es gibt einen internationalen Markt für Sparprodukte. Nicht so in China, denn hier schreibt die Zentralbank nicht nur die Leitzinsen vor, sondern auch die Sätze der Banken für ihre Kunden. Das betrifft heute noch die Sparzinsen, bis vor Kurzem galt es auch für die Kreditraten. Die Geldhäuser können mit diesen Vorgaben trefflich leben: Sie haben an der vorgegebenen und deshalb gut zu kalkulierenden Zinsmarge, also dem Abstand zwischen Soll- und Haben-Zins, prächtig verdient.

Auch die Darlehensnehmer reiben sich die Hände. Weil nämlich die Sparer so wenig zurückbekommen, sind die Ausleihzinsen extrem niedrig, für einjährige Kredite um die 6 %, real 3 %. Michael Spencer, der Chefvolkswirt der Deutschen Bank für den Asien-Pazifik-Raum, nennt dieses System „finanzielle Repression: Sparer bekommen real null Prozent Zinsen. Damit werden die billigen Kredite subventioniert".[304] Nutznießer des Modells sind die großen staatlichen Unternehmen und Immobilienkonzerne, während private Mittelständler kaum Zugang zu Krediten bekommen. Der Finanzwissenschaftler Michael Pettis hat berechnet, dass diese „versteckte Subvention" der Sparer für die Kreditnehmer bis zu 8 % vom BIP ausmacht. „Sie ermutigt zu unverantwortlichem Geldausleihen und zwingt die Haushaltseinkommen in die Knie."[305] Im Finanzwesen sieht man demnach, wie zentralistisch und staatlich dominiert Chinas Wirtschaft auch nach 30 Jahren Öffnung noch immer ist. Die Zentralbank – die nicht unabhängig, sondern Teil der Regierung ist – gibt die Zinsen vor, damit staatliche Banken staatliche Unternehmen billig mit Geld versorgen können.

Bisher also ist Sparen in China zwar nötig, rentiert sich aber nicht. Doch das soll sich grundlegend ändern, wenn man den Reformbeschlüssen des Dritten Plenums glauben darf. Die geplante Freigabe der Wechselkurse ist ein gutes Beispiel dafür. Eigentlich ist ein Wechselkurs nichts anderes als der Preis einer Währung, ermittelt an den Devisenmärkten. Kaufen dort viele Leute mit Euro zum Beispiel Dollar ein, dann steigt der Wert des Dollar gegenüber dem Euro. Es kann viele Gründe dafür geben, eine Devise, eine Fremdwährung, zu erwerben. Einer der wichtigsten ist, am wirtschaftlichen Aufschwung des entsprechenden Landes teilhaben zu wollen. Deswegen ist die chinesische Währung, der Renminbi, so begehrt. Würde sich sein Wert, wie bei Dollar und Euro, nach Angebot und Nachfrage richten, dann müsste er kräftig aufwerten. Das tut er aber nur bedingt, denn, wie gesagt, nicht der Markt, sondern Chinas Zentralbank legt den Wechselkurs fest. Viel spricht dafür, dass sie den Renminbi künstlich unterbewertet. Das hilft zwar chinesischen Exporteuren, weil ihre Produkte auf den Weltmärkten relativ gesehen billiger werden. Es schadet aber Chinas Konsumenten, weil sie für ihr Geld weniger Einfuhrgüter kaufen können, als es eigentlich wert ist. Das gilt nicht nur für Importautos aus Deutschland oder Apfelsinen aus Kalifornien, sondern auch für Gas aus Kasachstan, Öl aus Russland und selbst für viele chinesische Güter, in denen ausländische Vorprodukte oder Rohstoffe stecken. Die Unterbewertung des Renminbi enthält den Menschen Kaufkraft vor, weil dadurch gewissermaßen die Inflation importiert wird.

Wie ist es zu dieser Unterbewertung gekommen? Bis Mitte 2005 war die chinesische Währung fest an den Dollar gekoppelt, „pegged" (festgehakt) heißt das im Finanzjargon. Sie konnte nur zusammen mit dem Dollar aufwerten, nicht aber gegenüber ihm selbst. Das änderte sich mit der begrenzten Freigabe des Wechselkurses im Juli 2005. Dann wurde klar, wie stark sich die chinesische Wirtschaft entwickelte und wie nachgefragt ihre Währung war. Innerhalb von zweieinhalb Jahren wertete der Renminbi gegenüber dem Dollar um 18 % auf. Mit der Finanzkrise aber führte Chinas Zentralbank Ende

2008 den „Peg“ wieder ein, um den Ausfuhrunternehmen zu helfen. Als das Gröbste für China vorbei war, enthakte die Zentralbank den Renminbi abermals vom Dollar. Seit Juni 2010 lässt sie ihn schrittweise aufwerten.

Noch immer halten manche Ökonomen und vor allem Chinas Handelskonkurrenten den Renminbi für unterbewertet, allen voran die Amerikaner. Aber niemand kann leugnen, dass die Entwicklung in die richtige Richtung geht. Zählt man die Aufwertungsphasen zusammen, hat Chinas Währung seit 2005 nominal bis zu 30% an Wert gewonnen. Wenn man bedenkt, dass darüber hinaus die Inflation, also die Geldentwertung im Inland, in dieser Zeit in China deutlich höher war als in Amerika, dann ist dieser (Außen)Wertanstieg des Renminbi noch stärker ausgefallen. Falls die Zentralbank, wie im November 2013 angekündigt, die Wechselkurse künftig nicht mehr steuert, sondern allein den Devisenmärkten die Entscheidung überlässt, wie viel der Renminbi wert ist, dann dürften er und die Kaufkraft der Chinesen weiter an Stärke gewinnen.

Die Regierung arbeitet zudem daran, die Anlagebeschränkungen sowohl im Ausland wie auch im Inland abzubauen. Dazu soll der Renminbi nicht nur einen fairen Wechselkurs erhalten, sondern überhaupt erst einmal frei handelbar werden. Der geltende Fünfjahresplan sieht vor, das bis 2015 zu erreichen. In der neuen internationalen Freihandelszone von Schanghai will man den freien Umtausch schon früher ausprobieren. Diese Öffnung ist nur vorstellbar, wenn sie vom Abbau oder zumindest von einer deutlichen Verringerung der Kapitalverkehrskontrollen begleitet wird. Auch das haben das Dritte Plenum und die Zentralbank in Aussicht gestellt. All das würde bedeuten, dass die Chinesen eines Tages überall in der Welt Geld anlegen oder Kredite aufnehmen können. Die Banker sagen dazu: Dann ist die Konvertibilität unter der Kapitalbilanz erreicht. Der Schritt hätte ungeheure Auswirkungen auch auf Chinas Finanzmärkte. Die Geschäftsbanken, die bisher so kommod vom festgelegten Zinsabstand und von ihrer Alleinstellung gelebt haben, stehen plötzlich im Wettbewerb zur ganzen großen Finanzwelt. Wenn sie nicht untergehen wollen, müssen sie nicht nur effizienter und kundenorientierter werden, sondern auch attraktivere Finanzprodukte anbieten.

Um sie darauf vorzubereiten, hat die Zentralbank PBOC um Gouverneur Zhou Xiaochuan das Zinsband bereits etwas gelockert. Die Geldhäuser dürfen jetzt bei den Einlagensätzen um 10% vom Referenzwert abweichen. Auch sind die Geschäftsbanken gehalten, neue

Wertpapiere und andere Formen der Geldanlage anzubieten. Das Ziel ist klar: Die schwerfälligen und selbstgenügsamen Staatsinstitute sollen in Wettbewerb untereinander und mit Dritten treten, um fit zu werden für die bevorstehende Liberalisierung der Finanzmärkte. Sie wehren sich mit Händen und Füßen dagegen, aber falls die Öffnungspolitiker sich durchsetzen, dann dürften Chinas Konsumenten mächtig profitieren. Noch freilich ist viel zu tun. So wäre es wichtig, dass, wie vom ZK der KPCh auf dem Dritten Plenum beschlossen, auch die Einlagenzinsen freigegeben werden, damit ein echter Wettbewerb um Chinas Sparer entsteht. Einen ersten Pilotversuch soll es, wie Ende 2013 bekannt wurde, in der Handelsstadt Wenzhou südlich von Schanghai geben. Angesichts blockierter Kreditzugänge für die Privatwirtschaft und angesichts unattraktiver Sparzinsen hatte dort das Schattenbankenwesen Urstände gefeiert. Werden Angebot und Nachfrage jetzt freigegeben, dann müssen die regulären Geschäftsbanken in Wenzhou und anderswo ihre Sparkunden künftig mit höheren Rückflüssen locken, was den finanziellen Spielraum und den Verbrauch der privaten Haushalte signifikant erhöhen dürfte. Seit 2011 hat sich der Abstand zwischen Soll- und Habenzinsen bereits merklich verkleinert. Er muss aber, wie der Finanzwissenschaftler Michael Pettis sagt, noch viel stärker fallen: „Das ist von entscheidender Bedeutung für die Neuausrichtung der Wirtschaft zu einem größeren Verbrauch der Privathaushalte und zur Verringerung verschwendeter Investitionen."

Wenn die Chinesen künftig weniger auf die hohe Kante legen müssen und ruhigen Gewissens ihr Erspartes ausgeben können, wenn sie bessere Renditen erzielen und mehr für ihr Geld bekommen, dann werden enorme wirtschaftliche Kräfte frei. Zusammen mit der Steigerung der Realeinkommen dürfte das zu einer wichtigen Verschiebung in der Zusammensetzung des BIP führen. Bisher war der Beitrag der Investitionen, des Hauptkonjunkturtreibers, stets höher als der des Verbrauchs. Mit dem geplanten Umbau der Wirtschaft wird sich das Verhältnis jedoch umkehren. Regierung und Weltbank rechnen damit, dass sich bis 2015 der Gesamtkonsum – zu dem neben dem privaten auch der öffentliche Verbrauch zählt – erstmals vor die Investitionen schieben wird. Bis 2030 könnte der Konsum dann zwei Drittel zur gesamten Wirtschaftsleistung Chinas beisteuern und fast doppelt so wichtig werden wie die Investitionen. Spätestens dann wäre das Ziel erreicht, die Binnennachfrage zur wichtigsten ökonomischen Stütze des Riesenreiches zu entwickeln.

Werden die Konsumbremsen tatsächlich wie geplant gelockert, entfesselt das eine in der Geschichte nie dagewesene Kaufkraft. Die Schweizer Bank Credit Suisse erwartet, dass sich das gesamte chinesische Haushaltseinkommen schon in den kommenden Jahren rasant erhöhen wird, von 24,2 Billionen Yuan im Jahr 2010 auf 55,8 Billionen 2015; das sind nach heutigem Kurs etwa 6,7 Billionen Euro. Man erwartet, dass ein großer Teil dieses Geldes auch wirklich in den Konsum fließt, davon 5,1 Billionen Euro in den Einzelhandel; 2010 waren es erst 1,9 Billionen Euro.[306] 5,1 Billionen Euro ist eine irrsinnige Summe. Damit könnten die Chinesen dem größten Konzern der Welt, Royal Dutch Shell, 13 Jahre lang den Gesamtumsatz sichern. Oder 30 Jahre lang Volkswagen, dem erlösstärksten deutschen Unternehmen. Wenn das kein eindrucksvoller Schatz ist!

Jetzt sollte etwas klarer geworden sein, wie umfangreich und potent Chinas neue Mittelschicht ist und wie sich ihre Kaufkraft noch steigern ließe. Im Folgenden werden exemplarisch einige Branchen vorgestellt, die von diesem Nachfrageschub besonders profitieren dürften.

3. Die Chinesen wohnen gern deutsch

Woks aus Idar-Oberstein in der Volksrepublik

Vor dem Einkaufszentrum ist über Nacht ein Bahnhof aus der Erde gewachsen. Eine gewölbte Halle wie in Frankfurt oder Leipzig, überragt von einem Uhrenturm. Davor steht eine schwarze Dampflokomotive mit bauchigem Kessel und drei Schornsteinen. Dann die große Überraschung: Die dicken Nieten an den Waggons sind in Wirklichkeit Kochtöpfe! Die Zeiger der Turmuhr bestehen aus riesigen Löffeln und Messern, die sich um einen Edelstahltopf drehen. Auf dem Dach des Bahnhofes thront ein mächtiger Schnellkochtopf, darunter funkelt Weiß auf Rot das zugehörige Logo in Schreibschrift: Fissler. Das improvisierte Gebäude vor dem Shoppingcenter Yansha Youyi im Nordosten Pekings ist der größte jemals aufgebaute Verkaufsstand des deutschen Haushaltswarenherstellers. Im Innern präsentiert ein Dutzend Verkäuferinnen die neuesten Kochgeschirre, viele direkt auf einem Herd, der ebenfalls wie eine Eisenbahn aussieht. Der Geruch von gebratenem Hühnerfleisch liegt in der Luft, ein Tablett mit frisch gepresstem Karottensaft wird herumgereicht. Auf kleinen Waggon-Imitationen stapeln sich die Töpfe,

Pfannen, Bestecke des Unternehmens aus Idar-Oberstein. In einem Nebenraum, einem mit Vorhängen abgetrennten Luxusabteil, ist eine festliche Tafel aufgebaut. Ein typisch chinesischer Bankett-tisch, vollgestellt mit deutschen Ess- und Trinkgefäßen.

Fisslers pompöser Auftritt ist symptomatisch nicht nur für die wachsende Kauflust der Chinesen, sondern auch dafür, dass sie den Einkaufsbummel gern feiern, dass für sie das Shoppen wirklich zugleich Erlebnis und Zeitvertreib ist. Umfragen ergaben, dass Mittelschicht-Chinesen jede Woche im Durchschnitt 9,8 Stunden einkaufen gehen, typische Amerikaner hingegen nur 3,6 Stunden.[307] Diese Freude am Geldausgeben bei steigendem Qualitäts- und Markenbewusstsein, verbunden mit einem leichten Hang zum Angeben: all das kommt den westlichen Anbietern zugute, vor allem den deutschen. Die Immobilienbranche mit allem, was daran hängt, einschließlich der Einrichtungsindustrie, ist in China einer der Haupttreiber des Wachstums. Daran ändern auch zwischenzeitliche Schwächephasen und die Bemühungen der Regierung nichts, die Spekulationen im Markt zu bekämpfen. Noch immer kommt es jedes Jahr zu Millionen Familiengründungen in den Städten, ziehen unzählige Familien in bessere Wohnungen um, wo sie bessere Möbel, Badezimmer, Küchen, Hausgeräte und eben auch Töpfe brauchen. Klar ist dabei folgender Trend: Die Chinesen wohnen gern deutsch.

Fissler nutzt das geschickt aus. „Der wichtigste Wachstumstreiber ist ganz klar Asien und hier vor allem China", sagt Fissler-Geschäftsführer Markus Kepka. Nachdem zunächst Südkorea vorne lag, setzt China jetzt zum Überholen an. „Spätesten 2014 schiebt sich China an die Spitze, und da wird es uneinholbar bleiben", erwartet Kepka. Die Heimat Deutschland hat das asiatische Land längst hinter sich gelassen. Während der Umsatz im angeschlagenen Europa um höchstens 3% steigt, wächst er in Asien um mehr als 14% und in China um 28%. Und das, obwohl Fisslers Produkte hier noch teurer sind als zu Hause. Gern gewährt die freundliche Verkäuferin im Pekinger Fissler-Zug einen Rabatt auf den „Vitavit Premium Schnellkochtopf". Eigentlich koste er 4.880 Yuan, sagt sie, während der Sonderschau sei er aber ausnahmsweise für 4.280 Yuan zu haben. Das sind immer noch 515 Euro, in Deutschland kostet ein ähnlicher Topf etwa 180 Euro. Es klingt wie Eulen nach Athen tragen, aber Fissler liefert sogar deutsche Woks nach China! Dabei gibt es das Wort im Chinesischen gar nicht. Man sagt hier „Chaoguo", wörtlich „Pfannenrührtopf". Freunde der asiatischen Küche bekommen ihn in Deutschland für rund 200 Euro, im Wok-Land China will Fissler dafür mehr als das Doppelte haben.

Die Kunden schreckt das nicht, solange der Name, das Aussehen und die Qualität der Produkte stimmen. Chinesische Verbraucher befassten sich viel mehr mit dem Essen und legten größeren Wert aufs Kochen als die Deutschen, weiß Kepka. Deshalb seien sie auch bereit, für Kochgeschirre „gutes Geld zu zahlen". Ein chinesischer Kunde gebe im Durchschnitt 500 Euro im Jahr für Fissler-Produkte aus, in Europa seien es nur 150 Euro. Die adrette Verkaufs-Schaffnerin in Peking hat sogar noch höhere Zahlen parat. Jeder Fünfte, der sich ins Innere des Bahnhofs verirre, nehme auch etwas mit, sagt sie, „im Schnitt für 10.000 Yuan", also für mehr als 1.200 Euro.

Das klingt übertrieben, aber teuer ist es wirklich in der Bahnhofshalle. Er habe gerade ein Nagelschneideset gekauft, sagt ein 50 Jahre alter Herr und kramt die Quittung hervor: 980 Yuan oder 120 Euro für Knipser, Pinzette und Feile in einem Lederetui. Der Kunde kann es sich leisten, er ist Vizechef eines Medienkonzerns, der Zeitungen und Magazine herausgibt sowie Kinofilme vermarktet. „Ich kaufe seit Jahren bei Fissler. Das deutsche Produktdesign ist unerreicht, irgendwie zurückhaltend, traditionell und doch modern", sagt er. Die Verarbeitung sei so gut, dass die Ware lange halte. Vielgebrauchte Gegenstände wie ein Maniküreset müsse man sonst oft ersetzen. „Da kaufe ich lieber ein teures und habe ewig etwas davon." Ihm pflichtet eine 40 Jahre alte Dame bei, die für einen amerikanischen Autozulieferer arbeitet und gerade ein Wok-Angebot für 360 Euro erworben hat. Ihre vor zehn Jahren gekauften Fissler-Töpfe täten noch immer guten Dienst, sagt sie, „so etwas Haltbares gibt es in China nicht". Ein 26 Jahre alter Dozent für Englisch, der neben ihr steht, ist vor allem von der Schärfe deutscher Messer überzeugt. „Das alles ist teuer, aber das Kosten-Nutzen-Verhältnis geht dann auf, wenn man bereit ist, auch für gutes Design zu bezahlen."

Solche Einzelmeinungen lassen sich natürlich nie generalisieren, geben aber doch einen Trend wieder. Fissler schätzt den Umsatz im obersten Segment für Kochutensilien in China auf 200 Millionen Euro im Jahr. In fünf Jahren werde er sich verdoppeln. Marktführer und schärfster Konkurrent bei den Edeltöpfen ist ausgerechnet ein weiteres deutsche Unternehmen: Zwilling aus Solingen. Der Messerhersteller liege noch etwas vor Fissler, sagt Kepka. „Aber wir sind Zwilling dicht auf den Fersen und werden die in drei Jahren in China überholen." Den eigenen Marktanteil beziffert Fissler auf etwa 25 %, den von Zwilling auf 30%. Der dritte große deutsche Hersteller, WMF aus Schwaben, ist in China ebenfalls bekannt und begehrt. Touristen aus Fernost lieben es, die Töpfe von ihren Deutschlandreisen zurück in die Heimat zu nehmen. Der WMF-Absatz in China selbst sei aber viel geringer als jener der beiden Wettbewerber, sagt Kepka.

Den Zahlen zufolge dominieren die Deutschen also rund 60% des Markts. Das chinesische Marktforschungsunternehmen ASKCI.com aus Shenzhen hat zwar nur 40% berechnet, aber auch das wäre beachtlich. Den Erfolg der Deutschen erklären beide Seiten auf gleiche Weise: mit der Qualität der Produkte, der Serviceorientierung, der Herkunftsbezeichnung „Made in Germany" und mit den starken Markennamen. Prestigedenken spiele beim Kauf auch eine Rolle, sagt Kepka. Viele Hausfrauen kochten gar nicht in den Fissler-Töpfen, füllten das Essen aber vor dem Servieren in diese um. „Sie stellen unsere Produkte auf den Esstisch, um ihren Freundinnen zu zeigen, was sie sich leisten können."

China braucht 32 Millionen Kühlschränke im Jahr

Wie gern die Chinesen „deutsch" wohnen, belegt der Erfolg des Unternehmens Bosch-Siemens-Hausgeräte BSH, einer Tochtergesellschaft der beiden Namensgeber. Sofern es keine Fälschung ist, stammt jedes Haushaltsgerät der Marken Siemens oder Bosch von dieser Münchner Gruppe. Sie unterhält in China sieben Werke mit 9.400 Mitarbeitern, alle im Umkreis des Sitzes in Nanking (Nanjing) nordwestlich von Schanghai. Man fertigt und verkauft in China Dunstabzugshauben, die Kochstellen für Gasherde, Elektro-Boiler, Bügeleisen und Staubsauger, vor allem aber Kühlschränke und Waschmaschinen. Das Markvolumen dieser Großgeräte zu Endverbraucherpreisen macht nach Auskunft von BSH rund 16 Milliarden Euro aus. Zwar liegen die chinesischen Konkurrenten Haier und Midea uneinholbar vorn. Aber mit einem Marktanteil von 8,5% rangieren die deutschen immerhin auf Platz drei. Der nächstplatzierte Ausländer, Panasonic aus Japan, schafft nicht einmal 4%.[308]

Rund 1,2 Milliarden Euro erlöst BSH in China, 12% des gesamten Gruppenumsatzes. Wichtiger ist nur die Heimat – aber nicht mehr lange. „In zwei, drei Jahren ziehen wir an Deutschland vorbei", sagt BSH-Landeschef Roland Gerke. „Das liegt in der Natur der Sache, in der Natur dieses fast unerschöpflichen Marktes hier." Die Zahlen muss man sich auf der Zunge zergehen lassen: Jedes Jahr werden in China 32 Millionen Kühlschränke verkauft und ähnlich viele Waschmaschinen. Gerke ist sich sicher, dass der Aufschwung seinem Unternehmen besonders guttun wird. Zum einen zögen immer mehr Menschen in die Städte, wo BSH besser etabliert ist als auf dem Land. Zum anderen spricht die breite Produktpalette für die Bayern.

Als Weltkonzern kann BSH auch solche Geräte liefern, deren Absatz in China noch in den Kinderschuhen steckt, aber schnell abheben könnte. So werden immer mehr Luxusappartements mit Backröhren, Mikrowellenöfen oder Dampfgarern ausgestattet. Noch finden in China erst 100.000 Geschirrspüler im Jahr einen Käufer. Das ist nichts im Vergleich zu den 32 Millionen Waschmaschinen oder Kühlschränken. Aber schon in fünf Jahren könnten es zehnmal so viele Geschirrspüler sein, erwartet Gerke, was seinem Unternehmen überproportional diene: „Jeder dritte Geschirrspüler in China kommt von uns." Ein weiterer Trend, der für die deutschen Anbieter spricht, ist der Siegeszug der Einbauküche. Traditionell schreinern lokale Handwerker die Küchenmöbel auf Wunsch, Standardisierungen, etwa zur Höhe der Arbeitsplatten oder für die Nischen zum Einbau von Küchengeräten, gibt es selten. Angesichts des zerfaserten Markts lässt sich sein Volumen nur überschlagen, er kann gut und gern 12 Milliarden Euro groß sein. Immerhin weiß man, dass etwa drei Millionen Küchen im Jahr verkauft werden, bei einer enormen Steigerung von jährlich 30%. Noch macht das mittlere Segment ab 360 Euro je Meter mehr als ein Drittel der Verkäufe aus, aber die etwas besseren Einrichtungen zum Meterpreis von mehr als 480 Euro sind schon fast genauso erfolgreich.

Der BSH-Konkurrent Haier ist auch groß im Küchenbau, die beiden anderen nationalen Champions heißen Oppein und Boloni. Ersteres nannte sich früher Optima und ist eine private Gründung in der Südprovinz Guangdong. Das Unternehmen hat außerhalb Chinas nicht einmal einen Wikipedia-Eintrag, zählt aber zu den größten Küchenherstellern der Welt und ist Marktführer in China. Nach Werksangaben fertigen 8.000 Mitarbeiter 600.000 Küchenschränke im Jahr. Oppein behauptet, man habe die Einbauküche ins Land gebracht und folge „dem europäischen Stil und der europäischen Qualität zu wettbewerbsfähigen Preisen". Voraussetzung für den Erfolg seien die Verarbeitungsmaschinen des deutschen Lieferanten Homag.[309] Auch hier spielt die Orientierung an der Bundesrepublik demnach eine wichtige Rolle.

Erstaunlich ist das nicht, „schließlich haben die Deutschen die Einbauküchen erfunden", sagt Frank Hüther, der scheidende Geschäftsführer des Herstellerverbands „Arbeitsgemeinschaft die Moderne Küche" AMK in Mannheim. Bis heute seien sie in Qualität, Design und Technik Vorreiter. Im chinesischen Massenmarkt spielen die Ausländer bisher zwar keine Rolle, sie breiten sich aber immer mehr in den Nischen aus, vor allem, wie bei so vielen Konsumgütern, im oberen Güte- und Preissegment. Eine durchschnittliche deutsche Küche mit Schränken, Arbeitsplatten und elektrischen Geräten kostet in China, wie in Deutschland, umgerechnet etwa 5.500 bis 6.000 Euro; chinesische Markenangebote sind kaum halb so teuer. Für deutsche Luxusküchen müssen die Asiaten sogar zwei- bis dreimal so viel bezahlen wie in Europa. Um seine Mitglieder beim Marktauftritt zu unterstützen, hat die AMK im Sommer 2013 ein eigenes Büro in Peking eröffnet. „In China sehen wir riesige Potentiale in der Verstädterung, im zunehmenden Wohlstand und im Qualitätsbewusstsein", sagt AMK-Repräsentant Cai Hongyi. Für die einkommensstarke Kundschaft zählten moderne europäische Einbauküchen immer häufiger zu einem Statussymbol, auch gebe es einen Trend, selbst zu kochen und Gäste nach Hause zum Essen einzuladen. „All das spielt unseren Verbandsmitgliedern in die Hände."

Für die deutschen Produzenten von Küchenschränken ist China jetzt schon das siebtgrößte Exportziel und das wichtigste außerhalb Europas. Den China-Umsatz gibt der Verband der Deutschen Küchenmöbelindustrie für 2012 mit rund 59 Millionen Euro an. Das sind immerhin 4 % der Gesamtausfuhr und bedeutet eine erhebliche Steigerung zum Wert fünf Jahre zuvor. 2008 rangierte China mit nicht einmal der Hälfte der Summe auf Rang elf. „Das ist noch lange nicht das Ende der Fahnenstange", sagt Hüther, „wir halten China für unseren spannendsten Zukunftsmarkt, ja den Wachstumsmarkt schlechthin". Während in Deutschland und Europa Markenküchen eine immer geringere Rolle spielen, legen chinesische Käufer großen Wert auf Namen und Herkunft. Die chinesischen Marktforscher sind geradezu euphorisch über die Chancen deutscher Hersteller in ihrem Land. „Wer im High-End-Markt einkauft, kommt um deutsche Hersteller nicht herum", hat der zuständige Analyst bei ASKCI, Wu Chaoguo, herausgefunden. „Siematic, Miele, Nobilia – die Marken haben bei uns einen Spitzenklang!"[310] Auf ähnlich viele deutsche Produkte stößt man auch, wenn man in einer modernen chinesischen Wohnung von der Küche ins Badezimmer wechselt.

Ein Schatz aus Chrom und Keramik: Badezimmer

In vielem kann sich China heute nur noch selbst entthronen. Das gilt etwa für die höchsten Gästezimmer der Welt. Bisher beansprucht das Park Hyatt Hotel in Schanghai diese Spitzenstellung für sich, es residiert auf den Etagen 79 bis 93 im Shanghai World Financial Center. Das Gebäude sieht aus wie ein riesengroßer Flaschenöffner, der aufrecht in den Himmel ragt. Es ist 492 Meter hoch und (noch) der höchste Wolkenkratzer in der Volksrepublik. Doch die Rekorde sind vergänglich. Direkt neben dem schwindelerregenden Hochhaus entsteht derzeit der 632 Meter hohe Shanghai Tower, der 2014 bezugsfertig sein soll. Im südchinesischen Shenzhen bläst derweil ein neues Hotel der St.-Regis-Kette zum Angriff auf das Park Hyatt. Es kommt in den Stockwerken 75 bis 98 des neuen Kinkey Finance Towers unter und meint deshalb, dem Himmel noch etwas näher zu sein als der Konkurrent in Schanghai.

Die Wasserhähne, Duschen und anderen Armaturen für die Edelherberge nördlich von Hongkong liefert ein deutscher Mittelständler, die Hansgrohe SE aus dem Schwarzwald. Er rüstet die Bäder in allen 290 Zimmern damit aus, auch die der piekfeinen Präsidentensuiten. Der Stammsitz des Unternehmens, Schiltach an der Kinzig, zählt kaum 3.900 Einwohner, sie alle kämen problemlos im Kinkey-Turm unter. Fast genauso viele Menschen beschäftigt Hansgrohe heute in aller Welt. China ist dabei zum wichtigsten Auslandsmarkt herangewachsen, 73 der 800 Millionen Euro Umsatz werden hier erwirtschaftet. Nirgendwo sind zudem die Steigerungsraten höher, 2012 legte der China-Umsatz um 21% zu. Der Vertrieb kann mit der Nachfrage kaum Schritt halten: Das Ziel, zwischen 2011 und 2015 die Zahl der Verkaufspunkte von 200 auf 500 auszubauen, wurde schon 2013 übertroffen.

Das Besondere an dem mehr als 110 Jahre alten Traditionsbetrieb Hansgrohe ist, dass er in China fertigt und von dort auch exportiert, nach Malaysia, Thailand und Singapur etwa. Seit 1999 unterhält das Unternehmen in Songjiang am Stadtrand von Schanghai ein eigenes Werk. 2013 wurde ein Erweiterungsbau eröffnet, der die Kapazität aus dem Stand verdoppelte. Im Schnitt investiert die Firma jeden zehnten Euro in China, das ist ein höherer Anteil als beim Umsatz und der Mitarbeiterzahl. Wer Badezimmerausstattung liefere, müsse am Ort produzieren, sagt der Vorstandsvorsitzende Siegfried Gänßlen. Nicht nur der Kosten und der Lieferzeiten wegen, sondern auch um näher an den Wünschen der Kunden zu sein. So stellte sich heraus, dass die Chinesen mehr goldfarbene Armaturen wünschen als die Europäer, außerdem mussten die Duschstangen, an denen die Brausen auf- und abgeschoben werden, verkürzt werden. „In China sind die Leute ja nicht so groß wie zum Beispiel in Schweden", sagt Gänßlen und spricht das Land ganz süddeutsch „Kina" aus.

Hansgrohe ist ein gutes Beispiel dafür, wie sich Chinas neue Mittelklasse mit abgestuften Preisen ansprechen lässt. Denn die Schicht ist nicht homogen, sondern zerfällt in unterschiedlich einkommensstarke Untergruppen. In Europa gibt es im Sanitärgeschäft nur drei Marktsegmente, „Premium, Medium und Low", wie Gänßlen sagt. In China aber thront ganz an der Spitze noch „Super Luxury", während zwischen dem einfachen und dem mittleren Niveau das „Entry Segment" Platz findet. Da jedes einzelne Feld groß und interessant ist, empfiehlt es sich, möglichst viele davon zu beackern. Hansgrohe versucht das, indem man nicht nur die höchstwertigen Wasserhähne und Mischbatterien anbietet, sondern auch speziell auf China zugeschnittene Einsteigermodelle. Nur die unterste Stufe überlässt man den Einheimischen.

Die Einsteigerlinie der Deutschen, genannt „My first Hansgrohe", bringt zwar weniger Gewinn ein, erschließt aber ganz neue Märkte. Nicht nur das: Wer Kunden früh an sich bindet, kann sie ins nächsthöhere Segment begleiten. Weil die Einkommensdynamik in China besonders hoch ist, weil der Aufstieg innerhalb der Mittelschicht also schnell verläuft, werden aus Käufern einfacher Produkte schon bald Mittel-, Premium- und später Luxuskunden. Auf dem ganzen Weg will der badische Mittelständler die Wasserhähne liefern, sprichwörtlich vom Tellerwäscher bis zum Millionär, von „My first Hansgrohe" bis zur Edelmarke Axor. „Wir wollen die Kunden ganz früh für Hansgrohe gewinnen und mit ihnen wachsen", sagt Gänßlen.

Natürlich läuft nicht alles rosig für die Ausländer im chinesischen Einrichtungsgeschäft. Das meiste Kopfzerbrechen bereiten, wie so oft in China, die Plagiate. Auf bis zu 10 % des Gesamtumsatzes schätzt das Unternehmen die Schäden durch den Ideenklau. Gäbe es ihn nicht, könnte die Gruppe 100 Mitarbeiter mehr einstellen. Deshalb gehen die Badener zumindest gegen die dreistesten Fälschungen rigoros vor – und mit Erfolg. Eine davon war der Nachbau des „Waschtischmischers Focus S" durch die chinesische Joyou-Gruppe aus der Südostprovinz Fujian. „Es sind immer die besonders erfolgreichen Produkte wie dieses, die kopiert werden", sagt der stellvertretende Vorsitzende Richard Grohe, ein Enkel des Gründers Hans.

Umso wichtiger sei es, dass Hansgrohe die Sache vor Gericht gebracht und dort 2011 in einem Vergleich für sich entschieden habe. Seitdem darf Joyou die Wasserhähne weder bauen noch vertreiben. Hansgrohe hofft, dass der Sieg Signalwirkung für die Zukunft hat, auch wenn der Fall alles andere als typisch ist. Denn Joyou hatte einiges zu verlieren, Prestige, Kunden, vielleicht sogar die Börsenzulassung: Seit 2010 ist das Unternehmen als Joyou AG mit Sitz in Hamburg am Finanzplatz in Frankfurt notiert. In China versteht es sich als größter Akteur am Markt. Der Plagiateur sei also „nicht irgendeine Hinterhoffirma" gewesen, wie Richard Grohe sagt. Besonders pikant macht die Sache, dass Joyou zu mehr als 70% einem anderen deutschen Unternehmen gehört: der Grohe AG. Die ist nicht mit Hansgrohe identisch, geht aber auch auf einen Sohn des Gründers Hans Grohe namens Friedrich zurück.

Heute befinde sich die Grohe AG aus Hemer im Sauerland mehrheitlich im Besitz von Finanzinvestoren und ist vom Umsatz und der Mitarbeiterzahl deutlich größer als der Namensvetter aus dem Schwarzwald. Die Gesellschaften verbindet nicht nur der Name, sondern vor allem, dass sie sich bei Armaturen etc. Konkurrenz machen. Selbst im fernen China kommen sie sich ins Gehege, denn auch die Grohe AG wächst dort überproportional stark. Während der Umsatz in Deutschland zuletzt um 9 % zulegte, stieg er in Asien um 72 %. „Dieser Erfolg ist insbesondere auf die erfolgreiche Partnerschaft mit der Joyou AG, dem chinesischen Marktführer, zurückzuführen", teilt Grohe mit. Die Chinesen steuern mittlerweile 23 % zum Gruppenumsatz von 1,4 Milliarden Euro bei.

Neben dem Verkauf von Duschköpfen, Wasserhähnen und Armaturen gibt es eine weitere Branche, die man auf den ersten Blick nicht mit einem glitzernden Schatz in Verbindung bringen würde: die Keramikindustrie für Toiletten und Badezimmer. Doch auch sie wächst in China exponentiell. ASKCI.com zufolge sind die Erlöse mit Toiletten, Bidets, Waschbecken, Dusch- oder Badewannen seit 2009 um fast 60 % auf 6,3 Milliarden Euro in die Höhe geschnellt. Wiederum profitiert ein deutscher Anbieter besonders von diesem Boom, die Duravit AG aus Hornberg bei Freiburg. Im westchinesischen Chongqing unterhält das Familienunternehmen ein Werk für Toilettenschüsseln, Waschtische und Spülkästen, das jedes Jahr 340.000 Teile herstellt. Außerdem liefert es die Keramik für einen weiteren Standort in Schanghai, wo Whirlpool-Badewannen und sogenannte Dusch-WCs montiert werden. Das ist eine in Asien beliebte Kombination aus Bidet und Toilette, die sich sogar zum Kultobjekt stilisieren lässt. Duravit bietet ein Modell an, das von dem französischen Star-Designer Philippe Starck entworfen wurde.

Die Badener erwirtschaften fast 80 % ihres Umsatzes von zuletzt 378 Millionen Euro im Ausland. China gehört schon zu den fünf wichtigsten Märkten, mehr als 10 % der Belegschaft arbeiten hier. Genau wie Hansgrohe versucht auch Duravit, möglichst viele Marktsegmente zu bedienen, um von der aufgefächerten Einkommens- und Wohlstandsstruktur innerhalb der Mittelschicht zu profitieren. Man bietet Einsteiger-WCs genauso an wie Luxuswannen, beobachtet aber insgesamt ein „Upgrading" zu einer höherwertigen Ausstattung, die deutschen Anbietern entgegenkommt. Mit Hansgrohe verbindet Duravit zudem die hohe Bedeutung des Projektgeschäfts. Fast zwei Drittel des Umsatzes erwirtschaftet der Mittelständler mit Hotels, Immobilienkonzernen oder andern Großauftraggebern. Ein wichtiger Wachstumsmarkt ist das chinesische Binnenland und hier vor allem der riesige Westen. Vorstandschef Frank Richter ist deshalb äußerst zuversichtlich für die Zukunft: „Wir haben, gemessen am Gesamtpotential des Marktes, bislang nur einen kleinen Teil für uns erschlossen", sagt er. Es gehe jetzt darum, schrittweise immer neue Kundenschichten zu erschließen. „Selbst wenn das Wachstum der Gesamtwirtschaft nachlassen sollte, erwarten wir auch künftig eine sehr gute Entwicklung."

Trotz mancher Rückschläge funkeln also das Chrom, der Edelstahl und sogar die Keramik der Haushaltsausrüster wie Goldstücke in der aufgehenden Sonne. „Deutschland schlägt sich bei der Einrichtung chinesischer Haushalte besonders gut", fasst ASKCI-Analyst Wu Chaoguo zusammen. Der Absatz von Badezimmerausstattung, Küchen, Haushaltsgeräten oder Kochgeschirren lege rapide zu, getrieben von steigenden Einkommen und dem Zuzug in die Städte. „Dabei achten die Leute immer mehr auf Langlebigkeit, Design, Umweltfreundlichkeit und geringen Energieverbrauch bei guter Leistung", weiß Wu. „Das sind genau die Dinge, wo die Deutschen stark sind." Wegen vergleichsweise hoher Preise spielten sie in den Massenmärkten zwar keine große Rolle, eher in den oberen Segmenten. Aber auch das ändere sich, wie Hansgrohe zeige. Schon jetzt verdienten die Deutschen gut in China, diese Erfolge seien aber noch nichts verglichen mit der Zukunft. „Kaum jemand wird in China stärker von den steigenden Ausgaben für Wohnen und Haushalt profitieren als die Deutschen", ist sich Wu sicher. „Je reicher wir werden, umso reicher werden auch sie."

4. Schicke Hose, dicke Börse und andersherum: Der Luxusmarkt

Die Kampagne gegen das Prassen und die Schweizer Luxusuhren

Eigentlich begann das Jahr 2013 in China nicht gut für die Hersteller superteurer Produkte. Der neue Parteichef Xi Jinping, der im März Staatspräsident wurde, hat eine Kampagne gegen die Verschwendungssucht und das Prassen begonnen, die der Branche mächtig zusetzt. Xi reagiert damit auf Berichte und Beschwerden im Internet und anderswo, dass sich Chinas Eliten ungerechtfertigt bereicherten und ihren Wohlstand schamlos zur Schau stellten. Um das zu unterbinden, gilt eine Direktive an alle Staatsdiener, Militärs und an die Beschäftigten in öffentlichen Unternehmen, den Kauf teurer Produkte zu unterlassen, keine ausschweifenden Bankette mehr zu veranstalten, sich mit aufwendigen Geschenken zurückzuhalten, ja selbst den Blumenschmuck zu reduzieren. Die Angst, als Angeber entlarvt und angeprangert zu werden, ist groß, zumal nicht nur die Behörden ein wachsames Auge haben, sondern vor allem Millionen Nutzer im Internet.

In vielen Fällen ist es die Öffentlichkeit, die Bestechung und Verschwendungssucht aufdeckt. So wurde ein leitender Stadtplaner der Südprovinz Guangdong entlassen, weil ihm die Netzgemeinde den Besitz von weit mehr Häusern nachweisen konnte, als ihm sein Jahresgehalt erlaubte. Er ging als „Fang Shu" (Onkel Haus) in die chinesischen Bestechungs-Annalen ein. Die Bezeichnung ist eine Analogie zu „Dabiao Ge" (Bruder Armbanduhr). So spottete das Netz über den Chef der Arbeitsschutzbehörde in der Binnenprovinz Shaanxi. Dieser musste gehen, nachdem ihn Fotos mit mindestens elf Luxusuhren gezeigt hatten, von denen eine 10.000 Dollar wert war.

So wichtig soziale Kontrolle sein mag, so nimmt doch das Aufspüren und Bloßstellen im Netz zuweilen Züge einer Hexenjagd an. Ein Beispiel: Um alles richtig zu machen, legte ein kleiner Provinzbeamter vorsichtshalber seine Uhr ab, als er im April 2013 gemeinsam mit Premierminister Li Keqiang ein Erdbebengebiet in Sichuan besuchte. Da man auf den Pressefotos jedoch den Abdruck der Uhr am sonnengebräunten Handgelenk erkennen konnte, verdächtigte das Internet den Mann nicht nur der Maßlosigkeit, sondern kurzerhand auch der Verschleierung.[311]

Die verordnete Demut der Kader ist mehr als eine Geste, sie hat handfeste Auswirkungen auf Chinas Wirtschaft. Die Kommunistische Partei zählt rund 80 Millionen Mitglieder, in den Staatsbetrieben arbeiten 67 Millionen Menschen, im öffentlichen Dienst weitere 50 Millionen. Der mannstärksten Armee der Welt gehören 2,2 Millionen Soldaten an. Selbst wenn sich die Gruppen überschneiden, richtet sich der Sparaufruf an viel mehr Verbraucher, als in ganz Deutschland leben. Da die Staatsdiener traditionell spendabler sind als andere Chinesen, sind die Einbußen erheblich. Bankfachleute machen die Politik der neuen Bescheidenheit allen Ernstes für einen Teil der Wachstumsabschwächung in dem Riesenreich verantwortlich.[312]

Die erwünschte Zurückhaltung trifft die Luxusgüterindustrie hart, denn persönliche und geschäftliche Geschenke steuern ein Viertel zu ihrem Umsatz bei. Welche schnellen und gewaltigen Auswirkungen solch ein Erlass in einem zentralistisch-autoritären Staat wie China haben kann, zeigt sich an der sinkenden Nachfrage nach kostspieligen Uhren. Sie stehen für mehr als ein Viertel des Luxusmarkts auf dem chinesischen Festland, gefolgt von Kosmetik/Parfüms sowie Lederwaren. In den ersten sieben Monaten 2013, als Xi Jinpings Frugalitätskampagne zu greifen begann, schrumpfte der Lieferumfang Schweizer Uhren nach China und Hongkong um 12 % im Vergleich zum Vorjahreszeitraum.[313] Der international führende Luxuskonzern LVMH musste zähneknirschend eingestehen, dass Chinas Betuchte deutlich weniger einkaufen als erwartet.

Das Familienunternehmen Hermès, an dem LVMH beteiligt ist, machte die unvorhergesehene Kaufzurückhaltung der Chinesen sogar für den Einbruch all seiner Uhrenverkäufe verantwortlich – was zeigt, welche Bedeutung der Ferne Osten mittlerweile erlangt hat. Die gesamte Industrie dürfte 2013 nur 5 % mehr exportieren als im Vorjahr, das wäre das schwächste Wachstum seit dem Krisenjahr 2009.[314] Der größte Uhrenkonzern der Welt, die Schweizer Swatch-Gruppe, freut sich in China zwar weiter über zweistellige Zuwächse in ihren unteren und mittleren Preissegmenten, leidet aber ebenfalls unter Einbußen bei den teuren Namen. Dazu gehören Breguet, Harry Winston, Blancpain, Jaquet Droz, Léon Hatot, Omega, Tiffany & Co. sowie nicht zuletzt Glashütte-Original aus Sachsen.[315] Die andere bekannte Marke aus dem Erzgebirge, A. Lange & Söhne, ist als Teil der Richemont-Gruppe ebenfalls in Schweizer Eigentum.

Die Chinesen sind inzwischen die wichtigsten Käufer von Schweizer Luxuszeitmessern, keine andere Klientel wächst so stark. 2012 erreichte der Import einen Wert von fast 1,7 Milliarden Schweizer

Franken (1,4 Milliarden Euro). 2002 waren es erst 94 Millionen Franken gewesen (76 Millionen Euro), der Wert hat sich in nur zehn Jahren verachtzehnfacht. Rechnet man Hongkong hinzu, erwirtschaften die Schweizer Uhrenhersteller heute jeden vierten Franken in China. Der nächstgrößere Markt USA kann Fernost mit 10% nicht einmal annähernd das Wasser reichen; in Frankreich sind es 6,2, in Deutschland 5,6%.

Die Chinesen kaufen ihre Schweizer Uhren vorwiegend außerhalb des Festlands ein, entweder direkt in Europa oder eben in Hongkong. Das hat mit dem starken Wert der Landeswährung Renminbi zu tun sowie mit den hohen Steuern und Einfuhrzöllen in der Heimat; wer sie umgeht und geschickt die Wechselkurse ausnutzt, kann bis zu 40% sparen. Auf Uhren erhebt China zum Beispiel 20% Steuern und, bei Importen, Zölle von 11 bis 100%. Für Schmuck und Edelsteine betragen die beiden Sätze maximal 10 und 130%, für Kosmetik 30 und 150%, für Golfschläger 10 und 50%.

In Hongkong fallen viele dieser Belastungen weg, weshalb die Festlandchinesen zu Tausenden dorthin pilgern. Die Sonderverwaltungsregion führte 2012 Schweizer Uhren für 4,4 Milliarden Schweizer Franken ein (3,6 Milliarden Euro), womit die Stadt den mit Abstand größten Markt der Welt bildete. Die meisten Käufer in Hongkong sind Chinesen von jenseits der Grenze. Doch dieses Verhältnis wird sich mit Abschluss des neuen Freihandelsvertrags zwischen der Schweiz und China verschieben. Peking hat angekündigt, die Zölle auf Uhren demnächst schrittweise um 60% zu verringern. Dann werden sich auch solche Chinesen die eidgenössischen Vorzeigestücke leisten wollen, denen sie im Inland bisher zu teuer und denen die Reisen nach Hongkong zu mühsam waren. Das dürfte den Verkauf stark beflügeln.

China kauft jedes dritte Luxusprodukt – am liebsten aus Europa

Konjunkturelle Dellen ändern nichts daran, dass China sich immer mehr zum führenden Absatzmarkt für besonders edle und teure Güter entwickelt. Der zuständige Vorstand der Schweizer Richemont-Gruppe, Bernard Fornas, formuliert diese Zukunftsfestigkeit so: „Das Potential in China ist außerordentlich wichtig. Es gibt vielleicht eine Verlangsamung, aber der Supertanker ist riesig. Es existieren noch so viele Städte, wo wir erst an der Oberfläche kratzen."[316] Wer hätte das gedacht? Das Land Maos, wo man einst die Reichen enteignete, Statussymbole ausradierte, alle Standesunterschiede einebnen wollte, das Land Maos, wo während des „Großen Sprungs nach vorn“ bis zu 45 Millionen völlig verarmter Menschen starben [317] – dieses Land ist drauf und dran, mehr für Glitzer und Glamour auszugeben als jedes andere. Wenn man der Beratungsagentur Bain & Co. aus Boston glauben kann, haben es die Chinesen in aller Welt – einschließlich der im Ausland wohnenden Landsleute – bereits geschafft, sich an die Spitze zu schieben. Sie hätten 2012 ein Viertel aller Luxusgüter erworben, schreiben die Fachleute. Bei einem geschätzten Globalvolumen von 212 Milliarden Euro waren das 53 Milliarden Euro.[318] Die Europäer auf Platz zwei waren für 24% aller Luxuseinkäufe gut, die Amerikaner für 20 %, die Japaner für 14 %.

Keine andere Volksgruppe kann das Tempo der Chinesen mitgehen. Während die Nachfrage in anderen Ländern zuletzt um durchschnittlich 4% im Jahr gestiegen ist, hat sie in China um 27% zugenommen. Die Beratungsgesellschaft McKinsey erwartet für die Zukunft noch immer 12 bis 16 %, gegenüber lediglich drei bis 5% im Rest der Welt. Bis 2015 werde China seine Marktdominanz so ausbauen, dass dann jedes dritte Luxusgut an einen Chinesen geht. Das wäre eine größere Portion, als dem Anteil des Landes an der Weltbevölkerung entspricht.[319] 1995, vor kaum einer halben Generation, stellten die Chinesen auf den teuren Märkten erst 1 % der Käufer. Seitdem haben die Europäer, Amerikaner und Japaner deutlich an Einfluss verloren und müssen heute viel kleinere Brötchen

Die Chinesen sind die wichtigsten Luxusshopper

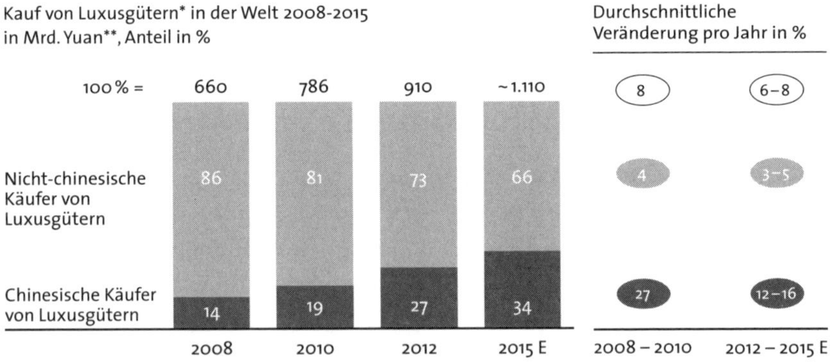

* Luxusgüter einschließlich Mode, Schuhen, Handtaschen, Uhren, Schmuck
** Nach Preisen von 2012; Umtauschkurs: 1 Dollar=6,284 Yuan

Quelle: McKinsey

backen – Ausdruck einer veränderten Weltordnung auch auf den Verbrauchs- und Luxusgütermärkten.

In der Volksrepublik selbst lassen sich die Chinesen die schönen Dinge 115 Milliarden Yuan kosten; zählt man Hongkong und Macao hinzu, sind es 181 Milliarden Yuan (22 Milliarden Euro). Damit rangiert die Region auf Platz zwei in der Welt hinter den USA und noch vor dem Luxusparadies Japan. Deutschland erreicht mit 10 Milliarden Euro nicht einmal die Hälfte des chinesischen Werts und nimmt abgeschlagen Position sieben ein. Auch wenn sich das Wachstum in China eintrübt, sind die Durchschnittsraten mit mehr als 20 % im Jahr atemraubend.

Alljährlich eröffnen in China rund 150 neue Luxusgeschäfte. Unter den fünf Ketten mit den meisten eigenen Niederlassungen finden sich zwei deutsche: ganz vorn die Modemarke Hugo Boss mit 139 Läden – allein 13 davon in Peking – und der Schreibwarenhersteller Montblanc mit 101 Geschäften auf Position vier. Bis 2015 will Boss weitere 60 Shops eröffnen.[320] Montblanc, die Hamburger Marke mit den edlen Füllfederhaltern, gehört zur Schweizer Richemont-Gruppe, ebenso wie Dunhill auf Platz drei und Cartier auf Platz 13 der Liste. Der Schweizer Schuhhersteller Bally rangiert mit 59 Stores an siebter Stelle.[321]

Heimische Hersteller spielen, mit wenigen Ausnahmen, auf den erlesenen Märkten keine Rolle. Der Edelschnaps Maotai, ein beliebtes Geschenk, um Wertschätzung auszudrücken und im wahrsten Wortsinne Liquidität unter Beweis zu stellen, ist Chinas bekannteste Luxusmarke. Auch der Herrenausstatter Trands hat einen guten Ruf, ebenso die Modelabels NE-TIGER und Shanghai Tang. Gelegentlich kaufen sich die großen internationalen Gruppen in die lokalen Akteure ein. So übernahm die französische Gruppe Kering/PPR Ende 2012 die Mehrheit an der Juwelier-Kette Qeelin. LVMH wiederum erwarb 10 % an der Modemarke Ochirly.

Die Ausländer dominieren also ganz klar die Szenerie. Bei den Uhren sind alle erfolgreichen Marken in Schweizer Hand: Cartier, Longines, Omega, Rolex und Tissot. Bei Kosmetik/Parfüm dominieren die Franzosen vor den Amerikanern und Japanern: Chanel, Dior, Estée Lauder, Lancôme, Shiseido. Die Lederwaren regieren die französischen und italienischen Häuser: Coach, Gucci, Hermès, Louis Vuitton und Prada. In der Herrenkleidung liegen Armani, Boss, Dunhill und Ermenegildo Zegna vorn, auch das britische Label Burberry gehört dazu.

Das Schmuckgeschäft wird vorwiegend von Bulgari, Cartier, Tiffany, Van Cleef & Arpels bestritten, hier tritt der einzige Chinese in der langen Liste auf, Chow Tai Fook aus Hongkong. Auffällig ist: Fast jeder dritte dieser in der Volksrepublik erfolgreichen Luxusnamen gehört zu einem Unternehmen aus der kleinen Schweiz. Die Eidgenossen zählen also zu den großen Gewinnern des Aufschwungs und dürften angesichts der steigenden Zahl von Wohlhabenden auch in Zukunft besonders viel an China ver-dienen. Indes profitiert Frankreich als Nachbarland der Schweiz von einer anderen wachsenden Vorliebe reicher Chinesen: ihrem Durst auf teure Weine.

Edle Tropfen: Der Weindurst des Drachen

Die kleine Insel Ap Lei Chau hat nicht nur hübsche Seiten. Der Hafen des Eilandes, das zu Hongkong gehört, ist in die Jahre gekommen, am Pier riecht es penetrant nach Öl, Fisch und muffigem Meerwasser. Lieferwagen rumpeln über löchrigen Asphalt, ein Presslufthammer lärmt gegen das Quietschen der Entladekräne an. Seevögel markieren Poller und parkende Autos. In dieser zweifelhaften Idylle liegt die einzige Winzerei von Hongkong, in einem der oberen Stockwerke eines grauen Industriegebäudes unweit vom Wasser. Die Lage hat nichts gemein mit einem pittoresken Weingut in Deutschland, Australien oder Amerika. Doch sobald der Besucher den Fahrstuhl verlässt, schlägt ihm der einladende Geruch des vergorenen Mosts entgegen. Die Keltereiausstattung ist hochmodern, der Raum für die Weinproben liebevoll mit Eichenfässern dekoriert. Hier residiert das Unternehmen 8th Estate Winery, das nicht nur Importeur, sondern tatsächlich Hersteller von Weinen ist. Weil in der Region aber keine Reben wachsen, werden gefrorene Trauben aus dem Ausland herangeschifft und hier zu Rot- und Weißweinen gekeltert.

Rund 100.000 Flaschen füllt 8th Estate jedes Jahr ab, sie kosten zwischen 195 und 245 Hongkong-Dollar, höchstens 25 Euro. Auf den Etiketten steht „Product of Hongkong", die Trauben stammen aber aus der ganzen großen Weinwelt. Es gibt einen 2008er Sangiovese aus der Toskana, einen 2011er Merlot aus Bordeaux oder einen 2010er Shiraz aus Australien. Das Konzept des 2007 eröffneten Betriebs sei recht simpel, sagt die Gründerin Lysanne Tusar, die aus Vancouver stammt. „Wein reist nicht gerne, deshalb stellen wir ihn in Hongkong für Hongkong her."[322]

Die Sonderverwaltungsregion ist Chinas Tor zum Weinuniversum. Für Versteigerungen ist die Stadt sogar der wichtigste Standort der Welt. 2011 wickelten die vier größten Auktionshäuser hier Weinverkäufe über knapp 150 Millionen Euro ab. Das war mehr als in den nächstplatzierten Städten New York und London zusammen. Sotheby's oder Christie's werden in Hongkong mehr als die Hälfte ihrer Weine los, darunter Rekordhalter wie den 1985er Vosne-Romanée „Cros Parantoux". Dieser Burgunder erzielte im Februar 2012 rund 172.000 Hongkong-Dollar je Flasche, das sind etwa 17.000 Euro.

Was hat das Ausland davon? Einiges – und zwar selbst dann, wenn es selbst keine der hochwertigen Tropfen liefern würde. Denn die vielen Flaschen müssen transportiert und gelagert werden. Marktführer im Frachtgeschäft mit Weinen und Spirituosen ist das Unternehmen Giorgio Gori, an dem die Deutsche Post DHL 60% der Anteile hält. „China entwickelt sich zum führenden Weinmarkt. Ein großer Teil davon wird über Hongkong abgewickelt werden", sagt Gori-Vorstand Riccardo Pazzaglia. „Darauf müssen wir vorbereitet sein." Zusammen mit der Muttergesellschaft unterhält Gori deshalb in Hongkong eine moderne Lager- und Umschlaghalle, das „DHL Wine Hub". Es nimmt bis zu 230.000 Flaschen auf, 50.000 davon können jeden Monat umgeschlagen werden. Für die ganz edlen Gewächse – die sich nirgendwo so gut verkaufen wie in China – gibt es sogar einen besonders temperierten und befeuchteten Weinkeller.

Zwar hat sich die Kaufleidenschaft etwas abgekühlt, da Chinas Wirtschaft schwächer wächst als sonst. „Aber Hongkong ist und bleibt das wichtigste Weinzentrum in Asien", sagt Ma Huiqin, Professorin für Weinkunde an der Pekinger Landwirtschaftsuniversität. Sie erklärt die große Nachfrage mit dem steigenden Wohlstand in China und mit der Hongkonger Fachkenntnis für die Beurteilung, Lagerung und den Transport des begehrten Getränks. „Entscheidend dürfte auch sein, dass in Hongkong auf Wein keine Zölle mehr erhoben werden." Vor wenigen Jahren noch mussten, ähnlich wie auf dem Festland, auf die Einfuhr 80% entrichtet werden. Dann halbierte die Regierung die Tarife und schaffte sie 2008 ganz ab. Danach schoss die Einfuhr nach Hongkong jedes Jahr um 40 bis 70% in die Höhe. Das meiste davon landet anschließend in den Gläsern oder Kellern der Festlandchinesen.

Auch wenn sich das sympathische Hongkonger Weingut redlich Mühe gibt: Der zunehmende Durst des chinesischen Drachen nützt vor allem den Europäern. Zwei Drittel der gesamten Einfuhr – direkt oder via Hongkong – stammt aus der EU. Von diesen 260 Millionen Litern im Jahr kommt mehr als die Hälfte aus Frankreich. Das Spitzenweingut Château Lafite Rothschild verkauft jeden zehnten Wein hierher, Château Margaux jeden dritten. Deutschland rangiert immerhin auf Position vier hinter Spanien und Italien. Nach Angaben des Handelsministeriums Mofcom in Peking hat sich das Importvolumen aus der EU seit 2009 vervierfacht, es war zuletzt mehr als eine Milliarden Dollar oder 790 Millionen Euro wert.[323]

Die Weinsause dürfte andauern, denn der Pro-Kopf-Verbrauch ist noch immer gering. Wenn alle Erwachsenen nur ein zusätzliches Glas im Jahr tränken, würde sich der Verbrauch in China um 210 Millionen Liter erhöhen. Das ist mehr als der Gesamtabsatz der trinkfreudigen Schweden. Obgleich das natürlich nicht passiert, wächst die Weinnachfrage nirgendwo schneller als in China, wie die Internationale Forschungsgesellschaft für Weine und Spirituosen IWSR festgestellt hat. Ihr zufolge bilden China und Hongkong schon jetzt den fünftgrößten Weinmarkt der Welt. Nach Schätzungen der Weinmesse Vinexpo wird sich der Weinverbrauch zwischen 2011 und 2015 verdoppeln und die Region zum zweitgrößten Importeur auf dem Planeten machen.[324]

Zu Hause bauen die Chinesen ebenfalls immer mehr Wein an. Das Land ist der Vinexpo zufolge der sechstgrößte Produzent der Welt. Ein Viertel stammt aus der Provinz Shandong südöstlich von Peking. Der Küstenstreifen entlang der Bohai-Buch ist vom Boden und Klima her besonders geeignet, in der Weinhochburg Penglai stellen die Winzer die wichtigste Wirtschaftsbranche. „Wir machen hier Chinas besten Wein!“ sagt Ji Chunmei selbstbewusst, die Vizedirektorin des Weinverbands von Penglai. Die Vereinigung vertritt 70 Güter, die meisten sind privat. Ji fährt mit dem Finger über eine Weltkarte mit aufgedruckten Weinblättern und prallen roten Trauben. „Wir liegen etwa auf einer Höhe mit Bordeaux, der Toskana und dem Napa Valley in Kalifornien“, sagt sie. Das stimmt geografisch zwar nicht ganz, war aber Grund genug, die alte Penglaier Flurbezeichnung „Nan Wang“ (Südlicher König) etwas abzuwandeln. Das Tal heißt jetzt „Nava Valley“.[325]

In den Hängen von Penglai und anderswo ist auch für europäische Winzer ein noch weitgehend ungehobener Schatz verborgen: der Anbau von Weinen in China selbst. Dieser Weg hat viele Vorteile. Die Kosten für die lokale Produktion sind niedriger, der Marktzugang und der Vertrieb gestalten sich leichter, die hohen Zölle auf alkoholische Getränke entfallen. Joint-Ventures mit Chinesen helfen dabei, die Kunden und die Behörden kennenzulernen und einzuschätzen. Ähnlich wie ausländische Autobauer gehen die Großwinzer zweigleisig vor. Die Spitzengewächse werden weiterhin importiert, die Einsteiger-Sorten aber lokal hergestellt, versehen mit dem Gütesiegel und der begehrten Originalmarke aus Europa. Als einer der ersten hat der Champagnerproduzent Moët Hennessy diese Chance erkannt. Er will in der Provinz Ningxia westlich von Shandong Schaumweine nach französischem Vorbild keltern.

In der Region Penglai haben sich bisher zehn Ausländer niedergelassen, wie die Verbandsvertreterin Ji Chunmei sagt, „vor acht, neun Jahren war es kein einziger". Das spannendste Projekt hat Domaines Barons de Rothschild (DBR) vor. Das Unternehmen gehört zu Château Lafite, das den in China bekanntesten französischen Rotwein herstellt. In Penglai errichtet Rothschild derzeit ein eigenes schickes Château und baut auf 25 Hektar Wein an. Langfristig sind 50 Hektar geplant, etwa halb so viel, wie das Mutterhaus in Frankreich bewirtschaftet. Die Franzosen halten 70 % an der chinesischen Gesellschaft DBR-Citic, der Rest liegt beim staatlichen Finanzdienstleister Citic East China. Gemeinsam investieren die Partner zunächst 12 Millionen Euro. Das Vorhaben ist Rothschilds erstes in Asien und das dritte außerhalb Frankreichs nach den Engagements in Chile und Argentinien.[326]

„Der chinesische Markt ist sehr vielversprechend", sagt Gérard Colin, der Chef des Gemeinschaftsunternehmens, „er wird auch für Qualitätsprodukte wie die unsrigen immer interessanter." Als Ziel gibt der studierte Weinkundler aus, im Jahr 10.000 Kartons à zwölf Flaschen abzufüllen. „Je nach Qualität und nach einer sehr strengen Selektion könnten wir 2016 auf den Markt kommen." Der Preis soll zwischen importierten und heimischen Weinen rangieren. Verlässliche chinesische Rotweine wie die Sorte Tasya's Reserve von Grace Vineyard kosten im Geschäft etwa 25 Euro. Den neuen Rothschild-Wein wird es nur in China geben. Die Rebstöcke kommen aus Frankreich, die wichtigste Sorte ist, wie im Bordelais, Cabernet Sauvignon. Der Ausbau findet zur Hälfte in Barrique-Fässern statt. Die Weine müssten „komplex und elegant werden, um sich des Namens würdig zu erweisen", schwärmt Colin. Niemals aber werde es einen Lafite aus China geben, winkt er ab. „Es gibt nur einen Lafite und zwar aus Pauillac." Die Stadt auf der Médoc-Halbinsel ist der Sitz des Mutterunternehmens.

Colin ist viel zu höflich, um chinesischen Weinkennern wie der netten Frau Ji mit ihrer Imagebroschüre über das „Nava Valley“ zu widersprechen. Aber er weist vorsichtig darauf hin, dass man in Penglai schon deshalb keine Bordeaux-Weine anbauen könne, weil das Klima hier eher dem des südfranzösischen Weinbaugebiets Languedoc entspreche. So gut die sonstigen Bedingungen seien, so kompliziert gestalteten sich die Besitzverhältnisse in China, sagt Colin mit einem Seufzen. Alles Land gehöre dem Staat, die Pacht betrage anfänglich 20 Jahre. Das ist nicht lang für Winzer, die in Generationen denken. Die größte Herausforderung sei es, den dynamischen Chinesen klarzumachen, dass es mehr als sieben Jahre dauere, den ersten Wein auf den Markt zu bringen, sagt Colin. Darin liege aber auch der Charme. „Wir wollen zeigen, dass sich in China erstklassiger Wein anbauen lässt – wenn man Zeit und Geduld hat.“

Millionen Millionäre: Wer sind Chinas Superreiche?

Wie viele Leute gibt es in China, die sich solche schönen und aufwendigen Dinge wie teure Uhren oder edle Weine leisten können? Und wer sind sie? Die Fragen sind nicht leicht zu beantworten, da Asiaten ihren Wohlstand zwar gern zeigen, sich aber, wie überall in der Welt, ungern in die Karten darüber schauen lassen, woher er stammt und wie hoch er wirklich ist. Aber einerseits ist der Umsatz in der Luxusgüterindustrie ein guter Indikator, zum anderen gibt es verschiedene Schätzungen über die betuchte Klientel, die deshalb recht glaubhaft sind, weil sich Banken an ihnen beteiligen. Diese haben naturgemäß einen guten Überblick über die Konten ihrer Kunden. Auffällig ist zum Beispiel, dass die Geldhäuser immer mehr Kreditkarten ausstellen, ein deutlicher Hinweis auf wachsenden Wohlstand und hochpreisigen Konsum. 2011 wurden in China über diesen Zahlungsweg fast eine Billion Euro abgerechnet, 48 % mehr als im Jahr zuvor. Die Institute reichten 285 Millionen neue Karten aus, das war eine Steigerung um 24 %. MasterCard schätzt, dass die Zahl bis 2020 auf 900 Millionen steigt. Dann wäre China der größte Kreditkartenmarkt der Welt noch vor den USA.[327]

Um mehr über die Reichen zu erfahren, hat sich die China Industrial Bank mit dem Hurun-Institut in Schanghai zusammengetan und ist der Sache auf den goldenen Grund gegangen. In einer Studie kam heraus, dass in der Volksrepublik derzeit 2,8 Millionen Menschen mit einem Vermögen von mehr als einer Million Dollar oder 763.000 Euro leben. Und die Zahl wächst schnell: Innerhalb nur eines Jahres sind 108.000 weitere Chinesen zu Dollar-Millionären geworden. Je ein Drittel von ihnen sind Privatunternehmer oder leitende Angestellte, so genannte „Golden Collar Workers".[328]

Vermögen zu haben, bedeutet nicht automatisch, Geld ausgeben zu können. Vervielfacht sich, was in China durchaus vorkommt, der Wert eines Hauses oder eines Aktienpakets, kann der Eigentümer recht schnell zum Vermögensmillionär werden, ohne dass er mehr Geld in der Tasche hätte. Die Beratungsagentur A.T. Kearney berücksichtigt in ihrer Erhebung zu Chinas Finanzelite daher nur solche Privatpersonen, die mehr als 10 Millionen Yuan (1,2 Millionen Euro) an frei verfügbarem Geld auf der hohen Kante haben. Die Menge dieser „High Net Worth Individuals" (HNI) ist zwar nicht einmal halb so groß wie die der zuvor genannten Dollar-Millionäre, umfasst aber immer noch mehr als 950.000 Personen.[329] Die Gruppe jener Privilegierten, die sogar 100 Millionen Yuan (16,3 Millionen Dollar, 12 Millionen Euro) oder mehr ihr Eigen nennen, umfasst 64.000 Personen. 315 Individuen bringen es sogar auf ein Vermögen von 10 Milliarden Yuan, können sich also mit Fug und Recht auch in der Euro- oder Dollar-Welt als Milliardäre bezeichnen. 2010 zählte der

Die reichsten Chinesen 2013

Name und Alter	Unternehmen und Branche	Rang in China und Vermögen im Hurun-Report	Anstieg zum Vorjahr	Weltrang und Vermögen nach Forbes	Weltrang und Vermögen nach Bloomberg	Größte Vermögen in Hongkong nach Forbes. Name, Weltrang, Summe
Wang Jianli, 59	Wanda: Immobilien, Unterhaltung, Kinos	Platz 1 mit 22,0 Mrd. Dollar	114 %	Platz 128 mit 8,6 Mrd. Dollar	Platz 70 mit 13,6 Mrd. Dollar	Li Ka-shing: Platz 8 mit 31 Mrd. Dollar
Zong Qinghou, 68	Wahaha: Getränke	Platz 2 mit 18,7 Mrd. Dollar	48 %	Platz 86 mit 11,6 Mrd. Dollar	Platz 88 mit 12,2 Mrd. Dollar	Lee Shau Kee: Platz 24 mit 20,3 Mrd. Dollar
Pony Ma Huateng, 42	Tencent: IT, Internet	Platz 3 mit 10,1 Mrd. Dollar	55 %	Platz 173 mit 6,8 Mrd. Dollar	Platz 101 mit 10,6 Mrd. Dollar	Thomas und Raymond Kwok: Platz 26 mit 20 Mrd. Dollar
Wei Jianjun, 49	Great Wall Motor: Automobilbau	Platz 4 mit 8,4 Mrd. Dollar	200 %	Platz 229 mit 5,3 Mrd. Dollar	Platz 153 mit 8,0 Mrd. Dollar	Cheng Yu-tung: Platz 44 mit 16 Mrd. Dollar
Reichste Frau: Yang Huiyan, 32	Country Garden: Immobilien	Platz 5 mit 8,3 Mrd. Dollar	60 %	Platz 211 mit 5,7 Mrd. Dollar	Platz 174 mit 7,3 Mrd. Dollar	Lui Che Woo: Platz 98 mit 10,7 Mrd. Dollar

Quelle: Hurun Report, Forbes, Bloomberg. Stichtage zur Vermögensermittlung: Hurun 15. August 2013; Forbes März 2013; Bloomberg 13. September 2013

exklusive Klub erst 189 Dollar-Milliardäre, 2005 lediglich sieben, im Jahr 2000 waren es sogar nur zwei.[330] „Chinas sozialistische Marktwirtschaft produziert schneller US-Dollar-Milliardäre als irgendein anderes Land“, schreibt der Büroleiter der Deutschen Presse Agentur in China und Preisträger des „Liberty Awards“, Andreas Landwehr. „Die neuen Reichen in China werden auch rasend schnell noch reicher: Die 1.000 wohlhabendsten Chinesen haben ihr Vermögen in einem Jahr um 21 % vergrößert.“[331]

Die meisten Dollar-Millionäre wohnen in Peking, 475.000 Menschen oder 2,5 % aller Einwohner dort. Das entspricht etwa der Gesamtbevölkerung von Duisburg. Dahinter folgen die Wirtschaftszentren Kanton, Schanghai sowie die hochindustrialisierten Ostküstenprovinzen. Dass die Hauptstadt so weit vorn rangiert, dürfte an den dort ansässigen Banken und daran liegen, dass in Peking die (einfluss)reichsten Politiker und Parteikader zu Hause sind. Interessant ist auch, dass der Überfluss in der Hafenstadt Tianjin südöstlich der Kapitale am schnellsten wächst. Tianjin untersteht wie Peking, Schanghai und Chongqing direkt der Zentralregierung. Es heißt, der

Nirgendwo wächst die Zahl der Milliardäre schneller

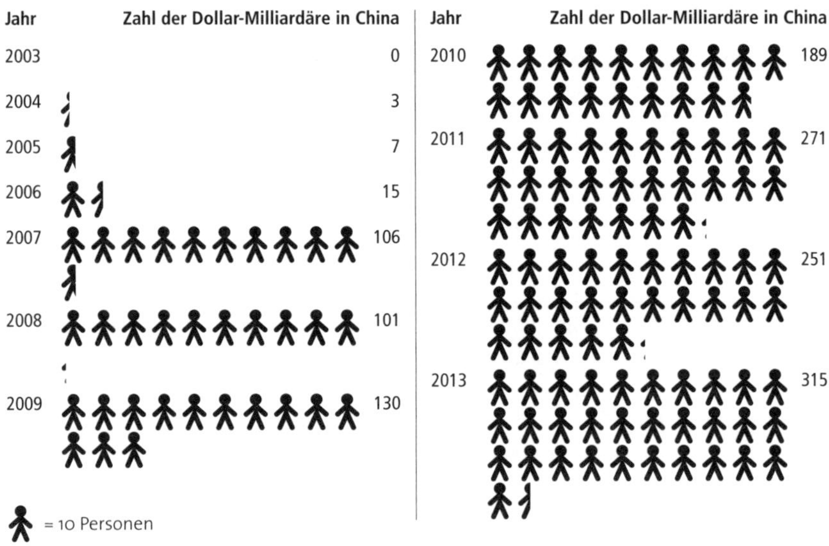

Quelle: Hurun Report; 2013-06-18, China Daily: Wealthy reflect trends in economy in past decade, S. 1

letzten Regierungschef Wen Jiabao habe die Stadt besonders gefördert, er ist dort geboren. Auch seine eigene Verwandtschaft zählt zu den Betuchten. Nach einem Bericht der „New York Times" hat Wens Familie mindestens 2,7 Milliarden Dollar angehäuft.[332] Über den amtierenden Partei- und Staatspräsidenten Xi Jinping, der als Kämpfer gegen die Opulenz auftritt, berichtete die Finanzagentur Bloomberg, seine Angehörigen seien ebenfalls zu traumhaftem Wohlstand gelangt.[333] Nach Veröffentlichung der Berichte wurden die Internetseiten beider Medienorganisationen in China gesperrt. Das Land mag zwar ein Paradies für Superreiche sein, nicht aber für jene, die darüber berichten.

5. Für die Autobauer geht es erst richtig los

Von 0 auf 400: Kein Automarkt wächst so rasant

Die Kraftfahrzeugindustrie ist das wahrscheinlich eindrucksvollste Beispiel für das Potential der chinesischen Konsumgüternachfrage und dafür, wie sehr diese auch den Industrieländern nützt. Um das zu verstehen, reicht es, sich in den Städten umzusehen oder über die Messe „Auto China" zu streifen, die abwechselnd in Peking und Schanghai stattfindet. Sowohl auf den Straßen als auch auf der wichtigsten Leistungsschau der Branche in Asien wird es immer enger, immer moderner und, wenn man so will, immer deutscher. Je nach Zählung ist China seit 2009 oder 2010 der größte Markt der Welt für Neuwagen noch vor den Vereinigten Staaten. 2012 wurden hier fast ein Viertel aller neuen Pkw in der Welt verkauft, seit 2005 hat sich der Absatz auf 15,5 Millionen Autos vervierfacht.[334] Heute sind auf den Straßen des großen Landes 110 Millionen Kraftfahrzeuge unterwegs, vor zehn Jahren waren es erst 21 Millionen, 1994 noch nicht einmal zehn Millionen. Das heißt, dass sich der Bestand in kaum 20 Jahren verzehnfacht hat. In den kommenden 15 Jahren dürfte er sich, von hohem Niveau aus, noch einmal auf mehr als 400 Millionen vervierfachen. Ähnliche Raten gelten für die reinen Pkw, von denen zuletzt knapp 75 Millionen angemeldet waren.[335]

Für 2005 bis 2012 hat der Automobilverband CAAM einen durchschnittlichen Zuwachs um jährlich sage und schreibe 22,4% ermittelt. Das schwächste Jahr war 2012 mit plus 7,1% – ein Wert, von dem Europa nur träumen kann.[336] Ihre stärkste China-Phase mit plus 53% erlebte die Branche nicht zufällig im internationalen

Krisenjahr 2009. Damals hatte die chinesische Regierung die Geschäfte mit Kaufbeihilfen und Steuererleichterungen kräftig angeheizt. Wegen der vorgezogenen Käufe ging das Wachstum anschließend zwar zurück, anders als in Deutschland nach der Abwrackprämie fiel der Markt aber nicht in ein Hungerloch.

Ausländische Hersteller dominieren in China das Geschäft. Mehr als zwei Drittel aller neu verkauften Autos gehören zu einer nicht-chinesischen Marke.[337] Der Großteil davon wird in China selbst gefertigt, nur eine Minderheit importiert. Es ist wichtig, darauf hinzuweisen, dass die Werke zur Hälfte in der Hand chinesischer, zumeist staatlicher Konzerne liegen. Denn für Autohersteller, so genannte Erstausrüster oder Original Equipment Manufacturers (OEM), besteht in China der Zwang, ein Gemeinschaftsunternehmen gründen zu müssen. Wer sich also über den Erfolg „deutscher" oder „amerikanischer" Autos in der Volksrepublik freut, sollte nicht vergessen, dass die Chinesen die Hälfte der Gewinne kassieren, dass sie aber auch die Hälfte der Investitionen tragen. Die fernöstlichen Partner heißen FAW, SAIC, BAIC oder Brilliance, gehören zumeist einer Provinz- oder Stadtregierung und bauen außerhalb der Joint-Ventures eigene Autos. Es sind diese Modelle, die gemeint sind, wenn man davon spricht, dass sich chinesische Autos schlechter verkaufen als ausländische, obgleich, wie gesagt, hinter den internationalen Herstellern ebenfalls die großen chinesischen Kfz-Gruppen stehen.

Die deutschen Automobilhersteller sind in China besonders erfolgreich. Das Land ist ihr mit Abstand wichtigster Markt, sie bringen hier fast 30 % mehr Autos an den Fahrer als in der Heimat, Tendenz steigend. Im chinesischen Pkw-Segment kann sich der VW-Konzern mit einem Anteil von fast 20 % als unangefochtener Marktführer fühlen. Der Nächstplatzierte, General Motors, ist nicht einmal halb so stark, Nissan auf Platz drei bringt es nur auf ein Drittel der Wolfsburger Präsenz. Insgesamt betrachtet, stammen mittlerweile 21,4 % aller in China verkauften Autos von einem deutschen OEM. In der Oberklasse tragen sogar 80 % der edlen Karossen die Logos von Audi, BMW, Mercedes oder Porsche.

Die deutschen Ausrüster dominieren nicht nur die Märkte, sie wachsen auch schneller als der Durchschnitt. Ihr Absatz hier hat sich zwischen 2009 und 2012 auf 2,8 Millionen Stück annähernd verdoppelt, während der Gesamtmarkt halb so stark zunahm. Allein 2012 steigerte die Marke VW ihre Verkäufe um 25 %, bei Porsche waren es 29 %, bei Audi 30 %, bei BMW sogar 40 %. Die Deutschen

Deutschland profitiert besonders stark von Chinas Autoboom

in verkauften Einheiten und Veränderung zum Vorjahreszeitraum*

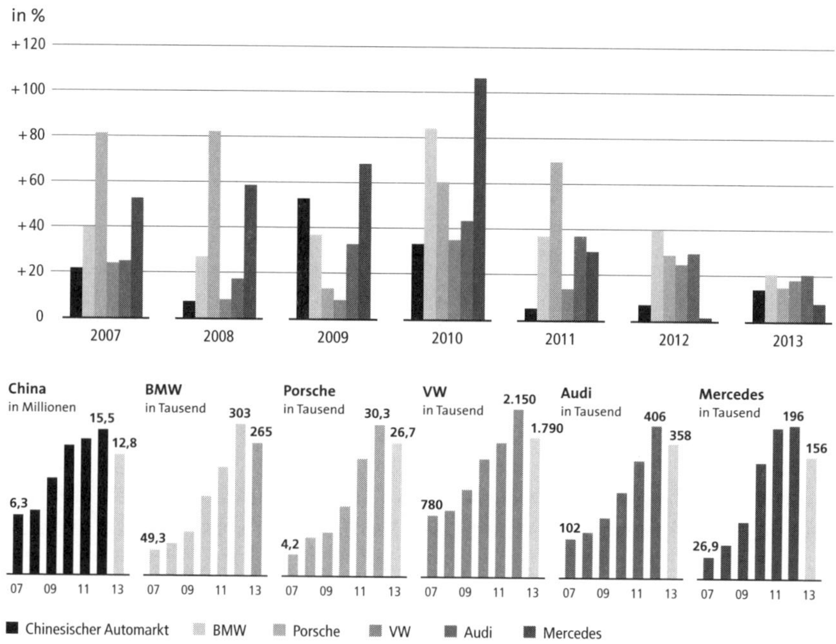

* Zahlen für 2013: Januar – September. Angaben für die Volksrepublik China. VW und Audi einschließlich Hongkong und Macao, Mercedes einschließlich Hongkong.

Quelle: Hersteller, Chinesischer Automobilverband CAAM

legten also rund viermal so schnell zu wie der Markt. Wegen der rasanten Zuwächse der vergangenen Jahre sind die OEMs zeitweilig an Kapazitätsgrenzen gestoßen, es kam zu Lieferverzögerungen, Arbeitskräfte wurden knapp, die Qualifikation der Mitarbeiter und die Qualität der Autos standen auf der Kippe. Insofern sieht man es nicht ungern, wenn sich die Nachfrage jetzt „normalisiert", wie die Sprachregelung lautet.

Wie aber sieht die Zukunft für die Automobilindustrie in China aus? Äußerst rosig, wenn man die deutsche Industrie fragt. Das beste Argument dafür ist der ungeheure Nachholbedarf. Obwohl die Werke jedes Jahr Millionen von Neuwagen ausspucken, hat noch lange nicht jede Familie ein Auto. In der Volksrepublik kommen auf 1.000 Einwohner je nach Zählung zwischen 40 und 50 Pkw, in entwickelten Ländern wie Deutschland sind es 530.[338] „Der Motorisierungsgrad in China ist immer noch vergleichsweise gering", frohlockt der Präsident des Verbands der Automobilindustrie (VDA), der frühere Bundesverkehrsminister Matthias Wissmann. „Das Potenzial ist bei weitem noch nicht ausgeschöpft."

Interessant ist, dass im sprichwörtlichen Windschatten der großen deutschen Autos auch die Zulieferindustrie in China mit großem Tempo vorankommt. Es lohnt sich, auch ihren Werken einen Besuch abzustatten, etwa dem Kabelbaumhersteller Leoni in Schanghai.

Unbekannte Riesen: Deutsche und österreichische Zulieferer

Im Schatten der großen Pkw-Bauer

Beim deutschen Automobilzulieferer Leoni dürfen die Beschäftigten in China während der Arbeitszeit Karussell fahren. Sie stehen auf mobilen Podesten, vor ihnen auf den Werktischen windet sich ein Wust bunter Kabel. Mithilfe von Schablonen, auf denen der genaue Verlauf vorgezeichnet ist, stecken die Arbeiter die elektrischen Verbindungen zusammen. Fast geräuschlos rollen sie an Behältern mit den Kabeln und den Einzelteilen vorbei, Steckern, Plastikhüllen, Klebebändern. Das beschleunigt die Abläufe und macht es unnötig, die schweren Materialien in der Halle herumzutragen. Leoni fertigt in Schanghai Kabelsätze für Autos, in der Fachsprache Bordnetze genannt. Sie sind die Lebensadern moderner Fahrzeuge, in denen immer mehr Elektronik eingesetzt wird, vom Fensterheber bis zur verstellbaren Kopfstütze. In China etwa liefert Leoni für einen Mercedes der E-Klasse mehr als 3,6 Kilometer Kabel, die 30 Kilogramm wiegen.

Das Sortieren, Entwirren, mit Steckern Versehen und Zusammensetzen der Kabelbäume ist, salopp gesprochen, eine ziemliche Fummelei. Der Leiter des Schanghaier Werks, Guo Jing, drückt es schöner aus: „Wir benötigen viel Humankapital, die Tätigkeit ist sehr arbeitsintensiv." Beides bedeutet dasselbe, dass man nämlich im Werk viele Menschen braucht, Maschinen sind mit der Kleinteiligkeit überfordert. Bisher lassen sich lediglich das Zuschneiden der Leitungen und das Anbringen der Kontakte automatisieren, erläutert Guo. „Aber in vier bis fünf Jahren könnten wir so weit sein, den Kabelsatz für den Motorraum komplett maschinell zu fertigen." Dieses Bauteil macht aber nur 20 bis 30 % aller Stränge aus, so dass Leoni auch in Zukunft auf viele fleißige Hände angewiesen sein wird.

Zulieferwerke wie das von Leoni stehen im wahrsten Sinne des Wortes im Schatten der großen Automobilhersteller. Von den verglasten Fluren im zweiten Stock der Schanghaier Fabrik kann der Leiter des Bordnetz-Geschäfts in Asien, Christian Zürnstein, auf den Auslieferparkplatz des örtlichen Volkswagen-Werks sehen. Tausende Autos glitzern in der Morgensonne, darunter auch das Modell Polo, seine Kabelbäume kommen vom Nachbarn Leoni. „Die Fahrzeughersteller können nicht ohne uns und wir nicht ohne sie", sagt Zürnstein mit einem bescheidenen Lächeln. „Aber über uns redet kaum jemand". Das verwundert nicht, denn mit den Innenverkleidungen, Bremsen oder eben Bordnetzen hat der Endkunde nichts zu tun. Dabei steckt dahinter eine eindrucksvolle Branche mit enormen Potentialen – vor allem in China. Beispiel Leoni: Seit 2007 ist der China-Umsatz der Division „Wiring Systems" von 25 auf 250 Millionen Euro gestiegen. Die Zahl der Mitarbeiter nahm von 1.300 auf 6.000 zu. Bis 2016 strebe man 400 Millionen Euro Umsatz an, sagte Zürnstein. „Von Abkühlung merken wir nicht das Geringste, im Gegenteil, wir werden weiter stark zulegen."

Bisher hat die Geschäftseinheit vier Standorte in China, der letzte eröffnete im Oktober 2013 nahe Peking, um dort näher am Großkunden Mercedes zu sein. Die Investitionen in der Hauptstadt betragen etwa 30 Millionen Euro und machen damit den Löwenanteil des Gesamtbudgets von 40 Millionen Euro aus, die Leoni bis 2017 in den Ausbau seines Bordnetz-Geschäfts in China stecken will. Weitere Expansionen sind geplant, darunter ein ausgedehntes Werk in Shenyang, das noch größer wird als das in Peking. Dort, in der Mandschurei im Nordosten Chinas, will Leoni künftig BMW beliefern.

Der Konzern stützt sich in China auch auf sein zweites Standbein neben den Bordnetzen, das Kabel- und Drahtgeschäft (Wire and Cable Solutions). Dafür unterhält man sechs Werke in China mit 200 Millionen Euro Umsatz. Diese beliefern neben der Autoindustrie auch Hausgeräte- und Medizintechnikhersteller. Auf die ganze Welt bezogen, arbeitet inzwischen jeder zehnte der 60.000 Konzernmitarbeiter in China. Wie wichtig das Land für Leoni geworden ist, zeigt sich auch daran, dass es immer mehr etablierte Märkte hinter sich lässt. 2012 verdrängte die Volksrepublik erstmals Frankreich vom zweiten Platz. Jetzt ist nur noch Deutschland wichtiger.

China kompensiert für die Ausfälle in Europa

Für die deutschen Zulieferer ist China eine sichere (Werk)Bank. Wenn es in Europa gewittert, wenn die Umsätze und Gewinne auf den alten Märkten schwinden, dann rettet der Ferne Osten die Konzernbilanz. Das gilt auch für die Robert Bosch GmbH, einen der größten Zulieferer der Welt. Während die Gruppe in Deutschland von einer Krise in die nächste rutscht, geht es in der Volksrepublik immer weiter bergauf. In Euro gerechnet, hat der China-Umsatz 2012 um 10% auf 5 Milliarden Euro zugenommen, zwei Drittel davon stammen aus dem Zuliefergeschäft. Das war zwar ein geringeres Wachstum als üblich. Aber der Ausrutscher lag, versichert Uwe Raschke, der für den Asien-Pazifik-Raum zuständige Vorstand der Stuttgarter, nicht am Autogeschäft, sondern am schwachen Markt für Baumaschinen in einer Phase, in der Chinas Regierung die Übertreibungen am Immobilienmarkt bekämpft. Demnächst werde man wieder wie gewohnt wachsen, in den vergangenen zehn Jahren waren das im Durchschnitt 25% im Jahr. „Bosch in China ist und bleibt eine Erfolgsgeschichte“, sagt Raschke. Mit 10% vom Gruppenumsatz ist das Land jetzt schon der wichtigste Auslandsmarkt hinter den Vereinigten Staaten, und es wird, wie die ganze Region, immer wichtiger. In fünf Jahren soll der Asien-Pazifik-Anteil bei Bosch von 24 auf 30% steigen; 2008 waren es erst 17%.[339]

Ähnlich euphorisch wie Leoni und Bosch sind auch andere Zulieferer. Wegen der enormen Marktbedeutung hat Continental extra die Position eines China-Chefs im Konzernvorstand eingerichtet. Die Hannoveraner erzielen inzwischen 18% ihres Umsatzes in Asien, geplant sind 30%. „China ist dabei unser Wachstumsmotor“, wie der Vorstandsvorsitzende Elmar Degenhart versichert.[340] 2012 erwirtschaftete Continental dort Erlöse von 2,7 Milliarden Euro, fast die Hälfte des Asiengeschäfts und rund 8% des Konzernumsatzes. Das Gewicht der Volksrepublik nimmt immer mehr zu, denn das Wachstum ist dort doppelt so hoch wie im Gesamtmarkt. In nur drei Jahren hat sich deshalb die Mitarbeiterzahl von Continental in China auf 17.000 Beschäftigte annähernd verdoppelt. Um mit der Nachfrage Schritt zu halten, erweiterte das Unternehmen im

September 2013 sein Bremsenwerk in Changshu nahe Schanghai für 36 Millionen Euro. Insgesamt betreibt die Gruppe in China 19 Produktionsstätten.

Continental ist überzeugt, dass es in dem großen Land künftig nicht allein um Masse gehen wird, sondern um Qualität. China-Vorstand Ralf Cramer beobachtet einen „enorm steigenden Bedarf nach Sicherheit und Umweltschutz sowie Komfort in der Mobilität". In diesen Zweigen fühlen sich die deutschen Hersteller besonders stark, weshalb sie derart zuversichtlich sind, selbst wenn der Automarkt weniger stark wachsen sollte als bisher. Eine Voraussetzung für den Erfolg sei allerdings, innovative Produkte in China für China zu entwickeln, stellt Cramer klar. „Der Anteil der vor Ort entwickelten Anwendungen wird deshalb in den kommenden Jahren deutlich zunehmen." Das Ziel ist, dass künftig acht von zehn Applikationsanwendungen in China entstehen. Dafür unterhalten die Niedersachsen neun Forschungs- und Entwicklungszentren (F&E) hier, für besonders zukunftsträchtig halten sie lokale Innovationen für Bremsen, Airbags, für die Motorsteuerung und Einspritzung.

Der Konkurrent ZF Friedrichshafen ist, relativ betrachtet, noch enger mit Fernost verflochten als Bosch oder Continental. Schon 12 % des Gesamtgeschäfts stammen aus China. Zuletzt wuchs der Umsatz hier um 22 % auf 2,1 Milliarden Euro. Noch seien die Vereinigten Staaten für die Gruppe zwar wichtiger, sagt der für Asien zuständige Vorstand Jürgen Holeksa. „Aber bei der starken Dynamik wird China in absehbarer Zeit aufholen." Entscheidender noch: „Hier zu sein ist von zentraler Bedeutung, um Marktschwächen anderswo auszugleichen", also derzeit vor allem in Europa. Kopfnicken beim amerikanischen Wettbewerber Johnson Controls, der mit 42 % Marktanteil das Geschäft mit Autositzen in China dominiert. Er erwirtschaftet in seinen Gemeinschaftsunternehmen rund 4,6 Milliarden Dollar (3,5 Milliarden Euro). Dieser nicht konsolidierte Umsatz entspricht fast einem Viertel der Gruppenerlöse. „Das größte Wachstumspotential, das wir sehen, ist ganz klar China", sagt Landeschef Johannes Roters. Die Möglichkeiten seien „gigantisch". In zehn Jahren werde jedes dritte auf der Welt zugelassene Auto in China auf die Straße kommen. „Wer hier nicht präsent ist, verpasst riesige Chancen", sagt Roters.

Genauso sehen es auch die Zulieferer aus Österreich, die in Europa zu den wichtigsten und modernsten zählen. Magna Steyr, Miba, AVL, der Stahlhersteller Voestalpine und viele kleinere Anbieter sind bereits in China vertreten oder planen diesen Schritt. Bisher sind 25 Gesellschaften hier ansässig, einige sind ihrem Kunden Volkswagen schon in den 1980er Jahren nach Schanghai gefolgt. Die Attraktivität des Markts sei ungebrochen, sagt Bettina Lindner, die für Handelsfragen zuständige Vizekonsulin am österreichischen Generalkonsulat in Schanghai. „Österreichische Zulieferer sind gut beraten, sich schnellstmöglich ein großes Stück an diesem wohl letzten großen Kuchen der globalen Wirtschaftsentwicklung zu sichern", empfiehlt die Diplomatin eindringlich. „Kein Zulieferer von Rang und Namen kann es sich leisten, auf diesem Markt nicht dabei zu sein."

Ähnlich wie China-Chef Cramer von Continental sieht die Expertin die besten Chancen in der Sicherheits- und Umwelttechnik. Damit in China gefertigte Autos künftig den europäischen Crashtest NCAP bestehen könnten, hätten die Hersteller Interesse an Aufprallschutzsystemen, an Airbags, Airbag-Auslösesystemen oder crashaktiven Kopfstützen. Aufträge winkten auch solchen Unternehmen, die auf Fahrerassistenzsysteme oder auf Techniken spezialisiert seien, mit denen sich die europäische Abgasnorm Euro V erreichen lasse.

Völlig neue Absatzchancen: Ersatzteile und Gebrauchtwagen

Es gibt noch drei weitere Gründe, die China für Zulieferer interessant machen. Zum einen sind hier die Margen viel interessanter als im Westen. Sie sinken zwar wegen der steigenden Aufwendungen, bleiben aber nach Berechnungen des Beratungs-unternehmens Alix Partners mit 7,5 % den Werten in Europa und Nordamerika weit überlegen; dort sind es nur 6,7 und 6,3 %.[341] Zum zweiten wollen und müssen die OEMs, ergo die Autohersteller, ihren lokalen Wertschöpfungsanteil hochfahren und achten zugleich stärker auf die Kosten für ihre Vorprodukte. Sie erwarten, dass ihnen die Zulieferer dorthin folgen, wo künftig immer lauter die Musik spielt, also nach China. Die Beratungsgesellschaft PwC hat ausgerechnet, dass 2019 in Asien fünf Millionen Autos deutscher Marken gefertigt werden, bisher sind es drei Millionen. 80 % des bis dahin benötigten zusätzlichen Komponentenbedarfs werde außerhalb Deutschlands anfallen. Wegen der eng getakteten Lieferketten seien die „Supplier" förmlich gezwungen, in die Ferne zu ziehen.[342]

Als dritter Grund spricht für China, dass dort ein völlig neuer Markt entsteht: der für Ersatzteile. Bisher beschickten die genannten Unternehmen fast ausschließlich die Werke der Erstausrüster oder anderer Zulieferer, brachten ihre Produkte also in Neuwagen unter. Mit dem Wachsen des Altautobestands und dem Ausbau des Gebrauchtwagengeschäfts wird nun auch der „After-Sales-Markt" immer bedeutsamer. Dafür wenden sich die Zulieferer an die Werkstätten der OEMs und an unabhängige Dritte, oder sie ziehen eigene Montagebetriebe auf. Bosch etwa hat bisher 1.300 sogenannte Bosch Service Center im Markt, bis Ende 2015 sollen es 2.000 werden. „Da kann man sich schon bald 5.000 oder auch 8.000 vorstellen", sagt Asien-Vorstand Raschke. Der Reifen- und Ersatzteillieferant Bridgestone unterhält in China mehr als 2.100 Franchise-Werkstätten, beim deutschen Wettbewerber Continental sind es 1.700, Michelin/Tyre-Plus bringt es auf immerhin 730 Stationen.[343]

In einem so jungen Markt wie China sind die meisten Kraftfahrzeuge bisher Neuwagen. 2010 waren 41 % der Autos auf den Straßen höchstens zwei Jahre alt, 32 % hatten maximal fünf Jahre auf dem Buckel, nur 27 % waren noch älter. Aber innerhalb von gerade einmal fünf Jahren, so hat Alix Partners berechnet, werden sich diese Quoten völlig verschieben, auf 28, 37 und 35 %. Anders ausgedrückt: 2011 zählte ein chinesisches Auto im Durchschnitt nicht einmal drei Jahre, bis 2020 wird sich das Alter auf sechs Jahre verdoppeln. Zum Vergleich: In Nordamerika liegt der Wert heute schon bei fast elf Jahren. Ähnlich gewaltig sieht die Veränderung bei den Autoverkäufen aus. 2012 kam in China ein Gebrauchtwagen auf vier neue Pkw. 2020 wird das Verhältnis eins zu eins sein. Aber selbst das ist erst der Anfang, falls China, was zu erwarten ist, den etablierten Ländern folgen sollte. In Deutschland werden für jedes neue Auto zwei alte abgesetzt, in den USA fast vier.

Daraus ergeben sich fantastische Geschäftsmöglichkeiten für Zulieferer, wie Ivo Naumann sagt, der Chef des Schanghaier Büros von Alix Partners. Allein zwischen 2011 und 2014 schieße das Umsatzvolumen im Ersatzteilmarkt um fast 120 % in die Höhe, auf 74 Milliarden Euro. Die Hälfte werde dann von den Autohändlern erlöst, der Rest von unabhängigen Werkstätten, wie Bosch oder Continental sie anbieten. Das amerikanische Beratungsunternehmen Polk präsentiert etwas bescheidenere Zahlen, aber auch diese weisen zwischen 2012 und 2015 annähernd eine Verdopplung des Ersatzteilgeschäfts auf 45 Milliarden Euro aus.[344] Das ist fast so viel, wie die Robert Bosch AG 2012 in der ganzen Welt umgesetzt hat. Und der Boom geht gerade erst los … Kein Wunder, dass Bosch-Asien-Chef Raschke sagt: „After-Sales ist ein superwichtiges und ein enorm wachsendes Thema. In China gibt es noch so viele lukrative Dinge zu entdecken."

Die Feier ist für die Automobilindustrie in China noch lange nicht zu Ende, im Gegenteil. Zahlen von McKinsey machen deutlich, dass die deutschen Qualitätslieferanten von dem fortgesetzten Boom besonders profitieren werden. Die Kunden fragen vermehrt hochwertige, moderne, vom Design her ansprechende und teure Wagen nach, schreiben die Fachleute, also genau solche, für welche die deutschen Kfz-Hersteller und ihre Zulieferer in China bekannt und gefragt sind. Auch dass Audi, BMW, Porsche, VW und jetzt auch Mercedes immer mehr auf Stadt-Geländewagen setzen, scheint genau die richtige Strategie zu sein. Der Absatz dieser sogenannten SUV werde sich bis 2020 verdreifachen, hat McKinsey herausgefunden. Porsche spürt diesen Trend seit Jahren: Während die Zuffenhausener ihre Sportwagen in China nicht so leicht loswerden, ist das Land der mit Abstand größte Abnehmer der SUV vom Typ Cayenne.[345]

Damit leisten die Chinesen übrigens einen wichtigen Beitrag zur Belebung der Konjunktur in Ostdeutschland, denn der Hochbeiner kommt aus dem Werk in Leipzig. BMW hält es ähnlich. Das Unternehmen liefert einige Fahrzeugtypen als sogenannte CKD-Bausätze per Bahn von Leipzig in das Montagewerk im nordostchinesischen Shenyang. Was Porsche und BMW können, kann VW schon lange. Die Vorzeigelimousine Phaeton, in Deutschland oft als unverkäuflicher Ausdruck Wolfsburger Größenwahns belächelt, findet ihre Käufer zu zwei Dritteln in China. Die massige Karosse stammt aus der Gläsernen Manufaktur in Dresden. Es ist also nicht übertrieben zu sagen, dass der sächsische Automobilbau seine Renaissance auch China verdankt, Aufbau Ost durch Fernost sozusagen.

Auf die Oberklasse wird die Sonne im Sonnenaufgangsland China künftig besonders warm scheinen. Wie gut ist es da für Deutschland, dass seine Hersteller den Markt weitgehend unter sich aufteilen. „Die deutschen Hersteller von Premium-Automobilen profitieren überproportional vom enormen Wachstum des chinesischen Automarkts“, fasst Felix Kuhnert zusammen, der Leiter des Bereichs Automotive in der Beratungsgesellschaft PwC-Deutschland. Seinen Berechnungen zufolge werden die deutschen Autobauer der Oberklasse ihre Produktion in China zwischen 2012 und 2020 auf 1,15 Millionen Einheiten verdoppeln. Das bedeutet ein Wachstum um durchschnittlich 10,4 % im Jahr, während die gesamte Fertigung in China um 7,4 % zulegt.[346] Der Trend geht eindeutig zu lokaler Produktion, um die Bekanntheit der Marken zu erhöhen, um die Wechselkursrisiken zu minimieren, um die Kosten für Arbeitskräfte, Zölle und die Logistik zu senken, aber auch um Chinas Mächtigen zu gefallen, der alles dominierenden Kommunistischen Partei. Bisher schmieden die deutschen Karossenbauer neun Modellreihen in China, bis 2020 sollen es 16 werden. Statt 13% werden dann 19% der schicken Wagen im Land selbst montiert.

Die deutsche Autoindustrie ist also, wie man heute gern sagt, in China fantastisch „aufgestellt". Das gilt ganz wörtlich, wenn man sich auf den Parkplätzen der schicken Wohngelände, der Gourmetrestaurants oder der Einkaufspaläste umschaut. Überall dort, wo Geld ist, prägen Audi, BMW, Mercedes und Porsche das Bild, Volkswagen dominiert den Mittelklassemarkt. Selbst Chinas politische Elite fährt deutsch, vornehmlich Audi, auch wenn neuerdings eine Bestimmung gilt, wonach günstigere einheimische Fahrzeuge zu nutzen seien.

Es gibt einen Hang der chinesischen Käufer nach prestigeträchtigen Marken, nach flottem Design, nach Qualität und zunehmend auch nach Umweltfreundlichkeit, den die deutschen Autobauer zuverlässiger bedienen als die internationale Konkurrenz und erst recht als die rein chinesischen Anbieter. Wenn der Zugang zum größten und am schnellsten expandierenden Kraftfahrzeugmarkt der Welt offen bleibt, wenn Chinas kaufkräftige Mittel- und Oberschichten weiter so schnell wachsen wie bisher und wenn es gelingt, immer mehr Händlerbetriebe in den noch unerschlossenen Riesenstädten des Binnenlandes zu eröffnen – dann wird sich China als die wertvollste Schatztruhe erweisen, die die deutschen Hersteller je geöffnet haben, seit sie 1886 das Automobil erfanden.

6. Zusammenfassung: Der Binnenverbrauch als prächtigster Schatz

Im steigenden Binnenverbrauch manifestieren sich so gut wie alle zuvor genannten wirtschaftlichen Veränderungen, die in China schon spürbar sind oder die sich das große Land für die nahe Zukunft vorgenommen hat: die rasante Urbanisierung, die neuen Wachstumstreiber aus dem Umweltschutz und den Dienstleistungen, nicht zuletzt auch der Aufstieg der Binnenregionen. All das sorgt dafür, dass in China eine neue Mittelschicht entsteht, deren Umfang und Kaufkraft in der Geschichte ohne Beispiel sind. Wie groß sie genau ist und in Zukunft sein wird, hängt von der Definition und den Wachstumserwartungen ab. Aber wenn man von 300 Millionen Menschen und einem Mindestwachstum von 3,5% oder zehn Millionen Personen im Jahr ausgeht, ist man wohl auf der sicheren Seite.

Als besonders spendierfreudig könnte sich die Obere Mittelschicht mit einem verfügbaren Einkommen von 12.800 bis 27.600 Euro im Jahr erweisen. Das entspricht etwa dem heutigen OECD-Durchschnittswert von 17.100 Euro. Noch erwirbt diese Kohorte erst ein Fünftel aller Konsumgüter, in Zukunft aber werden es mehr als die Hälfte sein. Das bedeutet, dass sich nationale und internationale Anbieter von Verbrauchsprodukten auf diese Kundengruppen einstellen müssen. Wenn sie sie tatsächlich erreichen, lassen sich angesichts des „Upgradings" der Kaufwünsche dieser Neureichen überproportional gute Geschäfte abschließen.

Damit die Kaufkraft wie erhofft anziehen kann, müssen die Konsumenten begünstigt und zugleich entlastet werden. Die Löhne sollten im Einklang mit der Produktivität steigen, die Inflation muss begrenzt werden, die Sozialversicherungen gilt es so zu festigen, dass die Chinesen weniger privat vorsorgen müssen und ihr Erspartes ausgeben können. Falls das gelingt, werden enorme Beträge für den Konsum frei. Um diese eindrucksvolle Zahl zu wiederholen: Flossen 2010 noch 1,9 Billionen Euro in den Einzelhandel, könnten nach entsprechenden Reformen fünf Jahre später schon 5,1 Billionen Euro in den Ladenkassen klingeln, der dreißigfache Jahresumsatz von VW.

Die Chancen für ausländische Verbrauchsgüterhersteller, etwa aus Deutschland, Österreich oder der Schweiz, liegen zum einen in ihrer Qualität, Verlässlichkeit und im Preis-Leistungs-Verhältnis, zum anderen in ihrer Markenbekanntheit und im Design. Deshalb kommen Kühlschränke, Küchen, Töpfe, Badzimmerarmaturen und sogar Wannen und Toiletten zunehmend aus Deutschland. Hier treffen offenbar gute Funktionalität, Verlässlichkeit, Ausstattung und Image aufeinander und überzeugen die chinesischen Kunden in ähnlicher Weise wie es die deutschen Autos tun.

Bemerkenswert ist, dass sich die Anbieter – vom Hochpreissegment kommend – immer mehr auch in die einfacheren Produktgruppen vorwagen. Auf diese Weise versuchen sie, die aufsteigenden Mitglieder der Mittelschicht zu einem möglichst frühen Zeitpunkt an sich zu binden, damit sie beim „Trading Up", dem Griff nach Höherwertigerem, Markenloyalität beweisen. Ähnliches beabsichtigt Volkswagen, das in China auf den Markt für Billigautos vordringen will. Auf diesem einzigen Feld, wo der Konzern bisher nicht vertreten ist, wird die Schlacht um Millionen von Erstkäufern ausgefochten.[347]

Für die deutschen Autobauer ist die Volksrepublik jetzt schon der wichtigste Markt, seine Bedeutung dürfte in den kommenden Jahren eher noch zu- als abnehmen. Das gilt für Volumenmarken wie VW, aber auch für die Oberklasse-Fahrzeuge, mit denen sich am meisten Geld verdienen lässt und wo kein ernstzunehmender Wettbewerber in Sicht ist. In absehbarer Zeit wird China sogar bei den absoluten Luxuskarossen an der Spitze stehen, auch hier verdienen die Deutschen kräftig mit: über Rolls Royce. Bentley, Lamborghini, Bugatti und über die importierten Flaggschiffe von Porsche, Mercedes, BMW oder Audi. Daneben tun sich ganz neue Märkte auf, etwa für die Zulieferindustrie. Wegen der wachsenden Zahl an Gebrauchtfahrzeugen, an Inspektionen und Reparaturen steigt die Nachfrage nach Ersatzteilen rapide an. Das Geschäft dürfte sich von 2012 bis 2015 mindestens verdoppeln.

Bidets, Töpfe und Vergaser entsprechen weit weniger unseren Vorstellungen von glitzernden Schätzen als ein weiteres Wachstumssegment: die Luxusgüter. Erstmals haben die Chinesen 2012 in aller Welt mehr dieser schönen teuren Dinge gekauft als jede andere Nationalität. Jede vierte dieser Preziosen ging an einen Chinesen, 2015 wird es vermutlich schon jede dritte sein. Ob französische Bordeaux-Weine oder Schweizer Uhren, ob Montblanc-Füller aus Hamburg oder Boss-Anzüge aus Metzingen: Nirgendwo wächst der Absatz der Edelprodukte schneller als in Rot-China und in Hongkong. Das überrascht dann nicht, wenn man weiß, dass hier auch die Zahl der Superreichen steiler in die Höhe schnellt als überall sonst. Im Jahr 2000 gab es erst zwei Dollar-Milliardäre in China, heute sind es 315. Deren kleine Brüder, die Millionäre, kann man kaum noch zählen, vermutlich sind es mittlerweile fast drei Millionen.

Auf unserer langen Reise durch China haben wir einen geräumigen Wagen randvoll mit Schatztruhen beladen. Es gibt schwere und leichte darunter, solche mit gut geölten Scharnieren und solche, wo der Zugriff schwerer fällt. Insgesamt aber können wir zufrieden mit unserer Ausbeute sein: Vermutlich ist im Moment auf keinem Land der Welt mehr zu holen als in China. Wir sind gut vorangekommen auf der Schatzsuche, denn die Bergung verlief problemlos, die Strecken waren frei, niemand hat uns aufgehalten. Was aber, wenn die Kisten unzugänglich versteckt gewesen wären, wenn sich der Weg als zu steinig erwiesen oder man uns unterwegs behindert hätte? Darauf muss man in China vorbereitet sein, und deswegen soll das Schlusskapitel von den Risiken erzählen, die in diesem reichen aber unberechenbaren Land lauern.

Schluss und Ausblick

Der Umbau ist schwierig, kann aber gelingen

Und wenn alles ganz anders kommt? Kann Chinas jahrzehntelange Erfolgsgeschichte auch böse ausgehen? Ja, das kann sie. Die Volksrepublik wandert auf einem schmalen Grat, von dem es links und rechts jäh in die Tiefe geht. Ein falscher Schritt, eine kräftige Böe oder eine Erschütterung des Höhenzuges könnten sich als fatal erweisen.

Um diese Gefahren zu erläutern, sei an die Herkulesaufgabe erinnert, die dem Land bevorsteht. Bisher beruhte Chinas Aufschwung darauf, dass so viel Kapital wie möglich in Investitionen gelenkt wurde: in Fertigungskapazitäten sowie in die Infrastruktur, um Rohstoffe und Vorprodukte in die Werke zu bringen und die Endprodukte von dort wieder abzutransportieren. Die Arbeiter erhielten unterproportional wenig von dem Geld. Der Geiz hielt die Kosten niedrig und war auch volkswirtschaftlich vertretbar. Denn man brauchte diese Menschen nicht als Käufer, sondern – solange die meisten Waren ins Ausland gingen – lediglich als billige Arbeitskräfte. Ein solches Modell, das die eigene Armut als Wettbewerbsvorteil nutzt, haben vor China schon viele andere Länder verfolgt, in der Nachbarschaft zum Beispiel Japan, Korea und Südostasien.

Dort hat diese spezielle Art, zu Wohlstand zu kommen, längst ihren Zenit überschritten, weil sich die Kostenvorteile nicht auf ewig fortschreiben lassen. Auch China hat seine besten Zeiten als Billigwerkbank hinter sich. Es nennt sich zwar gern ein Entwicklungsland, um bestimmte Privilegien zu genießen und weniger globale Verantwortung zu übernehmen, etwa im Klimaschutz. Und tatsächlich rangiert China bei der Wirtschaftsleistung je Kopf auf Platz 90 in der Welt, ganz in der Nähe von Namibia und Turkmenistan. Insgesamt aber ist das globale Gewicht des Landes inzwischen so gewaltig, dass es dem Rest der Welt immer schwerer fällt, ausreichend viele Produkte aufzunehmen, um Chinas schnelles Wachstum weiterzutreiben. Das gilt besonders dann, wenn der Kauf auf Pump erfolgt wie im Falle der Vereinigten Staaten und Teilen Europas. Sobald diese Länder zu sparen beginnen, schlägt sich das in Fernost sofort negativ nieder.

Deshalb muss China künftig selbst die Dinge konsumieren, die es herstellt. Wie das vonstattengehen soll, wurde ausführlich geschildert. Doch der Wechsel von einem investitions- und exportgetriebenen Wachstum zu einem, wo der Binnenkonsum die entscheidende Rolle spielt, ist vertrackt, weil die Maschinerie während des Umbaus weiterlaufen muss. Das Vorhaben gleicht dem Versuch, in vollem Galopp die Pferde zu wechseln. Wer zum Beispiel die privaten Haushalte stärken will, damit sie mehr Geld ausgeben, muss anderswo Einschnitte vornehmen, etwa in den Staatsbetrieben und öffentlichen Banken. Nicht weniger ist nötig, als das gesamte System von Ausbildung, Vergütung, Sozialversicherungen, Steuern, Zinsen, Wechselkursen und anderen Mechanismen so zu verändern, dass weder Ross noch Reiter zu Fall kommen.

Gerade weil das so diffizil ist, erscheint der im vorliegenden Buch geschilderte Weg so vielversprechend. Um einen vollständigen und abrupten Wandel zu vermeiden, kann sich China seine enorme Größe und seine Binnendisparitäten zunutze machen, die bisher eher als Nachteile galten. Während in den Experimentierzonen von Schanghai, Chongqing oder Chengdu das neue Zeitalter einer wissens- und dienstleistungsbasierten mittelständischen Konsumgesellschaft eingeläutet wird, sind „tief im Westen" noch immer enorme Nachholinvestitionen nötig, warten Rohstoffe darauf, gefördert zu werden, können klassische Industriebetriebe weiterhin wettbewerbsfähig Massengüter fertigen. Wir haben es also, wenn man so will, mit zwei verschiedenen Arten von Schätzen zu tun. Auf der einen Seite mit alten, etwas muffigen Truhen, an denen das Holz morsch und die Beschläge rostig sind, die aber noch immer reichlich Gold enthalten. Auf der anderen Seite stehen die Hightech-Tresore der nächsten Wohlstandsgeneration.

Diese Doppelstrategie, auf Altes und Neues gleichermaßen zu setzen, ist klug, minimiert aber mitnichten alle Unsicherheiten, vor denen China steht. Das gilt auch für die Frage, inwieweit die Volksrepublik künftig Ausländern erlauben wird, diese Goldspeicher zu öffnen und hineinzugreifen. In einigen Branchen sehen sich die internationalen Konzerne bereits außer Landes gedrängt, nachdem sie – gewollt oder ungewollt – ihr Know-how an die Chinesen weitergegeben haben, etwa bei den Hochgeschwindigkeitszügen. Hier scheint das Motto aus Friedrich Schillers „Verschwörung des Fiesco" zu gelten: „Der Mohr hat seine Arbeit getan, der Mohr kann gehen."

Noch treffender für den vorliegenden Fall hat es später Theodor Fontane in dem Gedicht „Die Alten und die Jungen" ausgedrückt: „Der Mohr kann gehn, neu Spiel hebt an / Sie beherrschen die Szene, sie sind dran".[348]

Nach Ansicht von Interessenverbänden wie der Amerikanischen und der Europäischen Handelskammern in Peking werden internationale Konzerne in China auf vielen Feldern deutlich schlechter behandelt als einheimische. Letztere würden bei Aufträgen bevorzugt und erhielten auch direkte staatliche Hilfe. Von den 2.400 börsennotierten Unternehmen in China strichen 90 % Subventionen ein.[349] Tatsächlich ist der Marktzugang für landfremde Gesellschaften nicht besser geworden, sondern hat sich in einigen Feldern noch verschlechtert. Ähnliches gilt für den erzwungenen Technologietransfer, für den Ausschluss internationaler Bieter von öffentlichen Ausschreibungen, für unerfüllbare Anforderungen in Bezug auf chinesische Standards und auch für den unzulänglichen Schutz geistigen Eigentums. Die Europäische Handelskammer beobachtet in letzter Zeit sogar einen „nationalistischen Ansatz" in der Innovationspolitik.[350] Das deckt sich mit Stimmen, die davor warnen, dass China bewusst ausländische Unternehmen vergraule, um der einheimischen Industrie zu helfen. Seit Sommer 2013 häufen sich die Fälle, in denen die Behörden Kartellverfahren gegen ausländische Konzerne anstrengen, zum Beispiel gegen die Hersteller von Babynahrung, gegen die Pharmaindustrie und gegen die Importeure teurer Kraftfahrzeuge.

Die Ermittlungen mögen gerechtfertigt sein. Aber zum einen scheinen sie einseitig auf Ausländer zu zielen, wie die EU-Kammer nahelegt.[351] Zum anderen verursacht die Art und Weise der vorgeblichen Aufklärung Unbehagen in der internationalen Gemeinde. Es gibt Berichte darüber, dass Regierungsvertreter ausländischen Unternehmen drohten und ihnen empfahlen, nach maoistischer Manier „Selbstkritiken" über ihre vermeintlichen Missetaten zu verfassen; das wirke sich strafmildernd aus.[352] Ebenfalls an alte ungute Zeiten aus der Kulturrevolution erinnert das öffentliche Zurschaustellen reuiger Sünder, das auch vor Ausländern nicht haltmacht. Im August 2013 zeigte der staatliche Fernsehsender CCTV einen britischen Staatsbürger und seine amerikanische Frau, die im Zusammenhang mit Bestechungsermittlungen gegen den englischen Pharmakonzern Glaxo Smith Kline festgenommen worden waren. Die Gesichter waren in der Übertragung zwar unkenntlich gemacht, die Erniedrigung wirkte aber auch so: Die Festgenommenen trugen

Handschellen und orange leuchtende Gefängniswesten. Der Mann, ein ehemaliger Korrespondent der Nachrichtenagentur Reuters namens Peter Humphrey, gab zu, illegal Informationen gesammelt zu haben und sagte auf Chinesisch: „Ich bedauere das sehr, und ich möchte mich bei der chinesischen Regierung entschuldigen."[353]

Neben den Kampagnen gegen Personen gibt es auch solche gegen ausländische Unternehmen. Am folgenschwersten waren 2012 die Angriffe auf japanische Autohäuser, Geschäfte und Restaurants. Sie wurden von staatlich forcierten Protestzügen in vielen chinesischen Großstädten flankiert – in einem Land, wo sonst keine Demonstrationsfreiheit besteht. Den Hintergrund für die Massenmobilisierung bildete ein Territorialkonflikt der Nachbarländer um ein rohstoff- und fischreiches Seegebiet mit kleinen Inseln im Ostchinesischen Meer. Wegen des Boykotts japanischer Waren sank der Autoverkauf von Marken wie Toyota, Honda, Nissan oder Mazda in China dramatisch, zeitweilig um bis zu 60 %.

Argwohn muss auch das dubiose chinesische Vorgehen zum Verbraucherschutz erzeugen. VW wurde 2013 mehr oder minder öffentlich genötigt, in der größten Rückrufaktion seiner chinesischen Geschichte 384.000 Fahrzeuge in die Werkstätten zu holen, wegen eines seit langem bekannten ungefährlichen Getriebemangels. In derselben Verbraucherschutz-Sendung des Staatsenders CCTV, die VW attackiert hatte, bekam auch Apple wegen angeblich minderer Servicequalität in der Volksrepublik sein Fett weg. Beide Konzerne mussten anschließend, unabhängig vom Wahrheitsgehalt der Anschuldigungen, Abbitte leisten und Besserung versprechen. Hier zeigt sich abermals das Phänomen, dass China als Markt zu wichtig ist, um sich mit dem Land anzulegen oder auch nur Widerspruch zu wagen. Für VW ist China das mit Abstand größte Verkaufsgebiet der Welt, für Apple das zweitgrößte. Wenig später folgte der nächste Schlag gegen die deutschen Autobauer, wieder auf dem Propaganda-Kanal CCTV. Diesmal warf der Sender den Oberklasseherstellern Audi, BMW und Mercedes vor, minderwertige Dämmstoffe zu verwenden. Die dadurch entstehenden Ausdünstungen könnten gesundheitsschädlich sein, hieß es. Doch wurden die Behauptungen nie belegt. In den folgenden Monaten gerieten weitere ausländische Hersteller ins Fadenkreuz der Qualitäts- und Preiswächter, darunter die amerikanische Kaffeehauskette Starbucks und der koreanische Elektronikkonzern Samsung.

China lebt über seine Verhältnisse

Wenn diese Vorfälle etwas Gutes haben, dann dies: Sie führen internationalen Konzernen ihre Abhängigkeit von dem fernöstlichen Markt vor Augen. Die vermutlich größte Gefahr für die Stabilität Chinas und damit auch für die Verdienstmöglichkeiten westlicher Hersteller lauert indes woanders, im Bank- und Kreditwesen. Grundsätzlich ist es in einer expansiven Wirtschaft wichtig und richtig, Schulden aufzunehmen. Unternehmen finanzieren damit ihr Wachstum, der Staat die nötige Infrastruktur und andere öffentliche Güter. Der Zinssatz, der für diese Geschäfte anfällt, richtet sich nach Angebot und Nachfrage, also danach, wie viel Kapital die Anleger zur Verfügung stellen und wie viel die Darlehensnehmer brauchen. Beim Feilschen um den Preis spielen, wie in allen Märkten, viele Umstände eine Rolle, insbesondere die Laufzeit und die Zuverlässigkeit des Schuldners, Zins und Tilgung auch wirklich zurückzahlen zu können. Das nennt man Kreditwürdigkeit oder Bonität. Der Kreditnehmer seinerseits wird im Normalfall nur Konditionen akzeptieren, die er auch stemmen kann. Idealerweise erwirtschaften die mit dem Kredit finanzierten Investitionen genügend Gewinne, um anschließend den Kapitaldienst (Zins, Tilgung, Gebühren) aufzubringen.

Soweit die Theorie. In vielen Ländern ist das System längst aus dem Ruder gelaufen, auch in China. Hier zeigen sich erschreckende Parallelen zu jenen Verwerfungen in den Industrieländern, unter denen die Weltwirtschaft bis heute leidet. Die Finanzkrise in Amerika begann 2007 damit, dass Privatpersonen trotz unzureichender Bonität Hypotheken zum Kauf von Eigenheimen erhielten. Das ging zunächst gut, weil die Immobilien und damit die Kreditsicherheiten im Wert stiegen. Auch verschleierten die Banken die Gefahren für den Kreditausfall, indem sie die Forderungen samt Risiken verbrieften, d.h. als handelbare Wertpapiere an Dritte weiterverkauften.

Wie das Experiment endete, ist bekannt. Irgendwann stellte sich heraus, dass der Kaiser nackt dastand und keinen Cent in der Tasche hatte. Die Kette riss auseinander, die Schulden wurden nicht mehr bedient, die Interbanken-, Kredit- und Immobilienmärkte implodierten. Häuser und Grundstücke mussten verschleudert werden, Privatpersonen, Entwickler und Finanzhäuser rutschten in die Insolvenz, selbst ganze Länder wie Island oder Irland gerieten in Schieflage. Damit war die nächste Eskalationsstufe erreicht. Die

Finanzkrise schwappte von den Banken in die öffentlichen Haushalte über. Nicht mehr nur die Geldhäuser standen vor der Pleite, sondern die Staaten: neben den genannten auch Griechenland, Zypern, Portugal, Spanien. Aus der amerikanischen Hypothekenkrise war eine Finanz-, Wirtschafts- und Schuldenkrise der Industrieländer geworden.

Ähnliches droht in China. Nur dass hier die Banken und der Staat nicht hintereinander in den Finanzschlamassel rutschen könnten, sondern gleichzeitig – schließlich sind sie weitgehend identisch. Dazu muss man verstehen, dass der Wirtschaftserfolg der Volksrepublik ganz ähnlich wie in den Krisenländern auf Pump beruht, sowohl staatlicherseits als auch in der Industrie. Das geht schon lange so, aber die Lage hat sich seit der Welt-Finanzkrise dramatisch verschärft. Zur Abfederung der Folgen mussten damals die chinesischen Staatsbanken Abermilliarden an billigen Krediten ausreichen. Zudem wurden die Kommunen verpflichtet, astronomische Beträge in die Infrastruktur und in Staatsbetriebe zu investieren, um die Konjunktur anzukurbeln. Da sie ohnehin klamm waren, hat sich ihre Finanzsituation seitdem stark verschlechtert. Während die Zentralregierung relativ geringe Defizite und beherrschbare Verbindlichkeiten ausweist, sind die Städte und Gemeinden bis über beide Ohren verschuldet. Schätzungen zufolge stehen sie mit 2,6 bis 2,9 Billionen Euro in der Kreide.[354]

Das allein sind schon 40% des Bruttoinlandsprodukts, doppelt so viel wie die offiziell ausgewiesene Staatsschuldenquote. Rechnet man die weiteren öffentlichen Verbindlichkeiten hinzu, werden daraus leicht 60 bis 90%. Letzteres entspricht dem Stand von Krisenländern wie Zypern oder Island. Die hohe Belastung erklärt, warum China davor zurückschreckt, ein weiteres Konjunkturpaket wie 2009 aufzulegen. Würde Peking den Geldhahn noch einmal soweit aufdrehen wie damals, dann kletterte die Schuldenquote auf die gleiche Höhe wie in Griechenland.[355] Hinzu kommt, dass auch die Verbindlichkeiten der Staatskonzerne letztlich Zahlungsverpflichtungen der öffentlichen Hand sind. Nach Berechnungen der Bank Société Générale in Hongkong machen sie 100% des BIP aus.[356] Die Bewertungsagentur Fitch übertreibt also nicht, wenn sie sagt, dass die Volksrepublik ein „Schuldenproblem" habe. Folgerichtig sahen sich die Bonitätswächter veranlasst, die Kreditwürdigkeit des Landes herabzustufen. Angesichts der eindrucksvollen Devisenreserven und der geringen Auslandsschuld beließen sie zwar das langfristige Rating für Staatsanleihen in Fremdwährung unverändert. Die Kreditwürdigkeit in Landeswährung setzten sie aber um eine Stufe herab. Diese Teil-Herabstufung gilt als die bisher eindringlichste Warnung vor der (er)drückenden Schuldenlast in der zweitgrößten Volkswirtschaft der Welt.[357]

Chinas Finanzmisere ist eine interne. Sorgen bereiten nicht nur das Ausmaß der öffentlichen Schulden, sondern auch ihre Undurchsichtigkeit. Tatsächlich wusste lange Zeit niemand, bei wem genau der Staat verschuldet war und in welcher Höhe. Nicht einmal er selbst. Die Zentralregierung musste erst das nationale Rechnungsprüfungsamt NAO in die Provinzen schicken, um einen Überblick zu bekommen. Die Unklarheit rührt daher, dass die meisten Schulden außerhalb der offiziellen Etats aufgenommen werden. Gezwungenermaßen, denn den Gemeinden ist die Kreditaufnahme gesetzlich untersagt. Um dennoch an Geld zu kommen, haben sie rund 10.000 privatrechtliche Zweckgesellschaften eingerichtet, sogenannte kommunale Investitionsvehikel (LGIV). Die leihen sich die nötigen Summen bei Banken und anderswo und besichern die Kredite mit Gemeindeland. Das Zusammenspiel der Verwaltungen, Staatsbanken, Staatsbetriebe, LGIV und Immobilienentwickler ist kaum zu entwirren. Fitch nennt es „opak“ und führt diese Intransparenz als einen der Gründe für den Bonitätsschnitt an.

Zeitbombe Schattenbanken

Ein weiteres, damit zusammenhängendes Risiko ist das ausufernde Schattenbankenwesen. Damit ist ein grauer Kapitalmarkt jenseits offizieller Kontrollen und Regulierungen gemeint, jedenfalls außerhalb der Bankbilanzen. Er umfasst illegale Kredithaie und Hinterhof-Geldstuben genauso wie Teile der vermeintlich seriösen Geldhäuser, die abseits ihrer Bücher lukrative Zusatzgeschäfte abwickeln. Der Markt ist riesig, weil Gläubiger und Schuldner oft nur auf diese Weise zusammenfinden. Viele Kreditnehmer, vor allem aus dem privaten Mittelstand, haben auf offiziellem Wege kaum Zugang zu Fremdkapital, weil ihre Bilanzen unzuverlässig sind und weil die Staatsbanken ihre eigenen Schwestern bevorzugen, die öffentlichen Großkonzerne. Die Anleger wiederum gieren nach höheren Renditen, als ihnen das reguläre System mit seinen gedeckelten Einlagezinsen bieten kann. Das muss nicht schlecht sein, gerade weil Schattenbanken ein vernachlässigtes Marktsegment bedienen und weil sie beide Seiten zufriedenstellen können.

Heikel aber wird die Sache, wenn es zu kollektiven Zahlungsausfällen kommt, die das System selbst nicht auffangen kann. Was dann passiert, ließ sich im Herbst 2011 in Wenzhou südlich von Schanghai beobachten, der selbsternannten Hauptstadt des chinesischen Mittelstands. Dort lief damals ein Fünftel der Ausleihungen über inoffizielle Kanäle. Als im Zuge der Krisen in der EU und in Amerika massenweise Exportaufträge wegbrachen, konnten in Wenzhou immer mehr Schuldner ihre hohen Zinsen nicht bedienen, geschweige denn Tilgungen leisten. Die meisten Darlehen waren nicht ausreichend besichert, mancher Kreditnehmer machte sich aus dem Staub, einige brachten sich sogar um. Das Ergebnis: Nicht nur viele Ausfuhrbetriebe gingen insolvent, sondern auch die, die sie finanziert hatten.

Im begrenzten Rahmen wie in Wenzhou mag solch eine Erschütterung zu verkraften sein. Doch inzwischen hat sich das Schattenbankenwesen explosionsartig im ganzen Land ausgebreitet. Zu Beginn des Jahres 2013 umfasste es 4,3 Billionen Euro, fast 70% des BIP. Das war fast doppelt so viel wie zwei Jahre zuvor. Kommt es in dem System zu einem Knall, sind die Folgen kaum abzusehen. Besonders beliebt und berüchtigt sind sogenannte Vermögensverwaltungsprodukte (WMP). 2009 waren in ihnen erst 204 Milliarden Euro angelegt und 2010 rund 340 Milliarden. Heute sind es fast 900 Milliarden Euro. Das ist mehr, als der Zentralstaat in einem Jahr an Steuern einnimmt und entspricht fast 8% aller Bankeinlagen.[358]

WMP werden von regulären Banken vertrieben, tauchen aber weder in ihren Bilanzen auf, noch unterliegen sie ihrer Haftung. WMP sind im Grunde nichts anderes als neu verpackte Treuhandkredite, welche die Bank für Dritte zum Anleger durchleitet. Es geht also, ähnlich wie in den genannten amerikanischen Fällen, wiederum um Schulden, die zu Wertpapieren gepoolt, also zusammengefasst, und verbrieft werden. Eine weitere Parallele ist, dass damit sehr oft Immobilien finanziert werden. Das Liegenschaftsgeschäft in China läuft gut, weshalb auch diese Finanzprodukte gut laufen. Doch gibt es viele Skeptiker, die eine Spekulationsblase am Häusermarkt ausgemacht haben und erwarten, dass sie früher oder später platzt – wie in Amerika, Japan, Spanien. Wenn das eintritt, geraten nicht nur die Wohnungseigentümer in Not, sondern auch Millionen Käufer von WMP.

Einer der emsigsten Warner vor dem Schattenbankenwesen ist der Vorsitzende der staatlichen Finanzaufsicht CSRC, Xiao Gang. Schon 2012, als er noch Chef der Bank of China war, die ihrerseits WMP vertreibt, malte er die Zukunft des chinesischen Kreditwesens in dunklen Farben:

„Im Umlauf sind derzeit 20.000 WMP, ein dramatischer Anstieg im Vergleich zu wenigen hundert vor fünf Jahren. Da die Zahl so groß und so schwer zu kontrollieren ist, hat sich das Schattenbankenwesen zu einer möglichen Quelle für ein systematisches finanzielles Risiko in den kommenden Jahren entwickelt. Besonders beunruhigend ist die Qualität und Transparenz der WMP. Viele Anlagen, die hinter diesen Finanzprodukten stehen, hängen von ungenutzten Immobilien oder langfristigen Infrastrukturbauten ab. Manchmal sind sie sogar mit hochriskanten Projekten verbunden, für die es unmöglich sein könnte, je genügend Mittel zu erwirtschaften, um die Rückzahlungsverpflichtungen zu erfüllen.“[359]

Xiao macht auf eine Gefahr aufmerksam, die abermals ungute Erinnerungen an die Verhältnisse im Westen weckt. Die WMP seien langfristig engagiert, hätten jedoch kurze Laufzeiten, so dass sie ständig neue Refinanzierungen brauchten; fast 90% der Papiere sind nach höchstens sechs Monaten fällig. Falls diese Refinanzierungen ausbleiben, falls also Gläubiger bei Ablauf Geld sehen wollen, ohne dass neue Gläubiger für eine Anschlussfinanzierung parat stehen, dann käme es zu einer Liquiditätskrise sondergleichen. Aufzufangen wäre sie nur durch die Auflage neuer, zusätzlicher WMP, um die Forderungen zu befriedigen. „In gewisser Weise ist das der Sache nach ein Ponzi-Schema“, urteilt Xiao und rückt die Vermögensverwaltungsprodukte damit in die Nähe betrügerischer Geldgeschäfte. Charles Ponzi war einer der größten Finanzschwindler der amerikanischen Geschichte. Er sammelte das Geld gutgläubiger Investoren für Kapitalanlagen ein, die gar nicht existierten. Die Renditen zahlte er aus den eigenen Einlagen der Sparer.

Es lauern also Gefahren an mehreren Fronten. Viele Kredite, die die Kommunen über die LGIV aufgenommen haben, sind gefährdet, weil die damit finanzierten Infrastrukturinvestitionen keine oder deutlich zu geringe Rückflüsse erwirtschaften. Welche Einnahmen hat schon ein Fußballstadion in einer Stadt, in der es keinen Profiverein gibt? Wie viel Maut wirft eine Brücke ab, die niemand braucht, wie viele Landegebühren ein Flughafen, der nicht angeflogen wird? Falls die Immobilienblase platzt und die Grundstückspreise verfallen, sind auch die kommunalen Sicherheiten kaum noch etwas wert. Vergleichbare Verluste drohen den WMP, wenn der Häuserwert sinkt oder die Refinanzierung stockt. Über die direkte oder indirekte Beteiligung der Banken an diesen Geschäften dürften auch die Finanzinstitute schwer in Mitleidenschaft gezogen werden. Der offizielle Stand der faulen Kredite sei zwar gering, sagte Xiao Gang, als er selbst noch einer der führenden Banker war. „Aber die potentiellen Risiken sind höher, als die offiziellen Daten nahelegen".

Wie im Westen: Das Wachstum auf Pump muss aufhören

Die Auswirkungen einer möglichen Immobilien- und Schattenbankenkrise auf die chinesische Realwirtschaft wären heute viel gravierender als noch vor wenigen Jahren. Denn das Gewicht der Neukreditvergabe außerhalb der Bankbilanzen war noch nie so hoch wie heute, es übersteigt inzwischen den Anteil der herkömmlichen Ausleihungen. Und das in einem Fremdfinanzierungsmarkt, der so aufgebläht ist wie nie zuvor. Seit die Staatsbanken auf Anordnung von oben mit billigem Geld regelrecht um sich warfen, um die Schocks der Weltwirtschaftskrise abzufangen, funktionieren große Teile der Wirtschaft nur noch auf Pump.

Das erkennt man daran, dass die Kreditausweitung schneller wächst als das Bruttoinlandsprodukt, es wird für die gleiche Wirtschaftsleistung immer mehr fremdes Geld gebraucht. 2008 betrug das Verhältnis aller Kredite zum BIP noch 130 %, 2013 waren es schon 200 %. Selbst bei günstiger Entwicklung hat Fitch für 2017 etwa 250 % ausgerechnet. Man kann das auch einfacher ausdrücken: 2008 mussten sich die chinesischen Betriebe 1,4 Yuan borgen, um einen Produktionswert von einem Yuan zu erzeugen. 2012 waren für die gleiche Wirtschaftsleistung schon 3,30 Yuan an Krediten nötig. Die Zinsverpflichtungen, die auf den Darlehensnehmern lasten, machten 2008 rund 7 % des BIP aus. Heute sind es sage und schreibe 12,5 %, 2017 werden es 16 bis 22 % sein. Die Bewerter von Fitch, die die Lage in China immer kritischer sehen, sind um eindeutige Worte nicht verlegen:

„Die hohen Zinsen und die Schulden selbst dürften die Schuldner letztlich überfordern (…). Kein Finanzsystem kann eine ständig steigende Fremdkapitalaufnahme unendlich lange aushalten. Irgendwann wird die anschwellende Schuldenlast die Wirtschaftsaktivitäten einschränken, da immer größere Mittel in den Schuldendienst gelenkt werden und die fortschreitenden Investitionen die Überkapazitäten noch verschlimmern."[360]

Das ist die Crux bei der Sache: Chinas Kreditwesen ist zutiefst unproduktiv. Da die spärlichen Rückflüsse vieler Anlagen nicht ausreichen, dienen neue Kredite zunehmend dazu, den Kapitaldienst aufzubringen oder die alten Darlehen durch neue zu ersetzen – wie in einem gefährlichen Schneeballsystem. Dabei sollte das Geld doch eigentlich in steigende reale Werte und nicht in diese Art von Scheinwachstum fließen.[361] Fitch ist bei Weitem nicht die einzige namhafte Institution, die davor warnt, dass die Lage außer Kontrolle geraten könnte. „China macht uns Angst, weil es nach einer Blasen-Wirtschaft aussieht", schreibt die Bostoner Vermögenverwaltungsgesellschaft GMO, die mit dem Geld ihrer Anleger vorsichtig umgehen muss und daher China meidet. Das Land sei ein „Kredit-Süchtiger, der für den gleichen Wachstumsbeitrag immer mehr Schulden braucht". Gemessen am Bruttoinlandsprodukt sei die Kreditausweitung der vergangenen Jahre sogar größer als jene in Japan Ende der achtziger Jahre vor dem dortigen Crash oder in den Vereinigten Staaten vor der Lehman-Pleite.[362]

Die zweifelhafte Verbriefung von Hauskrediten habe viel gemeinsam mit der Hypothekenkrise in Amerika, unkt GMO bereits. Ähnlich sieht es der amerikanische Großinvestor George Soros: „Das schnelle Wachstum der Schattenbanken zeigt verstörende Parallelen zum Subprime-Hypothekenmarkt, der die Finanzkrise ausgelöst hat", sagte er 2013 bei einem China-Besuch.[363] Wie vor den Krisen in Amerika und Japan spielt auch in China die Immobilienwirtschaft eine entscheidende Rolle. Einschließlich der landbesicherten Kommunalgeschäfte saugt sie ein Drittel aller Bankkredite auf, außerhalb der Bilanzen dürfte der Anteil noch viel höher sein. Selbst die Zentralregierung hält den Liegenschaftsmarkt für spekulativ aufgebläht und kämpft seit Jahren gegen die Preissteigerungen an. Mehr oder minder erfolglos, denn die Bauwirtschaft hat enorme Bedeutung für die Volkswirtschaft und deshalb viele mächtige Fürsprecher. Zum einen ist sie das finanzielle Rückgrat der Kommunen, die vom Verkauf und von der Beleihung der Landnutzungsrechte leben und deshalb an hohen Preisen interessiert sind. Zum anderen zählt der Bau zu den traditionellen Stützen der Wirtschaft. Er ernährt rund 40 Branchen, beschäftigt Millionen einfache Arbeitskräfte und trägt in Spitzenzeiten ein Fünftel zum Bruttoinlandsprodukt bei. Drittens schließlich sind Immobiliengeschäfte besonders anfällig für Korruption und deshalb entsprechend beliebt bei Chinas Wirtschafts- und Parteielite.

Anhand des Kreditwesens lässt sich zeigen, wie schwierig es ist, in China alte Zöpfe abzuschneiden. Schon die zurückliegende Regierung hat sich an den Provinzfürsten, Bankern und Immobilienspekulanten die Zähne ausgebissen. Viel mehr Erfolg hat auch die neue Führung bisher nicht. Das alte Finanzschlachtross George Soros meint dazu, dass China bisher immer die Kurve gekriegt habe, auch wenn die Lage aussichtslos schien. Diesmal aber sehe die Situation wesentlich kniffliger aus. „Ein Faktor ist anders: Die Interessengruppen sind heute viel stärker als bei früheren Gelegenheiten. Die schnelle Ausweitung der Schattenbanken zeigt, dass diese Lobbys in der Lage sind, einen bemerkenswerten Einfluss auf die Staatsbanken auszuüben." Etwas zweites kommt hinzu. Anders als früher stehen nicht länger nur staatliche Schuldner und Gläubiger im Feuer und nicht nur reiche Hasardeure, sondern außerhalb der regulären Finanzmärkte auch immer mehr private Haushalte und private Unternehmen. Während ihre Gewinne sinken, steigen ihre Kreditbelastungen höher und höher.

Wenn die öffentliche Hand die unsichtbare des Marktes schüttelt

Dennoch ist die Gleichsetzung der Verwerfungen in China mit den Krisen in anderen Ländern verfrüht. Es stimmt schon, dass das chinesische System gefährliche Schwächen hat: die Abgeschlossenheit der Finanzmärkte, die staatliche Kontrolle und Einflussnahme auf Wechselkurse, Zinsen, Finanzprodukte, das Oligopol der Staatsbanken, die fehlende Breite und Tiefe der Kapitalmärkte, schließlich auch die Interdependenz der Regierung und Gebietskörperschaften mit ihren Unternehmen und Finanzeinrichtungen. Darin liegt aber auch eine große Stärke. Die staatliche Geldindustrie war ja vor allem deshalb immun gegen die internationale Finanzkrise, weil die chinesischen Märkte verbarrikadiert sind. Ohne Duldung der Zentralbank kann Kapital weder zu- noch abfließen. Und statt im Ausland aktiv zu sein und sich an komplizierten Anlageprodukten die Finger zu verbrennen, haben die Banken ihr Geld stets mit dem langweiligen, aber sicheren und einträglichen Zinsgeschäft verdient.

Ihre Sonderstellung dürfte die Geldhäuser auch in Zukunft schützen, selbst dann, wenn die bis 2020 geplanten Reformen des Dritten Plenums zu greifen beginnen. In einer möglichen Krise müssten sie nicht erst verstaatlicht werden, sie gehören ja ohnehin der Regierung. Käme es zu massiven Ausfällen, würde die öffentliche Hand – nicht zum ersten Mal – die notleidenden Kredite übernehmen und die Finanzhäuser verpflichten, ihre Geschäfte fortzusetzen. Auch liegen im Land der Sparweltmeister riesige Einlagen bereit, allein die Kreditinstitute haben bei der Zentralbank umgerechnet 2,2 Billionen Euro geparkt. Da das Land kaum im Ausland verschuldet ist, dürften von dort keine Gefahren drohen. Chinas Kapitalkontrollen könnten externe Abflüsse und Spekulationen verhindern. Zur Stützung der Währung stünden die höchsten Devisenreserven der Welt bereit. „Ein Crash ist in China äußerst unwahrscheinlich", sagt denn auch Horst Löchel, einer der besten deutschen Kenner des chinesischen Bankenwesens. Er lehrt an der Frankfurt School of Finance & Management, ist Direktoriumsmitglied im Shanghai International Banking and Finance Institute SIBFI und Honorarprofessor an der China Europe International Business School CEIBS, ebenfalls in Schanghai. Dennoch kommt das Land nach Löchels Überzeugung nicht umhin, seine Finanzwirtschaft möglichst schnell zu reformieren. Der Fachmann spricht sich, ganz im Einklang mit dem Dritten Plenum, für eine „echte Zinsliberalisierung" aus, also auch der Einlagensätze, für die Privatisierung einer der großen Banken und für faire Wettbewerbsbedingungen den ausländischen Geldhäusern gegenüber. „Die Öffnung muss über den Markt laufen", fordert der Ökonom, „nicht, wie bisher, über staatlichen Dirigismus."

Das gilt für Chinas Reformanstrengungen und das Ausschöpfen der neuen Potentiale generell: Der Staat sollte die Schätze nicht selbst heben, sondern das Aufspüren und Bergen geschickten Beutejägern überlassen, Unternehmern, Anlegern, Privatpersonen. Regierung und Verwaltung müssen aber die Wege offen halten, damit das gelingen kann. Wenn das vorliegende Buch die eine oder andere nützliche Empfehlung gegeben hat, wo man den Spaten ansetzen sollte, um auf Gold zu stoßen, dann hat es sich bezahlt gemacht.

Register und Abkürzungen

C

O

P

Q

R

W

X

Y

Z

Literatur

Aglietta, Michel / Guo Bai: China's development, Abingdon 2013.

AHK / gtai: Westchina. Geschäfts- und Investitionschancen, Köln 2010.

Alix Partners: 2012 China automotive outlook, Schanghai 2012.

Allen, Daniel: How the West was won, in: Silkroad, Juli 2012, S. 40–45.

The American Chamber of Commerce in the People's Republic of China: American business in China, Peking 2013.

The American Chamber of Commerce in the People's Republic of China: Challenges and opportunities in China's service sector, Peking 2013.

Anderlini, Jamil: The Bo Xilai scandal. Kindle edition, London 2012 (E-Book).

Arlt, Wolfgang Georg: The second wave of Chinese outbound tourism, in: Tourism Planning & Development 10/2 (2013), S. 126–133.

Atsmon, Yuval et al.: The McKinsey Chinese luxury consumer survey, Hongkong 2012.

Bain & Company: 2012 China luxury market study, Boston 2012.

Barnett, Steven / Alla Myrvoda / Malhar Nabar: Sino-spending, in: Finance and Development, September 2012, S. 28ff

Barton, Dominic / Yougang Chen / Amy Jin: Mapping China's middle class, in: McKinsey Quarterly 3/2013, S. 54–60.

BP Statistical review of world energy, London 2013.

Bruce Kasman, Bruce / David Hensley / Joseph Lupton / J.P. Morgan: Global data watch, New York 2013.

Bund, Sabine: Schienenlogistik zwischen Europa, Russland und Asien, in: Deine Bahn 5/2013, S. 18–21.

Bundesministerium für Wirtschaft und Technologie / Roland Berger: Die Go-West-Strategie der chinesischen Regierung, Hamburg 2009.

Cardenal, Paul / Heriberto Araújo: La silenciosa conquista China, Barcelona 2011.

中国共产党中央委员会: 中国共产党第十八届中央委员会第三次全体会议公报, **The Central Committee of the Communist Party of China:** Communique of the third plenary session of the 18th CPC central committee, Peking 2013.

中国共产党中央委员会: 中共中央关于全面深化改革若干重大问题的决定, **The Central Committee of the Communist Party of China**: Decision on major issues concerning comprehensively deepening reforms, Peking 2013.

Chen Yougang / Stefan Matzinger / Jonathan Woetzel: Chinese infrastructure. The big picture, in: McKinsey Quarterly 3/2013, S. 8–15.

The China business handbook 2013, London 2013.

Chun Chang Chun / Horst Löchel (Hgg.): China's changing banking industry, Frankfurt 2012.

Deloitte Chinese Services Group: China-Trends. Neue Investitionsstandorte in China, Frankfurt 2013.

国务院发展研究中心: 改革方案总报告, **Development Research Center of the State Council**: DRC report on reforms [383 Report], Peking 2013.

Digital Luxury Group: The world luxury index China 2013, Genf 2013.

Dikötter, Frank: Mao's great famine, New York, 2010.

EAC International Consulting: Westchina. Wachstumsmarkt und Low-Cost-Produktionsstandort für deutsche Unternehmen, München/Schanghai 2013.

Economist Intelligence Unit: Supersized cities. China's 13 megalopolises, London 2012.

EIA/ARI: World shale gas and shale oil resource assessment, Washington 2013.

Eichengreen, Barry / Donghyun Park / Kwanho Shin: When fast-growing economies slow down. International evidence and implications for China, in: Asian Economic Papers, Bd. 11-1/2012, S. 42–87.

European Union Chamber of Commerce: European business in China position paper 2012/2013, Peking 2013.

Fung Business Intelligence Centre: Luxury market in China, Hongkong 2013.

Garnaut, John: The rise and fall of the house of Bo. Kindle edition, London 2012 (E-Book).

Graef, Andreas: China ultra luxury car market 2013, Shanghai 2013.

Greenpeace: Dangerous breathing. PM 2.5. measuring the human health and economic impact on China's largest cities, Peking 2012.

Grimm, Michaela: Chinas Ein-Kind-Politik. Erfolgsgeschichte oder Bumerang?, in: Allianz Demographic Pulse, 6/2011, S. 1–5.

Haug, Achim: Westchina im Fokus, Berlin 2013.

Hirn, Wolfgang: Der nächste Kalte Krieg, Frankfurt 2013.

The International Copper Study Group (ICSG): The world copper factbook 2012, Lissabon 2012.

International Monetary Fund, Group of 20: People's Republic of China sustainability report, Washington 2011.

Kharas, Homi / Geoffrey Gertz: The new global middle class, in: Cheng Li (Hrsg.): China's emerging middle class, Washington 2010, S. 32–51.

Komesaroff, Michael: Off to desert pastures, in: China Economic Quarterly, 4/2011, S. 8ff.

KPMG Advisory China: China's 12th five-year-plan, Peking 2011.

Lahnstein, Manfred: Die asiatische Herausforderung, Hamburg 2012.

Le Deu, Franck et al. / McKinsey: Health care in China. Entering „uncharted waters", Schanghai 2012

Lee, Felix: Die Gewinner der Krise, Berlin 2011.

Li Cheng: The rise of the middle class in the middle kingdom, in: Ders. (Hg.): China's emerging middle Class, Washington 2010, S. 3–31.

李克强: 在改革开放进程中深入实施扩大内需战略, **Li Keqiang:** Further implementation of the strategy of expanding domestic demand in the process of reform and opening up, in: 求是 (Qiushi), 4/2012, S. 5f.

Liang Xiaohui et al. / CNTAC and Embassy of Sweden: The regional transition of China's manufacturing industries and its impact on social responsibility, Peking 2013.

Ma Jun / Audrey Shi / Michael Tong / Deutsche Bank: Big bang measures to fight air pollution (2nd edition), Hongkong 2013.

Magni, Max / Felix Poh: Winning the battle for China's new middle class, in: McKinsey Quarterly 3/2013, S. 61–69.

Magnus, George / UBS: Can urbanization pick up the reins of Chinese growth?, London 2013.

Martin, Israel / Mark M. Spiegel: Is China due for a slowdown?, in: FRBSF Economic Letter, 31 (2012), S. 1–5.

McGregor, James: No ancient wisdom, no followers, Westport 2012.

McKinsey Insurance Practice in Greater China: Growth under uncertainty, Schanghai 2012.

Meng Qingyue / Tang Shenglan / WHO: Universal coverage of health care in China. World Health Report (2010) Background Paper No 7, Genf 2010.

Miller, Tom: China's urban billion, NY/London 2012.

Morgan Stanley: China passenger vehicles chartbook, Hongkong 2013.

国家发改委: 西部大开发"十二五"规划, **National Development and Reform Commission NDRC:** 12th five-year-plan for the Western China development strategy, Peking 2012.

Ng, Alexander / Claudia Süssmuth Dyckerhoff / Florian Then: Private health insurance in China. Finding the winning formula, in: Health International 12/2012, S. 74–82.

Nie, Winter / William Dowell: In the shadow of the dragon, New York u.a. 2012.

OECD Economic Surveys: China 2013, Paris 2013.

The Pew Charitable Trust: Who's winning the clean energy race?, Philadelphia 2013.

Pozen, Robert C.: Tackling the Chinese pension system, Chicago 2013.

Price-Waterhouse-Coopers PwC: Foreign insurance companies in China, Hongkong 2013.

Qu Hongbin / HSBC: China inside out. The Guangdong way is China's future, Hongkong 2012.

Renewable Energy Policy Network for the 21st Century REN 21: Renewables 2013. Global status report, Paris, 2013.

Richard Dobbs et al. / McKinsey: Urban world. Cities and the rise of the consuming class, Schanghai 2012.

The Rise of Asia's Middle Class, in: Asia Development Bank: Key Indicators for Asia and the Pacific 2010, Manila 2010, S. 3–57.

Sanderson, Henry / Michael Forsythe: China's superbank, New York 2013.

Shambaugh, David: China goes global, Oxford 2013.

Sieren, Frank: Geldmacht China, München 2013.

Studwell, Joe: How Asia works, London 2013.

社会科学文献出版社: 西部蓝皮书.中国西部发展报告, **Social Sciences Academic Press:** Blue book of Western China. Report on the development in Western China, Peking 2013.

Tong, Michael / Kai-Ting Wong / Eric Cheng / Deutsche Bank: Environmental protection. An investor guide, Hongkong 2013.

United Nations Department of Economic and Social Affairs: World population prospects. The 2012 revision, New York 2013.

United Nations Development Program / CASS: China national human development report 2013, Peking 2013.

US Geological Survey: Mineral commodity summaries 2013, Reston 2013.

Vilela, Andrea / Help Age International: Pension coverage in China and the expansion of the new rural social pension. Pension Watch Briefings Nr. 11, London 2013.

Vogelsang, Kai: Geschichte Chinas, Stuttgart 2012.

Walter, Carl / Fraser Howie: Red capitalism, Singapur 2011.

Wang Qing / Steven Zhang / Ernest Ho: The china files. Chinese economy through 2020, Hongkong 2010.

Wen Jiabao: Report on the work of the government 2013, Peking 2013.

West, James et al. / UNEP: Resource efficiency. Economics and outlook for China, Bangkok 2013.

Woetzel, Jonathan et al. / McKinsey: Preparing for China's urban billion, Schanghai 2009.

World Steel Association: World steel in figures 2013, Brüssel 2013.

The World Bank / The State Environmental Protection Administration SEPA: Cost of pollution in China. Economic estimates and physical damages, Washington 2007.

The World Bank / The Development Research Center of the State Council: China 2030, Washington 2013.

Xiang Yixian: The characteristics of independent Chinese outbound tourists, in: Tourism Planning & Development 10/2 (2013), S. 134–148.

Yule, Martin et al. / Morgan Stanley: Investing in a greener China, Hongkong 2013.

张江宇: 中国十二五期间铁路、高速公路发展规划与建设, **Zhang Jiangyu:** Development project and construction of railways and highways during the 12th five-year plan period, in: 《建设机械技术与管理》杂志, Construction Machinery Technology and Management Magazine, 6/2011, S.78f.

Zhang Yuan / Guanghua Wan / Niny Khor: The Rise of the middle class in the People's Republic of China. ADB Economics Working Paper Series No. 247, Manila 2011.

Zeitungsartikel und Internet-Quellen wurden in die Literaturliste nicht aufgenommen. Teile des Buchtextes sind zuvor schon in der F.A.Z. erschienen.

Anmerkungen

1 2013-02-05, 新京报: 各省GDP总量超全国5.7万亿, The Beijing Times: The sum of GDP provincial figures is 5.7 trillion RMB more than the national GDP, in: http://www.bjnews.com.cn/news/2013/02/05/247536.html; 2013-02-06, The International Herald Tribune: The phantom province in China's economy, in: http://rendezvous.blogs.nytimes.com/2013/02/06/the-phantom-province-in-chinas-economy/?_r=0

2 2007-03-15, Wikileaks: Viewing cable 07BEIJING1760. Fifth generation star Li Keqiang discusses domestic challenges, trade relations with ambassador, in: http://wikileaks.org/cable/2007/03/07BEIJING1760.html

3 Vgl. 2013-07-16, Washington Post: A very clear explanation of China's economic woes, in: http://www.washington-post.com/blogs/wonkblog/wp/2013/07/16/a-simple-clear-explanation-of-chinas-economic-woes/

4 Wolfram Siemann: Vom Staatenbund zum Nationalstaat. Deutschland 1806-1871, München 1995, S. 5

5 Lou Jiwei selbst gab die Anfragen seiner Kollegen so wider: „Auf der Konferenz sagten viele Finanzminister, sie seien besorgt und wünschten, dass Chinas Wirtschaft schneller wächst." Zitiert nach: 2013-07-21, 新华: G20财长和央行行长会议 多国希望中国提高经济增速遭拒, Xinhua:The G20 finance ministers and central bank governors meeting, China refuses many countries' wishes of increasing economic growth speed, in: http://news.xinhuanet.com/world/2013-07/21/c_125040828.htm

6 2013-07-17, Agenturmeldung Reuters: Finmin rules out big stimulus, in: http://uk.reuters.com/article/2013/07/17/us-china-economy-comments-idUSBRE96G0EX20130717

7 2013-10-14, 中国人民银行: 2013年前三季度金融统计数据报告, The People's Bank of China: Financial statistics report for the first three quarters of 2013, in: http://www.pbc.gov.cn/publish/goutongjiaoliu/524/2013/20131014154149505358858/20131014154149505358858_.html

8 2013-07-18, Pew Research Center: America's Global Image Remains More Positive than China's, in: http://www.pewglobal.org/2013/07/18/americas-global-image-remains-more-positive-than-chinas/

9 Zum Ende vom Ende der Geschichte, zum Systemvergleich zwischen China und dem Westen und zur Frage, warum Kapitalismus und Marktwirtschaft nicht dasselbe sind, vgl. Michel Aglietta und Guo Bai: China's Development. Capitalism and Empire, Abingdon 2013, insbes. S. 1-8

10 2013-11-12, 中国共产党中央委员会: 中国共产党第十八届中央委员会第三次全体会议公报, The Central Committee of the Communist Party of China: Communique of the third plenary session of the 18th CPC central committee, in: http://news.xinhuanet.com/politics/2013-11/12/c_118113455.htm

11 2013-11-15, Agenturmeldung Xinhua: Xi explains China's reform plan, in: http://news.xinhuanet.com/english/china/2013-11/15/c_132891949.htm

12 2013-11-13, Dong Tao / Credit Suisse: Xi's reform ideas. Comprehensive but lacking details, in: http://www.credit-suisse.com/researchandanalytics

13 2013-11-15, Capital Economics: Reform package exceeds expectations, in: https://www.capitaleconomics.com/china-economics/china-economics-update/reform-package-exceeds-expectations.html

14 2013-11-16, Agenturmeldung Bloomberg: China vows biggest expansion of economic freedom since '90s

15 2013-11-15, 中国共产党中央委员会: 中共中央关于全面深化改革若干重大问题的决定, The Central Committee of the Communist Party of China: Decision on major issues concerning comprehensively deepening reforms, in: http://news.xinhuanet.com/politics/2013-11/12/c_118113455.htm

16 2013-11-15, 中国共产党中央委员会: 中共中央关于全面深化改革若干重大问题的决定, The Central Committee of the Communist Party of China: Decision on major issues concerning comprehensively deepening reforms, in: http://news.xinhuanet.com/politics/2013-11/12/c_118113455.htm

17 2013-11-16, Yao Wei / Société Générale: Never judge a Plenum by the communiqué, in: http://www.sgresearch.com/r/?id=h993a899,c2d3437,c2d3438&p1=198546&p2=949b5047db6a64995d20f240116c0498

18 2013-09-12, Gordon Brown: China's commitment to growth will drive the global economy, in: http://blogs.reuters.com/great-debate/2013/09/12/chinas-commitment-to-growth-will-drive-the-global-economy/

19 2013-10-27-, 国务院发展研究中心: 改革方案总报告, Development Research Center of the State Council: DRC Report on Reforms, in: http://news.xinhuanet.com/fortune/2013-10/27/c_125604215.htm

20 2013-05-28, 中国日报网: 李克强出席中德工商界午餐会，称中德经济"珠联璧合", China Daily: Li Keqiang attends Sino-German lunch meeting with industrial and commercial circles, describing economic relationship as „a perfect match", in: http://www.chinadaily.com.cn/hqgj/jryw/2013-05-28/content_9154236.html

21 2013-10-03, 新京报网,网络舆情分析师：要做的不是删帖, Beijing News: Cyber Public Opinion Analyst. They do not tend to delete posts, in: http://www.bjnews.com.cn/news/2013/10/03/286054.html

22 Vgl. 2011-10-25, F.A.Z.: In Tibet jenseits von Tibet, S. 9

23 Vgl. 2011-11-28, F.A.Z.: Der mit dem Yak tanzt, S. 18

24 Vgl. 2012-11-19, F.A.Z.: Mit der Sonne im Kochtopf, S. 16

25 Im Folgenden werden der einfachen Lesbarkeit wegen die meisten Yuan-Beträge in Euro umgerechnet. Herangezogen wird der Umtauschkurs vom 1. November 2013. Danach sind 100 Yuan 12 Euro. 100 Euro entsprechen 830 Yuan.

26 2013-06-26, 全国人民代表大会: 国务院关于城镇化建设工作情况的报告, The National People's Congress of the People's Republic of China: The State Council's report on urbanization construction, in: http://www.npc.gov.cn/npc/zxbg/czhjsgzqk/2013-06/27/content_1798667.htm

27 Bundesministerium für Wirtschaft und Technologie / Roland Berger: Die Go-West-Strategie der chinesischen Regierung, Hamburg 2009, S. 30

28 社会科学文献出版社: 西部蓝皮书.中国西部发展报告, Social Sciences Academic Press: Blue Book of Western China. Report on Development in Western China, Peking 2013, S. 7, 14

29 2013-07-18, Die Zeit: Gekauftes Glück? Tibet wächst schneller als der Rest Chinas, S. 22

30 2011-10-15, F.A.Z.: Die Sorgen von Chinas Bauern und Banken, S. 14

31 2013-08-19: Andrew Batson / Dragonomics: Hard times in China's inland empire, in: http://research.gavekal.com/content.php/8861-DG-Hard-Times-In-China's-Inland-Empire-—-by-Andrew-Batson

32 国家发改委: 西部大开发"十二五"规划, National Development and Reform Commission NDRC: 12th Five Year Plan for Western China Development Strategy, Peking 2012, S. 7f, 30ff

33 2011-03-16, 新华: 授权发布： 中华人民共和国国民经济和社会发展第十二个五年规划纲要, Xinhua: Outline of the 12th Five Year Plan for Economic and Social Development of the P.R. China, Teil 5, Kapitel 18, Abschnitt 1, in: http://news.xinhuanet.com/politics/2011-03/16/c_121193916_9.htm. Eine englische Übersetzung und Zusammenfassung in: http://cbi.typepad.com/files/full-translation-5-yr-plan-2011-2015.doc

34 2011-03-16, 新华:授权发布： 中华人民共和国国民经济和社会发展第十二个五年规划纲要, Xinhua: Outline of the 12th Five Year Plan for Economic and Social Development of the P.R. China, Teil 3, Kapitel 9, Abschnitt 2, in: http://news.xinhuanet.com/politics/2011-03/16/c_121193916_9.htm

35 2013-07-25, Agenturmeldung Bloomberg: Li Pledges China Economy Support Measures From Rail to Taxes

36 2013-07-18, Pressemitteilung IWH Halle: Ostdeutsche Wirtschaft stagniert im Jahr 2013, S. 1

37 The China Business Handbook 2013, London 2013, S. 112 sowie die Einzeleinträge zu den jeweiligen Provinzen. Es existieren weitere offizielle Angaben zu Autoausstattung im ganzen Land. 2007: 6 in 100 Haushalten, 2012: 21,5. Wen Jiabao: Report on the work of the government 2013, Peking 2013, S. 4

38 Zitiert nach: 2013-08-19, China Daily: Li sows seed of growth in west, S. 3

39 Barry Eichengreen / Donghyun Park / Kwanho Shin: When fast-growing economies slow down. International evidence and implications for China, in: Asian Economic Papers, Bd. 11(1), Febr. 2012, S. 42-87

40 Israel Martin / Mark M. Spiegel: Is China due for a slowdown?, in: FRBSF Economic Letter, 31 (2012), S. 1-5, hier S. 2

41 AHK / gtai: Westchina. Geschäfts- und Investitionschancen, Köln 2010, S. 9

42 Vgl. 2011-01-17, Wirtschaftswoche: Konzentrierter Gegenschlag, S. 56

43 Vgl. 2010-02-25, Rheinischer Merkur: Systematischer Egoismus, S. 8

44 2009-09-11, Global Times: Rare earths become rare, in: http://www.globaltimes.cn/opinion/commentary/2009-09/466616.html

45 US Geological Survey: Mineral Commodity Summaries 2013, Reston VA 2013, S. 67

46 BP Statistical Review of World Energy June 2013, London 2013, S. 40

47 Datenbank der US Energy Information Administration EIA: International Energy Statistics, in: http://www.eia.gov/cfapps/ipdbproject/iedindex3.cfm?tid=1&pid=1&aid=2&cid=CH,&syid=2008&eyid=2012&unit=TST

48 World Steel Association: World steel in figures 2013, Brüssel 2013, S. 9

49 James West et al. / UNEP: Resource efficiency. Economics and outlook for China, Bangkok 2013, S. 1

50 The International Copper Study Group (ICSG): The World Copper Factbook 2012, Lissabon 2012, S. 10, 17

51 2000-11-30, People's Daily: Qaidam Experiencing a „Gold Rush", in: http://english.people.com.cn/english/200011/30/eng20001130_56572.html

52 Achim Haug: Westchina im Fokus, Berlin 2013, S. 22

53 2013-06, US Energy Information Administration EIA: Technically Recoverable Shale Oil and Shale Gas Resources (Zusammenfassung), in: http://www.eia.gov/analysis/studies/worldshalegas/

54 EIA/ARI: World Shale Gas and Shale Oil Resource Assessment, Washington 2013, S. XX-2

55 2013-10-22, 国家能源局: 页岩气产业政策, National Energy Administration (NEA): The Shale Gas Industry Policy, in: http://zfxxgk.nea.gov.cn/auto86/201310/t20131030_1715.htm

56 EIA/ARI: World Shale Gas and Shale Oil Resource Assessment, Washington 2013, S. XX-7

57 2013-04-29, Fortune: Fracking comes to China, S. 56

58 Economist Intelligence Unit: Supersized cities. China's 13 megalopolises, London 2012, S. 1f. Die Berechnung der Einwohnerschaft weicht von der chinesischen Art der Erhebung ab. Die Studie berücksichtigt nur zusammenhängende Agglomerationen. Daher sind die Zahlen z.B. für das außerhalb der Kernstadt noch immer sehr ländlich strukturierte Chongqing deutlich geringer.

59 Chinas Nationales Statistikbüro NBS, in: Datenbank CEIC

60 2011-03-16, 新华: 授权发布： 中华人民共和国国民经济和社会发展第十二个五年规划纲要, Xinhua: Outline of the 12th Five Year Plan for Economic and Social Development of the P.R. China, Teil 5, Kapitel 20, Abschnitt 1, in: http://news.xinhuanet.com/politics/2011-03/16/c_121193916_9.htm

61 AHK / gtai: Westchina. Geschäfts- und Investitionschancen, Köln 2010, S. 17

62 EAC International Consulting: Westchina. Wachstumsmarkt und Low-Cost-Produktionsstandort für deutsche Unternehmen, München/Schanghai 2013, S. 6, 22

63 2013-03-07, Deutsche Bank Research: China's rising labour costs. Opportunity as well as challenge, in: http://www.dbresearch.com/servlet/reweb2.ReWEB;jsessionid=A149628DD84C3DD0AEA8B44A783EC506.srv-loc-dbr-com?rwsite=DBR_INTERNET_EN-PROD&rwobj=ReDisplay.Start.class&document=PROD0000000000302673

64 2013-03-12, German Chamber of Commerce in China: Flash Survey on Wage Trends, S. 1

65 2013-03-14, Standard Chartered: China – More than 300 clients talk wages in the PRD, in: https://research.standardchartered.com/ResearchDocuments/Pages/ResearchArticle.aspx?R=103759

66 2013-05-13, Handelsblatt: Vorsprung durch Technik, S. 14

67 2013-05-27, 2012年全国农民工监测调查报告, Chinas Nationales Statistikbüro NBS: The 2012 monitoring and Investigation report on migrant workers, in: http://www.stats.gov.cn/tjfx/jdfx/t20130527_402899251.htm

68 Vgl. 2013-07-13, F.A.Z.: Volkswagen-Konzern bricht in China alle Rekorde, S. 19

69 Vgl. 2013-08-03, F.A.Z.: Chinas Werkstätten sollen deutscher warden, S. C1

70 2013-07-19, China Daily Asia Week: Turning point on labor, S. 20f

71 2013-03-12, German Chamber of Commerce in China: Flash Survey on Wage Trends, S. 3

72 Richard Manley et al. / Goldman Sachs Equity Research: GS Sustain. China's growing pains, Hongkong 2013, S. 29

73 Achim Haug: Westchina im Fokus, Berlin 2013, S. 21

74 2013-03-14, Standard Chartered: China – More than 300 clients talk wages in the PRD, in: https://research.standardchartered.com/ResearchDocuments/Pages/ResearchArticle.aspx?R=103759

75 2013-03-07, Deutsche Bank Research: China's rising labour costs. Opportunity as well as challenge, in: http://www.dbresearch.com/servlet/reweb2.ReWEB;jsessionid=A149628DD84C3DD0AEA8B44A783EC506.srv-loc-dbr-com?rwsite=DBR_INTERNET_EN-PROD&rwobj=ReDisplay.Start.class&document=PROD0000000000302673.

76 Liang Xiaohui et al. / CNTAC and Embassy of Sweden: The regional transition of China's manufacturing industries and its impact on social responsibility, Peking 2013, S. 23f

77 Liang Xiaohui et al. / CNTAC and Embassy of Sweden: The regional transition of China's manufacturing industries and its impact on social responsibility, Peking 2013, S. 29

78 Qing Wang, Steven Zhang, Ernest Ho: The China Files. Chinese Economy through 2020, Hongkong 2010, S. 20

79 Michael Komesaroff: Off to desert pastures, in: China Economic Quarterly, 4/2011, S. 8ff, hier S. 10

80 2013-05-24, FAZ.NET: Li Keqiang in Deutschland. Deutsche Autobauer errichten schon wieder neue Werke in China, in: http://www.faz.net/aktuell/wirtschaft/unternehmen/li-keqiang-in-deutschland-deutsche-autobauer-errichten-schon-wieder-neue-werke-in-china-12194181.html

81 Vgl. 2013-06-05, F.A.Z.: BASF zieht es in das Preußen Chinas, S. 13

82 Deloitte Chinese Services Group: China Trends. Neue Investitionsstandorte in China, Frankfurt 2013, S. 2

83 2012-04-19, Tom Miller /Dragonomics: Foxconn's journey to the west, in: http://research.gavekal.com/content.php/6804-DG-Foxconn-s-Journey-to-the-West-by-Tom-Miller

84 Daniel Allen: How the West was won, in: Silkroad (Juli 2012), S. 40-45, hier S. 42

85 2013-02-28, 四川省统计局: 国家统计局四川调查总队关于2012年四川国民经济和社会发展的统计公报, Sichuan bureau of statistics: Sichuan survey office of National Statistical Bureau's Statistical Communique on 2012 Sichuan National Economic and Social Development, in: http://www.sc.gov.cn/10462/10464/10591/10593/2013/2/28/10257017.shtml

86 2013-08-19: Andrew Batson / Dragonomics: Hard times in China's inland empire, in: http://research.gavekal.com/content.php/8861-DG-Hard-Times-In-China's-Inland-Empire-—-by-Andrew-Batson

87 2013-05-09, Achim Haug /gtai: Chinas Provinzhauptstadt Chengdu bietet mehr als Pandas, in: http://www.gtai.de/GTAI/Navigation/DE/Trade/maerkte,did=809694.html

88 2014 sollen hier 170.000 Einheiten entstehen, spätestens 2020 dann 700.000. Bis dahin wollen die Partner in Ziyang umgerechnet 3,2 Milliarden Dollar investieren. 2012-08-29, 四川省人民政府: 刘捷出席四川现代商用车项目开工仪式, Sichuan Provincial People's Government: Liu Jie attends the Sichuan Hyundai Commercial Vehicle

Project's Opening Ceremony, http://www.sc.gov.cn/10462/10605/11265/11269/2012/8/29/10224091.shtml; 企业介绍, Sichuan Hyundai Motor Company: Company introduction, in: http://www.schmc.com.cn/content/qyjj.aspx

89 Vgl. 2013-06-06, F.A.Z.: Schwedische Autos aus China für Amerika, S. 13

90 2013-03-13, 湖北日报: 成都崛起中国IT第四极, Hubei Daily Newspaper: Chengdu raised to become the forth pole for China's IT industry, in: http://hbrb.cnhubei.com/HTML/hbrb/20130313/hbrb1990746.html; Chengdu Hi-Tech Industrial Development Zone: China Foreign Investment Development Zones, in: http://www.chengduhitech.co.uk/ChengDu_Hi-Tech_Zone.asp

91 2013-03-14, China Daily: Chengdu Special. Foreign trade continues to drive economy of Chengdu, in: http://www.chinadaily.com.cn/cndy/2013-03/14/content_16306942.htm

92 2013-06-14, 天府生命科技园: 提升内生发展能力, 建设世界一流园区, 成都高新区吹响"三次创业", Tianfu Life Science Park: Improve the inner development capacity, build the world top park. Chengdu High-Tech Zone starts its third pioneering work, in http://www.tianfulifesciencepark.com/newshow.aspx?mid=47&id=261

93 Chengdu Hi-Tech Industrial Development Zone: South Park, in: http://www.chengduhitech.co.uk/Location/South_Park.asp

94 2013-07-18, People's Daily Online: Samsung plant in Xi'an to be operational by year's end, in: http://english.peopledaily.com.cn/90778/8331815.html

95 2012-03-31, 中华人民共和国中央人民政府: 重庆积极推进笔记本电脑基地建设持续快速发展, Central People's Government of People's Republic of China: Chongqing promotes a continuous fast development of the laptop base, in: http://www.gov.cn/gzdt/2012-03/31/content_2104104.htm; 2012-09-09, 经济日报: 重庆打造亚洲最大笔记本电脑产业基地, Economic Daily Newspaper: Chongqing is building up Asia's biggest laptop industrial base, in: http://www.21cbh.com/2012/jjrb_909/363147.html

96 2013-03-11, Yan Xing, Vizedekan der Akademie für Sozialwissenschaften in Chengdu, zitiert nach China Daily: Five strength that sealed the Fortune Forum, in: http://www.chinadaily.com.cn/cndy/2013-03/11/content_16296418.htm

97 World Shipping Council: Top 50 World Container Ports, in: http://www.worldshipping.org/about-the-industry/global-trade/top-50-world-container-ports

98 2013-01-05, 中国民航报:解读重庆机场的"跨越发展经", China Civil Aviation Newspaper: How to interpret the "leaping development" of Chongqing's airport, in: http://www.cah.com.cn/news.php?id=9031

99 2012-04-19, Tom Miller / Dragonomics: Foxconn's journey to the west, in: http://research.gavekal.com/content.php/6804-DG-Foxconn-s-Journey-to-the-West-by-Tom-Miller

100 Sabine Bund: Schienenlogistik zwischen Europa, Russland und Asien, in: Deine Bahn 5/2013, S. 18-21, hier S. 20

101 2015-05, KPMG China Alert: SAT clarifies implementation issues with Corporate Income Tax incentives for China's western regions, in: http://www.kpmg.com/CN/en/IssuesAndInsights/ArticlesPublications/Newsletters/ChinaAlerts/Documents/china-alert-1205-08.pdf

102 国家发改委: 中西部地区外商投资优势产业目录 (2013年修订), National Development and Reform Commission NDRC: Catalogue of Priority Industries for Foreign Investment in the Central-Western Region, in: http://www.ndrc.gov.cn/zcfb/zcfbl/2013ling/W020130516388520815145.pdf; vgl. dazu: 2013-07-10, Davis Wright Tremaine LLP: New Western Catalog Details Preferential Foreign Investment Industries in Central and Western China, in: http://www.dwt.com/New-Western-Catalog-Details-Preferential-Foreign-Investment-Industries-in-Central-and-Western-China-07-10-2013/

103 2005-04-18, Time: The world's largest city. Chongqing sees sweeping change and novel experiments, in: http://content.time.com/time/magazine/article/0,9171,1050477,00.html

104 United Nations Department of Economic and Social Affairs: The 30 largest urban agglomerations ranked by population, in: 30_LARGEST_CITIES , http://search.un.org/search?as_q=largest+cities&match_type=all&Submit=Begin+Search&ie=utf8&oe=utf8&restrict=DESA&client=UN_Website_English&output=xml_no_dtd&site=un_org-DESA&num=10&filter=0&proxystylesheet=UN_Website_en

105 2013-03-28, 中商情报网: 2012年中国摩托车行业市场经济运行情况分析, Askci.com: The analysis of the economic operating situation of China's motorcycle industry in 2012, in: http://www.askci.com/news/20130328/173818180941453.shtml

106 Vgl. 2013-07-29, F.A.Z.: Einblicke in das neue China, S. 20

107 Den besten Einblick in die Räuberpistolen aus Chongqing und Chengdu bieten diese E-Books: Jamil Anderlini: The Bo Xilai scandal. Power, death, and politics in China. Kindle edition, London 2012; John Garnaut: The Rise and Fall of the House of Bo. How a murder exposed the cracks in China's leadership. Kindle edition, London 2012

108 2012-04-23, Wall Street Journal: Behind a Chinese City's Growth, Heavy Debt, in: http://online.wsj.com/article/SB10001424052702303459004577359972617862832.html

109 Qu Hongbin / HSBC: China inside out. The Guangdong way is China's future, Hongkong 2012, S. 5-8

110 2013-03-14, 中国证券报: 全国人大代表孟祥凯余枫呼吁尽快开放低空空域, China Security Journal: National People's Delegates Meng Xiangkai and Yu Feng call for the opening up of the low-altitude airspace, in: http://finance.sina.com.cn/china/20130314/024014823339.shtml

111 2013-03-06, 21世纪经济报道.,通航飞机中国热：国企民资各路混战, 21Century Business Herald: General aviation is getting popular in China: State-owned companies and private companies are competing; in: http://epaper.21cbh.com/html/2013-03/06/content_60888.htm

112 International Monetary Fund: GDP current prices, in: Report for Selected Countries and Subjects, in: http://www.imf.org/external/data.htm

113 CNN Money / Fortune: Fortune Global 500: in: http://money.cnn.com/magazines/fortune/global500/2013/full_list/; CNN Money / Fortune: The most profitable companies in the Global 500, in: http://money.cnn.com/gallery/magazines/fortune/2013/07/08/global-500-most-profitable.fortune/index.html

114 2013-07-09, The Guardian: Largest building in the world opens in China. Complete with indoor seaside, in: http://www.theguardian.com/artanddesign/architecture-design-blog/2013/jul/09/largest-building-world-china-seaside

115 2013-09-13, The Telegraph: Corruption and the world's largest building, in: http://www.telegraph.co.uk/news/worldnews/asia/china/10308029/Corruption-and-the-worlds-biggest-building.html

116 Zaha Hadid Architects: New Century City Art Centre, in: http://www.zaha-hadid.com/architecture/new-century-city-art-centre/; Arch 20: Chengdu Contemporary Art Centre, in: http://www.arch20.com/chengdu-contemporary-art-centre-zaha-hadid-architects/

117 2013-06-07, Veröffentlichung der Rede durch Xinhua: China's vice premier Zhang Gaoli delivered an address at the gala dinner for the opening of 2013 Fortune Global Forum on Thursday, in: http://news.xinhuanet.com/english/china/2013-06/07/c_124824012_2.htm

118 2013-03-06, F.A.Z.: China sieht sich als Motor der Weltwirtschaft, S. 9

119 2012-12-10, Chengdu Living: Chengdu ex-mayor faces corruption charges, in: http://www.chengduliving.com/the-case-of-li-chuncheng/

120 Achim Haug: Westchina im Fokus, Berlin 2013, S. 20

121 OAV / AHK: Unternehmerreise China und Myanmar, 3. bis 10. Juni 2013, in: http://china.ahk.de/uploads/media/Flyer_Business_Delegation_Trip_Southwest_China-_Myanmar.pdf

122 EAC International Consulting: Westchina. Wachstumsmarkt und Low-Cost-Produktionsstandort für deutsche Unternehmen, München/Schanghai 2013, S. 12ff

123 Information Office of Chengdu: Invest in Chengdu, in: http://www.gochengdu.cn/investing/invest-in-chengdu

124 Deloitte Chinese Services Group: China Trends. Neue Investitionsstandorte in China, Frankfurt 2013, S. 4

125 2013-04-15, Wirtschaftswoche: Zug ins Zentrum, S. 68

126 2013-03-26, Deutsche Verkehrszeitung DVZ: Go-West-Strategie in China stockt, S. 1

127 2013-08-02, Trans Eurasia Logistics: Erster Güterzug aus Zhengzhou pünktlich in Hamburg eingetroffen, in: http://www.trans-eurasia-logistics.com/News/index.php?Sprache=de

128 Vgl. 2012-07-14, F.A.Z.: Chinas stille Reserve, S. 14

129 2012-07-12, F.A.Z.: DHL will ein Drittel des Umsatzes in Asien erlösen, S. 13

130 2013-09-21, F.A.Z.: Der Volkswagen Santana ist in China ein Renner, S. 16

131 Webasto: Fortschritt aus Tradition, in: http://www.webasto.com/de/ueber-webasto/webasto-im-profil/webasto-international/

132 2013-02-12, South China Morning Post: Beijing and other key cities plan for 10-fold expansion of metro railways, in: http://www.scmp.com/business/economy/article/1148177/beijing-and-other-key-cities-plan-10-fold-expansion-metro-railways, 2012-05-04，半月谈: 28个城市获批建地铁：大发展背后存隐忧，Banyue Tan: 28 cities received approval for subway construction. There are some worries behind the major development, in: http://politics.people.com.cn/GB/17809040.html

133 Metrobits.org: World Metro Database, in: http://mic-ro.com/metro/table.html

134 2013-09-017, 第一财经日报: 国务院：2015年前全国轨交拟新增1000公里, China Business News: State Council says that before 2015 national rail transit will add 1000km, in: http://www.21cbh.com/2013/9-17/yOODUyXzc2NjYyOA.html

135 Gesundes Wachstum, in: Der Spiegel 34/2013, S. 86

136 Chinas Nationales Statistikbüro NBS, in: Datenbank CEIC

137 Wikipedia: Liste der Millionenstädte, in: http://de.wikipedia.org/wiki/Liste_der_Millionenst%C3%A4dte

138 Zuletzt George Magnus / UBS: Can urbanization pick up the reins of Chinese growth?, London 2013, S. 4

139 Jonathan Woetzel et al. / McKinsey: Preparing for China's urban billion, Schanghai 2009, S. 16

140 United Nations Development Program / CASS: China national human development report 2013. Sustainable and liveable cities, toward ecological civilization, Peking 2013, S. 67f. Im Original ein Druckfehler: "The rates in the north-eastern, eastern and central regions will climb to 63 percent, 64 percent and 68 percent, respectively (...)." Heißen muss es: "The rates in the north-eastern, western (sic!) and central regions will climb to 63 percent, 64 percent and 68 percent, respectively (...)."

141 2013-05-24, Bank of America/Merrill Lynch. China Macro Watch: Did premier Li reject a US$6.5tn urbanization plan?, in: http://rcr.ml.com/Archive/11279943.pdf?w=ting.lu%40baml.com&q=MVj-ubHBfVJfKTqZDwe1Jw&__gda__=1376514933_9ca2f5850c5a0b498189f34c4fdfdabc

142 2013-08-27, Helen Clark: Rede bei der Vorstellung des Berichts China national human development report on sustainable and livable cities, in: http://www.undp.org/content/undp/en/home/presscenter/speeches/2013/08/27/helen-clark-speech-at-the-launch-of-the-2013-china-national-human-development-report-on-sustainable-and-livable-cities-towards-ecological-civilisation-/. Vgl. ebenso den Bericht selbst: United Nations Development Program / CASS: China national human development report 2013. Sustainable and liveable cities, toward ecological civilization, Peking 2013, S. i

143 Richard Dobbs et al. / McKinsey Global Institute: Urban world. Cities and the rise of the consuming class, Schanghai 2012, S. 19, 16

144 李克强: 在改革开放进程中深入实施扩大内需战略, Li Keqiang: Further Implementation of the Strategy of Expanding Domestic Demand in the Process of Reform and Opening Up, in: 求是 (Qiushi), 4/2012, S. 5. Nachdruck und Übersetzung in: http://www.china.org.cn/china/2013-05/26/content_28934485.htm. Das alle zwei Monate erscheinende Journal Qiushi wird von der Zentralen Parteihochschule und dem Zentralkomitee herausgegeben und gilt dort als eines der wichtigsten Foren für politische Theorie

145 Qing Wang, Steven Zhang, Ernest Ho: The China Files. Chinese Economy through 2020, Hongkong 2010, S. 18f

146 2013-02-28, Agenturmeldung Reuters: China plans bond overhaul to fund $6 trillion urbanization, in: http://www.reuters.com/article/2013/02/28/us-china-economy-urbanisation-idUSBRE91R1H720130228

147 2013-06-04, China Economic Net: NDRC mulling to develop a further ten metropolitan areas, in: http://en.ce.cn/Business/policy/201306/04/t20130604_24449108.shtml

148 Städte erster Ordnung: mehr als eine Wirtschaftsleistung von 932 Milliarden Yuan im Jahr (Referenzjahr 2010); zweiter Ordnung: mehr als 120 Milliarden Yuan; dritter Ordnung: mehr als 22 Milliarden Yuan; vierter Ordnung: weniger als 22 Milliarden Yuan

149 Dominic Barton, Yougang Chen, Amy Jin: Mapping China's middle class, in: McKinsey Quarterly 3/2013, S. 54-60, hier S. 58f

150 Richard Dobbs et al. / McKinsey Global Institute: Urban world. Cities and the rise of the consuming class, Schanghai 2012, S. 24f. Die Angaben sind kaufkraftbereinigt und zu Preisen von 2005. NB: Bei den 600 Millionen handelt es sich um Individuen, bei den 60 Millionen um Haushalte; in China bestehen sie in der Regel aus drei Personen. In der Studie widersprechen die Angaben im Text der Abbildung auf S. 26

151 2013-03-12, Die Welt: Riskante Urbanisierung, S. 3

152 2013-06-26, 全国人民代表大会: 国务院关于城镇化建设工作情况的报告, The National People's Congress of the People's Republic of China: The State Council's report on urbanization work, in: http://www.npc.gov.cn/npc/zxbg/czhjsgzqk/2013-06/27/content_1798667.htm

153 Zur Zahl der jährlichen Zuzüge gibt es unterschiedliche Angaben. Wir orientieren uns am Rechenschaftsbericht des Ministerpräsidenten Wen Jiabao für die Jahre 2008 bis 2012, als er sagte: „Insgesamt zogen 84,63 Millionen Landbewohner in urbane Gebiete um." Das waren knapp 17 Millionen im Jahr. Wen Jiabao: Report on the work of the government 2013, Peking 2013, S. 6

154 李克强: 在改革开放进程中深入实施扩大内需战略, Li Keqiang: Further Implementation of the Strategy of Expanding Domestic Demand in the Process of Reform and Opening Up, in: 求是 (Qiushi), 4/2012, S. 5

155 United Nations Development Program / CASS: China national human development report 2013. Sustainable and liveable cities, toward ecological civilization, Peking 2013, S. 75

156 Vgl. 2013-05-24, Bank of America/Merrill Lynch. China Macro Watch: Did premier Li reject a US$6.5tn urbanization plan?, in: http://rcr.ml.com/Archive/11279943.pdf?w=ting.lu%40baml.com&q=MVj-ubHBfVJfKTqZDwe1Jw&__gda__=1376514933_9ca2f5850c5a0b498189f34c4fdfdabc

157 United Nations Development Program / CASS: China national human development report 2013. Sustainable and liveable cities, toward ecological civilization, Peking 2013, S. 67

158 2013-06-26, 全国人民代表大会: 国务院关于城镇化建设工作情况的报告, The National People's Congress of the People's Republic of China: The State Council's report on urbanization work, in: http://www.npc.gov.cn/npc/zxbg/czhjsgzqk/2013-06/27/content_1798667.htm

159 2013-06-26, 全国人民代表大会: 国务院关于城镇化建设工作情况的报告, The National People's Congress of the People's Republic of China: The State Council's report on urbanization work, in: http://www.npc.gov.cn/npc/zxbg/czhjsgzqk/2013-06/27/content_1798667.htm

160 2013-05-06, 人民日报:充分保障城市新居民权利 方能共享红利, People's Daily: Only when the city's new dwellers' rights are fully guaranteed, the bonus can be shared, in: http://politics.gmw.cn/2013-05/06/content_7526505.htm

161 2012-12-24, F.A.Z.: Jesus hatte einen „Hukou" aus Bethlehem, S. 11

162 2013-03-17, Agenturmeldung Xinhua: Premier Li pledges to actively, prudently advance urbanization, in: http://news.xinhuanet.com/english/china/2013-03/17/c_132240264.htm

163 2013-03-17, Agenturmeldung Xinhua: Premier Li pledges to actively, prudently advance urbanization, in: http://news.xinhuanet.com/english/china/2013-03/17/c_132240264.htm

164 George Magnus / UBS: Can urbanization pick up the reins of Chinese growth?, London 2013, S. 10

165 2013-08-16, Michael Pettis /Financial Markets: The urbanization fallacy, in: http://blog.mpettis.com/2013/08/the-urbanization-fallacy

166 2012-03-17, BBC News: Ordos. The biggest ghost town in China, in: http://www.bbc.co.uk/news/magazine-17390729

167 2013-08-15, Agenturmeldung dpa: Größer, breiter, höher. Chinas Sucht nach Megabauten

168 2012-09-17, 民生周刊: 机场热难消, Minsheng Weekly: The enthusiasm for airports is difficult to cool down, in: http://paper.people.com.cn/mszk/html/2012-09/17/content_1116125.htm?div=-1; 2012-02-15, F.A.Z.: Chinas Städte in der Schuldenfalle, S. 11

169 Wen Jiabao: Report on the work of the government 2013, Peking 2013, S. 1-4; 2013-03-06, F.A.Z.: China sieht sich als Motor der Weltwirtschaft, S. 9

170 Yougang Chen, Stefan Matzinger, Jonathan Woetzel: Chinese infrastructure. The big picture, in: McKinsey Quarterly 3/2013, S. 8-15, hier S. 12

171 Richard Dobbs et al. / McKinsey Global Institute: Urban world. Cities and the rise of the consuming class, Schanghai 2012, S. 37

172 Netherlands Airport Consultants NACO: Beijing new international airport, in: http://www.naco.nl/english/worldwide-experience/beijing-new-international-airport.html

173 2012-10-04, F.A.Z.: In China entsteht der größte Hafen der Welt, S. 12

174 World Shipping Council: Top 50 World Container Ports, in: http://www.worldshipping.org/about-the-industry/global-trade/top-50-world-container-ports

175 Anne Vander Mey: The race to build roads, in: Fortune-Magazin, Heft vom 10. Juni 2013, S. 41

176 张江宇 , 中国十二五期间铁路、高速公路发展规划与建设, Zhang Jiangyu: Development project and construction of railways and highways during the 12th five-year plan period, in: 《建设机械技术与管理》杂志 Construction Machinery Technology and Management Magazine, 6/2011, S.78f

177 Vgl. 2011-06-27, FAZ.NET: Mit dem ICE durch Chinas Reisfelder, in: http://www.faz.net/-gqi-bfy

178 Yougang Chen, Stefan Matzinger, Jonathan Woetzel: Chinese infrastructure. The big picture, in: McKinsey Quarterly 3/2013, S. 8-15, hier S. 11

179 Richard Dobbs et al. / McKinsey Global Institute: Urban world. Cities and the rise of the consuming class, Schanghai 2012, S. 47f

180 Deutsche Bauindustrie. Statistik: Auftragseingang aus dem Ausland, in: http://www.bauindustrie.de/zahlen-fakten/statistik/international/auftragseingang-aus-dem-ausland/

181 2013-07-24, Germany Trade and Invest: Branche kompakt. Bauwirtschaft China, in: http://www.gtai.de/GTAI/Navigation/DE/Trade/maerkte,did=853028.html?view=renderPrint

182 2012-01-24, Die Welt: China im Höhenrausch, S. 14; Goldhofer: Airport technology, in: http://goldhofer.de/gh-de/airport-technologie/airport-technologie.php

183 Contrac: Über uns, in: http://www.contrac-cobus.de/48-0-Ueber-uns.html

184 Zur Bedeutung Schweizer Architekten in China vgl. 2013-09-19, Neue Zürcher Zeitung: Sprung ins Reich der Mitte, S. 22

185 Gmp: Projekte. Lingang New City, in: http://www.gmp-architekten.de/projekte/lingang-new-city.html

186 2013-11-03, Welt am Sonntag: Chinas schönste Geisterstadt, S. 8; Spiegel Online: Anting German Town. Chinas deutsche Geisterstadt, in: http://www.spiegel.de/reise/staedte/anting-german-town-chinas-deutsche-geisterstadt-a-783475.html; 2011-10-23, Der Tagesspiegel: Im Reich der Mittel, S. 25

187 2012-02-14, Süddeutsche Zeitung: Exportschlager in Beton, S. 13

188 Germany Trade & Invest / Netzwerk Architekturexport der Bundesarchitektenkammer: VR China Markt für Architekturdienstleistungen, Köln 2009, S. 17

189 2002-03-06, C. Arden Pope III et. al: Lung cancer, cardiopulmonary mortality, and long-term exposure to fine particulate air pollution, in: http://jama.jamanetwork.com/article.aspx?articleid=194704#RESULTS

190 Aaron J. Cohen et al.: The global burden of disease due to outdoor air pollution, in: Journal of Toxicology and Environmental Health, Bd. 68 (2005), S. 1301-1307. Eine Zusammenfassung online: http://www.tandfonline.com/doi/full/10.1080/15287390590936166#.Uj07Zp3wDGg

191 2012-12-13, The Lancet: Global burden of disease study 2010, in: http://www.thelancet.com/themed/global-burden-of-disease

192 Greenpeace: Dangerous breathing. PM 2.5. Measuring the human health and economic impact on China's largest cities, Peking 2012, S. 3ff

193 Michael Tong / Kai-Ting Wong / Eric Cheng / Deutsche Bank: Environmental Protection. An investor guide. Hongkong 2013, S. 5

194 The World Bank / The State Environmental Protection Administration SEPA: Cost of Pollution in China. Economic estimates and physical damages, Washington 2007, S. xvii

195 2013-06-13, Yuyu Chen et al.: Evidence on the Impact of sustained exposure to air pollution on life expectancy from China's Huai river policy, in: http://papers.ssrn.com/sol3/papers.cfm?abstract_id=2291154

196 2013-07-08, MIT News: Innovative study estimates extent to which air pollution in China shortens human lives, in: http://web.mit.edu/newsoffice/2013/study-estimates-extent-to-which-air-pollution-in-china-shortens-lives-0708.html

197 2007-07-02, Financial Times: 750,000 a year killed by Chinese pollution, in: http://www.ft.com/intl/cms/s/0/8f40e248-28c7-11dc-af78-000b5df10621.html#axzz2HyoaiZEm. The World Bank / The State Environmental Protection Administration SEPA: Cost of Pollution in China. Economic estimates and physical damages, Washington 2007

198 Chinese Ministry of Environmental Protection: Technical regulations on the ambient air quality index (on trial), in: http://kjs.mep.gov.cn/hjbhbz/bzwb/dqhjbh/jcgfffbz/201203/W020120410332725219541.pdf

199 Greenpeace: The health impact from coal power plants in Beijing, Tianjin and Hebei, in: http://www.greenpeace.org/eastasia/publications/reports/climate-energy/2013/health-impacts-coal-power; US Energy Information Administration (EIA): Count of Electric Power Industry Power Plants, in: http://www.eia.gov/electricity/annual/html/epa_04_01.html

200 Jun Ma / Audrey Shi / Michael Tong / Deutsche Bank: Big bang measures to fight air pollution (2nd edition), Hongkong 2013, S. 8

201 The World Bank: World Development Indicators 2013. Air pollution, in: http://wdi.worldbank.org/table/3.14#

202 2012-02-17, People's Daily Online: China's river pollution ,a threat to people's lives', in: http://english.peopledaily.com.cn/90882/7732438.html

203 Auch dieses Ergebnis wurde aus dem Weltbank-Bericht "Cost of Pollution in China" herausgestrichen. Vgl. 2007-07-02, Financial Times: 750,000 a year killed by Chinese pollution, in: http://www.ft.com/intl/cms/s/0/8f40e248-28c7-11dc-af78-000b5df10621.html#axzz2HyoaiZEm

204 2013-07-12: 财新: 28%！珠三角率先公布土壤污染数据, Caixin: 28%! Pearl River Delta first reveals soil pollution figure, in: http://china.caixin.com/2013-07-12/100554854.html

205 2013-06-17, Deutsche Bank: China, beginning of the „big bang" anti-air pollution program, in: http://www.htisec.com/en/research/shownews.jsp?newsType=ETNET&newsid=230617135. Vgl. Jun Ma / Audrey Shi / Michael Tong / Deutsche Bank: Big bang measures to fight air pollution (2nd edition), Hongkong 2013, S. 3, 14f

206 2013-09-12, 中华人民共和国中央人民政府: 国务院关于印发大气污染防治行动计划的通知, The Central People's Government of the People's Republic of ChinaπState Council's notice on issuing and publishing of the Airborne Pollution Prevention and Control Action Plan, in: http://www.gov.cn/zwgk/2013-09/12/content_2486773.htm

207 2013-09-18, 中国政府网: 张高丽：认真贯彻决策部署，切实改善区域空气质量, Central People's Government of the People's Republic of China: Zhang Gaoli, seriously carry forward the implementation of decisions on improving regional air quality, in: http://www.gov.cn/ldhd/2013-09/18/content_2491245.htm

208 Greenpeace: Dangerous breathing. PM 2.5. Measuring the human health and economic impact on China's largest cities, Peking 2012, S. 12f

209 Jun Ma / Audrey Shi / Michael Tong / Deutsche Bank: Big bang measures to fight air pollution (2nd edition), Hongkong 2013, S. 4

210 2013-09-13, Xinhua: China gets tough on air pollution, In: http://www.china.org.cn/environment/2013-09/13/content_30015904.htm

211 2013-08-28, Chemistry World: China to spend billions tackling pollution, in: http://www.rsc.org/chemistryworld/2013/08/china-spends-billions-tackling-pollution. Andere Berechnungen kommen zwischen 2012 und 2017 auf 3,4 Milliarden Yuan oder 410 Milliarden Euro: Michael Tong / Kai-Ting Wong / Eric Cheng / Deutsche Bank: Environmental Protection. An investor guide. Hongkong 2013, S. 8

212 The Pew Charitable Trust: Who's winning the clean energy race?, Philadelphia 2013, S. 15ff, S. 36

213 European Union Chamber of Commerce: European business in China position paper 2012/2013, S. 225

214 The Pew Charitable Trust: Who's winning the clean energy race?, Philadelphia 2013, S. 6

215 European Union Chamber of Commerce: European business in China position paper 2012/2013, S. 228

216 Vgl. 2013-06-15, F.A.Z.: Wo man mit Sonnenenergie noch Geld verdienen kann, S. 17

217 Renewable Energy Policy Network for the 21st Century REN 21: Renewables 2013. Global status report, Paris, 2013, S. 50ff

218 Renewable Energy Policy Network for the 21st Century REN 21: Renewables 2013. Global status report, Paris, 2013, S. 39ff

219 2010-06-19, F.A.Z.: China setzt auf riesige Wasserkraftwerke, S. 14

220 2013-08-15, Pressemitteilung Voith: Wasserkraft auf dem Weg zu neuen Dimensionen, in: http://www.voith.com/de/presse/pressemitteilungen-99_48747.html

221 2012-02-07, F.A.Z.: Der Mittelstand profiliert sich in China, S. 16

222 Vgl. 2012-08-27, F.A.Z.: Deutscher Mittelstand spielt eine wichtige Rolle in China, S. 11

223 2013-02-18, 新华网广东频道: 纺织业面临巨大行业竞争，向绿色生态行业转型, Xinhua Guangdong Channel: Textile Industry faces huge competition and is turning into a green and ecological industry, in: http://www.gd.xinhuanet.com/newscenter/2013-02/18/c_114706214.htm

224 2013-08-11, 中华人民共和国中央人民政府: 国务院关于加快发展节能环保产业的意见, The Central People's Government of the People's Republic of China: The State Council's Opinion on accelerating the energy saving and environmental protection industry's development, in: http://www.gov.cn/zwgk/2013-08/11/content_2464241.htm

225 Michael Tong / Kai-Ting Wong / Eric Cheng / Deutsche Bank: Environmental Protection. An investor guide. Hongkong 2013, S. 11-19

226 Martin Yule et. al / Morgan Stanley: Investing in a Greener China, Hongkong 2013, S. 5

227 2013-09-19, Börse Online: China macht sauber, S. 40f, hier S. 40

228 Gesundes Wachstum, in: Der Spiegel 34/2013, S. 86

229 2013-02-22, National Bureau of Statistics of China: Statistical Communiqué of the People's Republic of China on the 2012 National Economic and Social Development, in: http://www.stats.gov.cn/english/pressrelease/t20130222_402874590.htm

230 2012-12-12, 中国政府网: 国务院关于印发服务业发展"十二五"规划的通知, The Central People's Government of the People's Republic of China: State Council's notice on issuing a Five Year Plan on the service Industry, in: http://www.gov.cn/zwgk/2012-12/12/content_2288778.htm

231 Xu Qiyuan: China's slowdown is a sign that services need to be set free, in: 2013-04-16, Financial Times, S. 13

232 2013-05-16, Rosealea Yao / Dragonomics: Finding investment's future, in: http://research.gavekal.com/content.php/8441-DG-Finding-Investment%E2%80%99s-Future-%E2%80%93-by-Rosealea-Yao

233 The American Chamber of Commerce in the People's Republic of China: Challenges and opportunities in China's service sector. Policy spotlight series, Peking 2013, S. ii

234 2013-05-29, Agenturmeldung Xinhua: China designates service industry new growth engine, in: http://news.xinhuanet.com/english/china/2013-05/29/c_132417589.htm

235 2013-09-27, 中华人民共和国中央人民政府，国务院关于印发中国（上海）自由贸易试验区总体方案的通知, State Council: Notice of issuing an overall plan for the China (Shanghai) Free Trade Zone, in: http://www.gov.cn/zwgk/2013-09/27/content_2496147.htm

236 2013-09-27, Agenturmeldung Bloomberg: China seeks to repeat Deng's Shenzhen success in Shanghai

237 2013-09-27, European Chamber Newsflash: Shanghai free trade zone to include significant foreign investment lieberalisation

238 2013-09-30, Lin Li / Jun Ma / Deutsche Bank: Shanghai Free Trade Zone and implications

239 Fung Business Intelligence Centre: Luxury Market in China, Hongkong 2013, S.10f

240 2013-04-04, World Tourism Organization: China – the new number one tourism source market in the world, in: http://media.unwto.org/en/press-release/2013-04-04/china-new-number-one-tourism-source-market-world

241 China Outbound Tourism Research Institute COTRI: Latest Chinese outbound tourism developments, in: http://www.china-outbound.com/120.html

242 Wolfgang Georg Arlt: The second wave of Chinese outbound tourism, in: Tourism Planning & Development 10/2 (2013), S. 126-133, hier S. 130ff

243 Xiang Yixian: The characteristics of independent Chinese outbound tourists, in: Tourism Planning & Development 10/2 (2013), S. 134-148, hier S. 145

244 2013-09-12, 中华人民共和国国家旅游局: 2012年中国旅游业统计公报, China National Tourism Administration: 2012 Statistical Bulletin of Tourism Industry of China, in: http://www.cnta.gov.cn/html/2013-9/2013-9-12-%7B@hur%7D-39-08306.html

245 Vgl. 2013-07-01, FAZ.NET: Wie wir noch mehr Chinesen nach Deutschland locken, in: http://blogs.faz.net/asien/2013/07/01/wie-wir-noch-mehr-chinesen-nach-deutschland-locken-462/

246 2013-01-22, 中国保险监督管理委员会: 2012年保险业经营情况表, China Insurance Regulatory Commission: 2012 insurance industry operating situation, in: http://circ.gov.cn/web/site0/tab61/i234401.htm; 2012-02-03, 中国保险监督管理委员会: 2011年保险业经营情况表, China Insurance Regulatory Commission: 2011 insurance industry operating situation, in: http://circ.gov.cn/web/site0/tab454/i191553.htm

247 2013-04-13, Michael Heise / Allianz: Perspectives for the world economy, Asia and China. Vortragsfolien, S. 20ff; 2013-04-13, Pressemitteilung Allianz: Global economy: Mixed picture

248 Price-Waterhouse-Coopers PwC: Foreign insurance companies in China, Hongkong 2013, S. 9

249 McKinsey Insurance Practice in Greater China: Growth under uncertainty, Schanghai 2012, S. 5

250 Vgl. 2013-09-07, F.A.Z.: Wo es um das Leben von 1,3 Milliarden Menschen geht, S. 16

251 2013-11-02, Die Welt, Besuch von einer Fremden, S.16; 2013-07-07, Die Presse: Chinas KP verordnet Elternliebe, S. 38

252 Alexander Ng / Claudia Süssmuth Dyckerhoff / Florian Then: Private health insurance in China. Finding the winning formula, in: Health International 12/2012, S. 74-82, hier S. 77

253 Meng Qingyue /Tang Shenglan / WHO: Universal coverage of health care in China. World Health Report (2010) Background Paper No 7, Genf 2010, S. 6

254 The World Bank: Dépenses en santé, total (% du PIB) in: http://donnees.banquemondiale.org/indicateur/SH.XPD.TOTL.ZS (englische Version unzugänglich)

255 The World Bank: Dépenses en santé par habitant ($ US courants), in: http://donnees.banquemondiale.org/indicateur/SH.XPD.PCAP

256 The World Bank: Dépenses en santé, publiques (% du total des dépenses en santé), in: http://donnees.banquemondiale.org/indicateur/SH.XPD.PUBL

257 Franck Le Deu et al. / McKinsey: Health Care in China. Entering „uncharted waters", Schanghai 2012, S. 2

258 2013-08-24, F.A.Z.: Sex and Crime in Chinas Gesundheitswesen, S. 20; 2013-07-25, F.A.Z.: Der rote Geldumschlag regiert, S. 15

259 World Health Organization WHO: The burden of chronic, in: http://www.who.int/nutrition/topics/2_background/en/

260 Yu Xu et al.: Prevalence and control of diabetes in Chinese adults, in: The Journal of the American Medical Association JAMA, September 4, 2013, Vol 310, No. 9, in: http://jama.jamanetwork.com/article.aspx?articleid=1734701

261 2013-09-04, Agenturmeldung Bloomberg: Chinese "Catastrophe" afflicts 114 million as diabetes spreads

262 Qiagen: Annual Report 2012, S. 44ff, in: http://www.qiagen.com/~/media/35E8B8B9C25D4FF78608A347D1F77410.ashx

263 Vgl. 2010-09-18, F.A.Z.: Qiagen wächst in China rasant, S. 17

264 Alexander Ng / Claudia Süssmuth Dyckerhoff / Florian Then: Private health insurance in China. Finding the winning formula, in: Health International 12/2012, S. 74-82, hier S. 77

265 United Nations Department of Economic and Social Affairs: World population prospects. The 2012 revision, New York 2013, S. 23-26

266 Robert C. Pozen: Tackling the Chinese pension system. Paulson policy memorandum, Chicago 2013, S. 3

267 2013-07-16, 新华视点, 人社部：我国近两亿人未参加养老保险, Xinhua Viewpoint: Ministry of human resources and social security: 200 million people are not covered by pension insurance, in: http://finance.sina.com.cn/china/20130716/144616139599.shtml

268 2013-05-28, 中华人民共和国中央人民政府: 2012年度人力资源社会保障事业发展统计公报发布, The Central People's Government of People's Republic of China: Statistical Bulletin of Human Resources and Social Security Undertaking of 2012, in: http://www.gov.cn/gzdt/2013-05/28/content_2412954.htm; 2013-01-30, 中华人民共和国人力资源和社会保障部: 2012年人力资源社会保障工作情况和2013年主要工作安排, Ministry of Human Resources and Social Security of the People's Republic of China: The review of the human resources and social security in 2012 and the work arrangement for 2013, in: http://www.mohrss.gov.cn/SYrlzyhshbzb/zwgk/SYxinwenfabuhui/201303/t20130322_91836.htm

269 Andrea Vilela / Help Age International: Pension coverage in China and the expansion of the new rural social pension. Pension Watch Briefings Nr. 11, London 2013, S. 1

270 2013-05-28, 中华人民共和国中央人民政府: 2012年度人力资源社会保障事业发展统计公报发布, The Central People's Government of the People's Republic of China: 2012 statistical bulletin of the development in human resources and social security, in: http://www.gov.cn/gzdt/2013-05/28/content_2412954.htm

271 2012-07-05, F.A.Z.: Vergreisung in China führt zu Arbeitskräftemangel, S. 9

272 Michaela Grimm: Chinas Ein-Kind-Politik. Erfolgsgeschichte oder Bumerang?, in Allianz Demographic Pulse, 6/2011, S. 1-5, hier S. 2

273 2012-07-05, F.A.Z.: Rotes Rentnerheer, S. 13

274 2011-06-20, China Daily: Full pension coverage before 2013, in: http://www.chinadaily.com.cn/china/2011-06/20/content_12739284.htm

275 Andrea Vilela / Help Age International: Pension coverage in China and the expansion of the new rural social pension. Pension Watch Briefings Nr. 11, London 2013, S. 13

276 2003-11-23, The Washington Post: Wen Jiabao im Interview. Das Originalzitat lautet: "[...] Any small problem multiplied by 1.3 billion will end up being a very big problem. For a very big aggregate divided by 1.3 billion, it will come to a very tiny figure. This is something that is quite difficult for foreign visitors to understand and appreciate."

277 2013-02-22, National Bureau of Statistics of China: Statistical Communiqué of the People's Republic of China on the 2012 National Economic and Social Development, Kapitel XI: Population, Living Conditions and Social Security, in: http://www.stats.gov.cn/english/pressrelease/t20130222_402874590.htm. Verfügbares Nettoeinkommen bedeutet nach Steuern und einschließlich von Finanzeinkünften, etwa aus Sparzinsen

278 Cheng Li: The Rise of the Middle Class in the Middle Kingdom, in: Ders. (Hg.): China's Emerging Middle Class, Beyond economic transformation, Washington 2010, S. 3-31, hier S. 8

279 Zhang Yuan / Guanghua Wan / Niny Khor: The Rise of the Middle Class in the People's Republic of China, ADB Economics Working Paper Series No. 247, Manila 2011, S.8 f

280 2011-08-24, 北京晨报: 社科院报告称10年后中产阶级将占城市人口半数, Beijing Morning Newspaper: CASS report says after 10 years middle class will take up half of the urban population, in: http://finance.people.com.cn/GB/15324544.html. Einzelne Wissenschaftler der CASS rechnen schon heute 23% der Gesamtbevölkerung dazu, was etwa 310 Millionen Personen umfasst. Vgl. 2010-08-30, 新华: 陆学艺：当代中国社会结构与社会建设, Xinhua: Lu Xueyi: The social setructure and social consturction of contemporary China in: http://news.xinhuanet.com/politics/2010-08/30/c_12498924.htm

281 2010-12-14, Mitschrift einer Podiumsdiskussion der Brookings Institution, in: Anderson Court Reporting, Alexandria (VA), Dezember 2010, S. 2-55, hier S. 5 f

282 Dominic Barton, Yougang Chen, Amy Jin: Mapping China's middle class, in: McKinsey Quarterly 3/2013, S. 54-60, hier S. 56

283 The Rise of Asia's Middle Class, in: Asia Development Bank: Key Indicators for Asia and the Pacific 2010, Manila 2010, S. 3-57, hier S. 8

284 Homi Kharas, Geoffrey Gertz: The New Global Middle Class, in: Cheng Li (Hrsg.): China's Emerging Middle Class, Washington 2010, S. 32 – 51, hier S.40

285 Ben Simpfendorfer, Ivy Ji: 'Upgrading' China's Middle-Class, China Insider, Silk Road Associates, 2013-03-15, S. 2

286 Cheng Li: The Rise of the Middle Class in the Middle Kingdom, in: Ders. (Hg.): China's Emerging Middle Class, Beyond economic transformation, Washington 2010, S. 3-31, hier S. 3

287 Steven Barnett, Alla Myrvoda, Malhar Nabar: Sino-Spending, in: Finance and Development (quarterly magazine of the IMF), September 2012, S. 28ff, hier S. 28f

288 Dominic Barton, Yougang Chen, Amy Jin: Mapping China's middle class, in: McKinsey Quarterly 3/2013, S. 54-60, hier S. 57

289 Max Magni / Felix Poh: Winning the battle for China's new middle class, in: McKinsey Quarterly 3/2013, S. 61-69, hier S. 62f

290 Max Magni / Felix Poh: Winning the battle for China's new middle class, in: McKinsey Quarterly 3/2013, S. 61-69, hier S. 67

291 Max Magni / Felix Poh: Winning the battle for China's new middle class, in: McKinsey Quarterly 3/2013, S. 61-69, hier S. 65

292 Vgl. 2013-09-13, F.A.Z.: Henkel eröffnet Klebstoffwerk in China, S. 19

293 Vgl. 2010-05-28, F.A.Z.: Weiße Haut als Schönheitsideal, S. 20

294 Das Zitat ist allerdings nicht belegt. Jedenfalls findet es sich nicht in einer einschlägigen Sammlung von Fords Aussprüchen. Benson Ford Research Center: Henry Ford Quotations, in: http://www.thehenryford.org/research/henryFordQuotes.aspx

295 2012-11-17, Agenturmeldung Xinhua: Full text of Hu Jintao's report at the 18th Party Congress, in: http://news.xinhuanet.com/english/special/18cpcnc/2012-11/17/c_131981259.htm

296 Vgl. 2010-06-26, F.A.Z.: Jeder Yuan hat zehn Haare, S. 21

297 International Monetary Fund, Group of 20: People's Republic of China Sustainability Report, Washington 2011, S. 4

298 Steven Barnett, Alla Myrvoda, Malhar Nabar: Sino-Spending, in: Finance and Development (quarterly magazine of the IMF), September 2012, S. 28ff, hier S. 30

299 OECD Economic Surveys: China 2013, Paris 2013, S.7

300 The World Bank and the Development Research Center of the State Council: China 2030, Washington 2013, S. 284

301 International Monetary Fund, Group of 20: People's Republic of China Sustainability Report, Washington 2011, S. 2

302 The World Bank and the Development Research Center of the State Council: China 2030, Washington 2013, S. 284

303 Homi Kharas, Geoffrey Gertz: The New Global Middle Class, in: Cheng Li (Hrsg.): China's Emerging Middle Class, Washington 2010, S. 32 – 51, hier S. 46

304 2012-03-03, F.A.Z.: „Wahrscheinlich beteiligt sich China an der Euro-Rettung", S. 22

305 Michael Pettis: China has a choice – short-term growth or sustainability, in: Financial Times, 2013-09-03, S. 9

306 Zitiert nach: KPMG Advisory China: China's 12th Five-Year-Plan, Peking 2011, S. 2

307 Homi Kharas, Geoffrey Gertz: The New Global Middle Class, in: Cheng Li (Hrsg.): China's Emerging Middle Class, Washington 2010, S. 32 – 51, hier S. 42

308 2013-07-17, F.A.Z.: Chinesen erfreuen sich an deutschen Kühlschränken, S. 15

309 Unternehmensinformationen: About Oppein, in: http://www.oppeinhome.com/about_optima/&FrontComContent_list01-1265099953037ContId=90b61e03-0c6c-43db-83ec-da2538933948&comContentId=90b61e03-0c6c-43db-83ec-da2538933948&comp_stats=comp-FrontComContent_list01-1265099953037.html

310 Der Mann heißt wirklich so, Wu Chaoguo (吴超国). Sein Rufname bedeutet allerdings „Tolles Land" und nicht „Wok" wie das anders betonte und in Schriftzeichen auch anders geschriebene Wort Chaoguo (炒锅), das weiter oben erwähnt wurde.

311 2013-05-04, Financial Times: China calls time on luxury watches, S. 18

312 2013-04-15, F.A.Z.: Kein Geld für Haifischflossen und Luxusschnaps, S. 21

313 2013-08, Verband der Schweizer Uhrenindustrie: World distribution of Swiss watch exports January–July 2103, in: http://www.fhs.ch/script/getstat.php?file=mt3_130107_a.pdf

314 2013-05-28, Agenturmeldung Bloomberg: China to Cut Swiss Watch Import Duties in Free Trade Pact

315 2013-07-07, NZZ am Sonntag: Für die Marke Swatch ist China der stärkste Markt, S. 30

316 Zitiert nach Digital Luxury Group: The World Luxury Index China 2013, Genf 2013, S. 4

317 Frank Dikötter: Mao's Great famine, New York, 2010, S. 325

318 Fung Business Intelligence Centre: Luxury Market in China, Hongkong 2013, S. 4

319 Yuval Atsmon et al.: The McKinsey Chinese Luxury Consumer Survey, Hongkong 2012, S. 11

320 2013-07-11, Agenturmeldung Dow Jones-VWD: Hugo Boss, Wettbewerb ändert Dynamik

321 Bain & Company: 2012 China Luxury Market Study, Boston 2012, S. 8; Fung Business Intelligence Centre: Luxury Market in China, Hongkong 2013, S. 27

322 Vgl. 2012-07-27, F.A.Z.: Hongkong und das Bukett der weiten Welt, S. 19

323 2013-06-05, Chinesisches Handelsministerium (Mofcom): Pressekonferenz, http://www.mofcom.gov.cn/article/ae/slfw/201306/20130600153396.shtml

324 2012-07-27, F.A.Z.: Hongkong und das Bukett der weiten Welt, S. 19

325 2011-07-15, F.A.Z.: Der Durst des Drachen, S. 10

326 2012-03-16, F.A.Z.: Rote Reben für China, S. 16

327 Fung Business Intelligence Centre: Luxury Market in China, Hongkong 2013, S. 17

328 2013-04-15, Pressemitteilung Hurun: The Industrial Bank and Hurun Report today jointly released the China Passion Investments White Paper 2013, in: http://www.hurun.net/usen/NewsShow.aspx?nid=432

329 Andreas Graef: China Ultra Luxury Car Market 2013. Study Summary, Shanghai April 2013

330 2013-09-11, Pressemitteilung Hurun: The Hurun Rich List 2013, in: http://www.hurun.net/usen/NewsShow.aspx?nid=1476; 2013-06-18, China Daily: Wealthy reflect trends in economy in past decade, S. 1

331 2013-09-11, Agenturmeldung dpa: Im Reich der Superreichen. In China wächst die Zahl der Milliardäre

332 2012-10-25, The New York Times: Billions in Hidden Riches for Family of Chinese Leader, http://www.nytimes.com/2012/10/26/business/global/family-of-wen-jiabao-holds-a-hidden-fortune-in-china.html?hp&_r=2&Billions&

333 2012-06-29, Bloomberg News: Xi Jinping Millionaire Relations Reveal Fortunes of Elite, http://www.bloomberg.com/news/2012-06-29/xi-jinping-millionaire-relations-reveal-fortunes-of-elite.html

334 2013, International Organization of Motor Vehicles: PC World Sales, in:, http://oica.net/category/sales-statistics/

335 2013, Chinesisches Verkehrsministerium: Number of Motor Vehicles, in: CEIC Database

336 2013, Chinesischer Automobilverband CAAM: Sales of Passenger Cars, verschiedene Statistiken in: http://www.auto-stats.org.cn/

337 Morgan Stanley: China Passenger Vehicles Chartbook, Hongkong 2013, S. 9

338 2013-04-20, Verband der Automobilindustrie: Pressemitteilung, Deutsche Automobilindustrie in China weiter auf Wachstumskurs; 2013, Chinesisches Verkehrsministerium: Number of Motor Vehicles, in: CEIC Database

339 2013-04-20, F.A.Z.: In China herrscht noch Sonnenschein, S. 19

340 2013-05-17, Pressemitteilung Continental: Continental stärkt Organisation für anhaltend schnelles und profitables Wachstum in China, in: http://www.continental-corporation.com/www/presseportal_com_de/themen/pressemitteilungen/2_konzern/personalia/pr_2013_05_17_personalia_cramer_de.html

341 Alix Partners: 2012 China Automotive Outlook, Schanghai 2012, S. 52. Als Marge oder Gewinnspanne wird hier das Verhältnis vom Umsatz zum Ergebnis vor Zinszahlungen und Steuern (EBIT) bezeichnet.

342 2013-08-29, Pressemitteilung PWC Deutschland: China hält Automarkt weiter auf Hochtouren, in: http://www.pwc.de/de/pressemitteilungen/2013/china-haelt-automarkt-weiter-auf-hochtouren-europa-kommt-langsam-in-fahrt.jhtml

343 2012-12, Polk/abh: The automotive aftermarket for passenger cars in China, in: https://www.polk.com/images/uploads/China_Extract_2013_Japan3.pdf

344 2012-12, Polk/abh: The automotive aftermarket for passenger cars in China, in: https://www.polk.com/images/uploads/China_Extract_2013_Japan3.pdf

345 2012-03-12, F.A.Z.: In China gibt es den Porsche passend zum Lippenstift, S. 15

346 2013-04-19, Price-Waterhouse-Coopers PWC: Produktion deutscher Premiumhersteller in China verdoppelt sich bis 2020, in: http://www.pwc.de/de/pressemitteilungen/2013/pwc-prognose-produktion-deutscher-premiumhersteller-in-china-verdoppelt-sich-bis-2020.jhtml

347 2013-09-26, Berliner Morgenpost: VW öffnet neues Werk in China. Billig-Auto soll 8000 Euro kosten, in: http://www.morgenpost.de/printarchiv/wirtschaft/article120394382/VW-oeffnet-neues-Werk-in-China-Billig-Auto-soll-8000-Euro-kosten.html

348 Friedrich Schiller: Die Verschwörung des Fiesco zu Genua, III/4, in: Friedrich Schiller: Sämtliche Werke, Bd. 1, München (6) 1980, S. 639-754, hier S. 704; Theodor Fontane: Die Alten und die Jungen, in: Fontanes Werke in fünf Bänden, Bd. 1, Berlin und Weimar 1977, S. 34f

349 06.09.2013, F.A.Z.: Europäische Firmen sehen sich in China diskriminiert, S. 16

350 European Union Chamber of Commerce: European business in China position paper 2012/2013, S. 13

351 2013-09-05, Wirtschafts-Woche Online: Pharma-Skandal. EU-Kammer wirft China Diskriminierung vor, in: http://www.wiwo.de/unternehmen/industrie/pharma-skandal-eu-kammer-wirft-china-diskriminierung-vor/8744522.html

352 2013-08-21, Agenturmeldung Reuters: Tough-talking. China pricing regulator sought confessions from foreign firms, in: http://www.reuters.com/article/2013/08/21/us-china-antitrust-idUSBRE97K05020130821

353 2013-08-27, The Independent: British investigator Peter Humphrey 'regrets' illegal data scam on China TV, in: http://www.independent.co.uk/news/world/asia/british-investigator-peter-humphrey-regrets-illegal-data-scam-on-china-tv-8785368.html; Ausschnitte der TV-Selbstkritik auf Youtube: http://www.youtube.com/watch?v=07sbxcMTTXM

354 2013-10-02, Stephen Green et al. / Standard Chartered: China local debt USD 3.6 – 4.0 tn and counting, in: https://research.standardchartered.com/researchdocuments/Pages/ResearchArticle.aspx?&R=110318&s=r

355 2013-01, Edward Chancellor / Mike Monnelly / GMO: Feeding the Dragon. Why China's credit system looks vulnerable, in: https://www.gmo.com/America/CMSAttachmentDownload.aspx?target=JUBRxi51IICB%2fZIuSRlFT%2fuTziGxS1xd6gSYFABbXiIRaXH%2fD14gurn3vEC8k1sXcZIliuJM%2bngLuwV%2bM%2bHutBJcXyiITpz62CD7faQ%2bD3fiZGoyT%2fFh7A%3d%3d

356 2013-03-22, Société Générale: Recalculating China's government debt risk, in: https://publication.sgresearch.com/en/1/0/198546/122451.html?sid=e7ede9524ccfc886d41a364d619be282

357 2013-04-09, Fitch Ratings: Fitch affirms China's FC IDR at ‚A+', downgrades LC IDR to ‚A+', in: http://www.fitchratings.com/creditdesk/press_releases/detail.cfm?pr_id=787901; 2013-04-10, Agenturmeldung Reuters: China banks „significantly exposed" to shadow financing – Fitch, in: http://uk.reuters.com/article/2013/04/10/uk-china-fitch-idUKBRE93907420130410

358 Bruce Kasman / David Hensley / Joseph Lupton / J.P. Morgan: Global Data Watch, New York 2013, S. 27ff

359 2012-10-12, Xiao Gang: Regulating shadow banking, in: China Daily, http://www.chinadaily.com.cn/opinion/2012-10/12/content_15812305.htm

360 2013-09-18, Fitch Ratings: Indebtedness in China still climbing, in: http://www.fitchratings.com/creditdesk/press_releases/detail.cfm?pr_id=802333

361 Die China-Ökonomin Yao Wei von der Bank Société Générale in Hongkong hat errechnet, dass der Schuldendienst der chinesischen Unternehmen inzwischen 30% des BIP ausmacht. Damit sei die Schwelle erreicht, von der an sich Finanzkrisen einstellten, da immer mehr Schuldner weder die Zinsen bedienen noch die Darlehen zurückzahlen könnten. Yao: „Der Schuldenschnellball wird immer größer, ohne zu den Aktivitäten der Realwirtschaft beizutragen." Zitiert nach: 2013-06-18, The Sydney Morning Herald: China's credit bubble is unprecedented, in: http://www.smh.com.au/business/china/chinas-credit-bubble-is-unprecedented-fitch-20130618-2ofkc.html

362 2013-01, Edward Chancellor / Mike Monnelly / GMO: Feeding the Dragon. Why China's credit system looks vulnerable, in: https://www.gmo.com/America/CMSAttachmentDownload.aspx?target=JUBRxi51IICB%2fZIuSRlFT%2fuTziGxS1xd6gSYFABbXiIRaXH%2fD14gurn3vEC8k1sXcZIliuJM%2bngLuwV%2bM%2bHutBJcXyiITpz62CD7faQ%2bD3fiZGoyT%2fFh7A%3d%3d

363 2013-04-08, Agenturmeldung Bloomberg: Soros sees China shadow-banking risks similar to Subprime, in: http://www.bloomberg.com/news/2013-04-08/soros-sees-china-shadow-banking-risk-matching-subprime.html

Der Autor

Christian Geinitz, Jahrgang 1968, ist seit 16 Jahren Wirtschaftsredakteur der Frankfurter Allgemeinen Zeitung. Seit 2009 berichtet er als Auslandskorrespondent aus China.

Der Autor kennt sowohl die westliche wie die östliche Seite der Globalisierung. Zwischen 2000 und 2003 schrieb er als Korrespondent der F.A.Z. aus Lateinamerika mit Sitz in Mexiko-Stadt. Anschließend war er von Leipzig und Berlin aus zuständig für die Wirtschaftsberichterstattung aus den neuen Bundesländern und für den Aufbau Ost.

Gelernt hat er das journalistische Handwerk als Volontär der F.A.Z. in Frankfurt. Anschließend trat er als Blattmacher in die Wirtschaftsredaktion ein, wo er früh ein Interesse für Transformationsökonomien und Schwellenländer entwickelte.

Faktenliebe und Quellenkunde lehrten ihn das Studium der Geschichte, Politik und der Englischen Philologie in Freiburg und Aberdeen. 1996 wurde er bei Gerd Krumeich mit einer Arbeit über den Ersten Weltkrieg promoviert. Geinitz besuchte das Alte Gymnasium in Bremen und die Leighton Park Public School in Reading.